스카이서성한중경외시 - 70명 합격생의 이야기

아 이
I
입시
콕

저자 **원병일**

대학입시나침반 . 전국 중,고등 학생, 학부모 필독서

하움출판사

◆ 원병일 ◆

- ◆ 성균관대학교졸업
- ◆ 전 종로학원 국어강사
- ◆ 전 송파 EPSI 학원장
- ◆ 2010년 티브로드 TV
- ◆ 대입손자병법 입시컨설턴트
- ◆ 2011년 입학사정관 방송 입시컨설턴트
- ◆ 2012 티브로드 TV 대입종결자 방송
- ◆ 국어영역전략방송, 입시분석방송
- ◆ 2014 카운트어텍 수능전략방송
- ◆ 군위,예천,제천,형석,대창고등학교 수능국어강사
- ◆ KT 올레 TV 수능국어방송(3년진행)
- ◆ 전 종로학원 입시연구소 선임컨설턴트
- ◆ 전 비상캠퍼스 수석컨설턴트
- ◆ 전국 고등학교 입시설명회 다수
- ◆ 2015 ~ 2023입시뉴스패널
- ◆ SK BTV 입시초대석 방송
- ◆ 현 NB1 국어원장&입시컨설턴트

대한민국 학생 학부모님께 이글을 바칩니다.

이 글은 농촌 출신의 흙수저 선생이 늦깎이로 성균관대학을 졸업하고 흙수저 인재를 찾아 지방 시,군 단위의 학생들을 만나 지도하며 기록한 글입니다.

부가 대물림 되는 현실이라고 하더라도 교육의 기회마저도 대물림 되어서야 되겠는가?

열악한 환경의 아이들에게도 기회가 주어지면 서울대학에서도 장학금을 받아가며 공부할 수 있다. 그랬던 제자들이 있다. 그랬던 제자가 고시에 통과하기도 했고 연구원이 되기도 했고 교사가 되기도 했고 대기업 공채로 입사 소식을 알리기도 했다.

기회의 균등으로 흙속의 진주를 발견할 대한민국 교육의 제도 정착을 기원한다.

대한민국에서의 입시성공!

교육을 백년지대계라 하지 않았던가!

정권이 바뀔 때 마다 변화 또 변화!

아이들과 학부모는 그 변화에 목표를 상실하고 갈팡질팡하다가 중심을 잡을 때쯤이면 입시에 맞닥뜨린다. 어찌 보면 최선을 다 할 수 있는 기회조차도 갖지 못한 채 입시결과에 순응해야만 하는 것이 작금 우리의 현실이 아닌가 싶다.

혼란스럽고 복잡한 입시 현실 속에서 그래도 성공할 수 있는 방법을 제시하고 미래 대한의 입시제도의 변화를 조심스럽게 예상해 보고 입시 제도의 방안을 제시함으로써 완벽한 제도의 정착을 바람과 동시에 미력하나마 우리 학생들의 입시 성공에 도움이 되었으면 하는 바람을 갖고 이 책을 펼칩니다.

현재 입시제도 아래 학생은 무엇을 해야 하고 부모의 진정한 조력은 무엇을 의미하는가를 입시성공 사례를 통해 확인함으로써 자신의 목표를 분명히 하고자 함입니다.

벚꽃엔딩이 시작될 무렵 동서울 톨게이트에서 "통행권 정상적으로 발급되었습니다."라는 기계음을 듣는 것을 시작으로 나의 입시 조력자로서의 여정은 시작된다.

오늘은 군산이다. 전북에 있는 J고에서 입시캠프가 열린다.

입시캠프에서의 나의 역할은 자기소개서 특강과 모의면접에서의 입학사정관 역할이다.

특강 발제를 시작한다.

자기 소개서 특강이 마무리되었다.

면접특강과 모의면접이 진행 된다.

면접의 시작은 응시대학의 교문을 들어서면서 부터라고 생각하면 된다. 면접 대기실에 입실해서부터 언행을 심사숙고해야 한다. 어쩌면 CCTV 모니터에 자신의 언행이 고스란히 보여 질 수 있기 때문이다. 수험번호가 불려 지면 당당하게 입장해서 예의 바르게 앉아도 되는지 허락을 청한 후 자리에 앉는다.

진실성, 학과 관련성, 인성, 가치관, 학업능력, 문제해결능력 등등의 질문에 맞닥뜨린다.

어떠한 질문에도 당황하지 말고 자신 있게 답변을 시작한다.

모의면접이 시작되어 면접관 역할을 맡는다.

모의면접 무대에 입학사정관 선생님들 세 분이 자리한다.

첫 번째 학생이 당당한 모습으로 무대의 중앙 자리에 오른다.

자리에 앉아도 되겠습니까? 면접관에게 시선을 마주치며 허락을 청한다.

앉아도 됩니다. 면접관의 허락이 떨어지자 자리에 앉는다.

첫 번째 면접관의 질문은 "간단한 자기소개와 지원동기에 대해 말해 보세요."이다.

학생은 자기소개를 시작한다.

저는 J외고 3학년에 제학중인 김OO 학생입니다.

S대학교 사회학과에 지원하게 된 동기는 사회현상과 사회집단의 특징에 관심을 가지고 있고 사회학자로서의 꿈을 이루기 위해서 지원하게 되었습니다.

두 번째 질문은 "학생이 알고 있는 전통이란 무엇인지에 대해 설명해 보세요." 이다.

학생은 잠시 멈칫 머뭇거린다. 갑자기 면접관에게 제안을 한다.

"전통의 개념을 바로 말하려니 정확히 정리가 되지 않습니다. 대신 제가 고등학교 3년의 활동가운데 동아리에서 전통민요 부리기를 한 적이 있는데 그때 부른 민요가 생각나는데 이 자리에서 그 민요를 한 번 불러 봐도 되겠습니까?" 면접관이 허락한다.

그러자 큰 소리로 성주풀이 한 구절을 최선을 다해 부른다.

그러자 면접관과 관객400명이 박장대소한다.

남도민요 성주풀이의 시작은

"놀고 놀고 놀아 봅시다. 아니 노지는 못 하리라. 낙양성 십리허에 높고 낮은 저 무덤에

뭐 그리 학생의 노래 실력이 뛰어난 수준은 아니었다. 정확히 말하면 박장대소의 원인은 음치였기 때문이다. 민요부리기를 마치고 난 학생의 마지막 말은 "이렇게 흥겹게 부를 수 있는 민요가 대대로 이어져 내려온 것이 전통이 아닐까요."였다.

이 후 두 개의 질문이 더해졌고 답변이 끝나자 면접관들의 평가가 시작되었다.

자신감과 재치 위기관리능력 등등의 칭찬이 쏟아졌다.

나 자신도 칭찬과 높은 점수를 주었다. 그리고 이 후 지역학교 선생님께 이 학생에 대해 물었다. 선생님께서 웃으시며 이 학생은 지난해 수시로 S대에 합격해 다니고 있는 대학1학년 학생이란다. 실제 대학면접 현장에서 경험했던 것을 후배들에게 도움이 되었으면 하는 바람으로 모의면접을 자청해서 참가한 것이라 한다. 감동이었다.

이렇게 서류와 면접을 마치고 나면 수능최저학력 기준을 충족시켜야 대학에 최종 합격이다.

현재의 입시에서 수시를 대표하는 학생부 종합 전형의 절차이다.

교과전형과 수능으로 대표되는 정시가 현재의 입시제도이다.

국영수로 대표되는 교과 주요과목의 성적을 수치화해서 소위 줄 세우기식으로 진행되었던 과거 입시 제도를 생각해 보자. 국영수를 잘하는 아이가 우수한 아이라는 획일화된 평가방법이 아니었던가? 국영수를 잘하지 못하면 나만의 천재능력을 뽐내 볼 기회조차도 갖지 못했던 것이 지난 입시제도의 현실이 아니었던가?

다양한 인간의 능력을 자신의 선택과 공평한 기회를 통해 평가받는 것이 공정한 사회이고 제도이지 않은가! 그렇게 입시제도는 발전해 가야 한다.

다행인 것은 우리 대한의 입시제도가 그렇게 다양한 사람에게 다양한 기회를 부여하는 쪽으로 변화하고 있다는 것이다.

입시 현장에서 입시 조력자로서의 역할을 하면서 만난 다양한 학생들의 입시 성공 사례를 이야기를 통해 전달함으로써 전국의 500만 우리 학생들의 꿈을 키우고 꿈을 가꾸고 꿈을 이루는 일에 미력하나마 도움이 되기를 바라는 마음으로 이 책을 냅니다.

벚꽃엔딩을 시작으로 그렇게 단풍은 지고 함박눈으로 입시 성공은 이뤄질 것입니다.

감사합니다.

-저자 원병일 올림-

현행 입시제도는?

=

교과100

학생부 종합전형(교과+비교과 활동)

정시 수능

교과100은 학교내신의 상대평가 등급반영을 의미한다. 학교 내 줄 세우기-고교평준화 그러니 학교차별을 해서는 안 된다는 교육부 지침이 작용한다. 특목고1등급, 일반고1등급을 대학에서 차별하지 말고 학생을 선발하라는 것이다. 고교 선택의 중요한 참고가 될 만하다.

특목고 학부모님들의 정시 인원을 확대하라는 요구의 시작은 여기서 부터다.

> 학생부 종합전형은 정성평가에 의한 비교과 고교 활동을 평가해서 전공지원학과와
> 가장 어울리는 학생을 뽑는 전형이다.
> 입학사정관의 서류평가와 면접을 통해 교과 성적으로 표현할 수 없는 자기만의 장점을 표현하고
> 평가함으로써 학과와 어울리는 우수성과 발전가능성을 통해 학생을 선발하고 있다.

정시는 수능 표준점수 반영으로 대표되는 더욱 세분화된 줄세우기 전형이다.

정리하자면 교과100전형과 정시 수능100 전형은 과거 학력고사 시대의
정해진 줄세우기 전형으로 밖에는 평가 할 수 없다.
2점짜리 3문제 3점짜리 1문제 틀린 학생이 s대 의대가 꿈이라며
수능 다음날 바로 재수학원으로 향하는 모습에서 안타까움을 금할 수 없었다.

그러니 교과의 한계를 넘어 줄 세우기가 아닌 변수가 존재하는
아니 또 다른 기회를 제공하는 학생부 종합전형을 들춰볼 수밖에
그리고 상위 20개 대학의 수시전형 선발 인원의 다수를 차지하고 있는 학생부종합전형의 합격자
이야기를 살펴봄으로써 자신의 관심에 맞는 활동은 어떤 것인지?
원하는 학과 대학에 가려면 무엇을 준비해야 하는지 이책을 통해 알게 될 것이다.
저자가 직접 지도했던 합격자 이야기를 통해
자신의 입시계획에 많은 도움이 되기를 바라본다.

첫 번째 이야기

◆

나는 소비자학의 천재다.
S대학교 소비자 아동학부에 합격한 학생의 이야기이다.
목소리의 힘이 느껴지는 아이로 겸손하고 열정이 있는 아이였다.

이 친구 고등학교 3년의 학교생활과 학습경험 교내활동을 이야기한다.

"

　　1학년 인문지리시간에 지역에 대해 배우면서 우리 고장의 참깨위조사건에 대해 알게 되었습니다. 우리 고장의 참깨로 만든 참기름이 우리것이 아닌 중국산 참깨로 만든 참기름을 판매했던 사건이었습니다.

　　소비자의 알 권리를 침해했다는 점과 소비자를 속이는 행위로 상인들의 잘못된 상도덕 의식이 저에게 소비자의 알 권리를 회복시키는 것과 다수의 소비자 피해를 보상할 방법에 대하여 생각할 수 있는 계기가 되었습니다. 소비자에게는 어떤 시장이 필요하고 어떤 복지가 부족한지, 보완해야할 제도는 어떤것이 있는지에 대한 궁금증은 커져만 갔습니다. 이런 나의 궁금증을 해소할 수 있는 방법을 고민하던 중 소비자보호 분야의 전문가가 되는것에 대하여 생각하게 되었고 전문적 지식을 위한 학과를 생각하던 중 서울대학교에 이런 나의 과제를 완벽히 해결할 수 있는 학과가 있음을 알고 지원을 결심하게 되었습니다. 같은 소비자문제가 발생했을 때, 소비자 보호방법과 예방법은 무엇인지 등 '소비자 피해문제' 분야에 있어서 학문 연구를 통해 발전적인 대안을 제시하는 전문가가 되고자 합니다. 특히, 이 사건 발생 후, 지역이미지 하락이 소비자들의 어떤 심리와 행동을 유발시켰는지, 소비자의 선택으로 인해 지역경제, 국가경제에 어떠한 영향력을 미칠 수 있는 지에 관하여도 연구하고자 합니다. 이렇게 소비자학에 관심을 가지면서 모방송국의 '소비자고발'이라는 프로그램을 즐겨보며 여러 소비자 피해사례를 접하기도 했습니다. 제가 소비자학과를 전공해서 저들처럼 직접 문제에 부딪히고 해결해보고 싶다는 생각이 강하게 들었습니다. 게다가 생태동아리활동을 하면서 직접 작물을 키워 상품화시키고 소비자들에게 직접 판매해 봄으로써, 소비자의 입장에서 어떤 상품이 필요한지, 어떻게 상품화시켜야 소비자들에게 신뢰와 안정성을 보장시키고 합리적인 선택을 할 수 있을지에 대해서 직접 생각하고 답을 구해보기도 했습니다. 이런 활동을 하면서 소비자학과에 깊은 관심을 갖게 되었고 소비자학과가 아니면 안 되겠다는 생각이 들었습니다. 저는 농촌마을에서 태어나 성장한 학생입니다. 누구보다도 문제를 객관적으로 바라볼 수 있는 순수한 시각과 학문에 대한 열정을 가지고 있습니다. 소비자문제에 관한 전문가가 되려는 소박한 나의 꿈! 실현과 의지를 과정을 통해 보여드리겠습니다.

이것이 S대학교가 저를 선발해야 할 이유이기도 합니다.

저는 영어에 대한 부담감과 어려움을 다른 친구들에 비해 많이 느끼는 편이라 항상 영어라는 과목이 불편했습니다. 하지만 소비자학을 공부하기 위해서도, 공간의 제약 없이 소비자문제를 다루기 위해서도 영어가 필수적이라 생각했고 또한 세계화 시대에 맞추어 글로벌 자질을 갖추기 위해서도 영어가 필수라고 생각했기 때문에 영어에 특별히 관심을 쏟아왔습니다. 특히 3학년 때 '영사모'(영어를 사랑하는 모임)라는 영어동아리를 조직하게 되었습니다. 영어에 대한 흥미를 붙이고자 하는 생각이 절실했기 때문에 자발적으로 동아리회장선거에 나가 친구들의 도움으로 회장을 하게 되었습니다. 그래서 다른 회원들보다 더 적극적으로 참여하였는데 가장 대표적인 활동이 영어방송입니다.

영어방송은 A, B조로 나누어 'My dream'이라는 주제를 가지고 영어 script를 직접 써 영어 원어민선생님께 직접 교정을 구하고 하나하나 고친 후 친구들에게 방송으로 전달하는 것입니다. 특히 영어 원어민선생님께 교정을 받을 때 이런 표현을 사용할 수 있고, 이렇게 발음을 해야 한다는 것을 배우면서 영어라는 과목이 단순히 문제 푸는 과목이 아니라 의사소통을 하는 언어라는 사실을 깨닫고 흥미로움을 느끼게되었습니다. 비록 영어방송을 하면서 제 생각을 영어로 표현해야 하는 이 활동이 부담스럽기도 했지만 이 활동을 하면서 영어라는 과목에 흥미를 느끼게 되었고, 나도 영어를 할수 있겠다는 확신을 갖게 되었습니다. 게다가 홈페이지에 올린 후 친구들의 많은 comment를 받았을 때 말로 이룰 수 없는 가슴에 꽉 찬 보람을 느끼면서 처음으로 영어공부를 계속 해봐야겠다는 생각을 하게 되었습니다. 그러면서 또한 영어 관련 경시대회도 자신감을 가지고 참여하게 되었고, 그에 대한 결과로 금상(1위)을 받게 되었습니다.

비록 평소 농업과 관련된 주변 환경에 익숙하지만 이 동아리 활동을 통해 좀 더 '소비'에 대한 저의 태도와 인식의 전환에 영향을 주었습니다. 제가 연이라는 식물을 직접 키워 상품화시킴으로써 판매자의 입장뿐만이 아니라 소비자 입장에서의 경제적, 심리적 행동을 생각하면서 합리적인 소비 의사결정에 대해서도 많은 고민을 하게 되었습니다. 또한 소비자들에게 판매하는 과정을 주체적으로 활동함으로써, 불편했던 점들과 소비자들에게 생길 수 있는 문제점에 대해서도 고민하게 되면서 소비자의 역할의 중요성에 대해 깨닫게 되었습니다. 그래서 소비자들의 행동과 심리양상에 대해서 공부해보고 싶다는 생각을 가지게 되었습니다.

고등학교 입학한 후 1학년 때에는 학년 장을, 2학년 때에는 학급부실장과 기숙사장을, 마지막으로 3학년 때에는 학급실장과 영어동아리 회장으로 활동하였습니다. 특히, 2학년 학급부실장으로 활동하였을 때는 각 학년 실장과 부실장들이 짝을 맞추어 일주일에 한 번 정도 돌아가면서 학교친구들이 좀 더 안전하게 다닐 수 있도록 교통지도를 하였고, 바른 옷차림과 등교시간을 위한 생활지도, 그리고 학교급식시설공간의 규모에 따른 불편함을 해소하기 위한 급식지도 등 많은 활동에 적극적으로 참여하였습니다. 그 결과, 2학년 때에는 경상북도 교육감 표창장을, 3학년 때에는 교내 표창장을 받았습니다. 이 활동을 통해 책임감과 친구들을 통솔하기 위한 태도와 자신감, 그리고 친구들과의 갈등부분에서의 조정하는 태도도 배울 수 있는 계기가 되었습니다.

　　1,2학년 동안 4H동아리회원으로서 지역의 환경보호를 위한 환경정화 캠페인 활동 및 쓰레기 줍기와 요양기관인 연꽃마을과 사랑마을, 극락마을 등에 찾아가 청소, 말벗, 식사 도와드리기 등 다양한 봉사활동을 하였습니다. 특히, 불우이웃돕기 성금 모금 행사를 위한 1일 분식집을 열어 모금한 성금을 방송국에 전달하는 등의 활동을 함으로써, 굉장히 뿌듯함을 느꼈고, 우리 지역에 도움이 필요한 많은 사람들을 도우면서 상대방을 배려하고 이해하려는 마음가짐을 되새기게 되었을 뿐만 아니라 함께 사는 사회의 중요성과 소중함을 다시 한 번 인식하게 된 계기가 되었습니다. 또한 서로를 도와주는 시간을 보내면서 동아리회원들 간의 사이도 전보다 많이 두터워지고, 저의 도움을 필요로 하는 사람들과 교감을 나누면서 진실하게 사람을 대해야 할 필요성을 느낄 수 있었던 값진 경험이었습니다.

　　제가 가장 어려움을 느꼈을 때는 학급실장으로서, 학급친구들과 함께 체육대회 응원전을 준비할 때였습니다. 체육대회 응원전을 하기 위해서는 학급회의를 통해 곡 선정, 곡에 맞춘 안무와 더불어 자신의 반을 돋보이게하는 퍼포먼스와 구호 등을 정해야 합니다. 하지만 저희 반 친구들은 대체로 소극적이라 적극적인 참여가 적어 회의만 일주일이 넘게 걸렸습니다. 체육대회는 다가오는데 특별한 아이디어는 부족하고 친구들이 다 자신이 맡은 부분에 대해 부담스러워 했기 때문에 저는 어찌할 줄 몰랐습니다. 이렇게 전전긍긍하다가 어느 순간, 이런 반분위기가 저의 태도에서 비롯된 것은 아닌지에 대해 고민하기 시작했고, 다른 반 실장들에게 조언을 구하게 되었습니다. 이런 과정을 통해 내가 빨리 기한 내에 이 일을 마무리해야한다는 생각에 사로잡혀 학급 친구들에게 너무 촉박하게 의견을 제시하게 했다는 생각이 들었고, 제 태도를 생각하지 않고 친구들에게 서운함만 느꼈던 제 자신에 대해서도 다시 한 번 생각해보게 되었습니다. 또한 자꾸 재촉하고 성급한 리더가 아니라 좀 더 포용력 있고 천천히 다가서서 의견을 들을 줄 아는 리더가 제 자신에게 필요하다고 느꼈습니다. 그래서 학급회의 때 의견을 말하는 것이 힘든 친구들에게는 회의 전, 어떠한 부분이 좋고 싫은지에 대해서 명확하게 친구들의 의견을 수용하고 학급회의 시작 후에는 미리 들은 여러 친구들의 의견을 제시하고 이에 대한 다른 친구들의 의견과 저의 의견을 하나하나 수렴함으로써, 최대한 학급친구들의 의견을 충실히 반영할 수 있도록 노력하고 친구들의 적극적인 참여를 유도하기 위해 많은 노력을 하게 되었습니다. 이런 저의 노력을 학급 친구들도 점차 알게 되면서 적극적으로 참여하는 친구들도 늘어났고 전과는 다른 학급분위기에 모두가 재미있고 즐겁게 행사를 마무리할 수 있었습니다. 비록 힘든 시간이었지만 이를 고민하고 해결하려고 노력하면서 이런 어려움을 스스로 극복하는 저의 새로운 모습을 발견할 수 있는 좋은 경험이었습니다.

📖 왜 세계의 절반은 굶주리는가? *(장 지글러/갈라파고스 출판)*

강자가 있으면 약자가 있듯이, 배부른 자가 있으면 배고픈 자도 있을 것이라는 논리에 저 스스로도 모르게 수긍하고 있었는데, 이 책을 통해서 세계 기아의 실태와 참모습을 알게 됨으로써, 다시 한 번 기아에 대한 경각심을 가지게 되었습니다. 그리고 소는 배불리 먹지만 오히려 인간은 굶는 현실과 도시화를 비롯한 식민지 정책의 영향, 차별을 확고히 하는 금융과두지배 등 사회의 불편한 상황 속에서 제가 소비자학을 연구해서 어떤 도움을 줄 수 있는지에 대해서 깊게 생각해보는 계기가 되었습니다. 특히, 금융과두지배에 의해 소비자의 사용가치의 퇴색과 오히려 침체되어가는 경제활동, 그에 따른 굶주림 등 연쇄적인 반응에 따른 문제점을 국가정책과 관련하여 구체적인 해결방법에 대해 공부하고 싶다는 생각을 하게 되었습니다. 또한 이 책을 통해서 일상생활에서 당연시 여기던 불평등한 사회구조를 비판적으로 생각할 수 있는 안목을 기를 수 있게 되었습니다.

📖 나는 세계일주로 경제를 배웠다 *(코너 우드먼/갤리온출판)*

이 책의 저자는 오직 학문으로서의 경제가 아니라 실생활에 녹아져 우러나오는 경제에 대해 탐구하고자 자신의 현재 생활의 모든 것을 버리고 학문에 매진하였습니다. 저는 그런 열정에 깊은 감동을 받았습니다. 또한 우리 국내 경제활동에 국한해서 생각했던 저에게 넓은 시야를 제공해주는 계기가 되었습니다. 특히 어느 지역이든, 어떤 문화를 지니든 생산과 소비라는 활동은 끊임없이 이루어지고, 소비자는 곧 세계인이기 때문에 다른 나라에 대해서도 많은 정보가 필요하다는 것을 느꼈습니다. 그래서 편협한 사고와 그에 걸맞은 활동보다는 폭넓은 사고와 더불어 다양한 활동을 몸소 체험해야겠다는 생각을 하게 되었습니다.

"

두 번째 이야기

◆

나는 경영학의 천재다.

제자 가운데 가장 똑똑한 천재가 바로 이 친구다.

제자 가운데 가장 겸손한 천재가 바로 이 친구다.

제자 가운데 자신에게 가장 혹독한 천재가 바로 이 친구다.

이 친구 고등학교 3년의 학교생활과 학습경험 교내활동을 이야기한다.

"
저는 인구가 5만이 채 되지 않는 작은 군에서 태어났습니다. 교육 환경이 열악한 시골이다 보니 영어를 접할 기회도 그리고 외국인을 만날 기회도 적었습니다. 그에 따라 대도시 학생들의 영어 실력에 대해 남모르는 열등감을 갖게 되었습니다. 또한 세계화 시대에서 국제적 거래와 경제 협력이 이루어지는 상황에서 원활한 소통을 위해서도 영어는 필수라고 생각했기에 성적을 위한 영어만이 아니라 실용영어가 필요하다고 생각했습니다. 그래서 고등학교를 입학하면서부터 영어에 많은 시간을 투자했습니다. 1학년 때부터 저는 일주일에 2번, 영어 일기를 쓰며 다양한 표현을 익히고 기초 작문 능력을 키웠습니다. 이를 바탕으로 1학년 때부터 한 달에 두 번 영자신문 동아리 부원으로 활동하면서 다양한 영자신문을 읽고 기사 쓰기 연습을 했습니다. 또한 2012년 Daechang Times Health 면에 "Don't Smoke, Don't Drink"라는 기사를 쓰고 원어민과 1:1로 첨삭을 했습니다. 처음 써보는 영어 기사 이다 보니 힘들고 서툰 과정이었지만 학교에서 처음으로 발행한 영자 신문에 기사를 실었다는 뿌듯함과 영어 작문에 대한 자신감을 얻을 수 있었습니다. 2학년 때 참가한 원어민과 함께하는 경주 역사 탐방에서 원어민과 버스자리를 옮겨가며 여행 내내 영어로 대화했고 영어로 우리 문화유산을 소개했습니다. 저는 경주 지역의 역사, 지리, 대표적 관광자원에 대해 대표로 발표를 했습니다. 발표를 하면서 잘 몰랐던 발음을 원어민에게 직접 교정 받을 수 있었고 좋은 발표였다고 칭찬을 받았습니다. 용기내서 적극적으로 참여한 이 활동이 늘 불안했던 외국인과의 대화에 자신감을 얻을 수 있었던 좋은 경험이었습니다. 이후로 원어민과의 만남의 횟수를 늘려가며 좀 더 많은 이야기를 나누며 단순한 대화가 아니라 그들의 생각과 마음을 알게 되는 계기가 되기도 하였습니다.

나아가 언어를 통해 소통하는 것이 얼마나 중요한 일인가를 깨닫게 되었습니다. 경제 전문가가 되고 자하는 저로서는 세계 경제의 동향과 흐름을 알기위해서도 영어 능력을 향상시키고 영어능력 검증이 필요하다는 생각을 하게 되었습니다. 1학년 2학기부터는 뛰어난 학생들과 실력을 겨뤄보고 저의 진짜 영어 실력을 평가해 보기 위해 텝스 시험에 도전해 보았습니다. 혼자서 텝스 공부를 시작했습니다. 텝스 수업을 받을 곳이 없는 지역 여건상 어쩔 수 없는 일이이었습니다. 처음에는 독학으로 수능 영어를 넘어서는 공부를 하려다 보니 교과목으로서의 영어에만 치중해있던 저의 실력에 대해 많은 실망과 좌절을 겪기도 했고 포기할 생각도 했습니다. 하지만 저는 잠을 줄이더라도 텝스에 하루 2시간 이상을 투자해야겠다는 결심을 하고 한 번도 어기지 않고 실천했습니다. 그 결과 5번의 도전 끝에 가장 힘들어 했던 청해 점수는 100점 이상 올랐고 2+급의 인증을 획득할 수 있었습니다. 이 점수는 다른 학생들에 비해 부족한 점수일지도 모르지만, 최선을 다한 성과이기에 더욱 큰 기쁨을 느낄 수 있었습니다. 또한 텝스 공부는 학교 성적에도 긍정적 영향을 미쳤습니다. 고등학교 3년 동안 영어교과 1등급을 한 번도 놓치지 않았고 2학년 때는 교내 영어경시대회에서 1위를 수상했습니다. 또한 예천군이 주최한 영어 말하기 대회에서도 대상을 수상하는 성과를 내기도 했습니다. 영어 실력을 향상시켜 가는 과정은 저에게 포기하지 않고 노력하는 것이 어떤 의미인가를 일깨워 준 소중한 경험이었습니다. 세계 정보를 획득하고 소통의 기본이 되는 영어능력을 향상 시키는 일에 소홀히 하지 않겠습니다. 아울러 꿈을 이루기 위해 진정 하고자하는 일을 위해 정말 잘할 수 있는 일을 위해 전력을 다할 것입니다. 포기하지 않으면 기회가 온다는 말을 믿습니다.

EU 동아리는 제가 직접 동아리를 조직하고 회장으로 활동하였습니다. 동아리를 만든다는 것이 생각보다 어려웠습니다. 경제에 관심을 가지는 학생들이 적어 동아리 회원을 모집하는 것, 동아리 활동을 어떻게 해야 할지에 대한 불안감 등 포기하고 싶은 생각도 들었습니다. 하지만 발로 뛰며 친구들 한명 한명을 설득하여 동아리회원을 모집하고 시행착오를 거치며 활동을 해나가는 과정에서 동아리에 대한 남다른 애착과 열정을 가질 수 있었습니다. 학교에서 지원을 받는 동아리가 아니었기 때문에 따로 시간을 내서 활동하기가 어려웠습니다. 하지만 청소년 경제 신문 생글생글을 함께 읽어가며 경제에 대한 관심을 한층 더 키워나갔고 경제에 대한 지식을 쌓을 수 있었습니다. 저희 동아리는 시사 경제에 대한 토의, 토론을 동아리의 주요 활동으로 삼았습니다. 특히 유럽의 경제 위기에 대한 토의는 통합화폐정책에 대한 단점, 방만한 복지 정책이 불러오는 역기능을 알 수 있는 좋은 경험이었고 이러한 활동을 통해 재경직 공무원이라는 저의 꿈을 확신할 수 있었습니다. 또한 생산적 복지, 경제 민주화 등 요즘 이슈가 되고 있는 경제 문제에 대해 이야기하며 해결 방안을 고민해 볼 수 있었습니다.

저는 평소 발표력도 부족하고 나를 표현하는데 부끄러움을 많이 타곤 했습니다. 마음속으로는 항상 남 앞에 서고 싶다는 생각을 가지고 있던 중 학교 선생님이 리더십 캠프라는 프로그램을 알려주셨고 선생님께 부탁드려 참가하게 되었습니다. 리더십 캠프를 참가하여 처음 만난 학생들에게 나를 소개하고 나의 장점을 발표하는 시간은 발표에 대한 자신감을 가질 수 있는 계기였습니다. 또한 캠프에서 남의 장점을 찾아 노트에 적어보는 시간이 있었습니다. 이 시간은 차분하게 말을하는 저의 장점을 알 수 있어 나에 대한 자신감을 한층 키울 수 있는 기회였을 뿐 아니라 남을 긍정적으로 바라보는 연습을 할 수 있었습니다. 이 캠프를 통해 저는 처음 보는 학생들과 많은 대화를 했을 뿐 아니라 조별 활동을 통해 협동, 분업의 경험을 할 수 있었습니다. 이 경험은 저에게 앞으로 원만한 사회생활을 하는데 큰 도움이 될 것이고, 당당한 저의 모습을 표현할 수 있는 원동력이 될 것입니다.

항상 책과 친해져야 한다고 말씀 하시던 어머니의 영향으로 저는 1학년 때부터 송대 도서관 도서부원으로 활동했습니다. 특히 1학년 때는 1학년 도서부 반장으로 활동하면서 독서 교실 회원을 직접 모집하고 도서부 모임에 주도적으로 참여하였습니다. 매일 점심을 놀지 않고 도서관에 와 청소를 하고 도서 정리를 하는 것이 주요 일과였습니다. 점심시간을 반납하고 도서관에 와 일하는 것이 때로는 귀찮았지만 도서정리를 하고 남는 시간을 이용해 독서를 하며 책과 친해질 수 있는 소중한 시간이었습니다. 이를 통해 항상 책을 가까이 하는 습관을 기를 수 있었고 책을 편식하던 저의 습관을 고치고 다양한 종류의 책을 읽는 자세를 가지게 되었습니다. 또한 저희 학교는 송대 오서 읽기라는 송대 도서관만의 특별 프로그램이 있습니다. 매 달 전교생에게 송대 오서라는 이름으로 도서부원이 책을 배부하고 학생들이 책을 다 읽으면 다시 회수하였습니다. 이를 통해 저희 학교는 다른 학교보다 많은 책 읽을 기회를 마련할 수 있었고 항상 북적한 도서관을 만들 수 있었습니다. 많은 친구들이 꺼려하던 도서 부원을 함으로써 솔선수범의 자세를 배울 수 있었으며 다양한 책을 접해봄으로써 식견 또한 넓힐 수 있었던 소중한 경험이었습니다.

📖 괴짜 경제학(스티브 레빗/ 스티브 더브너)

 1학년 때부터 경제에 관심을 가지고 경제 책을 읽고 있었지만 어렵게 느꼈습니다. 그러던 중 도서관에 신간 도서로 들어온 괴짜 경제학이라는 책을 접하게 되었습니다. 이 책은 다양한 사회 현상과 사회 문제를 경제 논리와 경제의 기본개념을 사용하여 분석하고 있습니다. 특히나, 스모 선수와 선생님과의 공통점이라는 챕터에서 경제의 근본이 되는 인센티브의 개념을 사용하여 스모 선수와 선생님이 부정행위를 저지르는 이유를 설명해 주고 있습니다. 이는 저에게 경제학이 재정과 관련된 학문만이 아니라 개개인의 행동을 설명하는데도 유용한 학문이라는 것을 알려주었습니다. 이 책은 저에게 경제학이 일상생활과 밀접한 관련이 있으며 보이지 않는 곳에 경제 원리가 숨겨져 있다는 것을 알려 주었습니다. 이를 통해 경제에 대해 더욱 흥미를 가지게 되었고 경제학을 더욱 자세하게 공부할 수 있는 경제학과에 진학하고자 하는 꿈을 가지게 된 계기가 되었습니다.

📖 마음을 움직이는 승부사 제갈량(자오 위핑)

 경제에 있어서 경영, 리더십이 중요하다는 친구의 충고와 함께 친구는 이 책을 저에게 추천해 주었습니다. 평소 고전과는 거리가 있던 저였기 때문에 처음 읽기에는 거부감이 들었습니다. 하지만 무겁기만 한 고전의 이미지가 아니라 현 시대에 잘 맞도록 제갈량의 리더십, 용인술을 보여주고 있어 공감을 하며 읽어갈 수 있었습니다. 특히 제갈량이 눈물을 흘리며 마속의 목을 베는 장면은 평소 공사를 잘 구분하지 못해 난감한 일이 종종 있었던 저에게 공과 사를 분리해야 한다는 교훈을 주었습니다. 또한 이 책의 전반적인 내용은 조직과 사람에 대한 이해인데 이를 통해 조직과 사람을 이해하는 자질을 배울 수 있었고 국가를 위해 일 하는 공무원으로서의 인문학적 소양을 기를 수 있는 기회였습니다. 특히 표지를 장식하고 있고 이 책의 주제인 "승부처는 사람에게서 나온다."라는 말은 저에게 사람의 힘, 사람의 소중함을 일깨워 주었습니다.

📖 부자 중국, 가난한 중국인

 저는 중국의 힘이 막강해지는 현대 사회에서 중국에 대해 알아야한다는 생각을 가지고 있었습니다. 특히 이 책의 제목은 중국의 현 시점을 보여주는 가장 적합한 책이라는 생각이 들어 책을 읽게 되었습니다. 이 책에서는 경제 대국으로 성장하고 있는 중국의 밝은 전망 뒤에 감춰진 서민 빈곤 문제, 기업 문제, 불량식품 문제, 부동산 문제와 같은 현안들을 고발하고 있습니다. 저는 G2로 도약하고 있는 중국에 대해 긍정적인 인식을 가지고 있었습니다. 하지만 이 책을 통해, 중국 서민의 어려운 삶에 대해 이해할 수 있었고 '중국이 G2로서 세계를 이끌어 갈 수 있는 자질을 갖추었는가?'라는 의문을 가져볼 수 있는 기회였습니다. 특히나, 폐식용유 산업이 중국 내 가장 통합적인 산업망을 가지고 있고 수익률이 매우 높다는 아이러니는 충격적으로 다가왔습니다. 이러한 내용을 통해 중국이 세계 무대의 중심에 서기 전에 자국의 현실 개혁의 필요성을 인식해야 한다는 생각을 가지게 되었습니다.

s대학교는 국내 최고의 대학일 뿐 아니라 아시아를 넘어 전 세계 일류 대학들과 어깨를 나란히 하는 대한민국의 자부심이라 할 수 있습니다. 또한 국립대학으로서 자율성을 갖춘 대한민국의 미래이며 상징입니다. 그러한 학교에 입학하여 대학 생활을 보낸다는 것은 큰 영광이며 그에 따른 막중한 사회적 책임감 또한 뒤따를 것입니다. 이에 따라 저는 '경주 최부잣집'을 이야기하고 싶습니다. '재산은 1만석 이상 갖지 마라', '사방 1백리 이내 굶어 죽는 사람이 없게 하라'는 것이 300년 동안 부와 명예를 이어온 '최부잣집' 가문의 삶의 방식이었다고 합니다. 또한 독립운동에 전 재산을 내놓음으로서 많은 사람들이 독립투사로서 활동했습니다. '최부잣집'의 나눔과 사회에 대한 헌신은 현대 사회 속에서 서울대학교 학생들이 가져야 할 덕목이자 본받아야할 정신이라고 생각합니다. 이를 위해 현대사회를 살아가는 우리들은 좀 더 활발히 재능기부에 힘써야 할 것입니다. 이미 학교를 졸업하신 선배님들은 사회 곳곳의 분야에서 재능기부를 통해 '나'를 넘어 '사회'의 번영과 발전을 위해 노력하고 계십니다. 이미 학교에서 교육봉사, 의료봉사 등을 통해 재능기부가 이루어지고 있지만 좀 더 체계적이고 책임감으로 더욱 활발한 활동이 필요하다고 생각합니다. 또한 다양한 연구 활동을 통해 한국의 학문적 발전에 기여해야 합니다. 한 국가의 역량을 결정하는 데 교육의 수준, 학문의 발전 정도는 큰 잣대가 되기도 합니다. 그러므로 최고의 대학을 다니는 학생으로서 단순히 좋은 직장, 좋은 사회적 지위를 위한 것이 아니라 대한민국의 발전을 위해 노력해야 합니다. 마지막으로 사회 속에서 소통의 중재자가 되어야 할 것입니다. 사회의 많은 문제들이 소통의 부재에서 오는 경우가 많습니다. 때문에 강자와 약자 모두의 입장을 보고 비판적 지성을 통해 사회라는 톱니바퀴가 돌아가는 과정에서의 '윤활유' 역할을 해나가야 합니다. 서울대학교의 '대학이 만들어 낸 가치를 사회와 공유'라는 말처럼 대학에서 수학한 모든 것들이 사회 곳곳에서 공유될 수 있도록 힘써야 하는 것이 서울대학교 학생들의 가장 큰 책임이며 이를 위해 실천적 자세와 끊임없는 고민을 통해 사회 속에 필요한 인재가 되기 위해 노력해야 할 것입니다.

”

세 번째 이야기

◆

나는 농업경제의 천재다.
착하고 겸손하고 성실함으로 산을 옮긴 기적의 아이다.
묵묵히 뚜벅뚜벅 무소의 뿔이 생각났던 아이다.
개교 이래 최초의 s대 합격생!

이 친구 고등학교 3년의 학교생활과 학습경험 교내활동을 이야기한다.

"
　고등학교 입학 후 처음 실시한 교내수학경시대회에서 17문제 중 1문제를 맞히는 충격적인 결과를 받았습니다. 중등과정에서 줄곧 1등을 했던 저는 고등과정의 공부가 별것 있겠어하는 자만심에 빠져있었습니다. 전교생이 보는 시험이었고 수학을 가장 자신있어했던 저에게 1문제를 맞힌 것은 충격 이상이었고 현실을 직시하게 해주었던 사건이었습니다. 도시 아이들처럼 고등과정을 선행하지 못한 것이 문제라고 생각은 했지만 그보다도 안일하게 생각했던 제 자신이 문제였습니다. 하지만 이미 지나간 일을 후회하는 것은 나와 어울리지 않는다는 생각으로 불평은 그만두고 수학공부의 문제점이 무엇인지 찾았습니다. 먼저 문제를 풀려면 다양한 개념을 응용해야 했고 개념이 부족하다는 것을 알게 되었습니다. 다시 처음으로 돌아가 기본에 충실하여 개념을 익히고 공식은 되도록 쓰지 않고 원리를 이용하여 풀며 공식을 증명하려고 많은 시간을 들였습니다. 그러던 중 영어독해지문에서 "사람들은 문제를 해결 할 때 해답이 떠오르면 그게 최선이라고 판정해버리지만 자기가 머릿속으로 단정해 버린 것이다. 해답을 찾을 때 미리 판단해버리면 창의성을 가로막는 행동이다."라는 내용을 읽었습니다. 그 순간 수학이 떠올랐습니다. 저도 수학에서 해답을 단정 지어 풀지 못 한경우가 종종 있었습니다. 예를 들어, 지문에 로그함수가 주어져있으면 로그를 이용해 푸는 문제라고 단정 짓고 30분을 넘게 붙잡고 있다가 답지를 보면 지수를 이용해 푸는 문제라는 것을 깨달은 것입니다. 문제를 해결 할 때 해답을 미리 판단하지 않고 과정을 계속해서 의심하고 무엇을 요구하는지 알려고 하였습니다. 그러다보니 답지와 다르게 풀 때도 있고 정확하게 맞을 때도 있었습니다. 답지와 다른 방법으로 풀었지만 저의 풀이 또한 맞고 답도 맞았을 때가 수학 공부를 할 때 제일 기쁠 때였습니다.

결과는 눈에 띄게 향상되었고 3학년 때는 수학경시대회에서 1등을 차지할 수 있었습니다. 자만하지 말고 객관적으로 현실을 직시해야 함을 알게 해 준 좋은 경험이었습니다.

재학기간 중 본인이 의미를 두고 노력했던 교내활동 3개를 소개합니다.

첫째는 또래상담을 한 것 입니다. 고등학교 친구들과 친해지자 친구들은 저에게 고민을 자주 털어 놓았습니다. 저를 믿고 말하지만 아직 경험이 부족한 저도 제대로 된 해결책을 제시해줄 수 없는 것이 미안했습니다. 그러던 중 일주일동안 또래상담 수업을 받게 되었습니다. 나를 소중히 하는 법을 배웠고, 친구를 소중히 생각하는 마음가짐을 배웠습니다. 또래상담을 하는 목적이 더 나은 해결책을 제시 해주기 위한 것으로 알았지만 뜻밖에도 또래상담 수업에서는 "해결책을 제시해주지 말고 그 친구가 스스로 해결책을 생각해 낼 수 있도록 도와줘라"였습니다. 친구들이 저에게 고민 털어놓았던 이유는 제가 말을 하지 않고 들어주는 것이 좋았던 것입니다. 해결방법을 요구하는 것이 아니라 답답한 마음을 풀기위해서, 위로받고 싶어서 그래서 해결책보다는 듣고 이해해주는 것을 원했다는 것을 알았습니다. 주도적으로 말을 하는 것보다 듣는 것의 중요성을 깨달았습니다. 그 후로 친구들이 고민을 털어놓을 때 친구가 충분히 말하도록 기다려준 뒤 "너는 그럼 어떻게 하면 좋겠어?","그럼 그 상대방은 어떻게 생각할까?"라고 물어보면서 친구가 스스로 답을 낼 수 있도록 도와주었습니다. 상담이 끝난 후 친구들이 편지를 보냈습니다. 그 안에는 귀찮아하지 않고 편안하게 다 들어 줘서 고마웠다는 내용이었습니다. 이 또래상담교육과 상담 과정을 통해 좋은 친구들을 많이 만나는 의미 있는 활동이었습니다. 친구들에게 소극적이었던 제 성격도 적극적인 모습으로 바뀌게 되었습니다. 3년 동안 친구들의 고민을 들어주면서 많은 친구들과 좋은 인관관계를 가질 수 있었고 제가 힘들어 할 때 큰 격려와 용기를 받아 힘든 과정을 극복해 나갈 수 있습니다.

둘째는 농업기술센터에 찾아가 직접 눈으로 보고 느끼고 온 것입니다. 농업분야에 정부에서 많은 투자를 한다는 뉴스를 많이 보았지만 과연 우리지역에서는 농민들을 위해 정부가 어떤 일을 하고 있을까 의문이 들었습니다. 농업기술센터에서 봉사를 하며 담당 공무원들을 만나서 우리 지역에 정부가 기울이고 있는 일에 관하여 들을 수 있었습니다. 처음 봉사를 갔을 때 친환경 농법과 관련해 광합성균과 같은 미생물을 농민들에게 나눠주는 사업과 농촌여성에게 문화체험을 해주는 것 등 많을 정책이 시행되고 있다는 것을 알았습니다. 이렇게 농업을 발전시키고 농민들에게 더 많은 수확물을 내도록 도와주려는 정부의 노력을 보며 긍정적인 농촌의 미래를 생각할 수 있었습니다. 처음 농민들을 위해 미생물을 개발하고 나눠주는 것이 정말 좋은 아이디어란 생각을 했습니다. 그러나 계속 방문하면서 현장에 문제가 있음을 알았습니다. 미생물을 무료로 나눠 주다보니 유사상품 판매자들과 마찰을 빚게 되는 것과 무상으로 나눠줘도 효과에 대해 잘 알지 못하는 농민들이 많아 혜택을 받지 못한다는 문제점을 알게 됐습니다. 좋은 의도로 내놓은 정책이라도 피해가 발생되는 사람들이 있다는 점을 간과해서는 안 되겠다는 생각과 농업교육이 이뤄줘 농업생산의 실질적인 효과를 거둘 수 있으면 좋겠다는 생각을 했습니다.

배려/나눔/협력/갈등 관리

1학년 때 한국 농촌경제연구원에서 발간하는 농정포커스를 읽던 중 농어촌 다문화 가족의 실태와 과제라는 것을 읽었습니다. 농촌 이주여성들이 집안일이 많아 농업에 종사하기 힘들고 자녀교육에도 많은 문제가 있다는 것을 다룬 내용이었습니다. 그 가운데 다문화가정의 아이들이 원하는 교육을 제대로 받지 못한다는 내용은 충격적이었습니다. 그래서 저는 그들에게 도움이 되는 일을 생각해 교육봉사 동아리인 [두드림]을 만들게 되었습니다. 집 근처 죽리초등학교에는 다문화가정, 한 부모가정의 자녀들이 많다는 것을 알고 있었습니다. 그래서 죽리초 교장선생님께 찾아가 두드림의 취지를 말씀드리고 초등학생들을 도울 수 있게 도와 달라고 부탁드렸습니다. 하지만 교장선생님께서는 전에 했던 대학생들도 와서 시간만 때우다 갔는데 고등학생이고 처음 만들어진 동아리라 믿음이 가지 않는다며 거절하셨습니다. 그러나 계속해서 교장선생님께 찾아가 부탁을 드렸고 선생님께서는 한 달을 지켜보고 그때 결정하겠다고 하셨습니다. 매주 일요일마다 만나 1:1 또는 1:2로 한자, 독후감, 영어, 발표 등을 가르쳐 주었습니다. 저희 모두가 아이들에게 열정을 다하는 모습을 보신 교장선생님께서 계속할 것을 허락해주셨습니다. 두드림은 3년 동안 이어졌고 초등학생들의 호응이 너무나 좋아 봉사수업을 신청하는 학생들이 많아져 아이들을 선별하는 일이 있을 정도였습니다.

제가 담당했던 아이가 발표능력이 향상되고 학교에서 백점을 맞고 자랑했을 때 오히려 제가 더 고마웠습니다. 3년 동안 두드림 활동을 통해 배운 것도 많았습니다. 다문화가정의 아이들이 격을 정체성에 대한 고민들을 걱정했던 나는 아이들이 우리나라와 엄마의 나라를 모두 인정하는 모습을 보며 자기에게 주어진 조건을 사랑하고 존중하면 단점이 되지 않는 다는 것을 알았습니다. 두드림 마지막 날 편지와 선물을 주며 계속하고 싶다는 초등학생들을 보며 봉사를 통해 남에게 이렇게 큰 존재가 될 수 도 있다는 것에 뭉클한 감동을 느끼기도 했습니다.

"

네 번째 이야기

◆

수업은 진행되고 가르치는 자는 열정을 다해 수업에 집중한다.

학생은 바쁘다. 계속 무언가를 끄적인다.

수업자료에 낙서집중으로 느껴지는 상황 낙서를 확인 하는 순간 정말 깜짝 놀랄 수밖에 없었다.

선생의 농담까지도 자기만의 암호로 수업을 기억하기 위해 표시했다는 것이다.

감동스러웠던 아이의 이야기 – 이 아이의 집중과 선택은 탁월했다.

노래는 못하고 쑥스러움과 촌티는 벗어날 수 없었다.

경제경영의 천재이다.

이 친구 고등학교 3년의 학교생활과 학습경험 교내활동을 이야기한다.

"

기업 경영과 경제 활동에 관심이 많았던 저는 고등학교에 올라와 관련 서적들을 찾아 읽기 시작하면서 경영경제에 대한 호기심과 궁금증은 더욱 늘어만 갔습니다. 독서 활동만으로는 궁금증을 해결할 수 없다는 생각이 들었습니다. 나 혼자만의 관점에서 경제현상을 이해하는 것이 아닌 대중의 관점에서 경제 문제를 폭넓게 이해하고 싶어졌습니다. 고민 끝에 경제 동아리 활동을 통해 친구들과 시사문제를 토론하며 깊이 있는 경제공부를 해보려고 마음먹었습니다. 그러나 학교에 개설되어 있는 경제 관련 동아리는 없었고 주변의 학생들이 적극적으로 동아리를 만들어 활동하는 분위기도 아니었기 때문에 어떻게 시작해야 할지 막막하기만 했습니다. 힘들었지만 우선 뜻이 맞는 친구들 몇몇과 함께 동아리를 만들어 본 경험이 있는 선배들에게 도움을 구하고 경제 선생님을 찾아가 구체적인 진행방향을 논의한 끝에 어렵사리 동아리를 조직하게 되었습니다. 하지만 그마저도 초반에는 구성원들의 경험 부족과 동아리 조직운영의 미숙으로 부원들의 참여가 저조했고 원활한 활동이 되지 못하였습니다. 저는 이런 상황일수록 내가 먼저 솔선하여 부원들에게 모범을 보임으로써 그들에게 동기를 부여해야겠다고 생각했고 그 누구보다 열심히 자료를 수집하고 토론에 참여했습니다. 그러자 함께하는 친구들의 자세도 점점 달라졌고 우리 동아리는 치열한 논쟁이 오가는 토론의 장으로 탈바꿈하게 되었습니다. 동아리 활동을 본격적으로 시작하고는 우리 주변의 시사 문제에 대한 다양한 경제학적 관점을 접해 보게 되었습니다. 특히 평창 동계 올림픽 개최 찬반 토론을 준비하면서는 논제가 우리 지역의 경북 신 도청 이전 문제 및 예천군·안동시 행정구역 통합문제로 지역민들에게 끼치는 경제적 영향이 많은 유사점이 있다는 것을 알게 되었습니다. 우리 지역 경제의 저발전 원인에 대해서도 깊게 생각해보게 되는 계기가 되었습니다. 경제에 대한 개념을 독서를 통해 확인했다면 동아리 활동을 통해 경제현상을 바라보는 안목을 넓히는 계기가 되었습니다.

저는 학교에 입학해 2년 동안 교내 영어캠프에 참여하였습니다. 처음에 캠프 참가자를 모집할 때에는 많이 망설여졌습니다. 워낙 말주변이 없는 데다 소극적인 성격 탓에 원어민 선생님과 회화와 토론, 게임 형식으로 진행되는 수업에 잘 적응할 수 있겠느냐는 걱정이 앞섰기 때문입니다. 그러나 이러한 제 단점은 분명 스스로 고쳐나가야 할 과제라는 것을 알고 있었고, 이번 기회가 어쩌면 그 출발점이 될 수도 있겠다고 생각한 끝에 캠프에 참여하게 되었습니다. 처음의 우려와 달리 수업이 진행될수록 저는 자유로운 분위기 속에서 원어민 선생님들과 소통이 이루어지고 있다는 것에 놀랍기도 했습니다. 학교 수업시간엔 접하기 힘든 재밌고 색다른 주제로 원어민들과 편하게 대화하고 토론하며 영어회화에 대한 자신감을 갖게 되었고 낯선 사람들과 소통하는 재미도 알게 되었습니다. 특히 캠프의 일환으로 예천군 관내의 원어민 교사 10여 명과 함께 떠난 경주 역사 여행은 제가 앞으로 글로벌 인재로 자라날 수 있다는 자신감을 심어준 계기가 되었습니다. 경주에 도착해서는 원어민들 앞에서 천마총에 대해 발표를 하는 시간을 가졌는데, 열심히 준비한 자료와 연습이 아깝지 않게 저는 원어민들의 갈채 속에서 멋진 발표를 해냈습니다. 우리나라의 문화유산을 그들에게 훌륭히 소개했다는 뿌듯함과 동시에 말주변 없던 나 자신이 그들의 경청을 이끌어내며 무언가를 유창하게 전달할 수 있을 정도로 성장했다는 사실에 큰 성취감 또한 얻게 되었습니다.

마을 돌봄이 "마돌이"라는 봉사동아리에서 1년여 간 활동한 적이 있습니다. 한 달에 1~2회 정도 모여 주말에 예천군 곳곳을 찾아다니며 환경정화 및 일손 돕기를 하는 동아리였는데, 이에 참여하면서 우리 주변에 도움의 손길을 필요로 하는 곳이 많다는 것을 알았습니다. 그 중 2학년 겨울방학에 참여한 사랑의 연탄 나누기 봉사에서는 관내 독거노인 분들을 찾아다니며 연탄을 나르는 활동을 하게 되었는데 누군가를 위한 봉사가 우리 모두를 따뜻하게 할 수 있는 일이란 것을 알게 되었습니다. 추운 겨울날 수백 장의 연탄을 나르는 일은 정말 힘들었지만 연탄이 앞마당에 쌓여갈수록 밝은 웃음이 번지시는 할머니의 얼굴을 보면서 참된 보람을 느꼈고 비록 보잘 것 없는 반나절간의 봉사였지만 나의 조그만 노력이 주변사람들을 행복하게 해 줄 수 있다는 자부심 또한 느낄 수 있었던 소중한 기회였습니다.

고등학교에 올라와 부쩍 책 읽는 재미를 알게 된 저는 1학년 때 교내 도서관 도서부원으로 활동한 적이 있습니다. 도서부원으로 활동하며 독서하기 좋은 환경을 내 손으로 조성함과 동시에 그동안 접하지 못했던 양서들도 가까이할 수 있는 좋은 기회였습니다. 점심시간에 도서관을 방문해 열람실을 청소하고 도서 정리 및 대출업무를 담당하면서 쾌적한 도서관 분위기를 조성했습니다. 학기 초 뜸하던 학생들의 발걸음이 점점 늘어나 도서관이 독서하는 학생들로 가득 차는 날이 많았습니다. 독서의 중요성이 나날이 늘어가는 시기에 다른 학생들의 원활한 독서활동에 기여한 보람된 시간이었습니다.(1490)

　　2학년 가을에 열린 학교 축제인 "송대 축제"에 참가했습니다. 참가자 신청 과정에서 소극적이고 부끄럼 많은 반 아이들은 모두가 나서길 꺼려했습니다. 저희 반은 특히 축제의 중심이 되어 참가해야 하는 2학년이었지만 대부분의 아이들이 '누군가 하겠지'라는 생각으로 서로 참가 신청을 미루고만 있었습니다. 어느 날 담임선생님께서 진지하게 저희를 다그치시며 단합의 중요성을 강조하셨습니다. 이를 계기로 회의 끝에 반 전체가 무대에서 댄스 공연을 하기로 결정하였습니다. 즐겨야 할 축제기간에 왜 모두가 고생해야 하냐며 투덜대는 아이들도 있었지만 우리 반 아이들이 한데 뭉칠 수 있는 좋은 계기가 될 것이란 생각에 적극적으로 참여를 독려하자는 생각이 들었습니다. 저는 학급의 실장도 부실장도 아니었지만 저는 학급실장과 부실장을 도와 아이들을 설득해가며 한 번 똘똘 뭉쳐 멋진 무대를 만들어보자고 열심히 다독였습니다. 마침내 비협조적이던 아이들도 하나둘 마음을 열게 되었고 어느새 모두가 즐기며 춤추는 분위기가 만들어 졌습니다. 우리 반을 뭉치게 하는데 작은 역할을 했다는 것에 뿌듯한 마음이 들었습니다. 하지만 곧 안무를 정하는 과정에서 갈등이 다시 발생했습니다. 무대감독을 맡게 된 저는 좀 더 완벽한 무대를 선보이고자 화려하고 난이도 있는 동작을 주문했습니다. 그런데 안무를 따라오지 못하는 아이들이 하나둘 발생했습니다. 아이들의 불만은 커져만 갔습니다. '조금만 더 연습하면 될 텐데'라는 미련이 있었지만 힘들어하는 아이들에게 무조건 잘 할 것을 요구할 수는 없는 노릇이었습니다. 결국, 욕심을 내다가 팀 전체의 불협화음을 초래하는 일 보다는 쉬운 동작을 선택하는 대신 좀 더 완벽한 팀의 조화를 이루어 내는 것이 좋겠다는 생각을 했습니다. 공연은 많은 갈채와 칭찬으로 성공리에 끝났습니다. 축제 준비과정을 통해 저의 역할이 미흡했다는 아쉬움이 남았지만 리더로서 팀원들 간의 조화를 이끌어 내는 능력과 시기에 맞는 결정과 결단이 얼마나 중요한 일인가를 깨달았습니다.

　　저는 농업 분야에 근무하시는 부모님의 영향으로 농촌경제의 어려움에 대해 많이 들으며 자랐습니다. 농산물 수입 개방에 반대하며 군청 입구를 트랙터로 막아두고 시위를 벌이는 농업인들의 모습을 종종 보아왔던 저는 그들의 고충을 해결해줄 수 있는 사람이 되고 싶다는 막연한 생각을 하게 되었습니다. 그러다 우연히 아버지가 보시는 책에서 농업분야도 다른 산업분야와 마찬가지로 경영관리기술이 필요하며 경영진단, 경영위험관리 등의 중요성이 커지고 있다는 내용을 보게 되었습니다. 우리나라 농업도 양질의 경영 컨설팅이 바탕이 된다면 충분한 경쟁력을 가질 수 있다는 것을 알게 된 그 때부터 저는 우리나라 농촌 발전에 기여하는 경영 컨설턴트가 되겠다는 명확한 꿈을 갖게 되었습니다.

고등학교에 입학해서는 전 삼우개발 대표님과 전 경한코리아 회장님의 모교 방문 특강을 들으며 미래의 경영인으로서 갖추어야 할 자질인 '혁신'과 '창의성'에 대해서 생각해보게 되었습니다. 또 경영학에 대한 지식을 쌓기 위해 교내 도서부원으로 활동하며 경영 관련 서적을 찾아 읽기 시작했습니다. 특히 "스타벅스 사람들"이란 책을 읽고 지역사회의 일원으로서 역할을 하는 기업의 모습을 보게 되었습니다. 단기차익만을 노리는 경영방침이 아니라 지역민의 발전이 곧 기업의 발전으로 이어진다는 사회적 기업의 모토를 가지고 고객을 대하는 회사의 모습은 농업 분야의 기업을 컨설팅 할 사람으로서 가져야 할 올바른 자세에 대해서도 가르쳐 주었습니다. 독서를 통해 얻게 된 경영에 대한 관심은 회사 실무에 대한 호기심으로 이어져 지역 중소기업인 우일음료에서 직접 체험활동을 해 보기도 했습니다. 회사의 구조, 회의현장, 생산라인 등을 둘러보고 담당 과장님의 조언을 들으며 구체적인 경영 컨설턴트의 역할을 배울 수 있었습니다. 뿐만 아니라 세계 각국의 우수한 농업 발전 사례를 국내에 접목해 농업방식의 변화를 이끌 수 있는 컨설턴트가 되기 위해 글로벌 영어캠프에도 지속적으로 참여하여 외국인과의 의사소통 능력을 함양하기도 했습니다.

📖 1.불합리한 지구인

'인간 심리를 지배하는 행동경제학의 비밀'

흥미로운 표지의 문구가 제 시선을 사로잡았습니다. 고전경제학의 대전제에 맞서 우리가 실생활에서 저지르는 다양한 실수를 경제학에 심리학을 접목해 풀어낸 이 책을 읽으며, 저는 행동경제학이란 학문을 처음 접해보게 되었습니다. 인간의 합리성을 경제학 대전제의 전부로 알고 있던 저에게 행동경제학이 가정하는 비합리성은 굉장히 흥미로웠습니다. 인간행동을 숫자와 계산으로만 파악하는 차가운 학문이 아니라 사람에 대한 심층적인 이해와 따뜻한 관심을 바탕으로 한 학문이란 점에서 경제학에 녹아든 인간미도 발견할 수 있었습니다. 경영컨설턴트를 꿈꾸던 저조차도 경제학에 대한 고정관념을 가지고 있었다는 것을 알게 되었고, 여기에서 탈피하여 사람을 이해하는 일이 무엇보다 중요하다는 것을 알았습니다. 이와 더불어 아직 걸음마단계에 머무르고 있는 신학문인 행동경제학을 대학에 진학해 본격적으로 연구해 보자는 각오를 다지게 되었습니다.

📖 2. 왜 세계의 절반은 굶주리는가?

나날이 부유해지는 현대사회에서 지구 반대편에는 먹지 못해 굶어 죽어가는 아이들이 있다는 현실에 궁금증을 갖게 되었습니다. 처음엔 그 원인을 이해하지 못했지만, 이 책을 통해 그 원인과 함께 비교적 선진화된 삶을 살아가는 개인과 기업의 책임에 대해 배울 수 있었습니다. 생산량의 부족이 아닌 부패한 정치구조와 잘못된 정책 탓에 많은 난민들이 구호식량에조차 접근하지 못하는 현실을 알게 됨과 동시에 이를 해결하기 위해선 적어도 인간의 존엄성과 관련한 식량문제에 관해서는 신자유주의적 경제 질서에 내맡겨선 안 된다는 것을 느끼게 되었습니다. 또 지금까지 비판적으로 보기만 했던 후진국의 기아문제 해결을 위한 선진국의 개입은 필요악일수도 있다는 새로운 고민을 하게 되었습니다.

이와 더불어 식량주권을 확립하려는 칠레의 시도를 고의적으로 방해하는 네슬레사의 횡포를 보며 기업이 가져야 할 올바른 사회적 책임도 깨닫게 되었습니다.

📖 3. 유능한 리더는 절대 명령하지 않는다

평소 남을 이끄는 역할과는 거리가 멀었던 저는 고등학교에 올라와 학년장을 맡게 되면서 리더로서의 소양을 갖추기 위해 이 책을 펼쳐보게 되었습니다. 원래 사람을 다루는데 서툴렀지만 이 책을 통해 조직을 이끌며 최선의 결과를 도출하는 법을 배울 수 있었습니다. 특히 "구성원들을 얽매지 않고 명확한 기준만을 제시하여 개개인의 역량을 최대한 발휘토록 한다"는 부분은 굉장히 인상 깊었습니다. 이를 통해 구성원들의 수행에 세부적인 부분까지 신경써주는 것이 리더의 덕목 중 하나라는 잘못된 생각을 버리고 열린 자세의 중요성을 배우게 되었습니다. 이 내용을 음악과 사회 과목 수행 평가 준비과정에 활용하여 전에는 생각지 못했던 참신한 아이디어들을 얻는 경험을 하며 뿌듯함을 느끼기도 했습니다. 이 책 덕분에 얻은 값진 경험은 앞으로 더 막중한 임무를 맡게 되었을 때도 구성원들을 능숙히 이끌 수 있다는 자신감도 심어 주었습니다.

"

다섯 번째 이야기

◆

나는 의학의 천재이다.

조용히 있는 듯 없는 듯 집중 안 하는 분위기의 아이였다.

질문하면 서슴지 않고 거침없이 깊이 있는 이해를 확인시키며 답하던

놀라움을 금치 못했던 아이다.

최종 3개 의대 동시 합격생이다.

이 친구 고등학교 3년의 학교생활과 학습경험 교내활동을 이야기한다.

"

수학은 스스로 풀이를 탐구하는 학문으로서 논리적 사고의 바탕이 됩니다. 이런 점에서 의학 연구자가 되려고 하는 저에게는 중요한 과목이라고 생각하여 수학공부를 소홀히 하지 않았습니다. 하지만 학업 성취도를 확인하는 수학 모의고사를 볼 때 마다 항상 응용문제 두 문제는 풀 수 없어서 많이 속상했습니다. 문제를 해결하기 위한 방법을 고민했습니다. 처음에는 많은 문제를 반복해 풀다보면 해결 될 것이라 생각했습니다. 결과는 별로 나아지지 않았습니다. 저는 수학 선생님께 조언을 구했습니다. 선생님께서는 어려운 문제를 어떻게 풀어야 하는지 다른 아이들로부터 배워보는 것도 도움이 될 것이라고 하셨습니다. 그래서 저는 같은 목적을 가진 친구들과 교내 수학동아리인 '더하기'를 조직하였습니다. 더하기는 동아리 부원들이 수학 문제집을 풀면서 어려웠던 문제를 선정하고, 그 문제를 각자 일주일 동안 푼 뒤에 다시 모여 풀이를 서로 설명해주는 방식으로 운영되었습니다. 저는 아이들로부터 저의 풀이방법과 다른 깔끔하고 명쾌한 풀이를 배울 수 있었습니다. 한번은 공간 벡터의 내적에서 저는 복잡한 좌표를 도입해 어렵게 푼 문제를 다른 친구는 벡터를 변형시켜 기하학적으로 단순하게 풀이하였습니다. 이렇게 명료한 풀이방법은 벡터의 개념을 응용한 것이었습니다. 저는 문제 응용을 위해서는 개념을 확실히 이해해야 한다는 것을 깨달았습니다. 동아리 활동이 끝난 뒤에 저는 기본 개념이 미흡한 부분을 찾아 정의와 증명 과정을 학습하였습니다. 이 과정을 통해 암기 위주의 공부 방법 한계를 느낄 수 있었고 원리를 생각하고 이해하며 공부하는 것이 얼마나 중요한 것인가를 알았습니다. 이 후 기본에 충실한 공부 방법으로 꾸준히 노력한 결과 저는 3학년 수학 모의고사에서 응용문제를 해결할 수 있었고 안정적인 1등급을 받을 수 있었습니다. 앞으로 학문연

구에 있어서도 가장 중요한 것은 기본 개념을 이해하는 것이며 생각하고 이해하는 습관으로 공부한다면 목표로 하는 학문의 성과도 반드시 이룰 수 있다는 확신이 듭니다.

저는 고등학교 입학 전부터 중증 장애인 요양시설로 정기적인 봉사활동을 다녔습니다. 몸이 불편하지만 어렸을 때부터 저를 잘 챙겨준 사촌 언니의 영향으로 장애를 가진 사람들의 불편함을 덜어주는 일에 관심을 가지게 되었습니다. 처음 시설에 들어섰을 때 제 눈에 가장 먼저 들어온 것은 무기력한 장애인분들의 모습이었습니다. 그 모습은 다른 요양병원을 갔을 때에도 마찬가지였습니다. 저는 그분들이 안타까웠습니다. 그러면서 장애를 근본적으로 치료할 수 있는 방법은 없을까? 하는 생각을 했습니다. 게놈프로젝트와 관련된 뉴스를 들을 때는 인간의 질병을 정복할 수 있다는 희망도 느낄 수 있었습니다. 비장애인들이 사소하게 생각하는 행복조차 일상이 될 수 없는 시설 내 장애인분들께 더 큰 도움을 드리고 싶다는 마음은 자연스럽게 질병과 유전자 연구에 대한 학문의 목표를 갖게 되는 계기가 되었습니다.

저는 〈하리하라의 몸 이야기〉 등 유전자 관련 도서를 읽으면서 어떤 유전체 돌연변이가 어떤 발병기전을 통해 질병을 유발하는지 상당수가 아직도 명확하게 밝혀지지 않았다는 것을 알게 되었습니다. 생명과학의 현주소와 새로 밝혀지는 사실들을 알아보기 위해 저는 과학 잡지에 흥미를 갖게 되었습니다. 특히 과학 잡지를 통해서 후성유전학에 대해 알게 되었는데, 우리 몸의 DNA가 고정되어 있는 것이 아니라 경험에 따른 유연성과 발현의 다변성을 가지고 있다는 내용은 매우 인상 깊었습니다. 저는 어쩌면 이것이 다양한 유전체성 질병에 관여하고 있을지 모른다는 생각이 들었습니다. 그에 관해 더 알아보기 위해 〈생물학 명강〉, 〈쉽게 쓴 후성유전학〉을 읽었습니다. 이를 통해 후성유전학이 이미 암과 관련해 연구가 진행되고 있으며 이를 이용한 치료법도 개발 중이라는 것을 알게 되었습니다. 저는 이것이 분명 많은 아이들에게 흥미로운 이야기가 될 것 같아 과학 시사 동아리에서 후성유전학에 관해 발표하였습니다. 발표 도중 어느새 열의에 차서 메틸화와 히스톤 변형, 정크 DNA에 대해 설명하고 있는 제 모습을 발견할 수 있었습니다. 유전자가 병인이 되는 질병을 연구하는 병리학자가 되어 장애를 근본적으로 치료해 장애인분들의 불편함을 해결하고 행복을 되찾아주는 사람이 되자고 마음을 먹게 되었습니다.

과학 축제에서 '사이펀의 원리'를 주제로 친구 4명과 함께 부스를 운영하였습니다. 과학 원리를 확인할 수 있는 모형 제작부터 사이펀 자격루 창작, 아이들의 눈높이에 맞는 설명까지 진행했습니다. 이 모든 축제준비를 위해 세세한 부분까지 상의를 하는 과정에서 의견 충돌이 많았지만 친구들은 자신과 다른 의견이라고 무조건 거부하는 것이 아니라 각자 의견의 장단점을 분석하여 절충하는 방향으로 사안을 결정했습니다. 원만한 의견 조율을 통해 완성한 우리 부스는 궂은 날씨의 축제 현장에서도 체험자들의 높은 호응을 받을 수 있었습니다. 친구들과 함께 결실을 맺었다는 뿌듯한 성취감과 함께 다른 사람들과 공동 과제를 해결해 나가는 데 있어서 의견 존중과 소통이 얼마나 중요한 것인가를 느낄 수 있었습니다.

1학년 때 학교의 기악 동아리인 '돌체'에서 피아노 연주를 했습니다. 기악 동아리에서는 매년 신입생들끼리 합주를 준비하여 소규모 콘서트인 작은 음악회에서 그 곡을 선보이는 것이 관례로 되어 있었습니다. 각자 담당한 악기를 연습하고 처음 합주를 맞춘 날 연주는 엉망이었습니다. 악기를 연주하는 속도도 가지각색이었고 강약도 맞지 않고 악기 소리가 뒤섞여서 듣기 싫은 소리가 날 정도였습니다. 그래서 함께 모여서 연습할 시간을 갖자고 제안했습니다. 매일 점심시간, 저녁시간에 연습을 했지만 합주는 별로 나아지지 않았습니다. 지치고 힘든 상황에서 친구들 가운데 포기하자는 말까지 나왔습니다. 이대로는 안되겠다는 생각에 저는 기악반 선배들께 조언을 구했습니다. 그러자 선배들은 너무 자신을 띄우려 하지 말고 합주라는 것을 잊지 말라고 말해주었습니다. 그 말을 듣고 저는 제가 합주할 때 어떤 태도로 임했는지 생각해보았습니다. 그때까지 저는 피아노 반주가 곡의 바탕이 된다는 이유만으로 친구들이 제 피아노 반주에 맞춰주기를 기대하고 있었습니다. 피아노 반주를 멈추고 다른 악기소리에 귀를 기울여 보니 저와 박자나 음정이 다른 부분이 몇 군데 있었고, 실제로 악보를 비교해보니 악보부터 다르게 기록되어 있었습니다. 그렇게 다른 부분을 차근차근 확인하고 친구들과 서로의 소리에 관심을 기울이며 합주를 수정하고 맞춰간 결과 소리가 어울려짐과 동시에 친구들의 마음도 맞아가는 것을 느낄 수 있었습니다. 피아노뿐만 아니라 모든 악기가 중요한 역할이며 개개인의 소리에만 신경 쓸 것이 아니라 자신의 소리가 전체와 어울리는지 계속 확인해야만 합주가 완성된다는 것을 알게 되었습니다. 우리는 작은 음악회에서 무사히 합주를 들려주었고 돌체 선배들과 구경 온 다른 학생들로부터 박수갈채를 받을 수 있었습니다. 이 경험을 통해 다른 사람들과 무엇이든 함께할 때에는 나 혼자만이 중요한 것이 아니라 다른 사람들과의 조화가 중요한 것이며 상호보완을 통해 더 나은 전체를 만들 수 있다는 것을 알게 되었습니다.

의사가 되고자 하는 마음을 가지게 된 계기는 고등학교 이전부터 지속해오던 중증장애인요양시설 봉사활동이었습니다. 내가 만난 장애인 분들은 선천적이거나 혹은 만성적인 질병으로 입원해 계셨습니다. 장애인 분들을 만나면서 자연스럽게 질병에 대한 관심을 갖게 되었습니다. 구체적으로 저는 진로에 대해 탐색하면서 현대의 기초의학은 서양 사람들이 잘 걸리는 질병에 중점을 두고 발전해왔다는 것을 알게 되었습니다. 하지만 주변 환경과 선대로부터 물려받은 체질, 식습관이 엄연히 다르고 서양인의 질병과 동양인의 질병 또한 다를 수밖에 없기 때문에 상대적으로 동양인들은 기초의학의 도움을 제대로 받지 못한 것이 사실입니다. 저는 우리나라 환자분들을 위해 더 나아가 동양인의 질병과 관련된 병리학을 연구하는데 전념할 생각입니다. 병리학을 발전시킴으로써 우리나라에서 빈번하게 발생하는 질병과 유전자 발병기전에 대해 연구함과 동시에 치료 방법의 방향을 제시할 것입니다. 저의 꿈을 실현하기 위해서는 병리학 지식과 함께 인체의 생리와 다양한 질병에 대한 전문적인 지식을 쌓으면서 후성 유전적 연구가 활발히 이루어지는 의예과에 진학해야겠다고 다짐하였습니다. 저의 이러한 진로방향과 맞는 대학을 찾아보던 중 가톨릭대학교 병리학교실에서 후성유전체학을 기반으로 발암기전을 규명한다는 것을 알게 되었습니다. 저는 가톨릭대학교에 가면 제가 정말 흥미 있어 하는 후성유전적 병리에 대해 유능한 교수님들로부터 깊은 지식을 배울 수 있을 것 같다는 생각이 들었습니다. 저의 진로는 관심도서의 저자 소개를 참고하면서 이런 연구를 하려면 어떤 단계를 밟아야 하는지 탐색하였습니다. 저는 유전체가 인체 및 질병에 미치는 영향과 병리학에 중점을 두고 자세히 공부할 것이며 석사과정 이후에는 기초의학이 발달한 미국의 유전병리학자들과 함께 연구를 진행하며 박사과정을 이수하고 경험을 쌓을 것입니다. 제가 대학교 졸업 후 미국 유학을 선택하는 이유는 우리나라의 기초 의학을 발전시키고 제가 하고 싶은 연구를 진행하기 위해서입니다.

"

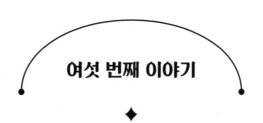

여섯 번째 이야기

◆

조용한 아이 수줍음이 많아 볼빨간 아이가 되었던 아이다.

y 대 합격자 나는 교육학의 천재다.

말라깽이 수업시작 20분이 지나면 그렇게 졸음 졸았던 아이다.

하지만 자신의 관심분야 질문에는 목소리도 커지고 유난히 눈이 반짝이던 아이다.

이랬던 아이가 대학 입학과 동시에 댄스동아리 활동에 빠져 공연포스터를 보내오던

아이가 교육전문가가 되겠다 한다.

이 친구 고등학교 3년의 학교생활과 학습경험 교내활동을 이야기한다.

"

　고등학교에 입학해서 가장 큰 충격은 영어성적 이었습니다. 모의고사 점수도, 듣기 실력도 좋지 못했습니다. 영어에 대한 자신감이 점점 떨어졌습니다. 영어 문제를 심각하게 인식하긴 했지만 저는 기숙사생이고 사교육을 받을 마땅한 곳도 없었습니다. 그래서 학교에서 하는 활동에 적극 참여해서 영어 실력을 높이려고 노력했습니다. 우선 방과 후에 하는 특강에 1학년 때부터 꾸준히 참여했습니다. 1학년 때는 주로 어법, 어휘에 많은 노력을 기울였습니다. 어휘는 주로 쓰면서 외웠었는데 여러 번 보는 것이 더 효과적이라는 것을 알게 되었습니다. 그래서 쉬는 시간마다 단어를 보는 습관을 들였습니다. 그렇게 함으로써 어떤 독해상황에서도 어휘의 의미를 문맥에 맞게 적용 시킬 수 있었습니다. 어법에 대한 정리와 정확한 개념 익히기를 중심으로 보다 명확히 어법을 적용하고 확인하는데 노력을 더했습니다. 그리고 특강 시간에 배운 방법들로 자기 주도 학습 노트를 만들어 내신 시험에 대비하였습니다. 그날그날 수업이 끝날 때마다 정리를 해서 복습을 할 수 있었습니다. 이렇게 계획하고 실천함으로서 영어에 서서히 자신감이 생길쯤 영어듣기의 한계에 부딪치게 되어 또다시 절망하게 되었습니다. 원어민영어 수업이 가능한 것도 아니었고 그렇다고 특별한 대안이 있는 것도 아니었습니다. 그렇다고 포기할 수는 더더욱 없었습니다. 그래서 저의 전략은 '들릴 때까지 듣자' 였습니다. 2학년 내내 145회의 듣기를 했습니다. 100회가 넘어갈 쯤 서서히 말이 들린다는 느낌이 들었고 서서히 자신감으로 변하고 있는 자신을 확인하게 되었습니다. 그 결과 이후에 치러진 수능모의고

사에서 몇 회에 걸쳐 듣기만점이라는 결과를 받을 수 있었습니다. 계획하고 성실히 실천하면 희망하는 일이 이루어진다는 사실을 과정을 통해 알게 되었습니다. 그러면서 목표가 생기기 시작했습니다. 수능영어 1등급을 우선 목표로 하자는 것과 나아가 교육학을 전공하고자하는 저로서는 선진국의 교육제도를 이해하고 연구하는데 있어서 영어능력이 매우 중요할 것이라는 생각에 영어에 전력을 다하자는 목표를 분명히 하게 되었습니다. 우선 수능1등급 목표를 위하여 유형별 전략을 세우고 적용해 보기로 했습니다. 처음에는 전략이라고 해서 적중되는 것은 아니란 생각에 불안하기도 했습니다. 하지만 유형별 전략 가운데 '내용 일치 문제는 실시간으로 풀기' '무관한 문장은 제시문의 주제와 관련 없는 것을 생각하기' 같은 것은 문제를 푸는데 적용되어 정답을 맞추는데 많은 도움이 되었습니다. 3학년 땐 수업 시간은 줄이고 제 스스로 공부하는 시간을 늘렸습니다. 그러면서 필요한 부분은 적극적으로 선생님께 질문하고 답을 구하는 방법으로 도움을 받게 되었습니다. 문제 푸는 시간을 줄이기 위해 듣기를 하기 전 혹은 하는 중 시간이 날 때 맨 뒤에 있는 장문독해를 푸는 등 저만의 방법도 터득했습니다. 잘해야 2등급 3등급이던 영어성적이 드디어 7월 모의고사에서 1등급이라는 성적을 받게 되는 감동을 경험했습니다. 자신감으로 다양한 형태의 교내 영어 경시대회에 참가하기도 했습니다. 영어 암송 대회, 모의 토익 시험, 영어 말하기대회에 참가하여 장려상을 수상하기도 했고 영어에 대한 자신감을 확고히 하는데 큰 의미가 있었다고 생각합니다. 저의 영어에 대한 노력의 과정이 참고 되어 미래의 꿈인 교육 전문가가 되는데 도움이 되길 희망합니다. 여기서 만족하지 않겠습니다.

지역 아동교육에 대한 관심으로 처음엔 봉사 센터에 가서 많은 아이들을 만났습니다. 그러다가 학교 선생님께서 한 아이를 위해 봉사 하는 것을 권유해주셨습니다. 낯을 가리는 제 성격 탓에 처음엔 좀 망설였습니다. 여러 아이들을 상대하는 것보단 한 아이와 소통하는 것이 더 좋겠다는 생각으로 일대일 봉사를 시작했습니다. 그 아이는 초등학교 5학년 남자아이였습니다. 그 아이에게 누군가 관심을 가지고 있다는 것을 스스로 느끼게 해주고 싶었습니다. 가르침의 기본은 관심으로부터 시작된다고 생각했기 때문입니다. 그러면서 아이와의 관심과 소통을 위해 선택한 것이 영어 학습 이었습니다. 어떻게 하면 내가 효과적으로 영어 학습을 할 수 있을까하는 고민도 했습니다. 먼저, 직접 단어 카드를 만들어주었습니다. 흔한 방법이지만 초등학생들에게는 생소했는지 아니면 직접 해줘서 고마웠는지 단어를 더 열심히 외웠습니다. 월요일에 관한 단어를 배울 때는 그 아이의 생일을 물어서 더 잘 기억할 수 있도록 해주었습니다. 반복 학습이 중요하기 때문에 한 동안은 첫 대화가 오늘이 몇 월 몇 일 인지를 영어로 말하는 것이었습니다. 생일을 기억해서 간단한 선물과 함께 배운 단어를 이용해 편지를 써줬습니다. 관심을 보여주면서 공부도 함께 하는 제 바람과 딱 맞았습니다. 짧은 시간이었지만 제가 가르치려는 것을 어떻게 해야 더 효과적일지를 생각하는 과정에 흥미를 느꼈습니다. 이 활동은 이후 교육전문가가 되고자 하는 제 진로선택에도 영향을 준 일이었습니다.

1학년 겨울 방학 때 역사 동아리 활동을 했습니다. 주제는 '위안부 바로 알기'였습니다. 일본군 위안부는 한국사 교과서에서 길어야 몇 줄입니다. 더 다양한 주제를 다뤄야 하는 교과서의 특성상 어쩔 수 없었습니다. 하지만 역사 선생님께서는 그 부분에 대한 추가 자료를 제시해주며 저희들의 인식을 일깨워주었습니다. 그리고 이것은 제가 경험한 가장 큰 활동 중 하나가 된 '위안부 바로 알기'프로젝트로 이어졌습니다. 일본군 위안부 인식조사, 유사사례조사, 대응방안으로 크게 나누어서 활동했습니다. 제가 주로 맡은 부분은 대응책이었습니다. 대응방안을 조사하면서 느낀 것은 정말 너무도 당연한 것 들 뿐이었습니다. 선생님과 우리는 더 참신한 것을 원했습니다. 하지만 역사 문제의 모든 해결방안은 인식에서부터 출발한다는 것이었습니다. 최근 청소년들의 역사 인식의 부재로 문제가 제기되고 있는 것에서도 알 수 있습니다. 기억에 남는 일은 위안부 바로 알기 수요 집회에도 참여한 것입니다. 할머니들은 자신들이 당사자이기 때문에 집회에 계속 나오시고 일본에게 요구를 합니다. 하지만 우리의 역사이기 때문에 우리도 나서야 한다고 생각했습니다. 이 활동을 통해 역사에 대한 인식부재를 깨닫고 관심을 가져야겠다는 생각을 했습니다. 그리고 역사교육강화의 필요성을 느낀 활동이었습니다. 역사 인식 강화 프로그램의 개발 , 역사 교육 제도의 강화가 교육계의 과제란 생각을 합니다.

영어암송대회는 김연아 선수의 평창 동계 올림픽 유치를 위한 프레젠테이션이 원고였습니다. 평소 영어에 대한 자신감은 없었습니다. 또 많은 사람들 앞에서 잘 나서지 않는 성격이었습니다. 영어암송대회는 이런 점들을 극복할 수 있는 좋은 기회라고 생각해 참가했습니다. 원고가 있기 때문에 그 원고의 목적을 전달하기 위해 노력했습니다. 김연아 선수의 프레젠테이션 동영상을 직접 찾았습니다. 표정과 몸짓도 따라 해 봤습니다. 평창 동계 올림픽 유치를 달성하겠다는 마음으로 임했습니다. 그러면서 좀 더 자연스럽게 저에게 맞춰서 연설 준비를 했습니다. 예선을 거쳐 결선에 나가게 되었습니다. 예선에서 지적 받은 나의 문제점을 생각하며 결선에 참여했습니다. 결선은 같은 학년 전교생과 담임선생님들이 모두 보고 있는 곳에서 이루어졌습니다. 많은 사람 앞이라 떨렸습니다. 실수도 했습니다. 하지만 끝까지 제가 준비했던 것을 다 보여줬습니다. 아쉬움은 있었지만 후회 없는 발표였습니다. 세계화시대 국제사회에서 영어는 필수 수단입니다. 영어를 매개로 자신의 의견을 전달하는 것 또한 필수 자질이라고 생각합니다. 저는 이 활동을 통해서 영어를 통해 의사소통을 하는 방법, 특히 연설하는 방법을 익혔습니다. 외국의 언어로 제가 표현하려는 것이 잘 전달되는 것이 신기했습니다. 이 경험으로 나중에 영어로 혹은 또 다른 언어일지라도 사람들에게 제 의견을 전달할 수 있을 거라는 자신감을 갖게 하는 의미 있는 활동이었습니다.

　나의 가장 기억에 남는 것은 고등학교 2학년 때 실장으로서의 생활입니다. 한창 진로와 진학 때문에 고민이 많았을 때였지만, 우리 반을 잘 이끌어보고 싶다는 마음으로 시작했습니다. 원래 반 분위기가 시끄럽다 싶으면 바로 조용히 시키는 타입이었습니다. 하지만 어느 때 부턴가 조용히 하라는 저의 말에 친구들이 기분 상해하는 것을 보게 되었습니다. 실장으로써 하는 말이라 특별히 생각하지 않았지만 친구들은 나의 말이 권위적으로 들렸던 모양입니다. 친구들과 사이가 서먹해지는 게 싫었습니다. 그래서 전 내가 반 친구들에게 했던 말을 생각해 보았습니다. 실장이라는 위치를 고려해서 조금 더 생각하고 신중히 말했어야 했다는 생각이 들었습니다. 권위를 내세우겠다는 생각이 없었더라도 어떠한 역할과 위치에서는 권위적인 말로 들릴 수 도 있다는 생각을 했습니다.

　이런 시기에 축제를 준비해야했습니다. 성격은 좋지만 소극적인 친구들과 축제를 준비하려니 고민이 이만저만이 아니었습니다. 자기의 역할에 책임 있는 모습을 보이지 않는 친구들이 문제였습니다. 하겠다고 해놓고 정작 무관심했습니다. 이런 친구들에게 따끔한 한 마디가 필요했습니다. 전 또 친구들과 어색해질까봐 망설여졌습니다. 그래서 생각했고 "함께하자"는 말로 한 마디하고 앞서서 솔선수범하는 모습을 보였습니다. 아이들이 이런 나의 모습을 보고 서서히 함께하기 시작했습니다.

　어떤 아이는 내가 고민하고 있는 일을 함께하자며 나서는 경우도 있었습니다. 한 명 두 명 이런 모습을 보여주며 어느 순간 모두가 함께하는 반 분위기로 변화하며 성공적으로 축제를 마무리 할 수 있었습니다. 이 과정을 통해 말의 힘과 인정받는 리더의 태도와 역할을 생각하게 되었습니다. 그리고 '애티튜드(김진세)'와 같은 심리학책을 읽으면서 '긍정'이라는 단어의 의미를 생각하게 되었습니다. 조용히 시킬 때도 "조용히 해!", "시끄러워!"같은 권위적인 모습이 아니라 "얘들아, 조용히 하자.", "이제 자습하자.", "얘들아 종쳤어." 같은 말로 부드럽게 바꿨습니다. 친구들도 좋게 받아줄 것이라고 생각했고, 반응도 좋았습니다. 긍정의 힘으로 모든 일을 좋게 생각한다는 것이 힘을 발한다는 사실을 알게 되었습니다. 긍정을 실천하는 사람이 되고자 합니다.

내 자신에게 가장 큰 영향을 준 책 3권은 바로 이것!

📖 벨리퉁섬의무지개학교

이 책의 배경은 인도네시아입니다. 이 지역은 매우 가난하지만 석유 회사 'PN'이 있는 곳만은 엄청난 부자 동네입니다. PN의 자녀들은 호화로운 집에 시설이 좋은 학교에서 부족함 없이 자랍니다. 이 책의 등장인물들은 모두 가난합니다. 일을 하는 것이 가정에 더 보탬이 됩니다. 따라서 학교를 다니는 것은 생각조차 하지 않는 집이 대부분입니다. 뛰어난 인재인 선생님은 PN의 제안에도 불구하고 무보수로 학교에 와서 아이들을 가르치려고 합니다. 아이들이 학교에 모이기까지는 우여곡절이 많았습니다. 하지만 열악한 환경에서도 배움에 대한 의지만은 강했습니다. 비 오는 날이면 우산을 쓰면서 수업을 듣기도 했습니다. 강을 건너야만 학교에 올 수 있는 아이도 있었습니다. 그 과정에서 자신의 재능을 발견하는 여러 아이들이 스스로가 성장하는 모습을 보게 됩니다. 제가 사는 곳은 농촌입니다. 도시와 비교적 차이가 있습니다. 마땅히 사교육의 열기를 느낄 곳도, 느낄 기회도 없었습니다. 그 과정에서 학교에서의 수업 하나하나를 간절하게 들었고, 인터넷으로도 정보를 많이 찾아봤습니다. 하지만 정보의 격차가 크다는 사실을 느끼게 되었습니다. 새로운 정보를 접할 때마다 '미리 알았더라면'하는 생각이 자주 들었습니다. 전 이 책을 읽으면서 도시와 농촌, 부유함과 가난에 대해 생각했습니다. 이러한 것들이 기준이 되어 격차를 만드는 원인이 되어서는 안된다는 생각을 했습니다. 미래에도 있을 정보 격차를 좁힐 수 있는 방법에 대해 생각해 보았고 역할을 꿈꾸게 되었습니다.

📖 이범의 교육 특강

"우리나라의 교육제도에 많은 문제가 있다." 요즘 끊이지 않는 말입니다. 미래에 교육 분야에서 일하고 있을 저 또한 우리 교육에 대해 관심이 많았습니다. 하지만 제도에 대해서는 생각해보지 않았습니다. 제 생각은 기껏해야 '시험이 없으면 좋겠다.'와 같은 또래들의 일반적인 푸념에 지나지 않았습니다. 하지만 이 책을 읽으면서 진짜 교육 제도에 대해 하나 둘씩 알게 됐습니다. 기본적으로 우리나라와 일본의 교육제도는 많이 닮아있었습니다. 또한 입학사정관제 등 미국의 제도를 많이 따라하고 있었습니다. 본받아야 할 제도도 있지만 우리나라 현실에 맞지 않는 성급한 제도도 있었습니다. '왜 하필 우리부터'라는 말이 나도는 것도 어렵지 않게 들을 수 있습니다. 수험생의 입장에서 아무 말 없이 현재 주어진 상황에 최선을 다했습니다. 하지만 장래희망과 관계되는 일로서 관심을 갖지 않을 수 없었습니다. 백년대계인 교육문제에 대해서 이렇게 하자고 단정 짓기는 어렵습니다. 앞으로도 교육에 대해 왈가왈부하는 일은 많을 것입니다. 저는 성급하게 결정하지 않고 충분한 시간을 가질 것입니다. 변화하는 시대가 요구하는 인재는 누구인지, 그 시대를 살아갈 학생들이 또는 배우려는 자들의 입장은 어떠한지를 살피겠습니다. 교육 생산자보다는 교육 소비자의 입장에서 제 일을 해나갈 것이라고 다짐했습니다.

📖 나는 대한민국의 교사다

저는 적성검사에서 관습형이 첫 번째입니다. 친구들은 탐구형, 진취형 등이 대다수였습니다. 나이에 맞지 않게 고리타분하다는 소리도 들어봤습니다. 저에겐 이 점이 항상 고민이었습니다. 선생님이란 직업을 가진 사람들은 다른 직업군에 비해 원칙주의자가 많고, 고리타분한 이미지를 갖고 있다는 것은 쉽게 듣는 이야기였습니다. 산업화 시대엔 정해진 규칙에 따라 움직여서 효율을 높이는 것이 목표였습니다. 제가 산업화 시대에 태어났다면 더 잘 맞을지도 모른다는 생각을 했습니다. 하지만 정보 사회인 지금은 다릅니다. 누군가에게 교육을 하겠다는 저에게 '나는 대한민국의 교수다'라는 책은 정보 사회에서 새 시대 교육자가 어떠해야 하는지를 제시해 줬습니다. 미래의 교육자로서, 리더로서 무엇을 해야 하는지를 알게 됐습니다. 제가 도움을 받은 것처럼 교육자를 교육하는 일에도 도전할 것이라는 생각을 했습니다.

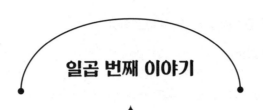

일곱 번째 이야기

◆

내가 만난 첫 번째 농어촌 일반고 학생이다.
만날 때마다 상담만 1시간 – 끊이지 않는 질문과 놀라움을 금치 못했던
깊이 있는 관심 분야의 지식, 목소리에 유난히 힘이 느껴졌던 아이.
함박눈과 함께 s대 합격소식을 전했던 아이다.

이 친구 고등학교 3년의 학교생활과 학습경험 교내활동을 이야기한다.

> 저는 미래에 '국제회의전문가'가 되어 국제포럼이나 컨퍼런스 기획 업무를 담당하고 싶습니다. 그러기 위해서 영어 능력, 사회문화에 관련된 폭넓은 지식, 발표 능력이 필수 요건이라 생각합니다. 이러한 능력향상을 위해서 여러 종류의 영어로 된 글들을 접하려고 노력했으며, 글을 읽을 때 빠르고 정확하게 내용을 파악하기 위해서 직독 직해법을 사용해 글을 읽어왔습니다. 그리고 「17살 경제학」, 「회계학 콘서트」, 「청소년 부의 미래」와 같은 책을 통해 사회현상과 경제학의 원리에 대해 공부하였으며, 'Great Gatsby'와 같은 문학 작품들을 감상하면서 그 책의 작가가 쓴 책들을 찾아 읽어보기도 하고, 그 작가에 대한 연구도 해 보았습니다. 개츠비를 통해 부의 편중과 합리적 분배라는 사회문제를 다시금 생각하게 하는 계기가 되기도 하였습니다. 마지막으로 기술,가정 시간에 '결혼식 준비과정'과 '세계의 전통 음식'에 대한 주제로 팀원들과 인터넷 검색, 토론을 한 후 제가 프레젠테이션제작 및 최종 발표를 해보기도 하였습니다. 누군가의 지시가 아닌 자신의 궁금증을 스스로 해결해 가는 과정을 통해 스스로 만족할 만한 성과가 있음을 확인했습니다.
>
> 저는 학교 축제 때 친구들과 일일찻집을 열었습니다. 하지만 이런일이 처음인지라 준비과정에서부터 팀원들의 잦은 의견충돌과 준비소홀로 인해 운영이 원활치는 못했습니다. 게다가 담당 선생님이 다른 일정으로 인해 선생님의 도움을 받지 못하는 상황이 되었습니다. 그래서 친구들은 의욕을 상실하고 불만을 토로했습니다. 저는 현재 상황은 최악이지만 어떻게 하든 최선을 다해 찻집을 성공적으로 마치고 싶다는 생각이 들었습니다. 저는 장사가 잘 되면 자연히 친구들 기분도 나아지리라

예상했습니다. 그래서 제가 먼저 밝은 표정으로 손님을 부르고 찻집을 홍보하기 시작했습니다. 홍보 덕분에 가게에 손님이 몰려들었고, 우리는 눈코 뜰 새 없이 바쁜 시간을 보냈습니다. 이에 불만 많고 기운 빠져 있던 친구들 얼굴에도 어느새 웃음이 흘렀고, 모두 기분 좋게 차를 팔아 그 수익으로 불우이웃 돕기에 기부 할 수 있었습니다. 찻집을 계기로 저는 리더란 무엇을 요구하는 사람이 아니라 그것을 하게끔 동기를 부여해주는 사람이라는 것을 재확인했습니다. 저는 열 마디 말보다는 올바른 행동 하나로 구성원의 귀감이 되고 그들의 마음을 움직일 수 있는 리더가 되겠다고 결심 했습니다.

최근 요양시설에 계시는 노인들의 숫자가 늘면서 노인들이 사람을 그리워하고 소외감을 느끼는 경우가 많습니다. 요양원에 계시는 노인들의 수가 늘어나는 것은 핵가족화로 인한 어쩌면 당연한 현상일 수도 있다는 생각도 하지만 왠지 자식의 도리, 진정한 부모와 자식의 관계를 생각하게끔 합니다. 저는 그분들의 외로움을 조금이라도 덜어주고자 요양원봉사를 시작했습니다. 처음엔 서툴러 말도 잘 못하고 할머니 할아버지들이 짜증이라도 부리시는 때에는 어쩔 줄 몰라 발만 동동 굴렀습니다. 그러다 소극적으로 봉사하는 것은 별로 의미가 없다고 생각하고 저는 능청스럽게 요양사분들이 하시는 것처럼 꼬리를 무는 질문으로 말동무도 해드리고, 어린아이 어르듯이 식사수발을 하기 시작했습니다. 퉁명스러우셨던 할머니께서 다음에도 오냐고 하셨을 때 정말 기뻤습니다. 제 봉사가 그분들에게 젊은이가 찾아오는 즐거움이었고 저에겐 그분들과 정신적으로 교감할 수 있었던 소중한 시간이었습니다. 저는 작은 관심으로도 그들을 도울 수 있다는 것을 깨닫고 요양원뿐 아니라 동네 노인분들을 만나도 인사와 함께 '어디가시는 길이세요?' 혹은 '날씨가 너무 덥죠.'와 같이 한마디라도 더 건네 관심과 다정함을 표하고 있습니다. 그리고 봉사는 일회성이 아니라 지속성을 가질 때 진정한 의미를 확인할 수 있다는 사실을 깨닫게 되었습니다.

저는 부모님과 함께 일하는 외국인근로자분들과 영어로 대화 하면서 친해졌습니다. 이를 계기로 영어의 중요성을 느끼고 또 영어에 흥미를 가지게 되었습니다. 제 꿈은 국제회의전문가가 되어 세계에 한국을 알리는 것입니다. 영문학을 공부하면, 그 속에 담긴 영미권 사람들의 정신과 문화를 습득하여 그들과 제대로 소통할 수 있는 소양을 기를 수 있으므로 한국의 정신을 그대로 전할 수 있다고 생각합니다. 저는 그래서 영어영문학과에 지원했습니다. 영문학을 공부할 수 있는 자질을 함양하기 위해, 여러 종류의 영문학 서적들을 읽어 보았으며, 그 작가에 대한 연구도 하였습니다. 또한 자신의 생각을 표현하기 위한 방법으로 작문 능력이 필수적이라 생각해서 군에서 실시하는 영어 에세이대회에도 참여하였습니다. 준비과정에서 여러 편의 에세이를 쓰고 원어민 선생님께 첨삭을 받으면서 한글과 영어의 표현의 차이를 배웠습니다. 물론 학과 공부도 열심히 하여 한 학기를 제외하고 모두 영어교과우수상을 받았습니다.

"

여덟 번째 이야기

◆

포항공대 1차 합격 – 기대했던 최종합격은 없었다.
sky 최종합격을 까만밤처럼 속이 시커멓게 탓다며 안도와 감사로 합격을 알렸던 아이다.
축구를 유난히 좋아했던 아이다. 한여름 땀 냄새 어지간히 피우며 수업에 참여했던 –
작지만 강한 열정을 가지고 있었던 아이다.
똑똑한 아이 개천에서 난 용이 바로 이 아이다.

이 친구 고등학교 3년의 학교생활과 학습경험 교내활동을 이야기한다.

"

지원동기와 진로계획

이 학과에 지원하게 된 계기는 중학교 때 우주 엘리베이터라는 책을 읽고 나서입니다. 이 책에서는 탄소나노튜브를 이용해 우주로 가는 엘리베이터를 만들 수 있다고 해서 저는 탄소 나노 소재에 대해서 관심을 갖게 되었고 그러다가 그래핀이라는 소재를 알게 되었습니다. 이 소재는 구리보다 100배나 많은 전류를 흐르게 할 수 있어서 반도체의 정보처리 속도를 개선할 수 있고 신축성이 있어서 구부릴수도 있고 투명한 디스플레이를 만들 수 있다는 점에서 제게 매우 매력적으로 느껴졌습니다. 왜냐하면, 공상과학 만화에서만 볼 수 있었던 것이 실제 상용화될 수 있다는 게 제게 매우 흥분되는 일이었기 때문입니다. 그래서 저는 커서 이 소재를 연구하는 연구원이 되는 꿈을 꾸게 되었습니다. 하지만 제가 정작 아는 것은 기초적인 지식뿐이었습니다. 그래서 좀 더 자세한 지식을 얻기 위해 탄소 나노기술과 그래핀에 대한 논문을 읽어보았습니다. 그러나 너무나 전문적인 단어와 내용 때문에 잘 이해하지 못했습니다. 그래서 책을 통해 나노에 대해 좀 더 자세히 알게 되었지만 한계가 있었습니다. 그럴수록 더욱 이 소재에 대해 더 알고 싶어졌고 그래서 이 소재에 대해 배우기 위해 재료공학부에 지원하게 되었습니다. 저는 우선 대학교에 입학해서 재료에 대한 성질과 그 관련 기술에 대해 배워 재료에 대한 전문적인 지식을 쌓고 또한 다른 인접한 학문에 대한 기초지식을 쌓을 것입니다. 왜냐하면, 재료공학을 응용하여 다른 기술에 접목하기 위해서는 재료에 대한 이해뿐만 아니라 그 응용분야에 대해서 알아야 하기 때문입니다. 그리고 졸업 뒤 융합과학 기술 대학원 나노융합학과에 진학하여 나노 소재에 대한 더 전문적인 지식을 배워서 그래핀을 활용해서 투명 플레서블 디스플레이를 연구할 것입니다. 또한, 탄소 나노 소재에 대한 연구를 계속하여 그래핀보다 더 뛰어난 신소재를 개발하도록 노력해서 우리나라 신소재기술의 발전에 이바지함으로 우리나라가 이 분야에서 세계를 주도할 수 있도록 노력할 것입니다. 저는 작은 농촌마을에서 태어나 자랐습니다. 신소재의 개발과 연구가 나의 작은 농촌마을까지도 발전적으로 변화시킬수 있다는 확신과 학문에의 열정을 가져봅니다. 이러한 학문에의 순수한열정이 저를 대학교에서 선발해야하는 이유이기도 합니다.

학습경험

저는 고등학교에 진학하고 다른 과목보다 수학에 관심이 있었지만, 좋은 대학을 가기에는 실력이 많이 떨어졌습니다. 그래서 일단 수학에 대한 기초적인 개념을 다지기 위해 수업에 충실했습니다. 그리고 나서 수학문제집을 풀었는데 한두 권의 문제집을 저의 것으로 완벽하게 만드는 것이 중요하다고 생각했기 때문에 저는 문제만 많이 풀려고 하지 않았습니다. 그래서 저의 것으로 만들기 위해 저는 틀린 문제가 있으면 왜 틀렸는지에 대해 철저히 분석하고 맞은 문제도 제가 푼 방법 외에 더 효율적인 방법의 풀이를 생각해 보았습니다. 이런 방법의 문제집 풀이가 수학에 대한 기초를 탄탄히 쌓아 선수 학습해서 많은 문제집을 푼 친구들보다 더 잘할 수 있었던 이유인 것 같습니다.

그리고 수리적 능력을 향상하기 위해 수학 멘토 수업에 참여하였습니다. 이 수업은 선생님께서 나누어준 기출 문제를 풀어와 모르는 문제를 물어보는 방식이었는데 열심히 참여하였습니다. 왜냐하면 어려운 문제를 많은 시간을 들여 풀 때의 성취감을 느꼈기 때문입니다. 그래서 수학을 즐기면서 풀 수 있었고 2, 3학년때에는 교내 수학경시대회에 입상할 수 있었습니다.

그리고 '멘델레예프가 들려주는 주기율표 이야기'를 읽고 화학에 관한 관심이 커졌습니다. 그래서 학교에서 화학수업시간에 친구들이 화학이 어렵다며 잘 때 저는 항상 재미있게 들을 수 있었습니다. 그리고 교과에서는 자세히 다루지 않는 부분, 예를 들어 탄소나노튜브에 대해 알기 위해 책을 찾아 읽어 보았습니다. 그래서 화학성적은 오를 수 밖에 없었고 3학년 때는 교내 화학경시대회에서 1등을 할 수 있었습니다. 또한 저는 영어 듣기에 약했습니다. 영어듣기시험을 치면 60점 정도 나왔습니다. 그래서 영어 듣기로 평가하는 영어 듣기 경시대회에 참가할 수 도 없었습니다. 제 자신에게 화가 났습니다. 그래서 선생님께 부탁하여 일단 참가를 하고 약 한 달의 시간 동안 영어 듣기에 몰두하였고 결국 대회에서 2위를 하였습니다. 여기서 무엇이든 할 수 있다는 자신감을 얻었습니다.

교내 활동

우리 학교에서는 여러 가지 멘토수업을 실시하였는데 그중에서 수리연구반, 즉 수학멘토에 참가하였습니다. 일주일에 화, 금 야간에 2시간씩 수업을 하였는데 이 수업은 선생님께서 먼저 모의고사 문제를 나누어 주고 모르는 문제를 가져와 친구들과 토의해보고 선생님에게 질문하고 틀린 문제가 있으면 오답 노트를 만드는 방식이었습니다. 보통 문제집을 풀다가 모르는 문제가 나오면 조금 생각해보다가 답지를 펴보았는데 조언자수업에서는 선생님께서 먼저 답을 나누어 주지 않기 때문에 모르는 문제가 나오면 며칠 동안 고민하면서 문제를 풀기 위해 깊이 사고하게 되었습니다. 이렇게해 수학적 사고력이 점차 증대되었고 수학 문제 푸는 게 조금씩 재미있어지고 어려운 문제가 나오면 풀기 싫은 마음보다 풀고 싶은 마음 더 커졌습니다. 또한, 친구들과 토의하면서 제가 어디서 틀렸는지 알 수 있었고 서로 푸는 방식을 비교해보면서 더 좋은 방식이 있으면 알아갈 수 있었습니다. 그리고 선생님은 우리가 문제를 풀다가 모르는 개념이 있으면 자세하게 설명해주었고 문제를 푸는 여러 가지 방식을 알려 주셨다. 이러한 수업방식이 저는 재미있었기 때문에 다른 친구들보다 항상 많은 문제를 풀어가 2학년 말에는 모의고사문제 60회(한 회당25문제)정도를 풀었습니다, 이렇게 함으로써 수학점수는 안 오를 수가 없었고 1, 2등급을 유지할 수 있었습니다

인재아카데미는 우리 지역에서 종로학원 선생님들을 초청하여 주말마다 선생님들이 직접 우리 지역으로 내려와서 국어, 영어, 수학수업을 하는 프로그램이었습니다. 저는 농촌에 살아서 이러한 기회가 흔치 않았고 주말에 그때 딱히 의미 있는 것을 하고 있지 않았기 때문에 바로 참가하였습니다. 고1 때부터 참가하였는데 이 프로그램에서는 학교에서 배운 기본적인 내용을 더 확실히 배울 수 있었고 또한 학교에서는 다루어 주지 못하는 조금 더 심화한 내용을 배울 수 있어서 저에게 많은 도움이 되었습니다. 그리고 저희 지역은 고등학교가 2, 3개 밖에 안되어 경쟁자가 적기 때문에 서로 간의 경쟁력이 떨어져 공부를 좀 안이하게 하였는데 이것을 선생님들이 보시고 도시 학생들이 어떻게 공부하는지를 알려주면서 저희가 공부를 하고 싶어지게 하였습니다. 물론 놀고 싶은 유혹도 있었지만, 꾸준히 참여하였고 선생님들도 매우 잘 가르쳐 주셨고 성적을 올리려는 의지도 있었기 때문에 학습능력이 향상되었습니다. 또한, 매 주말에 하는 프로그램이어서 주말에 노는데 익숙해 있던 저에게 주말에도 평일처럼 공부할 수 있게 해 학업의 연속성을 유지할 수 있었습니다. 이렇게 하다 보니 공부하는 것이 점차 몸에 익숙해졌고 공부가 부담스럽지 않게 되었고 공부에 재미를 느낄 수 있었습니다.

사랑마을 봉사활동을 교회에서 매년 하였는데 항상 참가하였습니다. 특히 고2 때부터는 헌금한 돈으로 사랑마을 장애우들을 위해 생일잔치를 열어주자고 해서 생일잔치 봉사를 하였습니다.

처음에 사랑마을 봉사를 갔을 때는 내성적인 성격이라 걱정을 많이 하였는데 막상 가보니 상황이 달라졌습니다. 사랑마을에는 삼사십대 정도의 장애우들이 많이 있어서 제가 약간 겁을 먹고 가만

히 있었는데 그들이 먼저 반겨주고 저에게 말을 걸어 주었습니다. 그래서 금세 겁은 사라지고 그들과 여러 가지 게임을 하면서 친해졌습니다. 그리고 장애우들이 이상하거나 무섭지 않고 오히려 아이같이 순수했기 때문에 혼자 있는 장애우가 있으면 먼저 다가가 말을 걸어 주었고 그들의 말을 열심히 들어주었습니다. 그들은 말을 들어주는 자체만으로도 좋아하였기 때문에 즐겁게 봉사할 수 있었습니다. 또한, 생일잔치를 열어주었는데 장애우들이 처음에는 낯설어했습니다. 그래서 생일잔치를 별로 경험해보지 않은 장애우들의 어려운 어린 시절이 상상이 되어 괜스레 미안해졌지만, 그들이 곧 즐거워하는 것을 보니 저도 덩달아 즐거워졌습니다. 저는 형식적인 다른 봉사활동에서와 달리 사랑마을에서 장애우들과 함께한 시간에서 진심으로 보람 같은 것을 느꼈습니다.

어려움을 극복하기위한 노력

　1,2,3학년을 합쳐서 30명이 조금 넘는 중학교에서 졸업했기 때문에 고등학교를 진학해서 어려움을 겪었습니다. 처음 고등학교에 진학하여 배치고사를 쳤는데 좋지 않았습니다. 또한 3월모의고사를 쳐서 나온 수학점수는 64점. 저는 조그만 중학교를 나왔지만 항상 일등을 했었기에 저로서는 이 점수는 충격적이었습니다. 그래서 공부를 하기로 마음먹었지만 중학교때까지 10시에 꼬박꼬박 자던 습관과 문제집 한권 안풀고 항상 놀던 저이기에 공부하는 방법을 모르는 것은 물론 한 시간 이상 책상에 앉아있는 것도 힘들었습니다. 그래서 우선 학교 수업에 충실하기로 했습니다. 왜냐하면 학교 수업을 열심히 들으면 내신 준비하기에 훨씬 수월할 것이라고 생각해서입니다. 그래서 주요과목은 물론 비주요 과목까지도 열심히들었습니다. 저는 선수학습을 한 다른 아이들과 달리 선수학습을 거의 하지 않았기 때문에 수업에 집중하기도 상대적으로 쉬웠습니다. 비주요 과목을 열심히 한 것은 수업에 충실하기 위함이었지만 결과적으로 내가 서울대학교에 지원할 수 있는 수준까지 되는데 도움이 되었습니다. 그리고 개인공부시간을 늘리려고 노력하였습니다. 물론 처음에는 익숙하지 않아서 기숙사 자습시간에 거의 딴짓을 하거나 잠을 잤습니다. 하지만 계속 책상앞에 앉아있으려고 노력하였고 그래서 점점 책상앞에 앉아있는 것이 익숙해져 학습시간에 집중하여 공부할 수 있었습니다. 이렇게 해서 1학년 1학기때 에는 생각보다 좋은 점수를 맞을수 있었습니다.

　하지만 2학기때 어려움이 또 찾아왔습니다. 그당시 수학과 과학에 꽤 자신이 있었기 때문에 자만했던것 같습니다. 그래서 중간고사 수학, 과학 시험을 칠 때 다시보지 않고 빨리치고 잤었는데 결국 점수는 엉망이었고 기말에 만회하려고 하였지만 실패하였습니다. 하지만 그 충격덕분에 이후로 어떤 시험을 보던지 최선을 다해 꼼꼼히 쳤고 좋은 점수를 받을수 있었습니다. 스티븐 잡스의 말처럼 이것은 저에게 쓴약이지만 저는 그 약이 필요한 사람이었나 봅니다. 왜냐하면 제가 만약 시험을 잘 쳤으면 저는 더 자만 했을 것이고 그 뒤의 시험들을 잘 치기는 불가능 했을 것이기 때문입니다.

가장 영향을 주었던 내가 읽은 책3권

📖 멘델레예프가 들려주는 주기율표이야기

고등학교 초기에 읽은 도서로 그당시 과학에 대한 막연한 호기심으로 과학책을 이리저리 찾다가 우연히 읽어보았습니다.하지만 생각보다 어렵지않아서 금세 이 책에 몰두하게 되었습니다. 이 책에서는 주기율표의 화학적 의미와 주기율표와 관련된 재미있는 과학사를 이야기하고 있었습니다. 원소를 분류하기 위해 그룹을 지은 라부아지에, 되베라이너의 세쌍원소설, 뉴랜즈의 옥타브설, 원소의 화학적 성질을 가지고 주기율표를 만든 멘델레예프 그리고 모즐리의 주기율표와 원자의 전자배치를 기준으로 주기율표를 만든 보어의 이야기를 보여주면서 주기율표가 어떻게 생성되었는지를 그리고있습니다.

제가 이 책을 고른 이유는 일차적으로는 이책을 읽음으로 화학의 기초인 주기율표에 대한 기본적인 성질과 원소에 대한 기초적인 지식을 얻은 것이지만 진정한 이유는 이책은 처음으로 제가 화학에 호기심을 가지게 하였고 제가 재료공학과에 지원하게된 직간접적인 계기가 되었기 때문입니다.

📖 나노에 둘러쌓인 하루

나노기술은 미래를 바꿀 신기술로 주목받고 있지만 정작 나노가 무엇이고 그것이 우리의 삶에 미치는 영향을 명료하게 설명해 주는 책을 찾기는 쉽지 않았습니다. 하지만 이 책은 나노기술의 현황과 전망 등을 여러 사례를 들어 쉽게 설명하여 재미있게 읽을 수 있게 하였습니다. 또한, 이 책에서는 '아프지 않은 주사기' , '나노로봇' 등 나노기술이 응용되어 계발단계의 제품들을 소개하고 있는데 그중에서 특히 그래핀소재를 이용한 투명 나노 마스크와 장갑이 제 눈에 들어왔습니다. 왜냐하면, 그래핀이 이러한 방법으로 응용될 수도 있다는 것을 알아가 때문입니다.

하지만 이 책에서는 우리가 나노 마스크를 사용하려면 마스크 크기의 그래핀 시트를 생산하는데 기술이 부족하고 무엇보다도 기술을 개발한다 해도 가격이 비싸다는 문제점을 지적하고 있습니다 여기서 그래핀소재에 대한 기술개발과 상용화를하여 게임에서나 볼 수 있었던 투명한 제품을 사람들이 사용하는 모습을 보고 싶다는막연한 목표가 생겼습니다.

📖 더 큰 나를 위해 나를 버리다

박지성. 그는 메시처럼 화려한 드리블도, 긱스처럼 환상적인 킥 능력도 없습니다. 오히려 왜소한 체구에 평발 그리고 여러 번의 무릎수술. 그는 신체적으로는 세계적인 선수들과 뛰는 것은 불가능했습니다. 그래서 그는 남들과 똑같이 해서는 이길 수 없다는 것을 알고 닳아 버린 그의 발이 증명해 주듯 그는 연습벌레가 되었다고 합니다. 또한 "내가 자신 있게 말할 수 있는 한가지는, 내가 걸어온 길은 단지 우연이 아닌, 나 스스로 만든 행운의 결과라는 것입니다." 라고 말한 것처럼 그는 피나는 노력을 하였습니다. 여기서 저는 큰 깨달음을 얻었습니다. 교육여건이 좋지 않았고 아이큐가 높은 것도 아닌 제가 성공할 수 있는 길은 노력뿐이라고 그가 말해주는 것 같았습니다. 또한 '현재에 만족하는 순간, 성장은 멈춘다.'라 한 것처럼 지금의 위치에 안주하지 않는 도전정신을 배웠습니다. 현재 그는 세계에서 당당하게 그라운드를 누비고 더 낳은 자신을 위하여 도전하고 있습니다.

아홉 번째 이야기

◆

까까머리 학폭피해자 뉴스메이커였다.

고집스러움이 느껴졌고 주관은 분명했다.

그러면서도 억누르지 못하는 활동성은 최고였던 아이다.

선생님을 존경해 선생님이 나온 학교를 가겠다던 아이다.

그 아이의 머리는 대학에 가서도 까까머리를 유지하고 있었다.

의지의 표현이라나……

이 친구 고등학교 3년의 학교생활과 학습경험 교내활동을 이야기한다.

"
　고등학교에 입학하기 전까지 철학에 대해 진지하게 생각해본 적이 없었습니다. 그리고 고정관념처럼 철학은 쓸 대 없는 궤변이라고 생각했습니다. 그러나 고등학교에 입학하고 저는 학교폭력의 피해자가 되면서 자신에 대하여 생각하게 되었고 가해했던 상대아이들을 생각하게 되었습니다. 강자인 가해자와 약자인 저 사이에서 피해인인 제가 더 많은 질타의 시선과 비난을 받고, 현실에서의 사회적 정의는 강자와 약자라는 논리에 의해 정해질 수 있고 대개 그러하다는 사실을 알게 되었습니다. 그러나 저는 이러한 현실을 인정하기보다는 혐오했습니다. '힘이 정의다'라는 말을 들었을 때, 정의는 힘에 의해서 규정되어서는 안 된다는 생각을 했습니다. 진정한 정의라는 것은 강자의 입장이 아니라 다수인 약자의 입장을 더 많이 반영해야만 한다고 생각했습니다. 이런 나의 생각이 어떻게 하면 상대에게 전달 될 런지 아니면 사회가 이런 나의 생각을 어떻게 반영 할 런지 고민에 고민은 깊어 가기만 했습니다. 이런 나의 고민을 해결할 방법이 없을까 생각하던 중 사회 질서와 정의를 통찰하는 학문인 철학에 대하여 관심을 가지게 되었고. 정의란 무엇인가라는 책을 통하여 완전하지는 않았지만 나의 불만과 고민에 무엇인지는 정확히 모르지만 의문이 해소되는 느낌을 받았습니다.　이를 계기로 한 개인의 문제뿐만 아니라 사회적 문제도 철학적으로 접근해서 해소 시킬 수 있지 않을까? 하는 의문에서 철학에 대한 관심과 철학을 전공하겠다는 결심이 서게 되었습니다.

　제가 경험한 학교폭력을 통해 알게 되었던 약육강식이라는 현실과 제게 너무나 큰 좌절을 안겨주었던 그러한 현실을 확실히 타개하고 싶었습니다. 그래서 저는 서울대 철학과를 지원하였고, 저는 저 개인의 힘에 의해 부조리를 뛰어넘고 사회적부조리 해소라는 목표를 위해서 앞으로 정치 철학을 공부할 것입니다. 그래서 많은 사람들을 정의라는 것에 대해 고찰하게 만든 마이클 샌델과 같은 정치 철학자가 될 것입니다. 저는 많은 사람들 가운데 평범한 사람 중 한 명입니다. 그러나 누구보다도 억압된 약자로서의 처지를 잘 이해할 수 있습니다. 자본주의 사회에서는 점점 강자로서의 이데올로기를 정당화하고 있습니다. 무한한 경쟁을 유도함으로써 평등에 역행하고 있습니다. 그러나 이러한 상황에서 저는 사회적 약자를 배려할 수 있는 사상과 철학이 필요하다고 생각합니다. 그리고 저는 그러한 철학을 공부하고 싶습니다. 저의 이런 꿈과 학문에 대한 의지가 서울대학교가 저를 선발해야 하는 이유이기도 합니다.

저는 고등학교 생활 동안 영어와 긴 전쟁을 치렀습니다. 저희 집은 면 소재지에서도 산골짜기입니다. 주변에 있는 제일 가까운 이웃도 100m 넘게 가야 있을 만큼 산골입니다. 그런 환경 속에서 공부에 흥미도 없던 중학생의 영어실력은 중학교 교과서 본문을 겨우겨우 해석해낼 정도였습니다. 고등학교에 올라오니 영어는 정말 어려웠습니다. 첫 수업시간에 영자신문 해석을 시켰는데, 저는 벌벌 떨면서, 첫 문장도 해석하지 못하고 주저앉았습니다. 못한 저 대신 고등학교 전교 입학 1등이 시원스럽게 해석하는 것을 보고, 열등감이 생겼고 저도 저렇게 영어 활자로 된 문장을 시원스럽게 읽어 보고 싶다는 욕심이 생겼습니다.

그 때부터 저는 영어를 잘 하고 싶었습니다. 목표를 달성하기 위해서 영어듣기도 연습하고, 영어 팝송도 듣고, 독해도 연습했습니다. 그러나 처음 치른 영어 듣기는 45점이었고, 모의고사는 3등급 끝 쪽에 위치해 있었습니다. 1학년이 저물어 가도록 저의 영어실력은 오르지 않았습니다. 그러나 저는 포기할 수 없었습니다. 그리고 결심을 했습니다. 죽기살기의 각오로 2학년 3월 영어 모의고사 1등급을 목표로 자습실 책상에서 하루의 반을 영어에 쏟았습니다. 공부하는 처음 2주는 이것이 옳은가 고민했습니다. 그러나 길은 다르더라도 종착지는 같다는 생각이 들었습니다. 그 후로 2개월 동안 영어 문제집을 6권 풀었습니다.

그리고 드디어 2학년 3월 모의고사를 치게 되었습니다. 벌벌 떨면서 시험을 쳤습니다. 결심한 것은 이루고 싶었습니다. 영어를 잘하는 대부분의 아이들에게 영어 1등급은 우스운 성적일수도 있겠지만, 제게는 그렇지 않았습니다. 그날 제가 이룬 결실은 제겐 너무나 값졌고, 영어 분 아니라 모든 것이 노력한다면 이루어진다는 값진 깨달음을 얻은 날이었습니다.

마도리(마을돌봄이) 봉사단에서 동아리 회장을 맡았었습니다. 처음에 회장이라는 자리에서 어떻게 동아리를 이끌까라는 생각을 했습니다. 생각해보니 봉사라는 활동 자체가 자발적인 의지를 가지고 타인을 돕기위해 모인 것이었습니다. 자발적인 의지에 의해서 모였는데 회장이라고 강압적으로 밀고나간다면 친구들도 후배들도 제 말을 고분고분 따라줄 것 같지 않았습니다. 그래서 저는 저의 편안함을 희생하기로 결심했습니다. 그리고 활동이 있을 때 마다 솔선수범의 태도를 보여주려고 했습니다.

우리 동아리가 학교 축제의 뒷정리를 담당하게 되었는데, 먹다 남은 도시락 반찬과 도시락 통이 마구 널브러져 있었습니다. 다 먹지 않은 반찬과 남겨진 국은 안 그래도 찝찝한 날씨에 매우 불쾌하게 느껴졌으며 더러워서 그런지, 애들은 청소는 안하고 주변 눈치만 살피고 있었습니다. 저는 그냥 아무 말 없이 가장 더러운 쪽으로 갔습니다. 그리고 맨손으로 잔반과 도시락 통을 모아서 치웠습니다. 그 모습을 보던 애들이 한, 두 명씩 일을 착수하게 되었고, 놀랄 정도의 속도로 청소가 빨리 끝났습니다. 같이 하자고 한 마디 한 적 없었고 오직 그냥 나서서 먼저 하는 모습을 보여주니, 더럽고 힘든 일이라도 반발심을 가지지 않고 오히려 더 나서서 하려는 아이들의 태도를 보면서, 진정한 리더십이란 카리스마가 아니라 오히려 겸손한 솔선수범이라는 것을 배웠습니다.

어릴 때부터 유달리 책을 많이 읽거나 하지는 않았지만, 책 읽는 것은 재밌다 생각했습니다. 1학년 입학 후로 점심시간은 늘 도서관에서 보냈었는데, 그러다 학기 중반쯤 이르러 도서부원을 뽑는다고 해서, 저는 신청을 했고, 발탁이 되었습니다. 도서부원을 하면서부터는 더 열심히 도서관에 출석을 했는데, 그 것으로 인해 책에 더 관심을 가지게 되었고, 특히 인문학서를 접할 수 있는 기회가 되었습니다. 남들이 쉬는 점심시간을 자기 계발의 시간으로써 사용을 함으로서 지적소양이 발달하게 되었고, 도서관을 이용하는 사람들을 위하여 도서관 청소를 하면서 이타심을 기를 수 있게 되었습니다. 또 우리학교 도서부원은 매달마다 송대오서를 대여해 주는데, 송대오서는 양서를 선별하여 모든 학생들에게 나누어주고 권독 하는 것입니다. 송대오서가 선정되면 도서부원들이 모여서 각 학급당 30권 정도의 책을 배부하는데, 대여해서 반 친구들에게 한권씩 나누어주면 다시 책을 받아 반납을 해야 하는 것이 도서부원의 임무였습니다. 처음에는 책을 나누어주고 다시 반납시키는 일이 힘들게 느껴졌습니다. 또 배부한 책의 책임을 져야하는데서 느껴지는 책임감은 너무나 부담스러웠습니다. 그러나 시간이 흐를수록 친구들에게 책을 읽을 기회를 더해주는 이 일이 사소한 것처럼 보이지만 중요하고 또 기분 좋은 일이라는 것을 알았습니다.

도전 골든벨이 제게 큰 기억으로 남는 것은 제가 거기서 활약했기 때문이 아닙니다. 저는 출연만 했지, 4인 안에도 못 들었고, 방송만 본다면 말 그대로 들러리도 안 되는 수준입니다. 그러나 저는 이 경험을 하면서 두 가지를 느꼈습니다. 쉽게 생각할 수 없는 아이디어의 힘과 완전한 타인과 긍정의 감정을 공유할 수 있는 포용심이었습니다.

골든벨에서는 30명 정도 인터뷰를 합니다. 그 중에서 방송에 나오는 것은 기껏해야 2명 정도입니다. 저는 인터뷰를 잘하지 못했습니다. 반면에 저보다 말을 조리있게 잘한 사람은 많았습니다. 그러나 인터뷰가 방송에 출연한 것은 저였습니다. 그 이유는 남들이 쉽게 생각하지 못하는 것을 썼기 때문입니다. 저는 칠판에다가 저의 본적을 적었는데, 아나운서가 자기가 인터뷰 한 사람 중에서 본적을 적은 사람은 저 밖에 없다고 했습니다. 모두가 알고 있으나 머릿속에서 쉽게 끄내지 못하는 것을 내가 집어내는 것이 남들과의 차별성이고 그게 경쟁력이라는 것이 절실히 느껴졌습니다..

또 저는 그 때 집단의 기쁨을 배웠는데, 개인주의가 만연한 시대에서 완전한 타인과 기쁨을 공유하는 것은 쉽지 않습니다. 그러나 우리 학교에서 골든벨을 울렸을 때, 저는 질투가 아닌 기쁨을 느꼈습니다. 타인과 기쁨을 나눔을 나누고 하나가 되어 응원하는 것에서 만연한 개인주의와 입시를 앞둔 경쟁자이자 적이 아니라 함께 기쁘고 슬플 수 있는 대상도 될 수 있는 것이 진정한 집단의 가치라는 깨달음 이었습니다.

저는 앞서 말씀드렸다시피 학교폭력을 당했습니다. 저를 마주하고 저에게 모욕을 주는 행위가 너무 기분이 나빠서 참을 수 없었고, 저는 뒷걸음질 칠 수 없는 그 상황에서 가해학생들에게 대항했습니다. 힘이 약한 저로서는 그 결과 남자로서 너무도 큰 자존심에 상처를 입게되었습니다. 학교 가기가 두려웠고 그저 마음의 안식을 찾기만 바랐습니다. 그러나 그런 소망은 쉽게 이루어지지 않았고, 일진들은 집요하게 저에게 시비를 걸었습니다. 신체분만 아니라, 마음속까지 멍들었습니다. 누구 앞에서도 당당하던 제 자신이 어느새 두려움 때문에 소극적으로 변하고 있었습니다. 구타 당한게 자랑인가 싶어서 또 쓸 대 없는 자존심 때문에 구타사실을 주변에 알릴 수 없었습니다. 또 잘못한 것도 없이 비겁하게 용서를 구하고 싶지도 않았고, 약자들에게 강한 그들과 친구가 되기는 더더욱 싫었습니다. 대신 저는 마음속으로 오기를 품었습니다. '내가 촌놈이어서 이런 일을 겪는 것이지 내가 너희들 보다 그릇이 작은 건 아니야.'라는 생각을 가지면서.

이를 계기로 저는 공부에 집중하기 시작했습니다. 저 혼자의 물리적인 힘으로는 이길 방법이 없다고 판단했기 때문입니다. 일순간의 용맹을 불태우기 보다는 미래를 향한 내면의 용기를 불태우며 전진한다면, 언젠가 설욕, 아니 설욕할 가치조차도 없는 내가 바로서는 거라고 믿기로 했습니다. 그런 생각을 하고나니 외면이 중요한 게 아니었습니다. 당시에 멋스럽게 기른 머리를 반삭 했습니다. 저보다 공부를 잘 하는 친구들을 따라다니면서 그들을 배우려고 노력했습니다. 그리고 세 달 후 저를 괴롭힌 아이들에게 저는 제 자신을 증명했습니다. 그리고 그들의 횡포는 제 앞에서 고요히 사라졌습니다. 저는 그 시련을 통해서 한 발자국 나아갔습니다. 패자가 아닌 진정한 승자가 되기로 마음을 먹었습니다. 지식을 통해 앎을 통해 상황을 극복하는 지혜를 갈고 닦을 생각을 가져봅니다.

📖 정의란 무엇인가

우리의 시대에는 많은 정의가 있습니다. 어떤 이의 정의를 위해서 누군가의 정의는 희생됩니다. 그래서 우리의 시대는 진정한 정의는 말소되고, 기득권과 강자의 정의가 민중들을 현혹시키고 그것이 옳다 생각하게 한다고 생각합니다. 그러나 세상이 이러함에도 불구하고 저는 진정한 정의가 무엇인지 알고 싶은 사람입니다. 이 책의 제목은 그런 저를 강하게 이끌었습니다. 그런데 기대와는 달리, 책은 자신의 정의를 제시 하는게 아니었습니다. 오히려 타인을 비판함으로써 자신의 입지를 확보하려는 것처럼 보였습니다. 또 그는 자신의 입장을 피력하지 않았습니다. 단지 문제를 제시할 뿐이었습니다. 제가 느끼기에 그런 상황을 가정함으로서 딜레마에 빠뜨리는 것은 마치 엄마가 좋아 아빠가 좋아 같은 질문이었습니다. 그러나 이러한 책의 부정적인 면에도 불구하고 이 책은 저에게 정의를 헛된 이상이 아닌 현실의 일부분으로 찾으라고 조언함으로써 이상과 현실은 분명히 다르다는 것을 알게 해주었습니다.

📖 베로니카, 죽기로 결심하다

이 책을 읽으면서 느낀 것은 제가 너무나 고정관념에 사로잡혀 있다는 것입니다. 저는 진정한 자유인자에 의해서 행동하는 것이 아니라 규범과 다른 규범, 예절과 형식에 빠져있을 뿐이라는 것입니다. 이 책은 분명히 말해줍니다. 그런 것을 다 떠나서 행복할 수 있다고, 행복이라는 것은 타인이 아니라 자신에 의해서 만들어진다고. 남들이 보기에 모자란 것 하나 없는 사람들이 왜 방황하는가라는 질문에 대한 대답을 이 책은 너무나 자신 있게 해줍니다. 그 것은 그들의 그 모자란 것 하나 없는 이라는 그 기준이 자신에 의해서 만들어진게 아니라, 타인의 시선과 사회의 인식에 의해서 만들어 졌기 때문에, 또 그들이 누리는 것이 진정한 자유가 아니라 허울의 자유이기 때문입니다. 저는 이 책을 읽으며 진정한 자유라는 것에 대해서 생각해 보았습니다. 그리고 때로는 규범을 벗어나서 사회적 인간의 욕망이 아닌 자연적 인간의 본연의 감정에 충실하는 것도 인생의 한 방식이 될 수 있다는 생각이 드는 책이었습니다.

📖 플라톤 그의 철학과 몇몇 대화편

트라시마코스와 같은 소피스트를 반박한 플라톤의 사상에 대해서 알고 싶은 지적 욕구가 이 책을 읽은 동기입니다. 이 책은 읽으며 책의 문구나 사상에 대해서 개인적인 비판이나 긍정의 견해를 가지기조차 버거울 정도로 제가 소화하기에 어려운 책이었습니다. 그러나 이 책을 통해서 가장 큰 깨달음은 플라톤의 사상이라는 지식이 아니라, 철학이라는 학문의 성질이었습니다. 그 깨달음이란 플라톤이 처한 상황, 소크라테스의 죽음과 아테네 민주주의의 모순된 환경에 따른 플라톤의 깨달음은 마치 우리 인간. 그리고 철학이라는 학문이 환경에 종속받는다는 것입니다.

또 플라톤의 사상은 철학이라기보다는 종교처럼 느껴졌습니다. 선한 영혼이나 이데아에게 의존함으로써 그의 사상은 절대적인 성질에 너무 의존하고 그럼으로서 이상주의자처럼 보였습니다. 그러나 그럼에도 불구하고 이 책은 저에게 이상적인 진리라는 것에 대한 생각을 하게 해준 동기가 되었습니다.

"

열 번째 이야기

◆

나는 전기공학자가 될 것입니다.
전기 자동차의 충전지 개발이 꿈인 학생이었습니다.
소심함과 쑥스러움에 소리 없이 웃고 있던 아이다.

이 친구 고등학교 3년의 학교생활과 학습경험 교내활동을 이야기한다.

"
　연료가 나지 않는 나라가 자동차 강국이 되었다는 신문기사를 보며 문득 이런 생각이 들었습니다. 연료비 걱정없는 자동차, 무공해 연료를 사용하는 자동차는 왜 아직 상용화되지 못하는 걸까? 전기로 달리는 자동차에 대한 관심은 이때부터 시작되었습니다. 자동차의 연료인 기름을 전기로 바꾼다면 연료비와 공해문제가 해결되는 일석이조의 효과가 발생된다는 점에서 흥미로운 일이기도 했습니다. 그 중에서도 자동차의 동력원이 될 전기에 관심이 컸고 이 후 다양한 분야의 전기사용에 대해 알고 싶어졌습니다. 자연스럽게 이러한 궁금증을 해소시키고 미래의 직업과 관련하여 전기를 이해하고 이론을 배울 수 있는 전기공학과에 응시하기로 마음먹었습니다. 때문에 고등학교에 진학해서는 물리과목을 통해 전기 분야에 대해 좀 더 많은 지식을 얻고자 했고, 그 결과 물리를 공부함으로써 전기에 대한 흥미도 더욱 높일 수 있었습니다. 하지만 공부하는 중에 어려운 점도 많았고, 이해가 되지 않는 부분도 많았습니다. 그럴 때면 좌절하기 보다는 선생님께 여쭤보거나 끈기있게 책을 다시 보며 모자란 부분을 채워 나갔습니다. 또한 저는 교과목을 통해 공부하는 것 이외에도 전기공학과 관련된 책을 살펴보거나, 전기와 관련하여 궁금했던 것을 웹 검색 등을 통해 알아봄으로써, 교과목을 통해 배우는 전기공학과 더불어 전기와 관련된 생활 속 정보들도 아울러 접해 전기 분야에 대한 지식의 폭을 넓히고자 하였습니다. 이와 더불어 제가 대학에 입학하여 공부하게 될 전기공학의 여러 분야에 대해서도 자연스레 찾아보며 제 진로에 대해서도 생각 할 수 있었습니다. 저의 희망 진로는 전기자동차 분야로써 자동차 축전지를 연구하는 것입니다. 아직 우리나라의 전기자동차 사정은 해외 시장에 못 미치는 부분이 많으며 충전 시간, 속력, 지속 시간 등 개선해야 할 점이 많다고 생각합니다. 축전지에 대한 지금까지의 정보와 기술력등을 확인하며 제가 이 학과를 통해 배움으로써 완성된 기술을 반드시 선보이겠다는 각오를 다져 봅니다. 농촌에서의 생활환경이 읍,면 단위 지역에서 전기 실습, 전기에 대한 고급 정보를 얻기엔 부족함이 많았지만 최선을 다해 관심의 끈을 놓지 않았습니다.

대학의 학과를 통해 나의 꿈이 펼쳐지기를 기대해 봅니다.

우선 근면 성실한 저의 성격을 바탕으로 한 책임감이 저의 장점이라고 생각합니다. 모든 약속을 중요시하기 때문에 일상의 사소한 약속에서부터 단체생활에 있어서도 시간과 약속을 잘 지켜 공동의 일에서 차질이 생기지 않도록 책임감을 갖고 임해 왔습니다. 이러한 성실함을 결과로 학창시절 동안 한차례의 결석도 없이 학업을 마칠 수 있었습니다.

또한, 주변의 환경과 조직 안에서 사람들과 순조롭게 어울리는 것이 저의 강점입니다. 사람들과 함께 어울리는 것을 좋아하며 협력하여 일을 해결하는 것을 선호합니다.

하지만 때때로 하던 일에 책임감을 가지고 너무 몰두하다 보니 제 주장만을 고집하게 되어 구성원들 간에 갈등이 발생하기도 합니다. 그럴 때면 제 주장을 계속 내세우기 보다는 한발 물러나서 다른 구성원들의 의견을 열린 마음으로 받아들여 의견대립을 완화하고 조율하려고 노력합니다. 그래서 앞으로는 제 소신 못지않게 남들과 함께 공감 할 수 있는 배려심과 다른 사람들을 이끌어갈 수 있는 리더십을 갖추도록 정진하고 싶습니다.

학교축제를 위한 학급회의 때의 일입니다. 저의 적극성과 책임감을 내세우다보니 학생들의 의견 수렴이 쉽지 많은 않았습니다. 그때 저는 저의 의견보다는 상대의 의견에 귀기우려 듣고 이번에는 상대의 의견에 따라 행사를 하기로 결정했습니다. 이를 계기로 축제는 성공리에 끝났고 스스로 왠지 모를 뿌듯함과 성취감도 느끼게 되었습니다.

저는 항상 목표를 가지고 일을 수행하려 합니다. 이를 실천하기 위해서 1학년 때는 주기적으로 봉사활동을 하기로 마음먹고 학교 내의 봉사 동아리에 가입하여 굳이 시간을 채우려는 마음을 갖기 보다는 저희와는 조금 다른 환경의 사람들의 생활을 경험해보고 친구들과 함께 봉사활동을 하면서 친목을 도모하고자 하였습니다. 그 외에도 고등학교에 입학 할 때부터 꾸준히 책을 읽기로 결심하고 매년 일정한 양의 책을 목표량으로 정하고 읽은 결과 목표량에 도달하고 지금까지도 다양한 분야의 책들을 흥미를 갖고 읽을수 있었습니다.

제가 고등학교에 입학해서 처음으로 가입한 동아리가 봉사활동 동아리입니다. 친구의 권유로 가입하게 된 봉사 동아리는 정기적으로 봉사활동도 하고 그로 인한 여러 가지 경험도 쌓으며 함께 모여 활동함으로써 화합하려는 취지에서 만들어 졌습니다. 제가 처음으로 교외 봉사활동을 하기 위해 방문한 장소가 보살핌이 필요한 노인들을 돌보는 연꽃마을이었습니다. 첫 봉사활동이라는 기대감과 가서 뭘 해야 할지 약간의 걱정을 가지고 향했습니다. 그곳에 가보니 많은 어르신들이 계셨습니다. 그런데 상당수의 어르신들이 여러 이유로 인해 몸이 불편하셨습니다. 그렇게 거동이 불편하다 보니 마음대로 움직이기 힘드셔서 다들 제자리에 앉아계시거나 누워계시면서 필요할 때마다 일일이 도와 주시는 분을 불러서 움직이셨습니다. 그 힘들어 하시는 모습을 보고 있자니 너무나 안쓰러웠습니다. 그래서 저는 제가 할 수 있는 한 정말 최선을 다하기로 마음먹고 할 일을 찾아보았습니다. 우선 어르신들과 좀 더 가까워지기 위해 대화도 많이 나눠보며 한분 한분에 대해 알아보려 노력하였습니다. 그렇게 시간을 보내다가 식사시간이 되어서 저는 식사하기가 불편한 어르신들의 식사를 도와드리기 위해서 직접 밥도 먹여드리고 있는 저를 보며 처음에 어떻게 해야 할 지 막막해 하던 것과는 달리 열 심히 잘 하고 있다는 생각에 뿌듯하기도 하였습니다. 식사시간이 지나고 어르신들이 씻는 시간이었 는데 저희가 머리를 감겨드려야 했습니다. 그런데 혼자서 하기에는 벅차고 어려운 점이 많아서 저는 친구들과 함께 각자 역할을 맡아서 하기로 했습니다. 그렇게 함께 하니 혼자서 할 때 보다 일을 쉽고 빠르게 진행 할 수 있었습니다. 해야 할 일을 다 마친 뒤 남은 시간에 저희는 다함께 준비한 노래를 불러드렸는데 흥이 나서서 춤도 추신 몇몇 분들을 포함해 다들 즐거워 하셨습니다. 그 모습을 보며 다른 사람들과 즐거움을 나누는 일이 힘든 일이 아니라는 것과 조금만 관심을 가지고 주위를 둘러보 면 우리가 애정을 갖고 충분히 도울 사람들이 많다는 것을 알았다. 봉사활동을 통해 다른 사람들과 더불어 살아가는 공동체 의식을 기를 수 있었고 너무 값진 경험을 했다는 만족감을 느낄 수 있었습 니다.

"

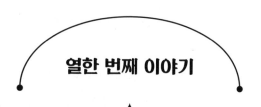

열한 번째 이야기

◆

나는 정치인이 되겠습니다.
토론과 이야기를 좋아했던 아이 그리고 말을 잘하던 학생.....
열정이 느껴졌던 적극적 긍정적 마인드가 돋보였던 아이다.

이 친구 고등학교 3년의 학교생활과 학습경험 교내활동을 이야기한다.

" 평소 뉴스와 시사에 관심이 많은 아버지의 영향으로 뉴스와 다양한 시사를 접하며 사회과학분야에 대한 관심을 가지고 자랐습니다. 이런 관심 속에 고1때 아버지께서 지방선거 기초의원에 당선되시고 지역의회의 정·부의장 선거와 더 나아가 국회의 청탁관계 속에서 나타나는 비리, 국민의 이익보단 자신과 자신의 정당만을 위한 정치의 내용을 담은 대화를 나누며 안타까워 하셨습니다. 이러한 대화 속에서 '과연 무엇이 진짜 정치의 모습인가?', '바른 정치를 실현하는데 필요한 것이 무엇일까?' 와 같은 정치학에 관한 많은 의문을 갖게 되었고 이에 대한 바른 답을 얻기 위해 정치학을 전공하기로 마음먹었습니다.

정치학전공분야에서 비교정치학에 대해 심도 있게 배워보고 싶습니다. 우리나라의 정치 문제를 다른 나라의 정치와 비교해보며 객관적인 입장에서 가장 이상적이고 보편적인 정치가 무엇인지 배워보고, 또 다른 나라 정치와 비교하는 데에도 필요하고 더욱이 국제화 시대에 발맞추기 위해 다른 나라와의 정치적 상호작용과 국제사회에 대한 내용을 다루고 있는 국제정치에 대해서도 알고 싶습니다. 이를 바탕으로 우리나라 정치의 문제점과 나아가야 할 방향에 대한 답을 찾을 수 있을 것입니다.

저의 정치학에 대한 열정과 학문을 통한 정확한 지식을 바탕으로 올바른 정치인이 되는 것이 최종의 꿈이고 서울대학교 정치학과 학부 커리큘럼을 통해 그 기반을 다지는 것이 꿈을 위한 시작단계라 확신합니다. 저는 지방 중소도시에서 태어나 성장한 학생입니다. 중소도시의 지역한계에도 불구하고 모의국회에 대한 경험과 지역 활동을 통해 꿈을 키워온 만큼 지역을 극복하고 나 자신을 극복해서 올바른 정치인이 되고자 하는 꿈의 실현을 위해 최선을 다하려 합니다.

이러한 나의 꿈에 대한 열정과 정치학 학문에 대한 분명한 의지가 서울대학교가 저를 선발해야 하는 이유입니다.

저는 원래 인문 사회 과목에는 관심이 많았습니다. 이러한 관심 속에 5.18 유적지 답사를 통한 체험활동을 하기도 하고 '김대중 자서전', '프랭클린 자서전', '죽은 경제학자들의 살아있는 아이디어' 등 다양한 독서활동도 하며 재밌게 공부하다보니 인문 사회과목 성적은 전학년에서 거의 1등급을 받고 각종 교내상도 많이 받았습니다. 그렇지만 1학년 때에는 관심있고 좋아하는 과목을 제외한 기본적인 국어, 영어, 수학 과목에서 부진했습니다.

하지만 1학년 후반에 들어 제 인생에 대한 좀더 구체적이고 뚜렷한 진로를 확립하면서 공부하는 자세를 바꾸기로 결심했습니다. 2학년에 들어오면서 가장 먼저 부진 했던 과목 성적을 끌어올리기 위해 그것들을 중점적으로 공부했습니다. 영어 실력을 늘리기 위해 매일 아침 영어 듣기로 하루를 시작하고 공부하다가 모르는 10~20개의 단어를 정리하며 제 단어장을 만들며 공부했습니다. 특히 부족했던 수학은 모르더라도 답지를 보지 않고 스스로 알 때까지 문제를 풀며 매일 연습장 5장을 체웠고 도저히 안되는 문제는 선생님을 찾아가 여쭙거나 이과 친구들을 찾아가서 귀찮게 했습니다. 그러다보니 3등급이던 수학을 성적 최우수상을 수상하며 1등급으로 올릴 수 있었습니다. 이렇게 노력한 결과 2학년 때에는 인문계열 1등이라는 결과를 받았습니다.

3학년 들어서는 사고의 논리력을 키우기 위해 00시 연합 논술 아카데미에 참여해 친구들과 토론하고 글을 쓰며 논리력을 키웠고 또 교내 계발 부서인 인문학 콘서트에 가입, 활동하여 인문 사회에 관한 깊은 지식도 쌓을 수 있었습니다. 기본적인 언어, 수리, 외국어 공부에도 소홀히 하지 않고 토요일에 하는 교과 심화 동아리 활동에도 참여하며 난이도 있는 문제를 접하며 공부했습니다. 그러자 모의고사 성적도 꾸준히 올랐고 가장 최근에 본 7월 전국 연합학력평가에서는 외국어영역에서 2등급을 제외하고 모든 영역에서 1등급을 받을 수 있었습니다.

저는 1~2학년 때 전교 학생회 부회장을 역임해서 여러 교내 행사를 계획, 진행하는데 많이 참여할 수 있었습니다. 무엇보다 1학년 때 학교 축제인 00제를 준비하고 진행했던 경험이 가장 기억에 남습니다. 축제에 관한 학생회의는 한 달 전쯤부터 진행되었습니다. 1학년의 의견을 수렴하고 종합하여 축제에 많이 반영될 수 있도록 힘썼습니다. 학생 모두가 즐거운 축제가 되길 바라는 마음이 부담이 되기도 했지만 각종 예능 프로의 게임특성들을 발췌하여 만든 '눈 감고 런닝맨', '앉아 일어나'과 같은 기발한 프로그램을 내기도 하며 자신감을 갖게 되었습니다.

그렇게 알차게 축제를 준비했고 당일 제가 만든 프로그램에 학생들 반응도 매우 좋았습니다. 저는 축제 당일에는 스탭을 지원했습니다. 축제를 준비하면서부터 학생들이 편하고 즐거운 축제가 되기 위해선 제가 봉사해야겠다고 생각했습니다. 솔직히 주위 친구들이 여러가지 활동에 재밌게 참여하는 것을 보며 부럽기도 했지만 저의 작은 희생이 여럿의 기쁨과 행복을 가져다주는 것을 보며 느낀 뿌듯함은 다른 어떤 것과도 바꿀 수 없는 경험이 된 것 같습니다.

밤에 있었던 무대 공연에서는 사회를 보기도 하며 축제 분위기를 한껏 더 높일 수 있었습니다. 이와 같은 행사에 저의 작은 참여가 큰 역할을 할 수 있다는 사실을 깨달았고 어떠한 일이 있을 때 적극적으로 참여할 수 있는 좋은 계기가 되었습니다.

저는 청소년 수련관 운영위원회로서 활동도 했습니다. 그중 청소년 문화존을 위한 모니터링 활동에 참가한 것이 기억에 남습니다.

첫 모임 회의에서는 청소년 문화존 모니터링 및 참가를 위해 청소년 참여위원과 운영위원들이 모임을 가졌습니다. 저는 모니터링 이전 회의에서 작년의 활동 사항을 바탕으로 올해의 계획을 세울 때 각 프로그램의 장점과 단점을 파악해 좀 더 재미있는 프로그램들이 되도록 의견을 제시하는 등 적극적으로 회의에 참여하였습니다. 그러다 문득 이렇게 회의에 참여하고 있는 저를 보니 청소년들의 문화 활동을 책임지고 있다는 생각에 어깨가 무거워지기도 하면서 사명감을 느끼며 제가 하고자 하는 일의 책임감과 사명감에 대해서도 생각하게 되었습니다.

회의를 마치고 당일 있었던 청소년 문화존 모니터링 활동을 하였습니다. 꽤 준비가 잘되어 있었고 날씨도 좋아서인지 많은 청소년들이 와서 '농구 슛 쏘기', '자전거로 전력 만들기' 활동과 같은 다양한 활동에 참여하기도 했습니다. 저도 그러한 활동에 참여하며 다양한 프로그램들이 차질 없이 진행되도록 스태프 역할을 맡으면서 보람을 느꼈습니다.

참여위원 및 운영위원들과 함께하는 시간을 통해 그 친구들의 자신감 있는 모습과 모임에 열심히 참여하는 모습을 보며 많은 것을 배우는 소중한 시간이 되었습니다.

저는 평소 토론하기를 좋아하고 논리적 사고를 통해 답을 얻는 과정에 흥미가 많기 때문에 연합논술아카데미에서 운영하는 인문반 논술 프로그램에 참가하여 활동했습니다.

개인과 사회의 상호작용, 가장 효과적인 선거방식은 무엇인가?, 개인의 도덕성에 대한 판단 기준과 같은 내용을 다룬 주어진 지문에 관한 논제에 대한 답을 얻기 위해 친구들과 토론하고 답에 대한 근거를 찾는 논리적 과정을 통해 논제에 관한 제 주장에 대한 근거를 효과적으로 펼치는 방법을 배울 수 있었고 제 주장만 고집하기보다는 타인의 의견을 수용할 줄도 알아가며 폭넓은 지식을 습득할 수 있었습니다. 특히 사회현상과 시사문제에 관해 탐구할 때에는 그 누구보다 흥미를 가지고 적극적으로 참여하였고 담당 선생님께 이 분야에 관심이 많고 능하다고 칭찬을 받을 때에 활동한 보람을 가장 크게 느꼈습니다. 또 위와 같은 과정을 통해 지식을 습득하는 데에만 그치지 않고 논제에 대한 답을 찾고 주장하며 위와 같은 논제에 대한 제 생각과 견해를 정립하며 저에 대해 알 수 있는 시간도 되었습니다.

이러한 과정을 통해 제 스스로 많이 성장할 수 있었고 이를 바탕으로 학교 수업시간에 발표를 할 때나 학교 행사에 관한 회의를 할 때와 같이 앞에서 제 의견을 효과적으로 표현할 수 있게 되었습니다. 앞으로 인생을 살아가는데 꼭 필요한 능력을 기를 수 있었던 좋은 경험이었습니다.

제가 고등학교 생활에서 겪은 가장 큰 어려움은 회장선거에 출마했다가 낙선한 일입니다. 생각지도 못한 결과였기에 저에겐 꽤 충격으로 다가왔던 사건입니다. 지난 학년에 전교 학생회 부회장을 했었고 각종 교내 행사에 적극적으로 참여하는 제 모습을 보며 주위 선생님들이나 친구들이 회장 출마를 권유했었습니다. 저 또한 부회장 경험으로 자신이 있었기 때문에 출마를 결심했습니다. 그런데 저는 제가 상대 후보에 비해 학교 활동에 열심히 참여해왔기 때문에 당연히 당선될 거란 자신감을 갖고 있었습니다. 자만하고 있었던 것입니다. 아침 일찍하는 선거운동도 지각을 하고 유세 활동도 상대후보에 비해 많이 하지 않았습니다. 그러자 저의 나태함이 비춰졌는지 초반에 제게 유리했던 표심이 상대 후보의 열심인 모습을 보며 점차 옮겨가기 시작했습니다. 결국 제 자만심이 25표 차이로 패배하는 결과를 낳았습니다.

결과를 보고 많은 것을 느꼈습니다. 노력 없이는 어떠한 일도 이룰 수 없다는 것을 깨달았습니다. 성실성이 모든일을 시작하는데 바탕이 된다고 생각하고 성실성을 갖추기 위해 노력했습니다. 하기 싫은 일이 있고 귀찮을 때마다 낙선 때의 경험을 떠올리며 돌아봤을 때 후회하지 않기 위해서 매사에 최선을 다했습니다. 그리고 무엇보다 리더의 자리에서 자만하는 것이 아니라 낮아지는 법과 주위 사람들을 섬기는 법을 배울 수 있었습니다. 전교 부회장으로서의 위치에서나 학급 반장의 위치에서 이끌려 하기만 했던 저를 반성하고 주위 친구들의 말에 귀 기울이고 들어주기 시작했습니다. 2학년 축제 때 학급경연대회를 준비하며 제 독단적으로 이끌려 하기보단 의견을 들어주고 존중하며 급우들간의 의견 충돌도 조절하며 중재자로서의 역할을 했습니다. 그 결과 즐거운 분위기로 연습했고 한 편의 멋진 뮤지컬로 대회에서 당당히 1등을 차지하며 선생님들까지 감동시켜 축제 끝에 앵콜무대도 설 수 있었습니다. 여러모로 회장선거 낙선이 제게 새롭게 생각하고 무엇이 중요한지를 알려준 좋은 경험이 되었습니다.

📖 프랭클린 자서전

평소 정치에 관심이 많고 어떠한 선정가가 있는가 관심이 많았기 때문에 미국의 개국 공신으로 불리우는 프랭클린의 자서전을 꺼내들게 됐습니다. 프랭클린의 어린 시절부터 말년까지 기록되어 있는 이 책에서 배울 점이 너무도 많았습니다. 가장 먼저 프랭클린의 도덕성에 대해 감동을 받았습니다. 리더의 위치에 있으면서도 낮아지며 매사에 최선을 다하는 그의 겸손과 성실성을 보며 저에게도 가장 필요한 덕목이 아닌가 반성할 수 있었습니다. 또 정치인 프랭클린의 모습뿐만 아니라 경제가 과학자 등 다방면에 뛰어난 프랭클린을 보며 감탄했습니다. 이 시대에 태어났으면 더욱 빛이 났을 인재라고 생각했고 제 모습과 프랭클린의 모습을 견주어 보며 이 시대에 빛이 될 인재를 꿈꿀 수 있었습니다. 프랭클린도 자서전을 쓸 만큼 자신의 삶에 대해 자신이 있었던 것처럼 저 또한 삶을 돌아봤을 때 감히 자서전을 남겨도 부끄럽지 않을 삶을 살고 싶다는 생각을 하게하고 그러한 삶을 살도록 동기부여를 해준 좋은 도서입니다.

📖 전태일 평전

아버지께서 소외된 계층의 삶과 분노를 보며 이들을 돌볼줄 아는 사람이 되라며 제게 추천해주셔서 이 책을 읽게 되었습니다. 당시 최대 노동시간과 최저 임금도 보장 받지 못하고 일을 하는 노동자들의 삶을 보며 현재 시대에도 비정규직 문제를 비롯하여 이런 모습을 볼 수 있다는 점이 안타까웠습니다. 빈약한 노동 환경과 노동법을 지키지도 않고 제 멋대로 노동자들을 대하는 고용주 밑에서 인간다운 대접도 받지 못하는 노동자들을 보며 근본적인 원인을 생각해봤습니다.

당시 정부 주도하의 지나친 경제 성장위주의 정책과 이름만 있을 뿐 현실적으로 노동자를 돌보려 하지 않는 법이 그 원인이라고 생각했습니다. 지도자들의 섣부른 생각이 소외 계층을 만들고 그들의 삶을 억압할 수 있다는 사실을 보며 지도자의 책임도 생각했습니다. 현 시대에도 소외된 계층이 있기 때문에 이들을 돌아볼 수 있고 그들의 행복도 보장해 줄 수 있는 사회를 만드는데 조금이나마 기여할 수 있는 사람이 되어야겠다고 생각했습니다.

📖 배려

작은 아버지께서 제 고등학교 입학 선물로 주신 이 책을 읽으며 사회를 살아가는데 가장 중요한 덕목이 배려라는 것을 알 수 있었습니다. 책 초반에 주인공 '위'의 이기적이고 이해타산적인 모습이 그의 아내와의 이혼과 그의 고립을 초래하는 모습을 보며 반성할 점이 많았습니다. 그리고 배려를 배우며 아내도 찾고 그의 삶이 활력이 넘치는 모습을 보며 배려의 중요성에 대해 생각할 수 있었습니다. 배려뿐만 아니라 '위'의 변화되어가는 삶을 보며 기본적인 삶의 덕목에 대해서도 배울 수 있었습니다. 제 자신과 돌아보니 어쩌면 저에게 초반의 '위'의 모습이 보이지 않았나 생각해보고 많은 반성을 했습니다. 제 꿈을 실현하는데 배려라는 덕목이 가장 필요하다고 생각하게 되었습니다. 배려를 실천할 수 있었고 앞으로도 배려하는 삶을 살도록 해주었습니다.

'배려는 받기 전에 주는 것이며 사소한 것이지만 위대하다'라는 이 책의 구절을 잊을 수가 없습니다. 배려를 위대함을 알고 꾸준히 실천하며 살아갈 것입니다.

열두 번째 이야기

◆

착하게 생겼고 성품도 착하고 소위 모범생티가 역력했던 학생이다.
과정을 통해 꿈을 가지고 전력을 다했던 학생이다.
J대 합격과 함께 서울에서 생활하게 되었다며 좋아했던 순둥이.
순둥이 제자를 응원한다.

이 친구 고등학교 3년의 학교생활과 학습경험 교내활동을 이야기한다.

"IMF 경제위기로 인해 많은 빚을 떠안게 된 부모님께서는 맞벌이를 하시느라 집에 계신 시간이 별로 없었습니다. 집에는 저와 형만이 남아 부모님께서 늦게 들어오실 땐 저희끼리 밥을 해먹는 날도 많았습니다. 중학교에 들어와선 학교에서 집에 돌아오면 혼자 있는 집에서 컴퓨터게임과 TV에 빠져 살았고 거짓말을 많이 하여 부모님의 가슴을 아프게 했습니다. 하지만 고등학교에 들어와서 집안 사정을 모두 알게 되었고 그동안 부모님께서 얼마나 고생하셨는지 조금이나마 알게 되었을 때는 눈물이 났습니다. 그 때 저는 결심했습니다. 좋은 사람, 성공한 사람이 되겠다고 다짐했습니다. 남들이 쉬는 날에도 일하시는 부모님의 성실함과 자식에 대한 사랑을 잊지 않기로 다짐했습니다. 공부에 대한 어려움과 나 자신이 게을러지려 할 때 부모님을 생각했습니다. 순간순간 최선을 다하자는 생각과 함께 열심히 공부했습니다. 몰라보게 향상된 성적표를 보며 기뻐하신 부모님께 조금은 보답한 것 같아 뿌듯했습니다. 하지만 저는 멈추지 않을 것입니다. 경제적 어려움에도 당당히 저희를 지키시고 성실함을 가르쳐주신 부모님께 감사의 마음과 최선을 다하는 성실함으로 저의 꿈이 이루어 지는 그날까지 최선을 다하려 합니다. 저의 성장 과정과 환경이 준 영향 중 가장 중요한 것은 성실한 생활 태도였습니다.

배려, 나눔, 협력, 갈등

제가 사는 지역에는 사랑마을이라는 장애인복지시설이 있습니다. 초아봉사단의 단원으로서 봉사를 다녀왔습니다. 장애인들은 내성적이고 외부인을 거부할 거라는 생각과 달리 그들은 저희를 따뜻하게 맞아주셨고 그런 생각을 가지며 살아온 제가 부끄러웠습니다. 시설 주변을 청소할 때엔 비록 덥고 땀도 났지만 왠지 모를 행복감이 가슴속에서 올라왔습니다. '아! 이래서 사람들이 봉사를 하는구나'라고 생각이 들었고 앞으로도 짬짬이 시간을 내어 봉사를 다녀야겠다고 다짐했습니다. 청소가 끝난 뒤엔 장애인들과 같이 어울려 활동을 할 수 있는 시간이 주어졌습니다. 저는 별다른 장끼가 없어서 멀뚱멀뚱 구경만 하고 있었고 막 주눅이 들려 할 때 고맙게도 한 분이 저에게 말을 걸어주셨고 간식도 나눠주셨습니다. 저는 그런 따뜻한 마음씨에 다시 한번 감동했고 평소에 타인에게 차갑고 무뚝뚝했던 자신을 되돌아보았습니다. 대화 소재가 떨어지고 잠시 정적이 흘렀지만 그 분은 제게 동화책을 건네주며 읽어 달라는 것이었습니다. 저는 흔쾌히 책을 읽어 주었고 다 읽은 뒤엔 너무 재미있다며 다른 책들도 갖다 주셨습니다. 약간은 지루하기 했지만 최선을 다해 책을 읽었고 저의 보잘것 없는 재능으로 인해 남을 이렇게 기쁘게 할 수 있다는 것을 알게 되었습니다. 비록 짧은 시간이었지만 많은 것을 느끼고 배웠습니다. 봉사를 마치고 집으로 돌아오는 길에 결심을 했습니다. 지금까지 이기적이고 자기중심적이었던 태도를 버리고 나뿐만 아니라 남에게도 행복을 주고 사랑을 주는 사람이 되기로 말입니다.

학습경험

놀이 시설이 도시보다 많이 부족한 시골 아이인 저는 어릴 적부터 무언가를 만들고 조립하는 것이 최고의 놀잇거리였습니다. 특히 레고와 장난감 자동차를 좋아했고 모든 자동차의 이름을 외우고 다닐 정도였습니다. 초등학교에 들어와선 발명품을 만들어 대회에서 동상을 수상하기도 했고 과학 상자에 빠져 친구들과 뛰어놀 시간은 물론이고 밤을 새워 가며 만든 적도 있습니다. 그 결과 대회에 나가 자동차모형을 만들어 동상을 받았습니다. 그때부터 언젠가 실제로 자동차를 만들겠다는 꿈을 가지게 되었고 항상 그 꿈을 마음에 품고 있었습니다. 또 부모님께서도 저의 재능과 열정을 알아보시고는 기계공학과에 진학하면 좋겠다고 격려해 주셨고 저도 부모님의 격려에 힘입어 기계공학에 더욱 관심을 두게 되었습니다. 신개념 자동차를 만들 나의 꿈을 위해 기반 학문이 될 기계공학과에 지원하기로 결심했습니다.

저희 집의 가전기기는 남아날 날이 없었습니다. 시계, 리모컨은 물론이고 심지어는 컴퓨터, 청소기 등 고가의 가전기기까지 분해해 조립하는데 땀을 뺀 적이 많이 있고 고장 난 컴퓨터를 고치기 위해 오신 기사 아저씨께 어깨너머로 배운 지식과 기술로 저희 집의 컴퓨터는 물론 친구의 컴퓨터, 학교의 컴퓨터까지 고쳐 칭찬을 받은 적도 있습니다. 또 기계공학과에 진학하기 위해서는 수학과 물리를 잘해야 한다는 선생님의 말씀에 그쪽으로는 문외한이었던 제가 열심히 공부한 끝에 교내 경시대회에서 입상을 하고 도대회까지 나가는 성과를 거두었습니다. 이러한 기계 사랑 덕분에 저는 서적이나 강의로서는 가질 수 없는 저만의 지식을 가지게 되었고 이 지식은 제가 앞으로 더 성장하고 나아가는데 큰 도움이 될 것입니다.

교내활동

고등학교 1학년 기술가정 실습시간이었습니다. 4인 1조로 조를 나눠 1주 동안 우드락으로 교각을 만들어야하는 실습이었습니다. 평소에 건물모형이나 자동차를 취미로 만들어 왔기 때문에 자신이 있는 실습과제였습니다. 꼭 잘 만들어서 최상의 점수를 받으리라 결심한 저는 조원들과 함께 계획을 짜고 흥분된 마음으로 시작했습니다. 조원들 모두 조장인 저를 도와 최상의 점수를 받으려고 최대한 정교하고 멋지게 만들었고 선생님께서도 칭찬을 해주셨습니다. 하지만 1주일은 저희들에게 완벽한 과제를 만들기엔 너무도 부족한 시간이었습니다. 또 저는 기숙사생활을 했기 때문에 다른 조원들과 협동하여 만들 수 있는 시간도 부족했습니다. 조원들은 그래도 시간 안에 대충이라도 완성하여 최초한의 점수라도 받자고 했지만 저는 최상의 점수를 받자고 결심을 했기 때문에 물러설 수 없었습니다. 조원들과 상의한 끝에 저 혼자서라도 과제를 책임지기로 결정을 내렸습니다. 저는 낑낑거리며 과제물을 기숙사로 들고 온 뒤에 학습시간이 끝난 뒤인 12시가 돼서야 시작할 수 있었습니다. 실수로 망가트리고 포기하고 싶은 마음도 굴뚝같았지만 완성에 대한 열정은 그럴 때마다 저를 일으켜 세웠습니다. 마지막 블록을 놓고 나니 시간은 6시, 밤을 새워버린 것이었습니다. 저는 해냈다는 성취감으로 과제를 학교로 가져가 조원들 앞에 자랑스럽게 두었습니다. 조원들은 자동으로 박수를 쳤고 자신과의 싸움에서 이긴 저 역시 저에게 마음속으로 박수를 쳐주었습니다. 아쉽게도 만점을 받지는 못했지만 뭐든지 원하고 노력한다면 할 수 있다 라는 점수보다 더 소중한 깨달음을 얻었습니다.

"

이 친구를 처음 만난 날 수줍은 모습으로 다가와 하는 질문이다.
선생님 심리학을 전공하려고 하는데 관심 분야 활동은 무엇인지 알려 달라는 것과
도서를 추천해 달라는 것이었다. 똘방 똘방한 눈빛이 기억난다.
적극적인 모습과 관심 분야 심화학습이 돋보였던 아이다.
자기주도학습이 무엇인지 보여줬던 아이다.
심리학박사의 꿈을 이루겠다고 미국 유학을 떠났다고 한다.

이 친구 고등학교 3년의 학교생활과 학습경험 교내활동을 이야기한다.

"
심리학에 관심이 많았던 저는 심리학 못지않게 과학을 무척이나 좋아했습니다. 다양한 독서를 통해 심리학과 과학이 융합될 수 있다는 생각을 하게 되었습니다. 그래서 고등학교 교육과정을 선택할 때 이과를 선택하게 되었습니다. 2학년 때 과학정보를 수집하는 화학 수행평가 과제를 통해 과학을 기반으로 하는 심리학에 더욱 관심을 갖게 되었습니다. 저는 주로 뇌 과학과 관련된 기사를 수집해서 모든 기사마다 주요 문장들을 표시 하고 그 기사와 관련된 제 의견이나 추가적으로 더 알고 싶은 내용들을 찾아서 제 심리학 노트에 차곡차곡 기록을 했습니다. 담당선생님께서는 제가 앞으로 무엇을 하고 싶은지 과제만 읽어봐도 알겠다고 하시며 많은 응원을 보내주셨습니다. 거의 일 년 동안 진행된 이 과제를 통해 제가 정말 좋아하는 분야가 무엇이고 앞으로 어떤 공부를 하고 싶은지 더욱 구체적으로 생각하게 되었습니다. 그리고 심리학을 위해 이과를 선택한 제 결정에 다시 한 번 확신을 갖게 되었습니다. 저는 과학을 공부할 때 기본적으로 수업 전 미리 교과서나 참고서를 통해 예습을 하면서 특히 관심 있는 내용들이 나오면 인터넷과 책을 찾아보았고 가끔은 생물과 화학을 넘나들며 서로 연관 시켜보기도 했습니다. 예를 들어 화학에서 신소재 그래핀을 이용해 인공 근육을 만드는 것을 보고 전기화학적신호를 구현해 인공뇌를 좀 더 사람의 뇌와 가까운 형태로 만들 수 있지 않을까라는 생각을 하게 되었습니다. 이와 함께 인간은 빛에 의해 반응한다는 내용을 생물시간에 접하면

서 그래핀과 함께 광유전학을 이용하면 좀 더 인간에게 유용한 인공뇌를 만들 수 있을 것이라는 생각으로 확장되면서 수업시간이 점점 즐거워졌습니다. 또한 생물시간에 인간의 뇌에 대해 배우면서 임상신경심리학이나 뇌 관련 전공서적들을 참고하면서 지적 호기심을 해결 할 수 있었습니다. 이러한 과정을 통해 심리학자로의 꿈을 구체화하는 계기가 되었고 학교공부를 토대로 더 크게 생각하고 더 멀리 내다보는 능력을 쌓은 것 같아 뿌듯함을 느낄 수 있었습니다.

2학년에 올라와 심리학에 대한 열정 하나로 만든 심리학 동아리는 처음에는 인원도 제일 적고 별로 주목도 받지 못했습니다. 하지만 동아리 회원 전제가 1년간 열심히 활동하고 노력한 끝에 지역 신문과 방송에도 나오게 되었습니다. 그러자 학교에서 가장 유명한 동아리로 자리를 잡게 되었습니다. 처음에는 심리학에 대해 막연하게만 생각했던 후배들과 매주 다양한 심리학 분야에 대해 스터디를 하면서 제가 어릴 때부터 해왔던 심리학 노트를 모델로 각자 자신만의 노트를 작성 하도록 했습니다. 믿고 따라와 주는 후배들은 저에게도 좋은 자극이 되어 저도 더 열심히 할 수 있었습니다. 그렇게 한 학기를 보내면서 조금씩 자신감이 붙은 저희들은 2개의 연구에 도전을 하게 되었습니다. 수업시간에 다큐멘터리를 보고 알게 된 하브루타 학습법의 효과를 검증해보자는 것과 지역 고등학생을 대상으로 실시한 설문지연구가 그것이었는데, 특히 설문지연구는 포스터논문으로까지 확장하여 대구경북 청소년 학술한마당에도 참여하게 되었습니다. 처음 실험연구에서는 결과가 저희들의 의도와 다르게 나와서 처음에는 무척이나 당황했고 우리가 실패했다고만 생각을 했습니다. 그러다가 왜 예상과 다른 결과가 나왔을까를 고민하고 토론하면서 그 이유를 추적하게 되었고 이 과정에서 실험연구에 대해 더 많은 것을 배우게 되었습니다. 이를 통해 실험이나 연구의 성공여부도 중요하지만 잘못되었을 때 오류나 문제점을 찾은 과정에서 더 발전된 연구를 할 수 있다는 것을 알게 되었습니다. 두 연구 모두 제가 연구회장이 되어 이끌면서 때로는 힘들기도 하고 때로는 학업에 방해가 되는 건 아닌가 하는 두려움도 있었지만 지금 생각해 보면 그때가 가장 행복했고 의미 있는 경험이었습니다. 특히 저를 통해 자신도 꿈을 찾았다는 후배들의 이야기는 저에게도 깊은 감동으로 다가왔고, 이러한 경험은 제 자신의 성장과 제 진로와 꿈을 구체화하는 데 중요한 자극제가 되었습니다.

또 하나 뜻 깊은 활동은 지역행사의 도우미로 활동했던 경험입니다. 어린 시절을 보냈던 예천을 오랫동안 떠나 있다가 아버지의 발령으로 다시 돌아와 보니 생각보다 많이 낯설었고 이방인처럼 느껴졌습니다. 그런 가운데 예천 국제 활축제가 열린다는 것을 알았습니다. 제가 가진 특기로 지역에 기여도 하고 무엇보다 제가 살고 있는 지역을 조금 더 이해하고 싶은 마음에 영어와 일본어 통역 봉사 도우미 활동을 하게 되었습니다. 봉사기간 중에 세계 활 연맹 MOU체결식에서도 통역 도우미로서 참가했는데 우리 지역의 주요 행사에서 제가 나름의 역할을 할 수 있었다는 생각에 뿌듯함을 느껐습니다. 또한 한일 청소년 양궁대회에서 제 또래 일본학생들의 통역을 맡아 뜻 깊은 시간을 보내기도 했습니다. 봉사활동을 하면서 예천이 비록 작은 농촌지역이지만 지역주민들이 애향심이 강하고 예천을 더 나은 곳으로 발전시키고자 하는 의지가 매우 강하다는 느낌을 받았습니다. 저 자신도 예천처럼 작은 개인이지만 제 꿈을 향해 노력하면 더욱 더 큰 자신으로 성장할 수 있다는 생각을 갖게 되었습니다.

저는 소심한 성격으로 친구들에게 먼저 다가가기가 쉽지 않았습니다. 2학년 때 학교축제 때 반에서 연극을 하게 되었는데 우연히 친구들의 권유로 연극의 조연으로 축제에 참여하게 되었습니다. 이것을 계기로 저는 반 친구들과 더 가까워지고 소심한 성격에서 벗어나자는 마음으로 연습 때마다 주연보다도 더 큰 목소리로 적극적으로 연기연습에 참여했습니다. 그런 저의 모습에 아낌없는 칭찬을 보내는 친구들을 통해 저는 자신감을 갖을 수 있었습니다. 무엇보다도 연극이라는 한 가지 목표에 반 전체가 한 마음이 되어 각자 자신이 잘하는 분야에서 서로 노력하고 도우며 연극을 완성시켜나가면서 혼자서는 느껴보지 못했던 진한 감동과 친구들의 소중함을 다시 한 번 느낄 수 있었습니다. 또한 축제기간 중 심리학동아리에서 심리학 카페를 운영하면서 부원들이 가진 장점과 재능을 발견할 수 있었는데, 이를 통해 모든 사람들은 각자 자기만의 재능이 있고 혼자서는 할 수 없는 일도 각자의 재능과 장점이 모이면 어떠한 일도 해낼 수 있다는 생각을 하게 되었습니다.

국사시간에 동아시아사와 한국사 조별 수업에서 조장의 역할을 맡았습니다. 그 수업에서는 조장의 역할이 매우 중요했고 그만큼 책임감도 많이 느껴야 했습니다. 본 수업 전에 미리 공부해서 조원들에게 설명을 해주고 매시간 있는 쪽지시험에서 낙오되는 조원들이 없도록 정말 최선을 다해야했습니다. 다행히 조원들도 잘 따라와 주었고 우리 모두의 노력으로 저뿐만 아니라 조원 모두 성적이 오르게 되었습니다. 특히 가장 공부에 어려움을 보이던 친구에게는 특별한 관심으로 도움을 주고자 노력했습니다. 마지막 시험에서 기적과도 같은 점수를 받아 그 친구와 제가 얼싸안고 좋아했던 기억이 아직도 생생합니다. 그 친구는 저에게 진심으로 고마워했고 저도 그 친구 덕분에 성취감과 보람을 느낄 수 있었습니다. 나눔이 상대를 위한 것으로 알았지만 자신위해서도 얼마나 중요한 것인가를 알게 되었습니다. 또한 조화를 이끌어내는 것 또한 중요한 역할이라는 것도 알았습니다.

저는 인간의 정신과 행동 간의 여러 원리들을 바탕으로 인공지능과 같은 차세대 기술들이 보다 인간에게 적합하고 순기능으로 작용되게끔 프로그램을 만들고 그것을 사회에 적용시키는 인지공학자가 되고 싶습니다. 저의 꿈은 초등6학년 때 '유쾌한 심리학'이란 만화책을 보고 저만의 심리학노트를 써나가면서 시작되었습니다. 처음에는 막연히 심리학이 재미있다고 생각하면서 책의 내용을 저만의 방식대로 요약하면서 삽화도 첨부하게 되었는데, 그때 코멘트를 달아주시며 용기를 주셨던 담임선생님의 응원이 큰 도움이 되었습니다. 고등학생이 되면서 구체적인 꿈과 진로로 이어지면서 본격적으로 심리학노트를 쓰게 되었습니다. 신선한 충격과 크나큰 영감을 주었던 베르나르 베르베르의 소설들을 통해 학문 간 융합에 대해 매력을 느끼게 되었고 '뇌', '파피용' 등은 제 진로 선정에도 큰 영향을 미쳤습니다.

어릴 때부터 과학을 좋아하던 저는 생물심리, 진화심리, 신경심리 등 과학에 근접한 심리학에 점점 빠지게 되었습니다. 주변에서는 심리학을 위해서는 문과를 가야한다고 조언 했지만 제가 하고 싶은 심리학을 위해서는 과학적 탐구가 병행되어야 한다고 판단해서 이과를 택하기도 했습니다. 고2 때 심리학 동아리 활동을 하면서 제 꿈은 더욱 구체화 되었고 꾸준한 독서를 통해 심리학과 과학의 융합이야말로 제가 하고 싶은 분야에서 꼭 필요하다는 확신이 생겼습니다. 심리학자로 출발한 꿈이 신경심리학자, 조금 더 나아가 인지공학자로까지 확장 되었습니다. 저는 이러한 저의 꿈과 포부가 융합형 인재를 지향하는 고려대학교 특성에 잘 부합한다고 생각합니다. 특히 고려대학교 심리학과의 행동인지신경과학 전공 교수님들의 연구 분야를 살펴보면서 정말로 제가 하고 싶었던 분야가 이곳 고려대학교 심리학과에서 현실로 이루어지고 있다고 생각하니 가슴이 벅차올랐습니다. 저도 그 분야의 일원이 되어 나중에 인지신경과학을 넘어 인공지능과 같은 차세대 시스템들이 인간의 삶에 유용하게 이용될 수 있는 프로그램들을 설계하는 인지공학자가 되고 싶습니다.

"

열네 번째 이야기

◆

여리디 여린 작은 거인- 역설이 어울리는 아이다.

작지만 강하다.

바른 아이 그러면서 주변을 생각할 줄 아는 아이다.

목소리가 적어서 잘 안들려 뭐라고 다시 한번 말해봐를 연속했던 기억이 난다.

생명공학자가 된다고 한다.

이 친구 고등학교 3년의 학교생활과 학습경험 교내활동을 이야기한다.

"
저의 진로는 생명공학 연구원입니다. 생명공학과 의학에 많은 관심을 가지고 있습니다. 생명분야의 기사를 찾아보면서 생명공학이 의학에 영향을 준 기사들을 보면 궁금증이 생겨 꼼꼼히 읽어 보곤 했습니다. 그 중 단일클론항체를 이용한 치매 예방 치료제의 임상실험을 진행한다는 기사를 보았습니다. 평소 의학에 관심을 가지고 있던 저는 생명과학 글쓰기 활동에서 난치병 치료와 관련지어 '생명공학기술을 이용한 난치병 치료'를 주제로 보고서를 작성하였습니다. 이 활동을 통해 기사에서 보았던 단일클론항체를 깊이 있게 이해할 수 있었습니다. 단일클론항체는 특정 물질을 추적하거나 분리하는데 사용할 수 있다는 것을 알게 되었고 이 점에서 특정 암세포만 추적하는 단일클론항체를 만들어 세포면역반응을 일으키는 방법을 이용하면 난치병분만 아니라 암치료에도 단일클론항체를 이용할 수 있겠다는 생각이 들었습니다. 이런 궁금증을 해결하기 위하여 단일클론항체와 암치료에 대한 정보를 검색해 보았습니다. 조사 후 단일클론항체에 암세포만을 죽이는 독소를 가지게 하면 실제로 암치료와 암세포 억제도 가능하다는 것을 알게 되었습니다. 그리고 직접 주제를 정해 탐구하며 보고서도 작성하고 친구들에게 발표하는 경험을 통해 진로를 더욱 구체화하는 계기가 되었습니다. 그리고 2학년 때 생명환경과학 체험학습에서 과일 DNA 추출 실험을 하기도 했습니다. 세제, 소금, 에탄올 등과 같은 우리 주변에서 흔히 볼 수 있는 재료들을 이용하여 과일의 DNA를 추출하였고 이를 전기영동 실험으로 DNA가 맞는지 확인해 보았습니다. 과일의 DNA를 얻는 과정에서 비교적 단단한 세포벽은 과일을 으깨는 과정으로 없앨 수 있다는 것을 알게 되었고 세제 속의 계면활성제로 핵막을 분해해 DNA를 얻을 수 있다는 것 또한 알게 되었습니다. 각각의 재료들이 실험을 위해 어떤 역할을 하고 작용하는지를 실험을 하며 확인할 수 있어서 좋았습니다. 이런 실험을 통해 책에서 이론만을 공부하는 것보다 실험을 통해 확인하고 이해하는 것이 중요하다는 것을 깨닫게 되었습니다. 이 후 실험에 흥미를 갖고 전기영동 실험을 진행했습니다. 실험을 위해서는 DNA샘플이 필요했습니다. 샘플을 얻기 위한 실험에는 원심분리기와 마이크로피펫 이라는 도구가 사용되었는데 익숙하지 않은 도구라서 사용방법을 익히고 조심하며 실험을 진행했습니다. 전기영동 실험을 하는 데에도 전기영동기, 자외선투영기, 아가로즈젤 등 새로운 도구가 많이 사용되었습니다. 처음 보는 도구들이어서 신기하기도 하고 실험에서 어떤 역할을 하는지 궁금하여 쓰임새를 선생님께 질문하며 궁금증을 해결해 나갔습니다. 새로운 실험 도구를 알아간다는 것이 흥미로웠습니다. 전기영동 실험 결과 과일에서 추출한 물질이 DNA가 맞기 때문에 음전하를 띠는 DNA 성질에 의해 물질이 +극으로 이동한 것을 확인할 수 있었고 성공적으로 실험을 마칠 수 있었습니다. 과학실험을 직접 겪어보고 실험에 기본이 되는 다양한 실험 도구와 용어를 읽힘으로써 진로결정에 도움이 되는 소중한 경험이었습니다.

코로나로 인하여 식당에 갈 때마다 일회용품 수저나 젓가락을 주는 경우가 많아지고 음식을 배달하거나 포장할 때도 일회용품 소비가 지나치게 많아졌습니다. 플라스틱 일회용품 사용이 늘어나면서 환경 오염에 심각한 문제를 일으킬 것이란 생각이 들었습니다. 이를 계기로 모둠원과 함께 상인분들의 일회 용기 사용 실태와 환경 오염의 심각성 인식을 설문 조사하였습니다. 설문 조사를 통해 실제 우리 주변 가게의 상인분들이 다회용기를 가져와서 포장해가는 것을 긍정적으로 생각하지만 용기 사이즈가 문제이고 실제로 다회용기가 많이 쓰이지 않고 있는 실태를 파악할 수 있었습니다. 조사과정에서 화학 세제 소비도 환경 오염에 큰 영향을 미친다는 것을 알게 되었습니다. 조사 활동을 한 후 친환경 세제를 만들어서 배부하면 친환경적인 우리 지역을 만드는 데 이바지할 것이라는 생각이 들었습니다. 그래서 모둠원들과 토의 후에 재료를 직접 주문하여 학교에서 환경 오염을 최소화할 수 있는 친환경 세제를 만들었습니다. 천연세제를 만들어보니 생각보다 만드는 과정과 재료가 복잡하지 않고 누구나 조금만 관심을 가지면 충분히 만들어서 사용할 수 있다는 생각이 들었습니다. 세정력도 좋고 거품도 잘나서 많은 사람들이 사용한다면 하천 오염을 크게 줄일 수 있다는 생각이 들었습니다. 세제를 지역 음식점 상인분들께 직접 배부해 드렸는데 상인분들이 고맙다고 하시면서 밝게 웃어주시는 미소에 뿌듯함과 보람을 느낄 수 있었습니다. 그리고 환경 오염에 대한 문제 인식과 해결 방안을 알리고 다 함께 실천할 수 있도록 홍보를 하는 것이 가장 중요하다는 생각이 들었습니다.

저는 난치병과 희귀 질환을 겪는 사람들을 위한 연구를 하고 싶어서 동국대학교 의생명공학과에 지원하였습니다. 생명정보에 따른 사람들 개인에 맞는 치료 방법을 개발하고 싶습니다. 생명과학1 시간에 중추 신경계 질환을 학습하였고 신경계 질환에 관심을 갖게 되었습니다. 이후 알츠하이머를 조사하였고 병의 원인에 대해 알아보기도 했습니다. 그리고 생명공학 기술을 난치병 치료에 적용하여 단일클론항체로 난치병과 암치료까지 할 수 있는 방법들을 직접 심화탐구 하기도 했습니다. 과학 과제 연구 활동에서 식물의 광합성을 아두이노를 활용하여 식물 생장 탐구 실험을 진행하였습니다. 아두이노에 이산화탄소, 온습도 센서 등을 연결한 후 코딩을 통해 엑셀과 아두이노의 연동이 필요했습니다. 처음에는 아두이노와 센서들의 활용법을 익히고 실험을 진행하는데 시행착오가 있었습니다. 하지만 모둠 친구들과 의견을 주고받으며 연동하는 코드를 완성할 수 있었습니다. 실험 과정에서 생명과 공학에 대하여 관심을 더 가지게 되었고 이해도가 깊어졌음을 느꼈습니다. 그리고 연구원은 주변 사람들과 협력하는 마음가짐을 필수로 지녀야 한다고 생각합니다. 과제연구 활동을 통해서 팀원들과 의견을 주고 받으며 더 나은 방향으로 나아가기 위해 협력의 소중함과 가치도 깨닫게 되었습니다. 그리고 의생명공학과 수학은 뗄 수 없는 연관 과목이라고 생각합니다. 그래서 수학 개념을 확실히 알고 적용하는 데 초점을 두어 반복 학습을 하며 수학적 능력을 기르기 위해 노력하였습니다. 생물학과 의학, 공학까지 여러 학문이 융합된 의생명공학과가 나에게 가장 맞는 학과임을 확신합니다.

"

열다섯 번째 이야기

◆

똘방똘방 반짝반짝 빛나던 아이다.

가난한 가정환경 속에서 자신의 꿈을 의지로 이뤄내겠다던 아이다.

과정을 통해 많이 응원했던 아이가 새벽녘에 Y대 합격 소식을 남겼다.

기쁨으로 뭉클했던 기억이 난다.

2학년 서울 입성을 알리며 바른 아이로 성장하고 있음을 목소리의 힘을 통해 느꼈다.

국문학 전공의 목적과 목표가 분명한 아이!

이 친구의 좋은 어른으로의 성장을 응원한다.

선생은 푸른 하늘가 장송 아래에 서 있을 뿐이다. 부모도 그렇다.

이 친구 고등학교 3년의 학교생활과 학습경험 교내활동을 이야기한다.

"

저는 고등학교에 입학할 때 쳤던 배치고사에서 국어과목 성적이 우수해 1등으로 입학하였습니다. 그리고 입학 후 처음 치러진 3월 모의고사에서도 1등급이 나오자 저는 자만하기 시작해 국어 공부를 다른 과목에 비하여 소홀히 하게 되었습니다. 제가 공부하던 방식이 옳은 줄로만 알아 작가와 시대배경, 표현법을 무작정 외우면서 공부하였습니다. 그 이후 몇 번의 모의고사에서 국어 점수는 계속 낮아졌고, 저는 가장 좋아했던 과목인 국어에 흥미를 잃기 시작했습니다. 저는 이를 해결하기 위하여 자만했던 내 모습에 반성하고 국어공부를 처음부터 다시 한다는 마음으로 계획을 세웠습니다. 먼저 국어에 대한 감각을 잃지 않기 위하여 국어문제를 매일 아침 30분씩 꾸준하게 풀어 나갔습니다. 매일 자기 점검을 통해 국어문제를 푼 날과 문제의 수, 지문을 표시했습니다. 그리고 공부한 문학작품리스트를 작성해 잊지 않으려 노력했습니다. 또한 다른 친구들의 공부법과 나의 공부법을 비교해 가며 나의 문제점이 무엇인지 점검해 보기도 했습니다. 이를 바탕으로 사설, 기사 등을 도식화로 표현하는 방법을 통해 글의 내용과 구조, 글의 특징을 이해하도록 하는 나만의 방법을 찾았습니다. 점수를 얻기 위한 공부에 그치지 않고 국어 시간에 배운 것들을 실생활에서 정확히 표현하기 위해 노력했습니다. 그리고 국어 시간에 '세경본풀이' 라는 작품에 대해 배운 것을 심화학습을 하기 위해 독서토의 동아리활동에서 우리나라의 신화에 대한 내용을 토의 주제로 선정하고 '우리나라 청소년들은 왜 우리나라의 신화에 대한 공부가 필요한가?'를 토의하였습니다. 이런 활동과 노력을 기반으로 저는 다시 국어에 대한 흥미를 가질 수 있게 되었습니다. 뿐만 아니라 2학년 11월 모의고사에서 98점을 맞고 그 이후로 1,2등급의 안정적인 점수를 유지하여 9월 모의고사에서 100점을 맞을 수 있었습니다. 자기점검과 계획의 실천이 좋은 결과를 만들어 냈듯이 꿈을 이루기 위한 과정도 그렇게 해 나가야겠다는 다짐을 해 봅니다.

'생각의 좌표: 내 생각의 주인은 누구인가' 이 구절은 2학년 때 활동했던 독서토의 동아리 '동행'의 5번째 주제였습니다. 이 주제는 고등학교 3년 동안 독서토의 동아리 '동행' 활동을 해오면서 동아리회장으로서 토의를 이끌어야할 제게 가장 큰 난제였던 주제였습니다. 토의 주제를 좀 더 쉽게 이해하기 위해 토의 내용을 좀 더 구체적인 사형제도에 대한 사례로 옮겨 한쪽은 극악무도한 범죄를 저지른 사례만을, 다른 한쪽은 무고한 범인을 사형 집행 한 사례만을 보여준 다음 사형제도에 대한 찬반을 토의하였습니다. 그 다음 다시 사례를 바꿔 읽으며 우리의 생각이 어떻게 달라지는지를 직접 경험하였습니다. 이 토의를 통해서 저는 '내가 옳다고 믿는 나의 생각은 과연 내 것이 맞을까' 하는 질문을 끊임없이 하게 되었고 많은 책을 읽는 것 보다 어떤 책을 읽는지가 더 중요한 과제라는 것을 알게 되었습니다. 또한 출판물 편집자는 책을 출판하고 만드는 사람으로서 다수의 독자들과 소통하는 자리인 만큼 올바른 의견을 찾아내어 전달하는 중요한 역할을 담당하고 있음을 알 수 있었습니다. 이 외에도 노블레스 오블리주 정신, 제주 4.3사건, 우리나라의 교육 제도에 관한 다양한 분야의 토의를 통해 인문학이 주는 지식의 중요성과 책의 역할이 어느 한쪽의 입장에 편승하기 보다는 사회의 다양한 시선을 담아낼 수 있어야함을 알게 되었습니다. 독서토의동아리 활동은 다양한 분야의 독서와 토의를 경험하게 해준 의미 있는 활동이었습니다.

이를 계기로 출판물 편집장이 하는 일에 대한 호기심으로 저는 '온누리신문부'에서 여름 방학 특집 기사 편집장을 지원하였습니다. 편집장으로서 저는 신문부원들에게서 기사를 받아와 기사의 배치와 마지막 컴퓨터 작업까지 꼼꼼히 체크하고, 틀린 글자를 바로 잡는 작업을 하였습니다. 신문이 편집되고 발행이 되고 난 후 학생들에게 질의응답을 통하여 어느 기사를 재밌게 읽었는지, 어느 기사가 많이 도움이 되었는지 등 기사의 선호도와 신문이 읽기 쉽게 구성되었는지의 정도를 파악하였습니다. 이 과정을 통해서 저는 편집장이 좋은 기사와 인기 있는 기사를 구별해내는 안목이 왜 필요한지를 알게 되었습니다. 뿐만 아니라 신문에 실어야할 기사들을 선별해내고 편집하는 과정에 있어 편집자의 객관적인 시각을 요구하며 편집자의 가치관과 주관을 철저히 배제한 편집이 중요함을 깨달을 수 있었습니다.

00군 청소년 운영위원회 활동 중 애향심을 기르기 위한 향토탐방을 기획하는데 있어 별주부전을 이용해 00군에서 특성화한 지역 관내 00면의 '토끼간빵'에 대해 조사를 하고 지역에 내려오는 설화를 주제로 하는 향토탐방을 하자는 기획을 준비하기도 하였습니다. 이러한 활동을 하면서 그 지역이 아무리 작고 유명하지 않더라도 각 지방마다 내려오는 설화나 전설이 가치가 있음을 알게 되었습니다. 저는 국어국문학과에 진학하여 국어에 대한 심도 있는 공부와 더불어 우리나라의 가치 있는 전설이나 신화에 대해 공부하여 이를 각 지역의 특성으로 부각하고 지역발전에 도움이 되는 사람이 되고 싶습니다.

　　고등학교 과정에서 가장 어려움을 느꼈을 때는 2학년 때 동아리 회장으로써, 처음 한 달 간 독서토의 동아리를 이끌 때였습니다. 당시 학년이 바뀌면서 1학년 때부터 같이 토의를 해오던 선배들은 모두 동아리 활동에서 빠지고 거의 대부분 새로운 부원들로 교체되었는데 새로 들어온 부원들은 대체로 소극적이고 각자의 개성이 다양했습니다. 처음 토의가 진행될 때 자유 주제였음에도 불구하고 책을 읽어 오지 않은 부원들도 있었고 아무도 먼저 나서서 발표를 하려하지 않았습니다. 회장으로 토의를 진행해야하는데 반응 없는 부원들로 인해 토의는 진행되지 않았고 답답하고 당황스러웠습니다. 어떻게 하면 적극적인 참여를 유도하고 이런 경직된 분위기를 어떻게 풀어야 할지 또 제 역할은 무엇인지 고민했습니다. 우선 나부터 바꿔보자는 생각을 했습니다. 그래서 토의 시작 전에는 가벼운 농담으로 분위기를 풀어주어 자유롭게 이야기할 수 있는 분위기를 만들어야겠다고 생각했습니다. 그리고 토의 주제가 다른 부원들에게 어려운지 쉬운지를 미리 조사하여 토의주제를 선정하기로 했습니다. 또 토의에 필요한 자료가 있다면 미리 챙겨 두었습니다. 토의 시작 후에는 미리 들어둔 부원들의 의견을 바탕으로 부원들이 발표 중에 말이 막힐 때면 조금씩의 도움을 주면서 토의가 자연스럽게 이어지도록 유도했습니다. 이렇게 진행된 토의는 전과 다르게 모두가 즐겁고 자유롭게 적극적으로 참여하는 분위기로 바뀌었고 창의적인 토의를 할 수 있게 되었습니다. 처음에는 소극적이고 잘 참여하지 못하던 동아리 부원들이 적극적 참여 분 만 아니라 서로를 존중해주고 배려해주기 시작하자 아무도 생각지 못했던 기발한 생각을 내고, 점점 토의가 발전하는 것을 보았습니다. 이 경험을 통해 저는 단체 활동을 하는데 있어서 리더의 능력도 중요하지만 구성원 모두가 잘 어우러지는 조화가 무엇보다 중요하다는 것을 알았습니다. 경쟁하기 보다는 구성원의 능력을 인정하고 배려하는 과정에서 일어나는 시너지 효과가 얼마나 큰지를 몸소 경험한 소중한 일 이었습니다.

저는 어렸을 때부터 또래 친구들보다 키가 작았습니다. 하지만 초등학교 때부터 출전했던 높이뛰기 경기에서 단 한번도 1위를 놓쳐본 적이 없을 정도로 저는 제가 목표로 하는 것에 대한 승부욕이 대단했습니다. 1학년 겨울방학 때 집안의 재정적 문제로 다니던 학원을 그만두고 기숙사에서 나와 집에서 통학을 하게 되었을 때 갑작스레 바뀐 공부환경이나 재정적문제로 자주 다툼하시는 부모님을 보며 저는 제 목표의식을 잃고 방황하게 되었습니다. 결국 2학년 1학기 내신과 모의고사성적 마저 뚝 떨어지자 저는 모든 자신감을 잃고 대학 진학마저 포기해야하나 고민하였습니다. 제가 힘들어 할 때마다 부모님께서는 당신들의 책임이라 하시며 다독여 주셨습니다. "목표를 갖고 꿈을 포기하지 말라"는 말씀과 "무조건 남들보다 잘하려는 생각보다는 네가 무엇을 위해서 노력하고 있는지를 먼저 생각해보라"는 충고를 해주셨습니다. 이런 부모님의 말씀이 나 자신을 되돌아 생각해 볼 수 있는 계기가 되었습니다. 그러던 중 여름 방학 때 친구들과 경안 신육원에 봉사를 하러 가게 되었습니다. 저는 중학교 친구들에게 공부를 가르쳐 주는 교육봉사를 담당하게 되었고 한 학기동안 그 친구들과 많은 이야기를 나누며 제 자신을 반성하게 되었습니다. 처음에 저는 신육원 친구들에게 다가가기가 매우 조심스러웠습니다. 혹시나 제 언행으로 상처받지 않을까 혹시나 우울해하면 어떻게 위로해야하나 하는 걱정 때문이었습니다. 하지만 그 친구들과 지내면서 그런 생각들이 선입견에 불과한 것이란 걸 알았습니다. 저보다 더 힘든 상황에서도 그 친구들은 저보다 더 긍정적이었고 고등학교 졸업 이후 독립하는 것을 당연하다고 생각하는 친구들을 보면서 제 자신을 반성하게 되었습니다. 저는 이 경험을 통해서 사람의 배경을 아는 것도 중요하지만 배경보다도 사람 자체가 가지고 있는 긍정적인 생각과 끊임없는 노력이 더 중요하다는 것을 알게 되었습니다. 부모님의 말씀과 신육원 봉사를 통해 다시 꿈을 갖고 목표를 향해 최선을 다할 수 있었습니다.

"

◆

180이 넘는 큰 키에 운동을 좋아하는 아이!

만날 때마다 선생님 축구 언제 하냐며 보채던 아이다.

씩씩하던 아이가 풀이 죽어 있다. 무슨 일이 있는지 궁금하여 수업 후 상담을 했다.

교통사고로 병원에 장기입원 중인 아버지 때문이라고 걱정하며 눈물을 머금던 아이다.

아이를 위로하며 어깨 툭툭 해줬던 기억이 난다.

흔들림 없이 고등학교 3년을 지내고 수시 입시 상담을 진행하면서 얼마나 기특하던지

보람이 느껴졌다.

이 친구 고등학교 3년의 학교생활과 학습경험 교내활동을 이야기한다.

"

고등학교 진학 후, 해외문화탐방의 기회를 얻어 중국을 방문하게 되었습니다. 궁금한 것에 대해 물어보고 싶어도 자신감 있게 의사소통이 되지 않았습니다. 그동안 학교나 학원에서 독해와 문법위주로 하던 영어는 의사소통을 위해서는 아무 쓸모가 없다는 사실에 놀랐습니다. 저의 회화능력은 정말로 형편없는 수준이었습니다. 이때부터 저는 회화의 필요성을 느끼고 노력하게 되었습니다. 우선 회화능력을 향상시키기 위해 선택한 것이 'English Global Town'이라는 영어 회화반 동아리 활동이었습니다. 동아리에서 외국인 선생님과 많은 시간을 보냈습니다. 처음엔 어색하고 자연스럽지 못한 외국인 선생님과의 의사소통 이었습니다.하지만 그들의 문화와 생활을 간접적으로 들으면서 그 나라들에 대해서 조금씩 알게 되었고 그곳에 가보고 싶다는 호기심도 생겼습니다. 얼마의 시간이 지났을 때 외국인 선생님의 말이 들리기 시작했습니다. 이런 상황이 놀랍기까지 했습니다. 이렇게 영어를 책이 아닌 몸으로 체득하다 보니 영어에 대한 두려움은 줄었고 서툴지만 자신감 있게 이야기를 할 수 있게 되었습니다. 좀 더 자연스럽게 영어를 구사하기 위해서 저는 일주일에 두 편씩 영어일기 쓰기를 꾸준히 하였고 Story telling을 통해 이야기도 만들어 보았습니다. 그리고 '예천곤충바이오엑스포'라는 저희 지역의 축제에서 영어 자원봉사를 지원했습니다. 막상 지원은 하였지만 낯선 외국인을 상대해야 한다는 생각을 하니 막막함과 걱정이 앞섰습니다. 그래서 영어사전을 펼쳐놓고 길 안

내에 필요한 단어와 곤충, 지역 명소까지 찾아 가며 적고, 저만의 안내책자 노트도 작성하였습니다. 자연스러운 대화를 위해 원어민 선생님을 찾아가서 뉘앙스와 발음에 대해서 조언을 얻었고 친구들과 많은 연습도 하였습니다. 이런 노력 덕분에 축제 동안 외국인들이 도움을 청할 때 서툴렀지만 당황하지 않고 안내를 해 줄 수 있었습니다. 영어에 대한 두려움을 없애기 위해 꾸준히 노력한 결과 교내 영어말하기 대회에서 입상을 하기도 하였습니다.

제가 1학년 학급 실장이 되었을 때 학급 친구들에게 도움을 줄 수 있는 활동을 찾던 중 '솔리언 또래상담'을 알게 되었습니다. 학교생활에 적응이 힘들거나 크고 작은 고민이 있는 친구들과 고민을 함께 나누는 활동이었습니다. 어려운 상황으로 고민에 빠져있는 같은 반 친구를 상담한 것이 기억에 남습니다. 동아리에서 배운 상담기술과 요령을 생각하며 상담을 했지만 생각만큼 진전이 없었습니다. 많은 고민 끝에 친구의 입장에서 생각하고 이해할 수 있도록 진지하게 노력했습니다. 저의 고민과 힘든 점을 먼저 털어 놓고 다가가니 친구도 마음의 문을 열어 자신의 진짜 고민을 이야기하기 시작했습니다. 서로가 진지하게 고민을 공유하다 보니 진솔한 대화를 나눌 수 있었습니다. 자신을 내려놓고 진실된 자세로 상담에 임했던 것이 그 친구에게 큰 도움이 되었다는 생각이 들었습니다. 서로의 근심과 걱정을 공유하고 덜어줌으로써 서로의 고통은 나눌 수 있었고 친구뿐만 아니라 저도 한층 성장할 수 있는 계기가 되었습니다.

또한 저는 학교대표로 지도자 수업을 받기 위해 경주화랑교육원을 다녀왔습니다. 초등학교 때부터 반장으로 학우들을 이끄는 역할을 많이 했던 저는 남들을 이끌어 주는 일은 별거 아니라는 생각을 하고 모든 일에 앞장섰습니다. 하지만 친구들은 잘 따라 주지 않았고 소외감마저 들었습니다. 그들과 3박4일 동안 지내면서 말 잘하고 앞장서는 것만이 지도자가 아니었음을 깨닫고 조심스럽게 다가갔습니다. 적극적으로 상대방의 마음을 읽을 줄 알고 참여를 이끌어 내는 것이 진정한 리더라는 것을 알게 되었습니다. 겸손한 태도로 친구들을 대하고 존중하는 마음으로 화랑교육원 리더의 역할을 마무리 하고 나서는 수료식 때 저는 학생들과 선생님들께 인정을 받아 모범상도 받을 수 있었습니다. 여러 학교에서 모인 많은 학생들을 통해 우물 안 개구리처럼 자만하지 말아야 한다는 교훈도 얻을 수 있었습니다.

막연하기만 했던 진로를 공학자로 정하고 나서 공학도의 기초지식을 쌓고 소양을 기를 수 있는 과학 동아리 과수원 활동을 하였습니다. 로켓 발사의 다단계원리와 자동차 구조에 대한 발표를 준비하면서 지식이 한계에 부딪혀 힘들었지만 지도 선생님과 친구들의 도움으로 멋지게 마무리 할 수 있었습니다. '로켓공학'과 '네이버 캐스트' 등 다양한 자료를 바탕으로 하여 최대한 이해하기 쉽게 발표를 준비했습니다. 혹시 내용을 잘 이해하지 못하는 친구들이 있거나 발표에 잘못된 점이 있으면 부족한 점을 채워 최대한 완벽한 발표를 위해 노력했습니다. 이렇게 발표활동을 통해 공학에 대한 기초를 다질 수 있었고 과학에 대한 흥미를 더욱 키울 수 있었습니다. 다른 학교처럼 실험에 필요한 다양한 장비도 갖춰지지 않았고, 환경도 열악해서 많은 어려움은 있었지만 우리는 과학실험을 위해 최선의 노력을 다했습니다. 최선을 다한 결과 만족할 만한 실험결과를 얻게 되었고 성공리에 발표를 마무리할 수 있었습니다. 과수원 활동을 통해 주어진 환경을 탓하기 보다는 최선을 다하는 것에 대한 의미를 새길 수 있었던 활동이었습니다.

저는 장애인 요양 시설인 '00사랑마을'로 3년 동안 꾸준히 봉사활동을 했습니다. 처음에는 식구들과 같이 다녔지만 혼자서 찾는 날이 많아지면서 중증 장애인분들을 더 가까이 살필 수 있게 되었습니다. 그분들의 서투른 말을 알아듣고 보살펴 주려면 얼굴을 더 가까이 마주해야 했는데 그럴 때면 하나같이 저를 향해 웃어주었습니다. 유독 저를 좋아하는 한 친구는 헤어질 때마다 언제 오냐고, 또 오라고 신신당부를 했습니다. 유아 수준의 지능을 가지고 계시는 분들이지만 그분들 또한 우리와 다를 바 없이 사람의 정을 그리워 한다는 것을 느꼈습니다. 신발 세탁이나 화장실 청소 같은 궂은일도 기쁜 마음으로 하니까 힘들기보다 재미있었습니다. 기억에 남는 일은 저보다 네 살 많은 몸을 전혀 쓰지 못하는 형의 옷을 갈아입혀주고 용변을 치우는 일이었습니다. 다른 사람의 도움 없이 혼자서는 밥조차 먹지 못하는 힘든 생활을 하고 있었지만 항상 저에게 웃어 보이는 형이었습니다. 쉬는 날 한나절씩 땀을 흘리며 봉사한다는 것이 쉬운 일은 아니었지만 남에게 도움을 줄 수 있다는 것이 얼마나 기쁘고 즐거운 일인가를 깨닫게 되었습니다. 또한 저희 반은 이웃 여학교 학생들과 학교축제인 송대축제에서 아리랑 셔플 댄스를 하였습니다. 제가 처음 제안했을 때 친구들의 불만이 많았습니다. 여학교 학생들을 섭외하는 일도 쉽지 않았고 많은 인원이어서 연습시간 맞추기도 힘들었습니다. 한 동작 익히는데 걸리는 시간은 매우 길었고 주말 새벽으로 한정된 연습은 친구들의 의욕을 저하시켰습니다. 미안한 생각이 들었지만 우리 반도 뭔가 보여주자는 생각에 모범을 보이고 싶었습니다. 그래서 저는 매번 삼십 분 일찍 연습 장소에 도착해서 친구들에게 일일이 전화를 하고 용돈을 모아 간식거리도 준비했습니다. 친구들이 저의 노력에 감동했다며 협력하기 시작했습니다. 친구들이 노력해준 덕분에 저희 반은 2등을 하였고 축제도 잘 마무리할 수 있었습니다. 이를 통해 배려와 협동의 중요성을 깨달을 수 있었습니다.

고등학교를 수석으로 입학하여 저는 주위의 관심을 한 몸에 받았습니다. 중학교 때처럼만 하면 고등학교 공부도 별 어려움이 없을 거라는 안일한 생각과 처음으로 부모님 곁을 떠나 생활하는 자유로운 기숙사생활 때문이었는지 첫 시험에서 지금껏 보지 못했던 형편없는 성적표를 받았습니다. 부모님은 물론 주위 시선은 예전 같지 않았고 인생에 패배자가 된듯한 처참한 마음마저 들어 한 동안 마음을 다잡을 수가 없었습니다. 진심어린 조언도 애정 어린 눈빛도 다 부담으로 느껴지고 거추장스러웠습니다. 운동 빼고는 흥미 있는 일이 없었기에 아무 대학이나 가자는 생각으로 시간을 보내던 8월말이었습니다. 기숙사에서 자습이 끝나고 휴대전화를 보았는데 집에서 전화가 수십 통이 와있었습니다. 형에게 확인 해보니 아버지께서 배달을 하시다가 오토바이사고를 크게 다치셔서 대구병원으로 이송 중이라고 하였습니다. 하늘이 무너져 내리는 기분이었습니다. 오직 가족만을 바라보며 하루 서너 시간 밖에 못 주무실 정도로 가게일과 농사일, 그리고 농장 일만 하셨던 아버지셨기에 사고 소식은 저를 더욱 아프게 하였습니다. 아버지께서는 세 번의 힘든 수술을 받으신 후, 저에게 전화를 걸어 걱정하지 말고 지금 네가 가장 우선적으로 할 일이 무엇인지 생각하고 그것에 최선을 다하라고 하시면서 항상 아들이 자랑스럽다고 해주셨습니다. 여태 철없이 굴었던 자신이 너무 한심스러웠습니다. 이를 계기로 나 자신분만 아니라 모두를 위해 희망의 의미가 되고 싶었습니다. 생각을 고쳐먹으니 그동안 뒤쳐졌던 학과공부도 따가운 눈총도 조금씩 극복할 수 있었습니다. 병원에 누워 계시는 아버지를 생각하며 힘들 때마다 형과 시설봉사를 다니며 서로에게 힘이 되었습니다. 떨어진 성적을 올리려고 주요과목 멘토 수업을 들었고 새벽까지 남들보다 더 오래 공부하였습니다. 끊임없는 노력 끝에 성적이 향상되어 학기 말에는 학력 진보상을 받기도 했습니다. 무엇보다 가족에 대한 사랑을 알았고 어떤 어려움이 와도 좌절하지 않을 힘을 준 값진 경험이 되었습니다.

📖 상상, 현실이 되다

과학 동아리 활동을 하던 중 우연히 친구들과 우리나라 미래 산업에 관해서 이야기를 하게 되었습니다. 저도 대화에 같이 참여해 많은 이야기를 나누고 싶었지만, 자세히 말할 수 없어서 많이 아쉬웠습니다. 아쉬움을 뒤로 한 채 앞으로 다가올 미래 첨단 산업에 대해 자세히 알 수 있던 책을 찾다가 이 책을 읽게 되었습니다. 처음 책을 읽기 전 '30년 후의 미래를 어떻게 알 수 있을까?' 의심이 들었지만 책을 읽으면서 막연하게만 생각했던 미래를 단지 상상하는 것이 아니라 예측해야 할 필요성을 느꼈습니다. 그 예측을 바탕으로 하여 실용성에 대한 감각과 상상을 현실로 만들 수 있는 기술을 개발해야 한다는 것을 알게 되었습니다. 이 책을 읽음으로써 저도 공학자가 되어 인류의 과학기술을 한 층 더 발전시키고 싶다는 생각을 할 수 있었고 현실에 안주하여 미래에 대해 잘 생각해보지 못한 스스로를 반성할 수 있었던 계기가 되었습니다.

📖 나는 선생님이 좋아요 – 하이타니 겐지로

이 책은 제가 가장 존경하는 선생님께서 저에게 선물로 주셔서 읽은 책입니다. 이 책을 읽기 전에는 교사라는 직업이 단순히 아이들을 가르치는데 의미를 두는 직업이라고만 생각하였습니다. 하지만 선생님은 아이들에게 가르침만 주는 것이 아니라 학생들과 같은 눈높이에서 서로 배워 나간다는 것을 알게 되었습니다. 간혹 매스컴에 나오는 부도덕하고 자질이 부족한 교사들을 볼 때면 치밀어 오르는 울분은 어쩔 수 없었습니다. 고집불통의 문제아일지라도 선생님이 먼저 마음을 열고 진심을 담아 다가간다면 바뀔 수 있다고 생각하게 되었습니다. 한때나마 꿈이었던 교사에 대한 비관적인 시각을 바꿀 수 있었습니다. 저 또한 나중에 어떤 일에 종사하든 남에게 희망을 주고 어떤 일이든 마음만 먹으면 할 수 있다는 동기부여를 줄 수 있는 사람으로 살고 싶다는 생각을 갖게 되었습니다.

📖 서울대 야구부의 영광

어려서부터 운동을 좋아했습니다. 하지만 고등학교에 올라와 성적이 많이 떨어졌다는 이유로 부모님과 선생님들께서 운동하는 것이 공부에 방해가 된다는 이유로 많이 말리셨습니다. 얼마 동안 마음고생도 많이 하였습니다. 이를 안쓰럽게 보셨던 담임선생님께서 이 책을 읽어보라고 추천해주셨습니다. 실화를 바탕으로 한 이 책을 읽는 내내 저는 많은 생각을 하게 되었습니다. 패배라는 것을 느껴본 적이 없을 서울대 야구부원들이 스포츠 사상 최대인 199연패를 기록했음에도 오뚝이처럼 포기하지 않는 걸 보면서 나에게도 그만큼의 열정을 쏟았던 적이 있었는지 생각해 보는 시간을 가질 수 있었습니다. 이 책에 힘을 얻어 주변의 만류에도 불구하고 수업시간까지 반납하며 2주 동안 땀 흘리며 노력하여 도민체전을 나가게 되었습니다. 짧은 기간의 노력에도 불구하고 우리는 4강이라는 우수한 성적을 거둘 수 있었습니다. 본인이 좋아하는 일을 하면 그만큼의 결과물과 기쁨이 따라온다는 것을 다시금 확인하는 계기가 되었습니다.

"

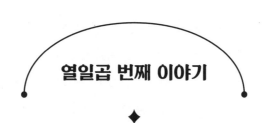

열일곱 번째 이야기

◆

선생님 제가 의대를 갈 수 있을까요?

성실함과 의지가 대단한 아이다.

갈 수 있을까요? 가 아니라 반드시 간다로 목표를 분명히 하면 가능하겠지!

자신감과 긍정 마인드로의 변화 – 진격하는 열차의 힘을 느꼈던 아이다.

목표를 분명히 했을 때 어떤 변화가 일어나는지를 몸소 보여주었던 아이다.

놀라운 결과를 냈던 아이다.

K대 의대 합격!

가르치는 사람의 말의 힘이 얼마나 중요한지 느끼게 했던 아이다.

이 친구 고등학교 3년의 학교생활과 학습경험 교내활동을 이야기한다.

"
저는 고등학교에 진학한 이후로 생명과학에 많은 관심을 가지고 공부했습니다. 평소 암기하는 것에는 자신이 있었기 때문에 고등학교 1학년 때에는 통합 과학을 쉽게 공부했습니다. 고등학교 2학년이 되자 생명과학1을 공부하게 되었는데, 유전 단원이 매우 어려웠고 높은 이해도를 필요로 했습니다. 그러나 저는 저만의 공부방식을 고집하며 암기에 집중했습니다. 암기 이후 문제를 접하며 암기만으로 해결할 수 없는 공부가 생명과학 분야라는 것을 알았습니다. 결국 2학년 생명과학1에서 좋은 성적을 받지 못했고, 이를 통해 생명과학이 단순한 암기 과목이 아니라 폭넓은 이해와 식견이 필요한 과목이라는 것을 깨달을 수 있었습니다. 그 이후로 2학년 때의 실수를 만회하기 위해서도 의사나 생명연구원이 꿈인 나의 꿈의 실현을 위해서라도 배경지식을 쌓기 위한 많은 노력을 기울였습니다. 과목에 대한 이해도를 높이기 위해 대충 보던 교과서를 거의 암기할 정도로 읽어 보았습니다. 여러 번 보아도 잘 이해가 되지 않는 부분은 관련 자료를 찾아보거나 선생님께 적극적으로 질문하며 궁금증을 해결해나갔습니다. 이렇게 하면서 어렵게만 느껴졌던 유전에 대해 이해할 수 있게 되었고 고등학교 3학년 때 생명과학2 시험에서 좋은 성적을 거둘 수 있었습니다. 여기서 더 나아가 깊이 있는 공부를 해보고 싶다는 생각이 들어 학교 수업 이외에도 다양한 활동을 했습니다. 의학과 백신의 역사, 세포와 바이러스의 종류, 생명과 바이오, 인간 게놈프로젝트 등을 스스로 조사하고 조사한 자료를 가지고 진로 선생님과 깊이 있는 상담을 진행하기도 했습니다. 상담과정을 통해 꿈에 대한 확신과 열정을 가질 수 있는 계기가 되기도 했습니다. 그리고 교과서의 내용과 연계하여 스스로 탐구활동을 하며 다양한 지식을 접했습니다. 지금까지 배웠던 내용이 생명과학의 기초 부분도 안된다는 것을 깨달을 수 있었고, 더 깊이 탐구하는 과정을 통해 생명과학에 대한 흥미를 키울 수 있었습니다. 또한 유발 하라리 저자의『호모 데우스』, 김응빈 저자의『생명과학, 신에게 도전하다』등의 생명과학 책을 읽어 보면서 생명과학이 세상을 크게 진보시킬 수 있는 동시에 위험 또한 존재한다는 것을 깨달았습니다. 특히 생명과학의 사용에 따라 인류를 신인류로 대체하고, 현 인류의 가치관을 뒤바꿀수 있다는 점에서 현대 사회에 생명과학이 가지는 지위는 특별하다는 생각이 들었습니다. 이러한 활동을 통해 생명과학의 특성이 많은 사회적 문제와 연결되어 있기 때문에 과학의 발전만이 아니라 어떻게 생명과학이 인간을 이롭게 하고, 윤리적으로 사용될 수 있는지도 고려해야 한다는 것을 알았습니다. 그래서 생명과학 동아리 활동에서 뉴럴링크, 유전자 조작 등 사회에 큰 영향을 끼칠 수 있는 주제에 대해 발표하고 문제점과 개선점을 중심으로 질의응답을 받는 시간을 가졌습니다. 다양한 친구들의 의견을 들어보면서 내가 미처 생각하지 못했던 것을 발견할 수 있었습니다. 이러한 학습경험은 의학과 생명연구의 호기심을 가지게 했고 학문에 대한 확고한 신념을 가지게 해 주었습니다.

저는 고등학교 2학년 때 학교에서 과학 과제 연구를 진행했습니다. 과학 과제 연구는 학생 스스로 발견한 탐구 주제에 대해 과학적으로 분석하고 그 결과를 발표하는 활동입니다. 과학 과제 연구는 기존의 정해진 실험과 달리 관련 이론과 실험 계획부터 결과 기록, 분석 및 발표까지 학생이 주도적으로 하는 활동입니다. 처음 과제 연구를 하면서 시행착오와 겪어보지 못했던 일들이 많았습니다. 첫 번째는 맨 처음 실험을 했을 때 예상했던 실험 결과가 나오지 않고 전혀 엉뚱한 실험 결과가 나와서 당황했을 때였습니다. 선생님께서는 이에 대해 실험이 실패하는 것은 자연스러운 일이고 실패 원인을 분석해서 다시 실험하는 일이 더 중요하다고 가르쳐 주셨습니다. 저는 여기서 과학이라는 학문이 한 번에 정답을 찾아가는 학문이 아니라 끊임없이 실험하며 검증해 나가는 과정이라는 것을 깨달을 수 있었습니다. 그 다음은 실험 결과를 토대로 작성한 연구 보고서를 수정하고 형식에 맞는지 확인하는 일이었습니다. 선생님께서는 정확한 글쓰기를 강조하셨고 가독성을 높이기 위해서는 보고서의 형식을 꼼꼼히 지켜야 한다는 것을 강조하셨습니다. 수정하기 전과 수정한 후의 글을 비교해 보면서 정확한 글쓰기가 가독성분만이 아니라 과학적 설득력도 높여준다는 것을 깨달을 수 있었습니다. 과학 과제 연구를 하고 난 후 느낀 것은 실험 결과도 중요 하지만 실험 준비와 과정이 더 중요하다는 것을 알았습니다. 실험 과정을 통해 과학적 연구 방법과 고려할 점이 무엇인지 정확히 알 수 있었고 과학 과제 연구에 임하는 저의 학습 태도를 성장시켜 주었습니다.

또래도우미란 반에 특수학급 학생을 전담하여 도와주는 역할을 말합니다. 저는 다른 학생을 돕는 일이 뜻깊은 활동이 될 것이라는 선생님의 말씀을 듣고 또래도우미 활동을 하게 되었습니다. 제가 담당했던 학생은 자폐증을 가지고 있었습니다. 이전에 자폐를 접해본 적이 없었기 때문에 어떻게 해야 할지 막막했습니다. 제가 담당한 친구가 학기 초에는 다른 친구들과 소통이 잘 안되고, 수업시간에 난동을 부리거나 다른 학생들에게 피해를 주는 일이 잦았습니다. 또래도우미 활동이 처음이었기 때문에 저는 자폐를 가진 친구를 대하는데 있어 어려움이 많았습니다. 그래서 어떻게 하면 또래도우미 역할을 더 잘 할 수 있을지 고민했습니다. 담당 선생님께 조언을 구하며 자폐증에 대해 잘 알 수 있게 되었고 어떻게 도움을 주어야 하는지 구체적인 조언을 들을 수 있었습니다. 먼저 하지 말아야 할 일을 정확히 구분해 주었고 스스로 할 수 있는 일은 스스로 할 수 있도록 도움을 주었습니다. 서서히 제가 담당한 친구가 반 친구들과 어울릴 수 있게 되었을 때 저는 보람을 느낄 수 있었습니다. 또래도우미 활동을 하면서 서로를 돕고 이해했던 과정이 자폐에 대한 선입견을 바꾸는 기회가 되었습니다. 자폐와 같은 질병을 가진 사람들이 사회에서 격리되고 무시되어야 하는 사람들이 아니라 단지 남들과 조금 다를 뿐이라는 생각이 들었습니다. 그래서 이러한 사람들과 더불어 살아가기 위해 나부터 앞장서서 관심을 가지고 배려해야겠다는 다짐과 나자신도 성장하는 계기가 되었다는 생각이 들었습니다. 함께 하면 더 좋은 사회를 만들 수 있다는 것을 확신할 수 있었습니다.

고등학교에 들어와서 생명과학 동아리 활동과 창의 융합 프로젝트 생명 과학반에 참여 하면서 생명과학에 대한 흥미를 키울 수 있었고 대학에서도 의학과 생명과학을 배우고 싶다는 생각을 했습니다. 고등학교의 생명과학 교과 내용만으로는 부족하다고 생각했기 때문에, 스스로 관심을 가지고 생명과학의 여러 주제에 대해 탐구하고, 이에 대해 정리하는 시간을 가졌습니다. 의약의 역사를 조사하던 중에 체질의 내용이 관심을 끌었습니다. 체질은 육체의 고유한 특질로, 과학적으로 검증되지 않은 내용이지만 사람에 따라 약의 효능이 달라질 수 있지 않을까? 의문을 갖게 되었습니다. 저는 이에 관해 조사하면서 마약성 진통제인 '코데인'은 이 약의 작용을 돕는 유전자가 없으면 효과를 보지 못한다는 영국 약리학회의 연구 결과를 발견할 수 있었습니다. 모든 사람에게 공통적으로 효능을 발휘할 것이라고 생각했던 코데인이 그렇지 않다는 보고서의 내용은 저에게는 큰 충격이었습니다. 그래서 저는 개인에게 맞는 의약품을 만들 수 있다면, 의약의 효능을 높일 수 있고 부작용이 줄어들 것이라 생각했기 때문에 개인 맞춤형 약을 만들고 처방하고 치료하는 의사를 꿈꾸게 되었습니다. 그래서 의과 대학에 들어가 약물유전체학에 대해 관심을 가지고 의대커리큘럼을 성실히 배우는 것이 우선이고 생명공학에 관심을 가지는 동시에 인체에 대한 전반적인 지식을 쌓아갈 계획입니다. 의과 대학에서 의학을 전공한 후 수련의 과정을 통해 약물유전체학과 관련이 깊은 전문의가 된 후 개인의 유전자 특성을 연구하고 이를 바탕으로 개인 맞춤형 약을 만드는 벤처 기업을 설립하고 싶습니다. ”

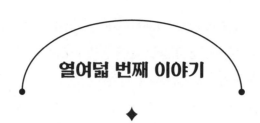

열여덟 번째 이야기

✦

이 아이는 중3 겨울방학부터 고3 수능까지 함께했던 아이다.

생각이 많고 좀처럼 목표를 일관되게 결정하지 못했던 아이다.

하루는 화학을 전공하고 싶다고 하고 또 하루는 조향사가 되겠다고 하고 또또또

생명공학자가 되겠다고 했다.

그 모든 관심이 과학의 범위를 벗어나지 않도록 각별히 신경 썼던 아이다.

갈팡질팡 우유부단 했지만 시간이 흐르면서 점점 현실을 인식했던 밝고 순수한 아이다.

___

이 친구 고등학교 3년의 학교생활과 학습경험 교내활동을 이야기한다.

"

　　과학에 관심이 많았던 저는 고등학교 1학년 때 진행된 진로체험의 날 행사에서 참여했던 프로그램을 통해 약에 대한 관심과 호기심을 갖게 되었습니다. 진통제, 소화제, 코로나 백신 등 우리가 일상에서 먹는 약과 주사제의 제조방법과 성분에 대해 알고 싶었습니다. 그러면서 약개발과 우리 인체에 부작용이 적은 약에 대한 관심은 커져만 갔습니다. 이런 관심을 가지고 2학년때 확실한 꿈을 찾기 위해 여러 프로젝트에 참여하며 노력했습니다. 그 중 화학분야 프로젝트에서 아스피린을 합성하는 실험을 했었는데 강한 산성을 띠는 인산을 반응속도를 빠르게 하기 위해 넣는다는 것을 알고 놀라움을 넘어 저에게는 충격이었습니다. 이러한 충격은 과학에 대한 더 큰 흥미로 다가왔습니다. 아스피린은 진통제로 흔히 쓰이는 약인데 강산성을 띠는 물질을 쓴다는 것이 의외였고 약은 안전하고 순한 것만으로 만들어 질것이라고 생각했던 저의 고정관념을 깨트렸기 때문입니다. 그리고 아스피린을 합성하는데 강산을 넣는다는 생각을 어떻게 하게 됐는지 궁금했습니다. 저는 이 실험을 하고 나서 화학에 더 많은 관심을 가지기 시작했습니다. 그래서 2학년때 조를 만들어 1년동안 자유주제로 실험을 하는 과목에서 공기 중 총 부유세균을 측정하고 공기 중 총 부유세균을 억제하기 위하여 여러 정유를 사용하여 실험을 해보자는 의견을 내서 제가 낸 의견으로 실험을 하기도 했습니다. 이후 저는 화학에 대한 흥미가 식지 않도록 화학과 관련된 여러 프로그램을 듣기 시작했습니다. 조향하는 것도 화학과 관련이 있다고 해서 조향사 프로그램에 참여하기도 했고 현장 체험학습도 화학

과 생명이 함께하는 프로젝트로 신청해서 듣기도 하였습니다. 이 체험에서 생체 내 화학반응을 실험하기도 했습니다. 이 현장 체험학습 후 저는 생명과 관련된 화학을 하기로 마음을 먹었습니다. 그리고 화학과 생명에 관련이 있으면서 화학에 더 많은 관심을 가지게 된 계기인 약과 관련된 직업을 희망하게 되었습니다. 하지만 화학을 하면 할수록 화학은 점점 어렵게 느껴졌고 첫 화학시험을 보고 나서 좋지 않은 성적에 잠시 흔들렸습니다. 내가 좋아한다고 해서 잘 못하는 화학을 하는게 맞을까 생각을 하기도 했습니다. 그래서 저는 용기를 얻기 위해 여러 속담을 찾아봤습니다. 많은 속담들 중 "칼을 뽑았으면 썩은 무라도 잘라야지" 라는 속담을 보았습니다. 이 속담을 보고 용기를 얻은 저는 화학을 좋아하니까 끝까지 해보자는 생각을 가지고 임했습니다. 약과 관련된 직업을 갖기 위해서는 특히 화학과 생명을 잘 하는 것이 좋겠다는 생각이 들어 3학년때 생명과학2와 화학2를 열심히 했습니다. 그 결과 생명과학2와 화학2에서 만족스러운 점수를 받았습니다. 무엇보다 화학 성적이 2학년 때보다 올랐기 때문에 제 자신에 대한 자신감이 생겼습니다. 그리고 화학과 관련해서 많은 경험을 쌓고 싶었습니다. 여러 과학 대회에 참가하여 수상을 하며 성적으로 인해 잃었던 자신감을 회복하기도 하였습니다. 다시 회복한 자신감을 가지고 더 심화된 화학을 공부하고 싶습니다.

저는 1학년 2학기때 학급부회장을 하였습니다. 제가 고등학교에 입학을 한 해에 코로나로 인하여 봄이 아닌 여름에 학교에 처음 등교하였습니다. 그리고 입학하고도 격주로 등교를 하였기에 친구들과는 같은 반이라는 인식만 있을 뿐 서로 친하게 지내고 있다는 느낌을 받지 못했습니다. 그렇게 1학기를 보냈고 2학기가 개학했을 때 이렇게 지내면 고등학교 추억이 없을 것 같다는 생각이 들었습니다. 그래서 평소에 수줍음이 많던 저는 용기를 가지고 부회장 선거에 출마했습니다. 떨어질까 떨리기도 하였지만 고맙게도 반 친구들의 많은 지지로 당선이 되었고 마니또 공약을 지키기 위해 마니또를 진행하였습니다. 비록 격주로 등교를 해서 많이 챙겨주지는 못했지만 친구들이 비밀친구가 되어 서로 돕고 선물을 챙겨주며 1학기보다 친해졌음을 알게 되었고 뿌듯함을 느꼈습니다. 그리고 2학년때 조를 만들어서 1년 동안 자유주제를 정해 실험을 하는 활동을 하였습니다. 하지만 조원들이 수줍음이 많아서 그런지 활동에 열심히 참여를 하지 않았습니다. 저는 1학년때 부회장을 하면서 수줍음을 많이 극복했기에 조장을 도와 다른 조원들을 이끌었습니다. 그 결과 조원들이 실험 초보다 더욱 적극적으로 참여를 해주었고 실험을 하다가 여러번 실패를 하기도 했지만 협력을 하면서 실험 실패 원인을 찾아내고 다시 실험을 하였습니다. 그 결과 성공적으로 실험을 마칠 수 있었습니다. 저는 이 경험을 통해 제가 내면적으로 많이 성장했음을 느꼈습니다. 그리고 용기를 가지고 자신의 단점을 이겨내려고 노력하면 단점을 극복해서 못 할 게 없다는 것을 깨닫게 되었습니다.

저는 예전부터 과학에 관심이 있었고 그래서 고등학교에 올라와서 여러 실험을 하고 싶다는 생각을 가지고 있었습니다. 선착순으로 과학 실험을 할 수 있는 프로젝트에 참가하기 위하여 설레임과 긴장감을 가지고 시간에 맞추어 신청을 하였습니다. 그 결과 신청하지 못한 프로젝트도 있었지만 많은 프로젝트에 참가를 할 수 있게 되었고 뿌듯함을 가지고 프로젝트를 수강하였습니다. 프로젝트를 수강한 후에 저는 선착순에 성공하고 싶은 마음만큼 과학을 좋아한다는 것을 느꼈고, 과학과 관련된 직업을 희망하게 되었습니다. 그래서 최대한 과학과 관련된 실험을 하며 경험을 쌓기 위해 노력을 하였고 고등학교 3년동안 후회하지 않을 만큼 많은 실험들을 하며 많은 경험을 하였습니다. 교내 융합과학 탐구대회에 참가하여 좋은 성적을 내기도 하였습니다. 또한 고등학교 3년 동안 코로나로 인하여 봉사를 하기에는 많은 제약이 있었습니다. 그래서 학교에서 주최하는 봉사라도 열심히 하자고 마음을 먹었습니다. 아이스크림을 팔아서 코로나로 고생하시는 의료진분들에게 기부도 하였으며, 봉사를 주로 하는 자율동아리도 들어가서 여러 봉사를 하기 위해 노력을 하였습니다. 그리고 1학년 때는 동아리에서 조를 만들어 초등학교 아이들에게 영어를 가르쳐주는 활동을 하기도 하였습니다. 영어를 잘 하는 것은 아니었지만 조원들과 머리를 맞대며 영어를 즐기면서 배울 수 있도록 여러 아이디어를 적극적으로 내기도 했습니다. 아이디어를 통해 아이들과 즐거운 영어수업이 진행될 때는 많은 보람도 느꼈습니다. 활동을 통해 여러 사람들과 만나며 사회를 미리 배우는 소중한 경험이었습니다.

"

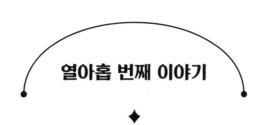

열아홉 번째 이야기

◆

특별한 목표와 전문성을 찾아 결정한 학과 선택이라며 상담에 응했던 아이다.

학과 관련성이 돋보였고 목표는 분명했다.

아이에게서 리더의 자질이 느껴졌다.

반드시 꿈을 이룰 거라며 자신감이 뿜뿜 느껴졌던 아이다.

이 친구는 고등학교 3년의 학교생활과 학습경험 교내활동을 이렇게 이야기한다.

"

저는 '의료의 발전에 기여하여 모든 사람의 행복을 위한 씨앗을 제공할 수 있는 사람이 되고 싶다'라는 목표를 가지고 있습니다. 이를 위해 고등학교 재학 동안 저의 목표를 성취하기 위해 최근 의료계의 현황 및 이슈에 대해 많은 관심을 두고 탐구하고자 하였으며 4차 산업 혁명에 대비하는 자세를 가지고자 노력하였습니다.

의료계의 현황에 대한 자세한 탐구 활동과 여러 구성원과 의견을 나누고자 교내 마인프로젝트에 참석하였습니다. 문재인 케어와 현 상황에서의 공중보건의 성공, 난제 사례들에 대한 보고서를 작성하면서 의료 서비스의 접근성을 높이기 위한 국가의 많은 노력을 알게 되었습니다. 이러한 변화에 맞춰 의료 기기에 대한 높은 접근성이 필요함을 생각하였고, 누구나 쉽게 사용할 수 있는 대중화된 의료기기를 만들어내는 것에 관심을 갖게 되었습니다.

4차 산업혁명 시대를 대비하여 폭넓은 지식과 경험을 쌓고 수학과 과학 분야의 다양한 이론 및 실험을 경험하고자 노력하였습니다. '박편 제작 및 편광현미경을 이용한 관찰', '태양 전지 만들기' 등은 평소 쉽게 접하기 어려운 실험들이었기에 매우 흥미로웠습니다. 이 중 최고의 경험은 조별 산출물 제작 및 발표였습니다. 실험 주제를 선정하는 과정에서 평소 가지고 있던 궁금증을 해결해보고자 하였습니다. 일상생활에서 흔하게 접할 수 있는 아스피린 약물에 관심이 많아 이 약품의 제조과정이 궁금하였습니다. 저는 실험을 통해 아스피린을 제조해보고, 나아가 실제로 판매되는 아스피린과의 유사도를 분석하고자 하였습니다. 시중에 판매되는 아스피린과 실험에서 합성한 아스피린을 NMR과 IR 스펙트럼을 통해 데이터를 분석하고 비교하면서 합성 아스피린에 불순물이 많은 것을 확인할 수 있었고, 이를 통해 의약품을 만들 때 정제과정의 중요성을 실감할 수 있었습니다. 일상생활에서 가지고 있던 단순한 궁금증에 대한 실험을 설계하고 수행해가는 과정에서 탐구의 즐거움을 경험할 수 있었습니다. 이러한 경험을 통해 얻은 '궁금증을 분석하고 탐구하는 자세'를 원동력으로 삼아 일상생활의 유익한 변화를 이끌어 나가고 싶습니다.

저는 관련된 지식을 얻기 위해 '4차 산업 혁명의 현황'을 주제로 토론을 진행하였습니다. 칫솔, 침대 등 실생활에서 쓰이는 사물과 공학이 결합하여 사용자의 건강 상태를 관찰할 수 있는 여러 사물인터넷 기술을 발표하고 친구들과 의견을 나누었습니다. 이러한 기술이 발전되고 보다 더 많은 실생활에 적용된다면, 치료가 필요한 시점 이전에 건강 문제를 발견할 수 있으며 환자 맞춤 치료를 제공하여 건강한 삶을 위한 빠른 회복을 돕는데 기여할 것으로 판단하였습니다. 하지만 여러 현황을 보았을 때 아직 개발되어야 할 기기들이 많고 실제 제공되고 있는 의료 기기에 대한 접근성이 쉽지 않은 상황은 우리가 해결해야 할 과제가 될 것입니다. 이러한 활동을 계기로 의료 기기의 대중화에 기여하자는 새로운 목표를 세울 수 있었습니다. 지속적인 탐구 활동을 기반으로 이전보다 발전된 의료기기 개발을 꿈꾸는 자세를 잃지 않고 실천하는 인재로 성장하겠습니다.

동아리 회장 임명 후 코로나로 인한 가장 큰 어려움은 동아리를 홍보하고 부원을 선발하는 일이었습니다. 전체 동아리 운영의 문제점이었기에 저는 동아리 회장단 모임을 추진하여 각 동아리의 정보를 쉽게 접근하고 진로에 맞게 선택할 수 있도록 각자 만든 홍보 영상을 홈페이지에 게시하도록 하였습니다. 시나리오 작성에서 촬영 및 편집하는 과정을 서로 공유하고 도움을 주는 장을 마련함으로써 경쟁보다는 상생의 중요성을 이해시키면서 동아리 간의 관계를 화합으로 이끌어야겠다고 생각했습니다.

부원들을 선발할 때는 줌 수업에서 힌트를 얻어 줌으로 면접을 진행하였습니다. 면접 외에도 경험하지 못한 학교생활을 알리기 위해 상담 과정까지 제안하면서 신입생들에게 실제 필요한 정보를 제공하여 학교생활에 대한 자신감을 심어주고, 학교에 대한 신뢰와 소속감을 느끼도록 노력하였습니다. 하지만 비대면 면접은 손짓, 자세 등과 같은 상대방의 비언어적인 요소를 확인하기가 쉽지 않아 아쉬웠습니다. 의사소통의 과정에서 상대방의 감정을 이해하는 것이 가장 중요하다고 생각했는데 비대면 면접은 이런 부분을 해결하기에는 한계가 있었습니다. 장기화된 팬데믹 상황에서는 비대면 활동이 더욱더 많아질 것이며 의료계에서도 비대면을 통한 진료가 활성화될 것입니다. 환자와의 감정 교류가 필수인 의료 현장에서는 비대면 상황에서도 환자의 심리적 상태를 이해하고 조절할 수 있는 시스템이 연구되고 개발되어야 한다고 생각합니다. 저는 의공학자로서 비대면의 의사소통 단점을 고려한 의료장비를 개발하여 문제를 해결하고 환자들에게 편리한 의료서비스 환경을 제공하고 싶습니다.

야구선수를 꿈꾸던 친구가 부상으로 인해 꿈을 포기한 것을 보고 '부상으로 인해 꿈을 포기한 경우가 없었으면 좋겠다.'라는 생각을 했습니다. 비슷한 사례를 찾던 중 양다리가 없는 장애인이 의족을 착용하고 비장애인 올림픽에 도전한 기사를 보고, 신체적으로 불편한 사람에게 희망을 주고 싶다는 생각이 들었습니다. 이후 첨단 과학 기술이 적용된 제품들을 조사하면서 '웨어러블 기기'와 관련된 영어 지문을 읽고, 의료계도 많이 변화되고 있음을 알게 되었습니다. 하지만 높은 가격의 디바이스와 불편함을 해소할 기술적 문제 등으로 대중화를 위해 가야 할 길이 멀다는 것을 확인 할 수 있었습니다. 반대로 관련 분야의 미래 가치는 매우 높다는 사실에 공감하면서 제 진로에 확신을 가지는 계기가 되었습니다. 의료계는 앞으로 의학과 공학의 융합을 통한 산업화가 필수적이라는 생각과 이에 필요한 연구원이 되어 의료계의 길을 개척하는 인재가 되고 싶습니다.

　　진로 프로그램에 참여하여 의공학자가 가져야 할 능력도 탐색하였습니다. '실무능력, 소통능력, 탐구융합능력'이 필요함을 알게 되었고, 기본소양을 기르기 위해 노력하였습니다. 가장 기억에 남는 것은 'SIR 전염병 확산 모형'을 파이선을 이용해 만들었던 활동입니다. 친구들과 수행하며 원활한 의사소통 방법을 배우고, 코딩이 의학과 어떻게 융합될 수 있는지 경험해보는 소중한 시간을 가졌습니다. 앞으로 의료계의 공학적 발전에 더 많은 관심을 갖고, 장애인이나 노인들의 신체적 불편함을 해소하고 불가능을 가능으로 만들 수 있다는 희망의 메시지를 전달할 기회를 대학과정을 통해 만들고 싶습니다.

"

스무 번째 이야기

목표를 분명히 하면 고등학교 3년의 과정이 얼마나 신나는 과정인지를 보여준 아이다.
열정적이다. 적극적이다. 성실하다.
활동을 통한 리더의 경험과 관심분야 심화학습이 돋보인 아이다.

이 친구는 고등학교 3년의 학교생활과 학습경험 교내활동을 이렇게 이야기한다.

"
확률과 통계 수업 시간 중 통계 단원에서 학습의 어려움을 느꼈습니다. 통계 단원의 학습 향상을 위해 더 많은 학습 시간을 썼고 자연스럽게 통계 수집이 실제로 어떻게 이루어지는지 궁금증이 생겼습니다. 교과서에 있었던 보험에 대한 예시를 바탕으로 보험회사의 통계 수집에 관한 자료 조사를 시작하였습니다. 자료 조사를 하면서 배운 점은 빅데이터 수집과 분석의 중요성이었습니다. 보험료 책정에 필요한 사고 발생 위험군 대상자의 성별, 나이, 직업 같은 빅데이터 분석이 보험회사의 수지 상승에 필요한 기술이었음을 알 수 있었습니다. 이 과정에서는 보험회사에 한정하여 탐구하였지만 모든 기업의 경영실무에 있어서 빅데이터를 활용하는 것이 가장 중요한 기반이 되고 필수적인 부분이라는 것을 깨달을 수 있었습니다. 빅데이터를 활용하는 다방면의 예시들을 보면서 통계자료 분석에 대한 흥미 또한 높아졌고 그와 더불어 확률과 통계 성적이 올라 성취감도 크게 느낄 수 있었습니다. 이전에는 수학 과목에 대해 어렵고 난해한 과목이라는 생각이 지배적이었습니다. 하지만 확률과 통계 같은 세부 과목을 배우면서 새롭게 알게 된 저의 흥미와 적합성을 깨달을 수 있었고 확실히 정할 수 없었던 진로 방향도 확신을 가지고 정할 수 있는 계기가 되었습니다. 평소 마케팅에 대한 관심이 깊었는데 빅데이터의 활용성을 알게 되면서 다양한 기술을 활용한 마케팅에 관심을 가지고 중점적으로 탐구하고자 하였습니다. 더불어 마케팅에 대한 탐구를 진행하면서 동시에 저는 기업과 경영에 대한 기본적인 이해가 필요하다고 느꼈습니다. 이를 위해 논술 시간에 진로와 전공에 대해 탐색하는 시간을 활용하여 윤리 정신을 중심으로 기업과 경영의 개념에 대해 알아보았습니다. 기업의 윤리 가치를 고수하는 것에는 두 가지 측면이 있었습니다. 하나는 경영자의 도덕적 책임과 가치관을 바탕으로 한 방식이었고 다른 하나는 기업 내부에 자가 점검과 관련한 전담 부서를 만들어 정책을 중심으로 한 방식이 있었습니다. 저는 우선 인식의 문제가 정책적인 부분에 선행해야 한다고 생각하였습니다. 인식의 변화나 체화 없이 정책과 제도로 문제를 해결하려 들면 그것은 일시적인 방편일 뿐이라고 생각했습니다. 저는 '최고의 리더는 아무것도 하지 않는다'라는 책을 통해 경영자의 비전 제시가 아주 중요하다는 것을 배울 수 있었습니다. 경영자가 생각하는 윤리적 가치관이 기업의 이미지와 존속 가능성까지 결정할 수 있는 중요한 부분이라는 것을 새롭게 깨달을 수 있었습니다. 특히 인공지능과 빅데이터 같은 기술은 자료 수집의 사생활 침해 문제로 악용될 가능성의 무기화에 대한 논쟁이 계속 이어지고 있는데 저는 여기서 '어떤 기술을 개발하는지'도 중요하지만 '기술에 어떻게 접근해야 하는지'가 더 중요하다고 생각했습니다. 4차 산업 혁명과도 같이 발전하는 사회에서 기술 개발을 중단하기란 어려운 일이므로 기술 개발을 진행하되 윤리적으로 옳은 방향으로 진행하고 오히려 악용하는 것을 막는 기술을 개발하는 것이 연구와 개발의 가장 궁극적인 취지라는 생각을 하게 되었습니다.

동아리 활동은 특성상 학교 내외로 다양한 사람을 마주할 수 있었고 조직 중심의 활동을 몸소 체험할 수 있었습니다. 저는 여기서 상위 직급에 있는 소수의 인물보다 조직의 대다수를 차지하는 구성원들의 협업이 팀의 역량을 좌우하는 가장 큰 요소라는 것을 알았습니다. 당시 동아리 활동을 하던 팀원은 18명으로 다른 동아리에 비해 많은 인원이었습니다. 인원이 많아 장점도 있었지만 잦은 의견 충돌로 갈등이 많은 단점도 있었습니다. 한 팀원이 제시한 안무와 다른 팀원이 제시한 안무가 대립되면서 자칫 개인적인 감정 악화까지 이어질 수 있는 상황이 있었습니다. 더불어 동아리 단장과 부단장의 부재로 인해 갈등을 해결할 수 있는 사람은 같은 학년의 팀원들 뿐 이었습니다. 갈등해결을 위해 가장 먼저 필요한 것은 동아리 부장에게 보고하여 하향식으로 내려오는 강제적 압력이 아니라 팀원 간의 대화를 통한 의견 조율이라고 생각했습니다. 저는 먼저 나서서 두 팀원의 감정적 갈등을 중재한 뒤 투표라는 대안을 제시하며 분위기를 이끌어 나갔습니다. 인원이 많아서 생길 수 있는 단점을 오히려 인원이 많음으로 인해 많은 의견을 듣고 수용할 수 있다는 장점으로 해결하고자 했습니다. 앞뒤 안무와의 연결 가능성을 중점으로 안무를 평가했고 두 팀원 모두 그 결과를 원만히 수용할 수 있었습니다. 일반적으로 조직에서는 명령을 하달하는 하향식 구조를 지니고 있기 때문에 그것에 익숙해져 편안하다고 느낄 수 있지만 저는 오히려 구성원들이 자유롭게 의견을 제시하고 적극적으로 의견을 조율하는 과정을 통해 팀의 협업이 이루어지고 조직 기반이 탄탄해진다고 느꼈습니다.

제가 AI빅데이터 융합경영학과에 지원한 이유는 바로 기술 융합과 경영의 접목이라는 부분 때문입니다. 저는 원래 인공지능과 마케팅의 결합을 약간은 생소하게 느꼈었습니다. 하지만 이를 더 알아보고자 실시했던 수업량 유연화 프로그램을 통해 생각이 바뀌는 계기가 되었습니다. 인공지능 마케팅 플랫폼을 가장 적극적으로 활용하는 구글, 페이스북, 인스타그램과 알고리즘을 활용한 유튜브, 시리, 빅스비의 사례를 보면서 인공지능은 사실 우리의 일상에서 가깝게 접촉하고 있고, 이를 활용한 마케팅이 소비자에게 맞춤 형태이기 때문에 자각을 못하는 것이라는 생각이 들었습니다. 이와 같은 현상은 마케팅이라는 것 자체를 자각을 못하는 만큼 소비자에게 더 큰 잠재적 영향을 끼친다고 생각했고 앞으로 AI의 발전 가능성을 고려하면 AI와 빅데이터를 활용한 마케팅이 시장의 최대 동력이 될 것이라고 느꼈습니다. 또한 인공지능 기술의 이해에 도움이 되고자 진로의 날 프로그램에서 소프트웨어융합 강좌를 수강하였습니다. 이 강좌에서는 코딩 java를 통해 웹페이지를 만들어보는 활동을 하였습니다. 일반적인 이론을 많이 접하다가 코딩에 대한 구체적인 활동을 해보니 다양한 실무 중심의 활동과 실습 경험이 중요하다는 생각이 들었습니다. 또한 이 경험들을 통해 인공지능으로 인해 줄어든 업무 시간을 고려하면 마케팅 기획자의 창의력과 개발력이 앞으로 갖춰야 할 중점적인 능력이 될 것이라고 느꼈습니다. AI빅데이터융합경영학과에 꼭 진학하여 인공지능과 빅데이터에 기반한 앱과 플랫폼에 대한 심층적인 학습, 실무 중심의 콘텐츠와 마케팅전략을 배우고 싶습니다. "

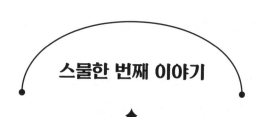

스물한 번째 이야기

◆

어릴 때부터 만드는 것을 좋아했습니다.

조립하는 것을 좋아해 레고블럭으로 배도 만들어 보고 비행기도 만들어 보았습니다.

항공모함을 조립하는 장난감을 사서 일주일이 걸려 완성했을 때에는

희열이 느껴지기도 했습니다.

로봇공학을 전공하겠다던 아이가 원하는 학과에 합격했다.

석전경우라는 고사성어가 생각났다.

열악한 환경에서 묵묵히 해냈던 아이다.

이 친구는 고등학교 3년의 학교생활과 학습경험 교내활동을 이렇게 이야기한다.

"
　수학은 저에게 매우 절실한 과목이었습니다. 저는 수학 문제를 다양한 방법으로 풀어보는 것에 가장 큰 흥미를 갖고 있었습니다. 1학년 때 막히는 도형의 방정식 단원의 중선 정리에 관한 삼각형 문제를 선생님께 질문하여 여러 가지의 풀이 방식을 찾던 중 스튜어트의 정리라는 것을 알게 되었습니다. 저는 스튜어트 정리를 더 정확히 학습하여 반 친구들에게 삼각형을 좌표화 시켜 스튜어트 정리를 증명하고 활용하며 어려운 문제를 쉽게 풀어주었습니다. 정답은 하나지만 풀이 과정이 정해져 있지 않은 수학은 게임보다 재미있었습니다. 방황하여 모든 공부를 포기했을 때에도 수학만은 포기하지 않았고, 그저 수학이 좋은 이유로 이과 반을 선택하기도 했습니다. 1학년 겨울 방학 때 '인공지능과 4차 산업혁명의 미래'라는 책을 통해 4차 산업혁명이 가져올 미래와 핵심 기술인 인공지능, 로봇, 사물인터넷에 대한 정보를 접하면서 공학에 대한 흥미를 갖게 되었습니다. 다양한 분야에서 프로그래밍을 통해 생활을 편리하게 해주는 소프트웨어 프로그램에 호기심이 생겼습니다. 그리고 소프트웨어 프로그램 개발에 가장 중요한 과목이 수학이라는 것을 알게 되어 목표를 가지고 수학 공부를 더 열심히 하게 되었습니다. 1학년 때 목표의식 없이 공부를 포기한 것을 많이 후회했지만, 자신을 돌아보고 반성하는 계기가 되기도 했습니다. 공학에 목표를 갖고 흥미 있게 다시 공부해보니 배움의 참 즐거움이 느껴졌습니다. 모든 과목을 단순히 공부해서 성적을 올리는 것에 목표를 두기보다

는 공학도의 꿈을 이루기 위해 집중했습니다. 특히 자율동아리 시간에 컴퓨터 언어인 파이썬으로 기하학적인 무늬를 제작해보고, 수학 시간에 파스칼의 삼각형, RSA 암호화 방식을 탐구하는 등 수업에서 자세히 배워보지 못한 것들을 탐구했습니다. 특히 파스칼의 삼각형에서 모든 수를 2로 나누었을 때 시에르핀스키 삼각형이 나타난다는 것을 알았습니다. 이런 과정을 통해 목표를 갖는 것이 학습효과를 극대화하는데 얼마나 중요한 것인가를 알게 되었습니다.

1학년 2학기 기술 시간에 무작위로 2명을 한 조로 편성하여 로봇으로 주어진 경로를 통과하는 수행평가가 있었습니다. 어렸을 때부터 로봇과 드론을 조종하기 좋아했던 저는 이 수행평가에 재미와 흥미를 가지고 적극적으로 참여했습니다. 한 명은 로봇을 코딩하여 장애물이 포함된 경로를 통과시켜야 하고, 나머지 한 명은 보고서를 써야 했습니다. 주변에서 친구들이 수행평가가 어렵다고 하소연하는 소리가 계속 들려 겁이 나긴 했지만 도전해 보고 싶었습니다. 직접 해보니 의외로 어렵지 않게 장애물들을 통과시켰고, 심지어 더 큰 호기심이 생겨서 하나하나 코딩하여 장애물을 통과시키는 것이 재미있었습니다. 제 팀원은 점수에 욕심이 많은 상위권의 학생이었지만 제가 이 과정들을 척척 잘 해내는 걸 보고 공부를 포기한 저를 신뢰하여 이 역할을 저에게 맡겨주었습니다. 이 활동은 코딩은 어렵고 따분한 것이라는 제 생각을 완전히 바꿔주었고, 이후에 공학과 관련된 독서와 활동을 할 때에도 코딩과 관련된 내용에 자연스럽게 관심을 갖게 되었습니다. 공학에 흥미가 생겨 2학년이 되자마자 마음이 맞는 친구들을 모아 물리, 코딩 등을 종합적으로 다루는 자율동아리를 만들었습니다. 어려운 물리 문제를 친구들과 같이 풀어보았고, 파이썬으로 기하학적인 무늬를 제작해보면서 코딩이란 이런 것이구나 하는 깨달음을 얻었고, 인공지능 개발과 관련된 토론도 해보았습니다. 그 중 '인공지능의 개발은 인간에게 이로울까'를 주제로 한 토론이 가장 기억에 남았습니다. 저는 '인공지능은 인간에게 이롭다'를 주장했는데, 이 토론을 준비하는 과정에서 인공지능의 장점과 함께 단점도 조사했습니다. 인간에게 주는 이로움과 해로움을 아울러 볼 수 있었고, 더 나아가 미래에 인간이 받을 손익도 생각해 보았습니다. 이렇게 토론을 하면서 상대편의 주장과 저희 팀의 주장을 종합하여 정리했습니다. 이런 과정을 경험으로 2학년 1학기 화법과 작문 시간에 '킬러 로봇 개발금지'에 대한 토론에서 최우수 토론자로 선정될 수 있었습니다. 2학년 때 소프트웨어 분야에 관심이 더욱 깊어지고, 3학년 때는 코딩을 좀 더 심화적으로 배우고 싶어 '정보과학' 이라는 연합형 교육과정을 수강했습니다. 친구와 팀을 구성하여 'City Shaper' 이라는 프로젝트에 참여했는데, 이 프로젝트의 미션 중 로봇을 코딩하여 고정되어있는 그네를 밀고 돌아오는 미션이 가장 기억에 남았습니다. 그 이유는 이 미션을 할 때 어떻게 하면 가장 효율적으로 미션을 해결할 수 있을까 고민하던 중 시작 지점에서 방향이 약간만 달라져도 미션을 실패할 가능성이 높아지는 단점을 보완하기 위하여 시작지점과 그네와의 거리를 최소화 할 수 있는 방법을 모색했고, 그 결과 긴 도구를 로봇에 장착하고 시작 범위에서 벗어나지 않도록 모터를 이용하여 이 도구를 로봇 위에 얹는 방법으로 이 미션을 수행하였습니다. 문제가 발생했을 때 원인을 분석하여 피드백을 통해 문제 해결력을 길러 주었던 값진 시간이었습니다. 그리고 미래의 나의 직업과 꿈을 가질 수 있는 좋은 활동이었습니다.

1학년 때 동아리 활동으로 서울시 교육청 주최로 진행되었던 수학 체험전에서 초등학생을 상대로 부스 운영을 했습니다. 빨대로 공 만들기 부스와 실을 이용하여 도형 열쇠고리 만들기 부스를 운영했는데 저는 그 중 열쇠고리를 만드는 부스에서 활동하게 되었습니다. 열쇠고리는 가장자리에 홈이 파여 있는 작은 원판에 실을 일정한 홈 수로 이동하면서 실을 감아가며 도형을 그려서 만들었습니다. 그냥 아무생각 없이 실로 도형을 만들면 간단하지만, 원하는 대로 크기를 조정하여 도형을 만드는 것은 열쇠고리가 작아 홈 개수를 잘 못 셀 수도 있기 때문에 초등학생들이 직접 하기엔 혼란스러울 수도 있다고 생각했습니다. 수학 체험전인 만큼 아이들이 상상력을 발휘하여 도형을 만들었으면 좋겠다는 생각으로 직접 크기를 조절하는 법을 알려주기도 하였습니다. 직접 알려주었을 때 걱정했던 대로 홈 개수를 잘못 세는 실수를 하였습니다. 아이들이 이 실수를 하여 시간이 더 오래 걸리게 되었고 뒷사람이 더 오래 기다리게 되었습니다. 이 문제를 해결하고자 인원을 분배하여 정면에서만 알려주었던 것을 부스를 늘려 진행하자고 제안하였고, 친구들과 선배들이 수용하여 이를 실행에 옮기게 되었습니다. 제가 아이들 옆으로 가서 시범을 보여주고, 같이 홈 수를 세는 등 직접 도움을 주니 아이들이 실수를 안 하게 되어 뒷사람의 대기 시간이 줄어 들게 되었고 의견을 직접적으로 나눌 수 있어 쉽게 친해지기도 했습니다. 많은 아이들이 다른 부스에 갔다가 다시 돌아와서 궁금한 점을 질문을 하기도 하고, 혼자 열쇠고리 만들기에 도전해 보고 싶다며 스스로 도전해서 혼자 척척 잘 해내기도 했습니다. 학부모님들도 아이들과 저희가 많이 친해진 것이 신기하셨는지 부스에 오셔서 직접 체험도 해보시고 칭찬도 해 주셨습니다. 무언가를 알려줄 때 배우는 사람, 알려주는 사람 모두가 즐거움을 얻을 수 있다는 것을 깨달았습니다. 무언가를 알려줄 때 가르치는 사람은 넓은 마음으로 여유를 가지고 배우는 사람의 입장을 배려해야 한다는 것을 알았습니다.

진로 탐색을 위해 유튜브로 영상을 찾아보았는데 처음에는 일일이 검색해 봐야 했지만 나중에는 유튜브의 인공지능이 자동으로 영상을 추천해주었습니다. 신기하여 인공지능에 대한 영상을 찾아보았고 자동으로 추천 영상에 이세돌 9단과 알파고의 대국 영상이 나왔습니다. 알파고라는 딥 러닝을 이용한 인공지능에 관심이 갔습니다. 두뇌의 정보 처리 과정을 모방해서 만든 인공 신경망으로 사람의 개입 없이 스스로 발전해나가는 인공지능이 흥미로웠습니다. 인공지능으로 진로를 생각하게 되었고 기반을 다지기 위해 자율동아리, 정보과학시간에 코딩을 했습니다. 정보시간에 아두이노로 코딩하여 8개의 동작을 동시에 실행시키는 수행평가가 있었습니다. 수행평가는 매우 어려웠지만 수 십 차례의 실패를 거친 끝에 성공하였습니다. 만점을 받았지만 어려운 동작들을 빼고 코딩한 것이 마음에 걸렸습니다. 코딩을 깊이 배우기 위해 소프트웨어학과로 진학할 것을 결정했고 숭실 대학교가 교육과정부터 교육지원까지 가장 적합한 학교라는 생각이 들어 지원하게 되었습니다. 딥러닝 전문가로의 꿈을 위하여 저는 대학교 1,2 학년 때 프로그래밍 기초 및 실습, AI 및 데이터 분석의 기초, 알고리즘을 공부하여 인공지능을 단순한 글이 아닌 식으로 이해하고 3,4 학년 때는 제 꿈에 맞게 인공지능과 머신러닝 등을 선택하여 인공지능과 인공 신경망에 대해 공부할 것입니다. 연합 동아리와 컴퓨터 동아리 SSCC에 들어가 경험을 통해 많은 것을 배울 것입니다. 영어공부를 병행하여 국제 교류 세미나, 국제화 프로그램에 참가함으로써 어학연수도 받고 다양한 국제경험을 쌓으며 더 큰 기회의 발판을 마련할 것입니다. 학부과정을 마치고 다양한 장학제도를 가지고 있는 숭실대학교 대학원에 진학하여 머신러닝의 원리와 데이터 마이닝 시스템에 대하여 더 깊이 공부할 것 입니다. 포털사이트에서 고객들에게 필요한 정보를 자동으로 더욱 빠르고 정확하게 제공할 수 있는 전문가가 되어 좁게는 회사의 이익에, 넓게는 국가 경제의 활성화에 기여하고 싶습니다.

"

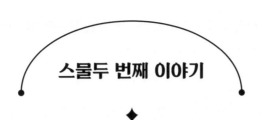

스물두 번째 이야기

◆

선생님 저는 실업계 고등학교를 다니는 학생입니다.
어떤 전형으로 대학에 가는 건가요?
실업계 수시전형이야말로 비교과 활동이 중요한 전형이다.
학교 활동 기록을 통해 학습능력, 적극성, 성취도, 가치판단력, 인성 등을
평가하기 때문이다.
전공과 관련한 활동을 찾아 열심히 노력한 아이다.
같은 학교 한 해 선배인 학생회장 여자친구를 따라 같은 대학에 가야 한다며
철철철 이야기하던 아이가 대학에 합격했다.

이 친구는 고등학교 3년의 학교생활과 학습경험 교내활동을 이렇게 이야기한다.

"
　　2학년 창의적 체험활동시간에 장애 인식 개선 교육을 받은 후 시각 장애인에 대한 새로운 사실을 알게 되었습니다. 평소 시각 장애인 모두 점자를 알고 사용한다고 생각했지만 시각 장애인의 점자 인식률은 5%밖에 되지 않는다는 사실에 충격을 받았습니다. 점자 외에 정보를 전달할 수 있는 다른 방법이 없을까 조사하던 중 유튜브 영상을 통해 촉감을 통해 직관적으로 인식할 수 있는 양각 픽토그램에 대해 알게 되었습니다. 양각 픽토그램은 특별한 교육 없이 모든 시각 장애인들이 정보를 인식할 수 있고, 또한 장애인과 비장애인 모두 아우를 수 있는 디자인이라고 느껴졌습니다. 양각 픽토그램이 적용될 수 있는 제품에 대해 살펴보던 중 멀티 탭에 꽂혀있는 많은 전선들이 눈에 띄었고 양각 픽토그램을 활용하는 아이디어를 구상해보았습니다. 컴퓨터, 모니터, 프린터, 선풍기 등 가전제품을 상징할 수 있는 픽토그램에 양각을 적용하여 한눈에 전선을 구분하며, 장애 여부와 관계없이 사용할 수 있는 메모형 케이블 타이를 디자인했습니다. 이를 3D 프린터로 출력하여 교내 미래디자인 페스티벌에 출품하였고 선생님들의 긍정적인 반응과 함께 2위라는 성적을 거두게 되었습니다. 부족하지만 제가 구상한 작품이 수상하게 되어 뿌듯함을 느꼈습니다. 새로운 도전을 통해 제가 거두어낸 성적이 앞으로 더 큰 도전을 할 수 있는 계기가 되었다고 생각했습니다, 제 자신의 능력을 믿

고 더 잘 해낼 수 있다는 확신도 얻었습니다. 이런 학습경험을 통해 제가 만들어 낸 제품을 많은 사람들이 실생활에서 사용하면 좋겠다는 생각을 했습니다. 그래서 매주 두 번씩 봉사활동으로 참여했던 상상이룸센터에서 손님으로 만난 시각 장애인 친구를 위해 컴퓨터, 에어컨, 선풍기에 사용할 수 있는 메모형 케이블타이를 만들어서 선물해주었습니다. 예상치 못한 선물이라 친구는 당황스러워 하기도 했지만 유용하게 사용할 수 있을 것 같다며 고마움을 표현해주었습니다. 이 경험을 통해 전문적인 지식의 필요성과 학습의 중요성을 깨닫게 되었습니다.

3학년 '지성과 문학 탐방반' 동아리 활동 시간에 우연히 접한 기사를 보고 코로나 19로 인해 생긴 우울감이나 무기력증을 '코로나 블루'라는 신조어로 불린다는 것을 알게 되었습니다. 블루는 상쾌한 분위기의 편안함과 함께 신뢰감을 줄 수 있는 색상이지만 코로나 19로 인해 생긴 부정적인 이미지를 바꾸고 싶었습니다. 블루의 참된 상징을 되찾음과 동시에 코로나 19로 우울감에 빠진 사람들에게 위로를 주고자 동아리 친구들에게 프로젝트를 제안하여 진행했습니다. 사회적 거리두기로 집안에서 생활하는 시간이 많아지는 환경에 맞춰 특수 용액이 담긴 병에 식물을 온전한 상태로 보존할 수 있도록 하는 하바리움에 아이디어를 더하기로 했습니다. 블루와 위로에 대한 메시지 전달을 위해 고민하던 중 '하바리움 병 속에 메시지를 넣어 볼까?' 라는 생각이 들었고 특수 용액 안에서도 메시지의 가독성, 전달성이 떨어지지 않는 종이가 필요했습니다. 그때 1학년 키링 제작시 사용했던 슈링클스가 생각났습니다. 슈링클스는 일정온도 이상의 열을 가하면 원래의 모양으로 돌아가는 성질을 가진 종이로 조사를 통해 투명, 반투명, 잉크젯 프린트 전용 등 여러 종류가 있다는 것을 알게 되었습니다. 하바리움 안 메시지를 넣기에 지속성, 보존성에 적합하다 생각되어 실행에 옮겨보았습니다. 메세지를 넣은 하바리움을 성공적으로 완성시킴으로써 블루의 인식을 바꾸고 사람들을 위로할 수 있는 제품을 만들어 낸 값진 경험이 되었습니다. 결과는 성공적이었고 동아리 친구들의 긍정적인 반응과 함께 제 자신이 무언가를 이루었다는 성취감이 들기도 했습니다.

2학년 제품 디자인 수업시간에 놀이터에 설치할 조형물을 디자인하는 과제가 주어졌습니다. 요즘 트렌드에 맞는 제품 디자인을 하고 싶었던 저는 2019 제품 디자인 트렌드였던 '지속가능한 제품 디자인'을 컨셉으로 설정하고 리서치를 시작했습니다. 조사를 하던 중 사람들이 일상에서 사용하는 플라스틱의 재활용률이 세계적으로 9%밖에 되지 않는다는 것을 알게 되었습니다. 그래서 지속가능한 제품 디자인을 위해 플라스틱을 재활용하여 조형물을 디자인하기로 했습니다. 여러 플라스틱을 모아놓으니 플라스틱의 다양한 색채들이 눈에 띄었고 밝고 화려한 원색들은 아이들 놀이터에 어울리는 적합한 색상이라는 생각을 했습니다. 그리고 아이들이 다치지 않게 각진 모서리 형태를 둥근 모양으로 디자인함으로써 안전성과 심미성을 고려했습니다. 디자인 아이디어를 고민 하던 중 콘

아이스크림에서 아이디어를 얻었고, 그 후 색상 선정과 형태 구상을 결정하고 아이소 핑크로 형태를 잡아 그 위에 자른 플라스틱 조각을 붙여 목업을 완성 하였습니다. 직접 리서치하고, 디자인하고, 제품을 만드는 과정 속에서 '지속가능한 디자인과 다치지 않고 아이들이 뛰노는 환경'을 생각해 만들어 낸 결과물은 좋은 결과물로 높은 점수를 받았습니다. 분만 아니라 후배들을 위한 예시 작품으로 선정되며, 저의 트렌드에 맞는 리서치 능력, 색상에 맞는 형태 구상력을 인정받았다는 생각에 스스로 자신감을 갖게 되는 계기가 되었습니다.

  교내 축제인 열음제를 준비할 때 저는 학생회장으로서 첫 임무를 맡아 학생회를 이끌게 되었습니다. 그러나 중간고사가 끝나고 이틀 뒤에 진행되는 축제였기 때문에 축제준비에 참여하는 임원들의 공부 시간은 부족했습니다. 그래서 축제 두 달 전부터 준비 하여 시간적 여유를 가지는 계획을 세웠습니다. 방과 후 모여 축제에 필요한 물품, 부스 운영 계획 등을 논의했습니다. 그러나 시간이 흐를수록 임원들은 각자 일의 양을 비교하며 불만을 이야기했고 학원을 다니는 임원들은 학원에 빠지게 되자 점차 분위기는 나빠졌습니다. 불만이 쌓이며 임원들 사이에 학생회를 그만 두겠다는 이야기까지 들려왔습니다. 저는 회장으로서 임원들의 불만을 해결할 수 있는 방법이 무엇인지 고민했습니다. 임원들 각자에게 책임감을 갖고 서로를 배려하는 마음으로 허심탄회하게 함께 이야기 하며 해결 방법을 찾자고 제안했습니다. 저는 먼저 임원들에게 처음 하는 축제 준비라 나부터 미숙한 점이 많다고 인정하며 대화를 시작했습니다. 적절하지 않은 업무 분담, 소란스러운 분위기, 실질적인 결과물이 부족한 점에 대해 리더인 저의 책임을 인정하고 반성하며 도움을 요청했습니다. 그러자 임원들은 미안해하며 서로 도와가며 함께하자는 격려의 말을 하기 시작했습니다. 분위기는 좋아졌고 자연스레 축제 준비 방향과 계획에 대해서 이야기를 나누게 되었습니다. 회의가 끝난 후 집으로 돌아가며 진정한 리더의 역할에 대해 생각해 보았고 부끄러운 리더가 되지 않겠다는 다짐을 하기도 했습니다. 그 후 임원들의 특성과 일정에 맞게 효율적으로 일을 배분하고 준비에 임한 끝에 중간고사를 한 달 남긴 시점에 축제 준비를 끝마칠 수 있었습니다. 그 후 각자 공부할 시간을 가지고 중간고사를 준비할 수 있었고 이 후 진행된 축제는 성공적으로 마무리 되었습니다. 과정은 순탄치 않았지만 부족했던 제 자신을 돌아보게 되었고 함께 해준 임원들에게 고마움을 느꼈습니다. 이 과정을 통해 상대를 배려하고 진심으로 소통하는 것이 얼마나 중요한 것인가를 알게 되었습니다.

◆

특목고를 나온 똘똘한 아이다.
특목고 입학 후 경쟁 또 경쟁 치이고 또 치이고 아이가 지쳐있었다.
교과 경쟁이 힘겹다고 비교과 전공 관련성 활동을 돌파구라고 생각하며 했던
활동과 관련 분야 심화 독서가 돋보인 학생이다.
전공 관련 개론 수준의 개념을 알고 있었던 아이다.
교과로는 쉽지 않게 보였던 결과가 비교과 면접으로 합격을 이끌어 냈다.
대학 생활은 올A 성적으로 장학금 자랑하던 아이다.

이 친구는 고등학교 3년의 학교생활과 학습경험 교내활동을 이렇게 이야기한다.

"
학교 문학 시간에 희곡 〈원고지〉를 접하며 단순히 줄거리와 심리 파악 등 교과 내용 학습에만 그치지 않고 문학의 시대 배경과 한국 사회에 대해 더 깊이 있게 탐구해보고 싶었습니다. 삶의 가치를 잃어버린 현대인들을 풍자한 작품인 〈원고지〉를 통해 돈을 우선시하여 가족의 의미가 상실되고 인간 소외 현상이 나타나게 된 물질만능주의 사회를 확인할 수 있었습니다. 산업화 도시화로 인해 물질과 부를 축적하기에 급급한 사회 속에서 가치가 전도된 현상이 너무 안타까웠습니다. 이 과정에서 돈과 부라는 경제적 가치가 한 사회를 변화시킬 만큼 크게 영향을 미친다는 사실이 저에겐 흥미롭게 느껴졌습니다. 그래서 저는 경제적 요인이 사회에 영향을 미친 또 다른 사례는 없는지 궁금해졌고 이에 대해 심층적으로 탐구해보고자 친구들과 함께 탐구 모임을 결성하였습니다. 사회적 현상이 나타나는 원인을 경제적, 문화적 측면과 연관 지어 탐구 활동을 진행하였습니다. 가장 인상 깊은 활동은 고령화 현상에 대해 탐구한 것입니다. 사회문화 수업시간에 저출산 및 고령화 현상에 대해 접하게 되었습니다. 우리나라도 고령화 사회로 진입한 현실에서 경제적으로 심각한 문제가 발생하고 있다는 것을 알았습니다. 고령화로 인한 노인인구 증가가 경제활동인구 비중 축소 및 국가 재정 악화를 가져와 경제 성장에 부정적인 영향을 미치고 있다는 사실을 깨닫게 되었습니다. 고령화 사회가 지속됨에 따라 미래 국가 재정에도 악영향을 끼칠 것이라 생각을 하여 이를 해결하기 위한 국가와

기업에서 실천할 수 있는 방안에 대해 토론 하였습니다. 여러 가지 해결방안이 존재하지만 가장 중요한 문제는 경제적 문제를 해결하는 것이라 생각하여 경제에 초점을 두어 해결방안을 모색했습니다. 고령화 사회에 따른 복지시스템을 개선하고 노인 인력활용방안을 정책적으로 시행해야 한다는 것입니다. 사회와 경제적 요인에 관심을 갖고 진행한 학습과정을 통해 새로운 경제 지식을 배우기도 했고 사회에 대한 관심이 우리 모두에게 필요하다는 것을 알았습니다.

영자신문동아리에서 3년 동안 활동했습니다. 국제 사회의 이슈였던 프랑스의 노트르담 대성당 화재 사건을 주제로 프랑스어를 사용하여 기사를 작성하였습니다. 이미 많은 언론에서 화재 원인과 시민들의 반응을 다루고 있었기 때문에 저는 조금 색다른 관점에서 접근하여 기사를 작성해보고 싶었습니다. 그렇게 고민을 하던 중 화재 사건을 경제적인 관점에서 접근해보면 어떨까하는 생각이 들었습니다. 노트르담 대성당이 프랑스의 유명 관광지 중 하나이기도 하고 매년 수많은 관광객들로 인해 많은 수입을 벌어들인다는 사실을 바탕으로 기사를 작성해 나갔습니다. 그리고 대성당과 같은 문화재가 훼손된다면 엄청난 복구 비용이 발생할 것이며 이는 곧 관광객 감소로 이어져 국가가 화재 이전과 동일한 경제적 이익을 취할 수 없을 것이라 판단하였습니다. 하지만 복원 비용이 구체적으로 제시되어 있지 않을 뿐더러 경제적 피해 규모를 산출하기가 불가능해 기사 작성에 어려움을 느꼈습니다. 이를 해결하기 위해 고민하던 중 노트르담 대성당 화재 사건과 유사한 대한민국의 숭례문 화재 사건이 떠올랐고 이를 바탕으로 주요 해외의 문화재 화재 사례들을 비교하며 기사를 작성하였습니다. 해외 문화재 사례들은 이미 화재 복구가 되었기에 정확한 복원 비용과 경제적 피해 규모를 확인할 수 있었습니다. 사회적 이슈를 경제와 접목시켜 기사를 작성함으로써 경제에 흥미를 높일 수 있었고 경제부 기자라는 꿈을 구체화 할 수 있는 계기가 되었습니다.

생활과 윤리 교과시간에 아름다운 세상 만들기 프로젝트를 진행하였습니다. 그 당시 일본 불매운동이 사회적 이슈였기 때문에 조원들과 이와 관련하여 '역사의식이 올바른 세상'을 주제로 선정하였습니다. 일본과 대한민국 간의 역사적 논쟁도 끊이지 않았고 이와 관련하여 일본의 경제적 보복에 관한 기사를 뉴스를 통해 접해왔기 때문에 활동을 통해 불매 운동의 발생 원인과 불매 운동 대상 기업에 대해 자세히 알고 싶었습니다. 따라서 일본 기업의 제품과 이를 대체할 수 있는 한국 기업의 제품들을 알리는 포스터를 제작하여 교내에 붙이는 활동을 진행하였습니다. 포스터를 제작하는 과정에서 제가 자주 사용하는 제품이 일본 기업의 제품이었다는 사실을 새롭게 알게 되었고 이를 대체할 수 있는 한국 기업의 제품들도 정말 많다는 것을 알게 되었습니다. 그리고 많은 사람들이 일본 기업의 제품을 선호하는 이유가 궁금해져 포스터 제작 외에도 추가적으로 설문지를 제작하였습니다. 그결과 일본 제품이 질이 좋고 많은 사람들이 사용해서 자신도 사용한다는 의견이 주를 이루었습니다. 이를 통해 대중이 갖는 좋은 제품의 이미지가 중요하다는 것을 알았고 질이 더 좋은 제품을 만들어도 사람들이 사용하지 않으면 의미가 없다는 사실을 깨닫게 되었습니다. 기업의 성공 여부는 제품을 구매하는 소비자들에게 달려있다는 것을 알았습니다. 이 활동을 통해 기업 경영에 대해 고찰해볼 수 있는 계기가 되었고 사람들에게 좋은 기업으로 인식되기 위해서는 제품의 질도 중요하지만 기업이 가진 이미지도 중요하다 것을 알게 되었습니다.

고등학교 2학년 때 매주 초등학생들을 대상으로 교육 봉사를 했습니다. 그 전까지 저는 타인에게 무언가를 가르치는 봉사를 해본 적이 없었습니다. 뿐만 아니라 제가 잘못된 정보를 제공할까봐 걱정도 되고 준비에 대한 부담도 컸습니다. 제가 알고 있던 지식을 초등학생들에게 전달해주는 것이기 때문에 아이들의 수준에 맞추어 쉽게 풀어 설명해야 하고 수업에 집중할 수 있도록 시각 자료를 매주 마다 준비해야 했기 때문입니다. 하지만 타인이 이해할 수 있도록 봉사를 준비해가는 과정에서 미처 몰랐던 개념을 알게 되었고 헷갈렸던 내용을 정확하게 숙지할 수 있게 되어 봉사를 통해 앎의 기쁨을 느낄 수 있었습니다. 또한 봉사 처음에 부끄러움이 많아서 제대로 대답하지 못하는 학생이 있었습니다. 저 또한 부끄러움이 많아 다른 사람들 앞에 잘 나서지 못하기에 그 학생에게 더 관심을 가지게 되어 매번 봉사시간마다 적극적으로 봉사에 참여할 수 있도록 도와주었고 모르는 것을 친절하게 알려주었습니다. 제가 보인 관심에 학생이 변화하는 과정을 보며 뿌듯함을 느꼈습니다. 봉사를 통해 타인에게 긍정적인 영향을 주기 위해서는 타인에 대한 배려와 관심이 무엇보다 중요하다는 것을 깨달았습니다. 또한 봉사를 통해 남을 배려한다는 것은 엄청난 노력을 필요로 하는 것이 아니라 사소한 것에서부터 시작한다는 것 또한 배웠습니다.

저는 고등학교 2학년 때 학급 소등담당을 맡게 되어 1년 동안 소등 및 문단속을 하였습니다. 처음에는 문단속을 하지 않아도 저를 질책하는 사람이 없을 뿐더러 교실 안의 물건을 훔쳐가는 일은 없었기 때문에 대충 일을 했던 것 같습니다. 하지만 학급 문 앞에 소등 당번이라고 적혀진 제 이름을 보며 책임감이 들었고 소등과 같은 사소한 일조차 대충한다면 나중에 진짜 중요한 일도 대충대충 하는 습관이 될 것 같다는 생각이 들었습니다. 생각을 바꾸고 우리 반의 안전을 책임지는 일이라 생각하며 철저히 하게 되었고 1년이라는 시간 동안 무언가를 지키며 살았다는 사실이 저에겐 뿌듯하게 다가왔습니다.

저는 고등학교 1학년 때부터 경제와 경영에 관심이 많은 학생은 아니었습니다. 저에게 경제와 경영이라는 분야는 다소 딱딱한 학문이라고 느껴졌습니다. 하지만 2학년 때 문학세미나로 '난장이가 쏘아올린 작은 공'을 읽고 사회 불평등 현상 해결방안을 모색하는 토론과정을 통해 사회경제에 대한 관심을 갖는 계기가 되었습니다. 토론 과정에서 사회 불평등의 원인이 결국 경제로 직결된다는 생각이 들었고 사회에 영향을 미치는 경제라는 분야가 저에게 흥미롭게 느껴지기 시작하였습니다. 매점에서 아이스크림, 과자를 사는 행위부터 시작하여 사회 불평등과 같은 문제까지 우리 사회를 둘러싸고 있는 모든 것들이 경제와 연관된다는 점이 인상 깊게 다가왔고 이에 따라 경제 관련 학과에 진학하여 심도 있는 내용을 학습하고 싶다는 목표를 가지게 되었습니다.

저는 경제라는 분야에서 수학이 중요한 역할을 한다고 생각합니다. 수요와 공급 같은 경제 현상을 설명하는 데 수학을 빼놓을 수 없다고 생각하여 성적을 올리기 위해 많은 노력을 하였습니다. 1학년 때 성적이 좋지 않았으나 경제학과에 진학하고 싶다는 생각과 목표를 세우고 열심히 공부하기 시작했습니다. 그 결과 3학년 수학 내신을 최고 등급으로 마무리할 수 있었습니다. 또한 경제와 관련된 기본 지식들을 습득하고 싶어서 관련 책들을 찾아 읽으며 배경지식을 쌓기 위해 노력하였습니다. 특히 마이클 샌델의 '돈으로 살 수 없는 것들'을 읽음으로써 많은 것들을 돈으로 해결하려고 하는 물질만능주의가 팽배한 사회의 문제점을 되짚어볼 수 있었습니다. 현재는 돈으로 살 수 없는 것들보다 살 수 있는 것들이 더 많다는 생각이 들었고 앞으로 모든 것이 돈으로 해결되는 사회가 도래한다면 경제 양극화 현상은 지금보다 더욱 심해질 것이라고 생각했습니다. 또한 루소의 '사회계약론'을 기반으로 토론하는 활동을 통해 자연 상태의 자연적 불평등이 경제적 불평등으로 이어지며 이는 계급 갈등의 양상으로 전개된다는 사실에서 경제는 사회 구조를 뒤흔들 만큼 사회에 큰 영향을 준다는 사실을 다시 한 번 깨닫게 되었습니다.

학교 동아리 내에서 영어로 기사를 작성하고 BBC, CNN 등의 외국 언론사들의 기사를 스크랩하는 활동을 주로 하였습니다. 이 과정에서 메이저 언론사들은 영어를 사용하고 있고 그들이 전 세계에 미치는 영향력은 거대하다는 생각이 들었습니다. 이에 국제공용어가 되어버린 영어로 기사를 작성하여 전 세계 많은 사람들에게 정보를 전달하는 글로벌 기자로 성장하고 싶다는 목표를 가지게 되었습니다. 따라서 저는 중앙대학교 글로벌금융학과에 진학하여 영어로 수업을 하며 실제 외국의 경제부 기자가 사용하는 전문 용어들을 습득하고 경제 금융 관련 현상들을 학습하여 저의 꿈을 구체화시키기 위해 노력하고 싶습니다. 물론 처음에는 힘들고 버거울 수 있습니다. 하지만 이 과정은 미래 경제부 기자라는 저의 꿈을 이루기 위해 거쳐야 하는 필수 과정이라고 생각합니다. 글로벌금융학과에서 4년 동안 값진 경험을 통해 전문 지식은 물론 세계적인 시각을 가진 기자로 성장하고 싶습니다.

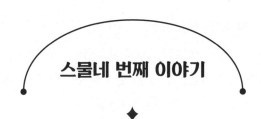

스물네 번째 이야기

◆

검정색 안경테가 기억난다.

겸손하게 신소재공학을 전공하려고 하는데 무엇을 했는지 모르겠다며

걱정이 많았던 아이다.

농어촌 전형 대상자였다.

생각보다 열악한 교육 환경이 관심의 한계를 갖게 했다는 생각에 마음이 찡했다.

관심 분야 활동의 한계가 있다 보니 인터넷과 독서를 통해 궁금증을 해결했다던 아이다.

농어촌 도서벽지 아이들에게 보다 많은 체험 활동의 기회가 주어졌으면 좋겠다.

K대 신소재공학과 합격 소식을 전했다.

이 친구는 고등학교 3년의 학교생활과 학습경험 교내활동을 이렇게 이야기한다.

> 1학년 과학수업 시간에 과학제품 구성을 보면서 독특한 물성을 지닌 소재에 호기심을 갖게 되었습니다. 독서를 통해 재료의 발전과정을 알게 되었고 인류의 문명은 재료의 발전에 따라서 진행되어왔다는 사실을 알게 되었습니다. 그리고 현재 연구가 진행되고 있는 그래핀, 탄소나노튜브와 같은 탄소 신소재들이 있다는 것을 알았습니다. 탄소 신소재에 더욱 큰 호기심이 생겼습니다. 호기심을 해결하기위해 직접 논문과 책을 찾아보면서 관련 정보를 학습하였습니다. 조사를 통해 탄소 동소체인 그래핀, 풀러렌, 탄소나노튜브가 가진 물성을 알게 되었고 그 내용을 정리하여 포스터를 제작하고 보고서를 발표하기도 했습니다. 하지만 발표를 진행할 때 친구들은 이해하지 못하는 표정이었습니다. 그래서 저는 친구들에게 구체적인 적용 사례를 들어가며 이해하기 쉽게 설명해 주었습니다. '3분 페임랩'을 통해 탄소 동소체가 다이아몬드와 흑연밖에 없다고 생각하던 때 탄소 신소재의 시작을 알린 풀러렌에 대하여 소품을 이용하여 설명했습니다. 과학 연극인 '톡신'을 통해 그래핀과 풀러렌이 어떻게 발견되었는지를 알려주었습니다. 탄소층이 겹겹이 쌓여있는 구조인 흑연을 테이프로 떼었다 붙였다를 반복하면서 한 층의 흑연을 분리해낸 것이 그래핀이고 분자운동과 우주물리학을 연구하기 위해 흑연 덩어리에 레이저를 쏘아서 연구를 하던 중 탄소 덩어리에 남은 그을음을 현미경

으로 보았을 때 발견한 것이 바로 풀러렌입니다. 그리고 사실 풀러렌은 과거부터 사용해오던 초의 그을음에도 존재했습니다. 그래핀과 풀러렌은 모두 우연히 발견되었고, 풀러렌은 과거부터 우리의 삶에 존재해 왔었다는 점에서 일상생활에서 호기심을 가지는 것이 위대한 발견이 될 수 있다는 것을 알게 되었습니다. 또 발표하는 과정에서 친구들의 이해를 돕기 위해 그 정보를 완전히 이해하고 있어야 했기 때문에 탄소 신소재에 대한 깊은 이해를 할 수 있었습니다. 학습과정을 통해 처음 가졌던 소재에 대한 호기심은 해소되었고 새로운 신소재 개발의 꿈을 가질 수 있었습니다.

신소재 전문 변리사를 꿈꾸는 저에게 설득력 있는 말하기 능력은 중요합니다. 저는 말하기를 좋아했고 자심감도 가지고 있었습니다. 1학년 때 열린 융합토론대회는 제 역량을 펼칠 수 있는 좋은 기회라고 판단하였습니다. 예선과 본선을 통과 한 뒤 결승전에 올라갔습니다. 하지만 결승전에서 져서 우수상을 수상하게 되었습니다. 무엇이 잘못 되었던 것인지 점검해본 결과 나의 생각을 전달하기보다는 미사여구로 말하는 것에만 집중했던 것이 문제였다는 생각이 들었습니다. 이러한 실패를 거울삼아 2학년 때 진행한 토론대회에서는 나와 반대 의견을 주장하는 친구의 입장을 생각하며 저의 생각과 반대가 되는 발언의 근거가 무엇인지 조사를 통해 반론을 진행했습니다. 이러한 과정을 통해서 양쪽 의견을 모두 이해할 수 있었고 나의생각을 정확히 전달하려는 노력의 결과 좋은 평가를 받아 최우수상을 수상할 수 있었습니다. 두 번의 토론 대회를 통해서 상대의 입장을 이해하고 자신의 생각을 진실 되게 표현하는 것이 원활한 소통과 설득의 중요한 방법이라는 것을 알았습니다.

팝랩아카데미는 기초적인 LED켜기부터 블루투스 모듈을 이용한 RC카 조작까지의 수업을 듣고, 팀을 이루어 "소셜 임팩트"를 가진 제품을 직접 제작하는 활동이었습니다. 당시 조장을 맡은 저는 조원들과 어떤 제품을 제작할지 논의한 끝에 장애인에게 도움을 줄 수 있는 제품을 제작하기로 결정하였습니다. 초음파 센서가 시각장애인에게 눈의 역할을 해줄 수 있을 것이라는 생각을 하여 시각장애인에게 도움을 줄 수 있는 제품을 기획하게 되었습니다. 초음파 센서를 이용하여 시각장애인이 길을 가다가 벽과 같은 장애물에 접근하면 부저에서 소리가 나와서 위험을 알려주는 제품을 제작하였습니다. 이 활동을 통해 사람을 돕는 기술이 가장 가치 있는 기술이라는 생각을 하게 되었습니다. 그 후 2년동안 메이커톤 캠프에 참여하였습니다. 엔지니어, 마케터, 디자이너가 한 팀을 이루어 아두이노를 이용하여 주제에 맞는 제품을 제작하는 활동이었는데 저는 엔지니어 역할을 맡았습니다. 청각장애인들이 초인종 소리나, 문 두드리는 소리를 못 듣는 것을 도와 줄 수 있는 "반짝 택배왔습니다"라는 제품을 만들었습니다. 1학년 때의 캠프에서는 단순히 진동을 불빛으로 바꾸어주는 제품이었지만, 2학년 때 참여한 캠프에서 좀 더 실용적인 제품으로 만들고자 제품에 블루투스를 추가하여 핸드폰으로 알람을 받을 수 있게 만들었습니다. 이렇게 장애인의 편의를 제공하는 제품을 만들었다는 것만으로도 보람을 느끼는 활동이었습니다.

지구 과학시간에 신소재에 사용되는 광물을 조사하여 발표하였습니다. 1학년 때 신소재의 물성에 대한 조사를 진행하면서 신소재를 추출해내는 방법들에 대해서 궁금증을 가지게 되었습니다. 궁금증을 해소하기 위해 진행한 조사에서 그래핀을 성장 시킬 수 있는 미네랄 모이사나이트에 대해서 알게 되었습니다. 모이사나이트는 탄화규소로 이루어진 보석류입니다. 이 활동을 통해 신소재 광물의 종류와 추출방법을 알게 되었고 신소재 공학자가 되리라고 다짐했습니다.

1학년 체육대회 때 단체 응원전으로 반별 치어리딩 행사를 하였습니다. 당시 반장이었던 저는 치어리딩을 좋아하지도 않았고, 노래선정, 안무 구상을 해본 적도 없어서 제가 치어리딩을 주도하는 것은 불가능하다고 생각했습니다. 학급 내 싸움도 빈번히 일어나던 남자반 이여서 그런지 응원전을 준비하겠다고 나서는 사람도 없었습니다. 모두가 의욕을 갖지 않았고, 반에서는 치어리딩을 하지 말자는 의견까지도 나왔습니다. 어떻게 해야 할지 고민 하던 중 담임선생님께서 제게 응원전은 단합을 위한 좋은 기회이므로 어렵더라도 친구들과 함께 치어리딩을 준비 하는 것이 어떻겠느냐고 말씀해 주셨습니다. 저 또한 치어리딩 행사가 학급 분위기 개선에 큰 도움이 될 것이라고 생각했습니다. 치어리딩 대회를 참가하는 것이 좋겠다고 느낀 저는 학급 친구들이 치어리딩 대회를 왜 싫어하는지에 대해 생각해 보았습니다. 그런데 반장인 저 조차도 치어리딩에 흥미가 없고, 준비가 귀찮고 낯설어서 처음부터 열정을 가지지 않았던 제 자신이 문제였다는 생각을 하게 되었습니다. 그래서 제가 먼저 적극적으로 함께 치어리딩 준비를 해보자고 건의하였습니다. 체육부장과 안무를 짜기 시작하였고, 다른 반 치어리딩부 학생에게 도움을 구하기도 했습니다. 열정적으로 준비하는 저의 모습을 본 친구들은 고맙게도 함께 치어리딩 연습에 흥미를 가지고 참여했습니다. 같이 노력해주는 친구들을 보면서 반장으로서 저의 행동이 다른 친구들에게 영향을 미친다는 것을 몸소 경험할 수 있었습니다. 적극적으로 친구들과 연습을 하다 보니 치어리딩을 싫어하던 저도 재미를 느낄 수 있었습니다. 다른 반에 비해서 치어리딩 연습을 늦게 시작했지만 모두가 열정적으로 참여하여 체육대회에서 치어리딩 우수상을 받을 수 있었습니다. 리더의 긍정적, 열정적 움직임이 단체의 적극성으로 발전할 수 있다는 것을 알게 되었습니다. 성인이 되어서도 솔선수범하는 사람이 되어야겠다고 생각했습니다. 체육대회 이후 다툼도 사라졌고 학급분위기가 밝아져서 뿌듯함을 느낄 수 있었습니다.

"인류의 발전은 재료의 발전이다."라는 말은 소재의 중요성을 일깨워 주었고 재료공학에 호기심과 목표를 갖게 해준 말입니다. 요양원에서 봉사활동을 할 때였습니다. 밥을 제대로 드시지 못하는 분들에게 식사봉사를 할 때 숟가락으로 밥을 먹여드렸는데 무언가 불편해 보이셨습니다. 왜인가 하고 자세히 살펴보니 어르신은 치아가 없으셨습니다. 치아가 없는데 단단한 쇠숟가락으로 식사를 드리니 숟가락이 딱딱해서 어르신들이 불편해 하셨다는 생각을 했습니다. 그래서 다음 방문 때 실리콘 숟가락을 챙겨갔고 비교적 부드러운 실리콘 숟가락을 사용하니 전 보다 편하게 식사를 하실 수 있었습니다. 일상생활에서도 재료의 특성을 이용하면 사람들의 편리한 삶에 도움을 줄 수 있다는 것을 깨닫게 되었습니다. 신소재 공학과에 진학하여 더 많은 재료의 물성에 대해 공부해서 새로운 재료를 개발하여 인간의 편리한 삶을 위해 공헌할 수 있는 공학자가 되어야겠다고 다짐하였습니다.

일상생활에서 재료의 중요성을 느낀 또 다른 사례는 코로나 19사태로 마스크 품귀 현상이 발생했을 때였습니다. 우리나라 신소재 연구팀이 빨아서 사용할 수 있는 나노 마스크 개발에 성공했다는 뉴스를 보았습니다. 기존의 마스크는 물에 취약하지만 새로 개발된 마스크는 물과 접촉하여도 성능을 유지한다는 것이었습니다. 나노 마스크가 기존의 마스크와 다른 특징을 가지는 이유가 궁금했습니다. 궁금증을 해결하기 위해서 조사해 보았습니다. 해답은 각 마스크에 사용되는 필터였습니다. 나노 마스크의 필터는 절연 블록 방사법을 사용하여서 아주 촘촘하기 때문에 재생이 가능하다는 것이었습니다. 그리고 기존의 필터처럼 정전기를 이용하지 않아도 방역효과를 가진다는 것을 알게 되었습니다. 필터를 구성하는 재료, 제조 과정에서의 차이와 제품의 특성을 바꾸는 "나노의 힘"을 알게 되었습니다. 이 후 나노에 대한 관심이 깊어져 독서를 통해 나노에 대해 더 알아보기도 했습니다. 이러한 노력이 훗날 나노 신소재 공학자가 될 저에게 큰 자신감과 용기를 갖게 해 주었습니다.

"

스물다섯 번째 이야기

◆

우직한 아이다.

"누가 뭐래도 잘하지는 못해도 열심히 할 자신은 있어요"라고 말했던 아이다.

빙그레 웃음 지을 땐 큰 키와 큰 몸집이 귀엽기까지 했던 아이다.

아버지께서 군인이시다. 아버지를 존경해서 자신도 군인이 되고 싶다고 했다.

군인 중에서도 공병이 되겠다고......

3년을 지켜봤다. 정말 성실했다. 시간 약속을 한 번도 어기지 않았던 아이!

이런 아이가 사회에서 성공한 어른이 될 것이란 긍정적 전망을 하게 한 아이다.

이 친구는 고등학교 3년의 학교생활과 학습경험 교내활동을 이렇게 이야기한다.

"
저는 다른 과목들보다 수학을 특별하게 생각했습니다. 왜냐하면 저의 꿈이 건축과 관련되어 있기 때문입니다. 수학 수업 도중에 발표할 수 있는 기회가 오면 계속해서 발표했습니다. 이 덕분인지 몰라도 2학년 때 수학을 99점을 맞았고, 3학년이 돼서 발표한 횟수로 꼽자면 학년 1등이라고 자부할 수 있을 정도로 많이 했습니다. 3학년 때 고등학교 처음이자 마지막으로 100점을 달성했습니다. 이 노력은 수학으로만 이어지지 않고 다른 과목에도 영향을 미쳤습니다. 수학에는 자신이 있어서 기하를 선택하기도 했습니다.

그리고 가고자 하는 방향이 확고해진 2학년 때 건축과 관련된 조사보고서를 8개나 작성했습니다. 조사보고서 작성과정을 통해 제가 무엇을 하고 싶은지에 대해 더욱 선명하게 알 수 있었습니다. 거기에 주변의 건축물들에 관심이 가기 시작했습니다. 어디가 기둥이고, 뼈대인지 여러 가지 건물들을 볼 때마다 생각났습니다. 건축물은 굉장히 치밀하게 계산되어 있다는 것을 알고 있습니다. 건축물에 수학적 계산법이 적용되어 있다는 것도 알고 있습니다. 하지만 구체적으로 어떻게 계산해야 하는지 모릅니다. 건축에 적용되는 수학적 계산법을 공부하기 위해 수학 공부에 매진했습니다. 항상 꿈을 꾸고 있고, 꿈을 이루고, 새로운 꿈을 찾고 싶습니다. 저는 미래에 건축을 하고 싶습니다. 학교에는 학생이 다니는 것이 금지된 길이 있습니다. 저는 그곳을 볼 때마다 저기에 예쁜 길을 내고 싶다고 생각했습니다. 사람들에게 편한 건축물을 지어주고, 제가 사는 집을 짓는 것이 저의 꿈입니다. 이를 위해 건축과 관련된 다양한 자료들을 찾아봤습니다. 롯데월드타워, 10대 교량, 10대 고층건물, 한국의 건축발전 등 과거에 사용된 건축방식과 새롭게 등장한 건축방식들을 알 수 있었습니다. 우리나라는 앞으로 허물게 될 건축물도, 새로 지어야하는 건축물도 있다는 것을 알 수 있었습니다.

학업을 통해서 제게 필요한 기초 지식을 배웠다면, 자율 활동을 통한 조사는 건축물에 대한 저의 궁금함을 해결해 주었습니다.

저는 학교에 입학해 2학년 때부터 '따로 또 같이'라는 활동에 참여했습니다. 친구들과 모여서 주제를 정하고, 거기서 소주제로 나아가 주제를 발표하고 보고서를 써 책을 만드는 활동입니다. 처음엔 다른 조와 다른 참신한 주제를 선정하기 위해 노력했습니다. 하지만 주제선정 회의에서 여학생들과 이야기하는 것도 서툴고 부담스러워 많이 힘들었습니다. 하지만 막상 대주제를 정하고 나니 조원들과 많이 편해졌습니다. 이렇게 다른 친구들과 함께 조로 모여 보고서를 만드는 것을 통해 협력하는 경험을 처음해 볼 수 있었습니다. 평소 학교 수업시간 때 조별 활동을 하면 친구들이 움직이지 않아 제가 주도적으로 조를 이끌어나가는 경우가 많았습니다. 그러나 이 모임 활동에서는 주변의 친구들이 저를 끌어주고, 저도 같이 앞으로 나가는 경험이었습니다. 여기서 제가 깨달은 점은 학급활동에서도 제가 끌어주기만 하는 것이 아니라 친구들이 의욕을 갖고 참여할 수 있도록 기회를 주고 도와줘야 한다는 것을 알았습니다. 그리고 이 활동에는 보고서를 쓰기 전 자신의 소주제를 발표하는 과정이 있었습니다. 2학년 때는 굉장히 엉성하게 발표했던 것으로 기억합니다. 대본을 쓰고 국어책 읽기를 하듯이 발표했습니다. 하지만 3학년 때 코로나가 일어나기 전 방학 때 한 발표에서는 대본도 읽지 않고, 간단한 그림만 띄우고 제가 설명했습니다. 대본도 결국은 제 머릿속에서 나온 것이기 때문입니다. 저는 이것을 통해 생각하고 있는 것을 전달할 수 있었습니다. 평소에 제가 생각한 것을 입 밖으로 꺼내지 못했던 저로선 이에 큰 성취감을 느낄 수 있었습니다.

저는 3년 동안 고등학교에서 생활하면서 많은 조사보고서를 작성하는 활동을 했습니다. 1학년 때는 제가 무엇에 흥미가 있고, 무엇을 좋아하는지 몰랐습니다. 하지만 2학년 때 비로소 제가 좋아하는 일이 무엇인지 알았습니다. 학교에 교수님들이 오셔서 학과에 대해 설명하시는 것을 듣고 조사보고서를 작성하면서 부터입니다. 제 주변 친구들은 보고서를 작성할 때 자료를 찾고 복사와 붙여넣기를 해 보고서를 완성하는 경우가 많았습니다. 하지만 저는 좀 달랐습니다. 자료를 찾고 그것을 읽었습니다. 한 자료를 완전히 복사하는 것이 아니라 필요한 부분이 무엇인지 찾아냈습니다. 이러다보니 많은 자료를 반복해서 읽게 되었고 건축에 대한 지식을 쌓을 수 있었습니다. 제가 쓴 보고서 중가장 흥미로웠던 것은 세계10대 마천루에 대한 것이었습니다. 그중에는 우리나라 서울에 있는 롯데

월드타워도 있었기 때문에 더욱 자세히 조사했습니다. 이런 식으로 계속해서 건축과 관련된 보고서를 쓰는 것은 저에게 더 건축에 빠져들게 하고 꿈을 만들어줬습니다. 건축과 관련된 자료를 찾아보다 보면 아름다운 건축물들을 많이 보게 됩니다. 또한 평소에 인터넷사이트를 통해 이슈로 올라온 건축물들을 봅니다. 그런 건축물들을 볼 때마다 제가 직접 저런 건축물을 만들어서 살고 싶다고 생각하게 되었습니다. 이 활동을 통해 꿈을 확실히 한 것과 목표를 가짐으로써 활기차게 생활할 수 있었습니다.

저는 살면서 반장이 된 경험도, 회장이나 부회장이 된 경험도 없습니다. 그리고 저는 많은 사람들 앞에 서는 것조차 두려웠습니다. 1학년 때만 해도 발표하는 것이 무서웠고, 남들 앞에 서면 긴장해서 아무것도 할 수 없었습니다. 그래도 계속 발표에 참여하면서 서서히 자신감을 가질 수 있었습니다. 그리고 결국 조별활동에서 제가 친구들을 이끌게 되었습니다. 학우들이 내는 의견들을 써서 골라내고, 조율했습니다. 평소에 사람들에게 부담을 주거나 피해를 끼치고 싶지 않아서 유심히 주변인을 봐왔습니다. 그렇게 주변 사람들이 무엇을 잘 하는지, 무엇을 못 하는지 파악하는 것은 그리 오래 걸리지 않았습니다. 거기에 항상 귀를 열고 다녀서 주변 학우들이 무엇에 흥미가 있는지 알 수 있었습니다. 그래서 현재의 조건 내에서 저에게 맞고, 같은 조의 학우들이 무엇을 원하는지 알았습니다. 그렇게 저는 조별과제를 할 때마다 조를 이끌어 나갈 때가 많았고, 그만큼 많은 부분을 도맡아 했습니다. 제가 많은 부분을 하면 학우들의 부담을 줄여 주기 때문에 더 적극적으로 참여한다는 생각에서였습니다. 남들보다 더 힘들게 진행했지만 그만큼 자신에게 자신감이 붙어서 좋은 경험이 되었습니다. 코로나로 인해 온라인 수업을 할 때도 자료를 준비해 발표했습니다. 발표한 이유는 2가지입니다. 첫 번째는 제가 가지고 있는 지식을 나누어주는 것입니다. 발표를 하면 학우들에게 제가 알고 있는 지식을 가르쳐줄 수 있기 때문입니다. 두 번째는 저의 부족한 부분을 메우기 위함입니다. 발표를 위해선 제가 먼저 그 지식을 알아야 하고, 발표 도중에 학우들이나 선생님께선 그 부족한 점을 지적하고 가르쳐주기도 했습니다. 고등학교 3년 동안 발표를 한 것은 공부에만 도움된 것이 아니라 자신을 바꾸는 데도 많은 영향을 주었습니다. 누군가를 돕고자 하는 마음에 보답을 받은 것 같았습니다. 그리고 발표를 한 다음에는 저에게 문제에 대해 묻는 친구들도 늘어났습니다. 제가 누군가에게 영향을 미친다는 것이 감동스러운 좋은 경험이었습니다.

"

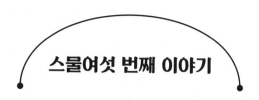

스물여섯 번째 이야기

◆

자기 표현에 어려움을 겪었던 아이다.

자기소개 반복 또 반복 - 잘 안들려 뭐라고 뭐라고 몇 번을 되묻곤 했다.

목소리는 개미 소리로 기어 들어갔다.

얼굴은 빨개지고 귀밑머리 아래로 땀방울이 송글송글!

이런 아이가 면접을 봐야 했다.

걱정이 이만저만이 아니었다.

자신감을 갖게 하는 것과 발산적으로 말해야 하는 것을 반복되는 대화를 통해

가르침을 통해 만들어 내야 했다.

점점 목소리는 커지고 여유로운 얼굴빛이 비치기 시작했다. 면접을 보러 갔다......

이 친구는 고등학교 3년의 학교생활과 학습경험 교내활동을 이렇게 이야기한다.

" 저의 꿈은 경찰입니다. "최순실 게이트 수사, 검-경 수사권 조정 갈등"같은 뉴스를 접하며 경찰 수사에 있어서 경찰이 가져야하는 지식과 수사기술은 어떤 것이 있는지 궁금했습니다. 그래서 저는 경기도에서 주관하는 경기 꿈의 대학에서 형사법 관련 강의와 과학수사 강의 프로그램이 진행된다는 소식을 듣고 신청하게 되었습니다. 들뜬 마음으로 강의를 신청하고 하루도 빠지지 않고 열심히 강의를 들었습니다. 우선 형사법 관련 강의에서는 형법과 민법에 대해 배웠는데, 형법에서는 어떤 것이 범죄이고 범죄가 아닌지, 범죄의 정도에 따른 처벌 기준이 어떻게 되는지를 배웠습니다. 그 과정에서 죄를 결정하기 어렵다 싶은 범죄 사례를 가지고 범죄를 저지른 사람이 벌을 받아야 하는지, 받아야 한다면 어떤 처벌을 받아야 할지에 대해 참여했던 학생들과 함께 30분간의 열띤 토론을 진행하기도 했습니다. 그리고 민법은 사람과 사람 간의 법률관계를 규정하는 법으로서 그 범위가 너무 넓었습니다. 대표적으로 동산, 부동산, 채권, 금전의 의미, 차이점과 상호 관계, 친족 간의 상속 절차와 빚 상속의 해결 방법, 이혼 시 양육권의 행방 여부 같은 중요하다 싶은 것들 위주로 강의를 들었습니다. 다음으로 과학수사 강의에서는 KCSI의 정의부터 하는 일, 수사하는 과정, 수사하다 생기는

고충과 관련해 강의를 들었습니다. 그리고 각자의 치아 모형을 만들어 서로 비교하고, 채혈 후 미리 만들어둔 특수 용액에 넣어 결과를 관찰하고, 말라버린 혈흔 자국에 루미놀을 뿌려 나타나는 반응을 지켜보았으며, 지문을 직접 본뜬 뒤 자신의 지문이 어떤 모양인지 관찰하는 등 과학수사에서 실시하는 실습에 직접 참여하기도 했습니다. 두 가지의 꿈의 대학 강의를 듣고, 저는 관심은 있었지만 쉽게 접할 수 없었던 법을 강의를 통해 좀 더 친숙하게 느낄 수 있었습니다. 과학수사 실습 참여를 통해 수사원리에 감동을 받기도 했습니다. 저는 이 과정을 통해 궁금증은 해소되었고 경찰의 꿈에 자신감을 갖게 되는 계기가 되기도 했습니다.

신문동아리에 들어가 활동한 것입니다. 저는 사회 및 범죄 분야에 관심이 많았습니다. 사회문제와 범죄사실을 조사해서 기사로 내보고 싶은 마음이 생겼습니다. 그래서 먼저 범죄 발생의 이유와 범죄 예방 방안에 대해 조사했습니다. 그리고 조사과정에서 최근까지도 논란이 되고 있는 양산형 기사와 자극적 위주의 기사가 나오는 원인도 알게 되었습니다. 신문 방송 매체의 중요성을 알았고 위험성 또한 알게 되었습니다. '언론 매체를 어떻게 잘 활용해야 하는가?', '올바른 방향의 언론을 위한 방안'은 무엇일까 생각해 보기도 했습니다. 이와 같은 주제로 동아리 친구들에게 토론을 제안했고 토론을 하기로 결정했습니다. 토론을 위한 발표 자료를 성실히 만들어 나갔습니다. 토론의 결론은 객관적 사실을 올바로 전달하는 것이 가장 중요한 방안이었습니다. 2학기가 되어 어떤 문제를 축제 때 내보낼 기사의 메인 주제로 삼을 것인지에 대한 회의가 열렸습니다. 저는 기대해왔던 순간이기에 제가 하고 싶은 범죄 발생의 이유와 해결 방안이란 주제를 하고 싶다는 제안을 했습니다. 하지만 이 주제는 너무나 무거운 주제라는 팀원들의 의견이 다수여서 결국 거부되고 말았습니다. 경제 시세, 학교 내 문제를 주제로 축제 기사가 결정되었습니다. 비록 제가 제안한 주제는 선정되지 못했지만 다음 해에 내보내 보잔 생각으로 계속해서 사회문제와 범죄사실에 대해 시간을 내어 조사를 이어갔습니다. 하지만 인원부족으로 다음 해에 신문동아리가 사라질 위기에 처했습니다. 이에 저는 선생님을 찾아가 설득하고 제 주변의 친구들에게 같이 하자고 제안했지만 결국 동아리는 해체되고 말았습니다. 끝내 제가 조사했던 자료들을 기사로 내보내지 못했다는 생각에 안타까움을 감출 수 없었지만 조사과정을 통해 많은 것을 알게 된 좋은 경험이었다고 스스로 위안했습니다.

독서토론 동아리입니다. 2학년 당시 친구가 함께 하자고 제안했고, 이후 몇몇 친구들과 시작한 이 자율동아리에서는 토론하고 싶은 책을 추천하고 그 중 하나를 결정한 뒤 그 책에 등장하는 인물의 행동이나 가치관이 과연 옳은 것인지 또는 책에서 벌어지는 사건이나 궁금했던 점을 소개하고 토론하는 활동을 했습니다. 그러나 저는 평상시 말이 없고 소심한 성격이라 예전부터 토론이란 것에 거부감을 가지고 있었습니다. 여학생들과의 대화도 적었었기에 어색했고 어떻게 토론분위기를 이끌어 나가야 할지 걱정이 앞섰습니다. 하지만 걱정과는 달리 첫 토론이자 제가 제안했던 '죽은 시인의 사회'에 대한 토론에서 하고 싶었던 말이 술술 나오게 되면서 자신감을 얻었습니다. 이후 함께 토론을 진행하면서 처음의 걱정은 기우였다는 걸 증명이라도 하듯이 말을 하는 것이 점점 즐거워졌습니다. 말하고 싶은 것이 있었음에도 말주변이 없어 쉽사리 꺼내지 못했던 말을 지금은 아무런 거리낌 없이 당당하게 말할 수 있게 되었습니다. 평상시 관심 있는 분야를 조사하고 학습한 것이 도움이 되었다는 생각이 들었습니다. 자신감과 함께 많은 것을 얻을 수 있었던 즐겁고 유익한 시간이었습니다.

제가 서로 간의 갈등을 가장 잘 해결했다 싶은 순간은 1학년 때 시그마 동아리에서의 일입니다. 시그마 동아리는 여러 수학자들의 업적이나 인생, 신기한 수학 공식, 원리 등을 탐구하는 동아리인데 맨 처음에 모였을 때는 서로가 처음 보는 사이라 쉽게 말을 붙이지 못했습니다. 처음에 우리가 흔히 알고 있는 수학공식을 만든 수학자 4명을 선정하기 위한 회의를 했습니다. 팀원들은 눈치를 보느라 선생님께서 물어보신 질문에 쉽사리 대답도 하지 못하는 분위기였습니다. 팀원들 간의 의사소통도 부족한데다 어색한 분위기 속에서 회의의 결론도 내리지 못한 상태에서 아쉬움만 남기고 끝이 났습니다. 이 분위기는 두 달간 계속되었고 동아리에 참여하는 것이 재미가 없어져 점점 가기 싫어졌습니다. 하지만 겨울에 벌어질 학교 축제에 결과물을 제출해야 했습니다. 이대로 1년을 보낼 수 없다는 생각에 잠자코 있을 수는 없었습니다. 그래서 저는 어색함을 꾹 참으며 만나면 먼저 인사하고 회의에서의 발언 빈도를 높여가며 자료 조사도 활발히 진행해 나갔습니다. 그리고 동아리가 IT 관련 행사에 초대받았을 때, 행사에서 진행하는 여러 단체게임과 체험활동을 함께 진행하면서 서로 친해진 것이 계기가 되어 이후 서로 간의 대화가 많아지고 친근한 분위기가 형성되었습니다. 동아리 회의는 진행되었고 수학자 후보를 정한 뒤 2인 1조로 나눠 조마다 1명씩 조사를 하기로 했습니다. 그런데 같은 조 친구가 장염에 걸려 병원에 입원을 하게 되었습니다. 친구는 미안해하며 걱정을 했습니다. 친구의 부담을 덜어주기 위해 참여하는 의미로 수학자의 일생만을 조사하라고 한 뒤 저는 나머지 업적들과 일화를 모두 조사했습니다. 4일 동안 조사한 자료를 정리하고 발표 자료를 완성한 후 친구와 함께 축제에서 발표를 진행했습니다. 좋은 평가로 발표를 성공적으로 마칠 수 있었습니다. 함께한 친구가 안도하며 기뻐하는 모습을 보면서 부듯한 마음이었습니다. 상대에 대한 배려가 더 큰 성취감과 부듯함을 얻게 된다는 것을 알게 되었습니다.

예전에 제 꿈은 너무 다양했습니다. 대통령부터, 야구선수, 심리학자 등등. 어떤 걸 진로로 가야 할지 계속해서 고민해 왔지만 확실히 정하지는 못한 채 고등학교에 입학하게 되었습니다. 최순실 게이트부터 촛불 집회까지의 일대 혼란의 사건을 접하면서 '이 나라에 정의라는 게 살아있나?' '과연 정의란 무엇일까?' 라는 고민을 하기 시작했고, 학교 사회 수업에서 독서 관련 활동을 하면서 우연히 '정의란 무엇인가'라는 책을 접하게 되었습니다. 책을 읽으면서 여러 사상과 이념이나 정의란 것을 다시 한 번 생각하게 되었습니다. 그러다가 저는 정의란 것을 '사회에 해악을 끼치는 행위를 일말의 부정 없이 법에 따라 공정하게 처벌하는 것'이라고 생각하게 되었습니다. CSI와 같은 책은 경찰이 정의를 실천할 수 있는 직업이라는 확신을 갖게 해 주었습니다. 이때부터 경찰을 꿈으로 갖게 되었습니다. 경찰 관련 학과를 찾아보았고 학과에 지원하기 위해 관심분야 활동을 열심히 하며 꿈을 키워왔습니다. 학과에 합격하기엔 제 능력은 턱없이 낮을지 모릅니다. 그럼에도 제가 이 대학을 선택한 이유는 단순히 내신 성적이 모든 것을 좌우한다고 믿지 않기 때문입니다. 저의 경찰에 대한 열정과 관심이 훨씬 중요하다고 생각합니다. 전국의 수많은 대학 중에서 저 자신에게 가장 잘 어울리는 대학을 찾아본 결과 OO대학교 경찰행정학과가 제 이상과 비전을 잘 실현할 수 있을 거라 판단했습니다. 제가 이 대학의 경찰행정학과에 입하하여 저는 경찰 공채에 합격하기 위한 준비를 철저히 할 생각입니다. 형법, 형사소송법 과목을 집중해서 판례를 중심으로 공부하고 적용할 수 있도록 공부할 생각입니다. 경찰 시험에 해당되는 과목 강의와 관련성 있는 과목들을 효율적으로 보다 체계적으로 배워서 꼭 경찰시험에 합격해서 꿈을 이루고 말겠습니다. 저는 범죄를 저지른 범죄자들을 잡고 범죄로부터 시민들을 보호하는 정의를 실천하는 경찰이 되고 싶습니다. 저는 이런 가치 있는 봉사를 실천할 수 있는 기회를 얻고 싶습니다.

"

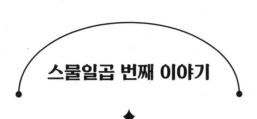

스물일곱 번째 이야기

◆

열심히 한 학교 활동이 학생부를 통해 한 눈에 보였던 아이다.

순수한 이미지와 여리디 여린 아이가 성취욕이 대단했다.

목표를 위한 열정과 구체적인 실천이 꿈을 이뤄냈다.

반복된 실험 활동과 바라던 결과 도출까지의 과정이 인내와 인고를 느끼게 했다.

K대 컴퓨터공학과에 합격했다.

AI 로봇 프로그램에 전력을 다하고 싶다는 포부를 밝혔다. 응원한다!

―――――――――――――――――――――――――――――――――――――――

이 친구는 고등학교 3년의 학교생활과 학습경험 교내활동을 이렇게 이야기한다.

"

게임 프로그래머가 꿈인 저는 컴퓨터 프로그래밍에 대해 많은 관심이 있었습니다. 프로그래밍 학습에 대한 호기심으로 시작한 활동이 fab lab 아카데미 활동이었습니다. Fab lab아카데미는 아두이노 코딩을 통한 아두이노 제어 과정을 조원들과 토론하며 배우는 활동입니다. 아카데미를 통해 led, 서브모터, 초음파 센서 제어와 블루투스를 이용한 RC카 제작의 기본적인 센서 제어법을 배웠습니다. 배운 내용을 바탕으로 고양이를 키우는 사람에게 도움이 될 수 있는 'Fishing cat'을 제작하였습니다. Fishing cat은 고양이가 집에 혼자 있게 되었을 때 버튼을 누르면 장난감이 달린 서브모터가 돌아가며 고양이와 자동으로 놀아주는 장치입니다. 저는 fishing cat을 만들면서 회로와 서브모터 구동법을 확실히 익힐 수 있게 되었습니다. 친구들과 함께 코딩으로 무언가를 만든다는 것에 재미를 느껴 2학년때 아두이노 관련 제작 동아리에 들어가게 되었습니다. 동아리에서 처음 만들게 된 것은 임산부 배려등입니다. 임산부 배려등은 임산부가 특정한 카드를 가지고 지하철이나 버스의 배려석 근처로 가면 배려등이 켜져 임산부가 자리를 양보 받을 수 있는 시스템입니다. 제작에 들어갔지만 카드 리더기가 카드를 읽지 못하는 문제가 생겼습니다. 나는 경험이 많은 선배에게 문제점에 대해 질문한 후 명령어 순서에 문제가 있다는 것을 알았고 새롭게 프로그래밍 한 후 문제를 해결할 수 있었습니다. 1학년 때보다 더 복잡한 코딩을 해냈다는 것에 프로그래밍에 대한 자신감을 얻게 되었습니다. 더 어렵고 복잡한 새로운 프로그램에 도전해보고 싶었습니다. 1,2학년때 배우거나 적용한 알고리즘에 대한 이해를 바탕으로 스크래치를 통해 생명과학 게임을 제작했습니다. 제가 만든 게임을 하며 즐거워하는 친구들의 모습을 보며 큰 보람을 느꼈습니다. 저의 프로그래밍에 관한 호기심은 더욱 커져만 갔고 프로그래밍 학습도 계속되었습니다. 그 결과 2년 연속 과학융합영어창의표현대회에서 입상할 수 있었습니다.

저는 1학년 때 경제 동아리 활동을 했습니다. 아침마다 빵과 음료수를 받아 자판기에 정리하고 학생들이 구매한 음료와 빵의 수익금을 다시 학교 학생들을 위해 사용하는 동아리입니다. 저는 자판기 홍보를 통해 수익금이 늘어날 수 있게 했습니다. 열심히 홍보한 결과 수익금은 늘어났고 모든 학생들이 사용할 수 있는 휴지를 사서 화장실에 배치하기로 했습니다. 하지만 휴지를 용도대로 쓰는 것이 아닌 장난을 위해서 쓰는 학생들 때문에 휴지가 금방 떨어지는 문제가 생겼습니다. 이 문제를 해결하기 위해 과학 동아리에 도움을 요청했습니다. 우리는 환경오염의 경각심을 갖을 수 있도록 휴지를 쓸 때 마다 북극곰 모양이 떨어지게 휴지 걸이를 만들어 달라고 요청했습니다. 과학 동아리는 아두이노를 통해 우리가 요청한 휴지걸이를 만들었고 우리는 휴지 걸이를 설치하고 홍보했습니다. 설치한 이후 장난치는 학생들이 많이 줄었고 휴지 걸이를 보며 신기하다는 친구들도 많이 있었습니다. 신기해하는 친구들을 보며 내 아이디어가 긍정적 효과를 가져왔다는 것에 뿌듯함을 느끼기도 했습니다. 이를 계기로 누군가에게 필요한 물건을 만드는 메이커의 역할을 다시 한 번 생각해 보았습니다. 과학 동아리가 저희 동아리를 도운 것처럼 저도 다른 사람들에게 기술적으로 도움을 줄 수 있는 메이커가 되겠다고 다짐했습니다. 이것을 계기로 저는 장애인들에게 필요한 물건을 제작할 수 있는 메이커 톤 캠프에 참여하게 되었습니다. 처음 '무엇을 만들 것인가?' 주제를 선정할 때 '내가 장애인의 입장에서 가장 필요한 것이 무엇일까?'를 생각했습니다. 청각장애인이 횡단보도나 거리에서 경적을 듣지 못했을 때 사고를 예방하기 위한 장치를 생각했습니다. 그래서 아이디어 토론을 통해 'Ear for you'를 제작하기로 했습니다. 저는 조에서 엔지니어 역할로서 제품의 코딩을 담당했습니다. Ear for you는 목걸이와 팔찌로 구성되어있으며 목걸이에는 무선 통신 모듈과 소리 감지 모듈, 팔찌에는 진동 모듈과 무선 통신 모듈이 붙어있습니다. 무선 통신 모듈로 통신을 하면서 일정 데시벨 이상의 소리가 나면 진동이 나게끔 설계했습니다. 다 만들었다고 생각하던 때에 갑자기 무선 통신 모듈이 작동되지 않았습니다. 시간은 촉박했지만 결과를 내기 위해서 무선 통신 모듈을 블루투스 모듈로 교체해야만 했습니다. 저와 다른 엔지니어 친구는 인터넷 검색을 하며 사용법을 서로서로 공유하며 알아갔습니다. 블루투스 모듈을 사용해 제품을 완성시켰습니다. 뜻밖에 블루투스 모듈의 사용법을 알게 되었고 위기 상황을 잘 대처했다는 것에 뿌듯함을 느꼈습니다. 무선 통신 모듈이 고장 난 상황에서 다른 친구들이 의욕을 잃었다면 우리는 제품을 완성하지 못했을 것입니다. 하지만 저와 다른 엔지니어 친구의 역할분담을 통해 효과적으로 처음 보는 블루투스 모듈을 사용할 수 있었고 우리 모두가 "할 수 있다"를 외치며 적극적으로 협력한 결과 제품은 완성

되었습니다. 메이커의 역할을 직접 실천하게 되었고 메이커 톤 캠프는 컴퓨터 공학과 진학에 대한 확신을 심어주었습니다.

1학년 때 12월에 열리는 '용오름 제'에 우리 반 전체가 함께 참여하게 되었습니다. 축제 공연을 하기 위해서는 예선 심사를 받아야만 했습니다. 처음에 공연 아이디어를 내는 과정에서 많은 의견이 나왔습니다. 그리고 지난해 축제 공연 영상들을 보니 우리 반이 심사에 통과하려면 많은 노력과 준비가 필요하다는 생각이 들었습니다. 한편에선 역부족이라는 의견과 떨어질 각오로 한 번 열심히 해보자는 의견이 있었습니다. 의견을 모아 다들 한마음으로 '떨어지게 되더라도 '열심히 해보자'는 결정을 하게 되었습니다. 반장은 저에게 축제 공연을 통과하기 위한 아이디어 부담을 혼자 안고 있어서 너무나 힘들다며 고민을 털어놓았습니다. 그래서 저는 반장의 부담을 덜어주기 위해 반 아이들과 아이디어를 의논했습니다. 의논한 결과 유행 중이던 랩과 안무를 하자는 의견을 모았고 조용히 반장에게 제안했습니다. 반장은 긍정적인 반응과 함께 찬성하며 고마워했습니다. 처음 연습에는 다 같이 랩과 안무에 반 친구들 모두가 참여했습니다. 연습을 진행하는 중에 반 친구들은 동작을 잘 따라가지 못하는 친구들 때문에 불만이 많은 눈치였습니다. 심지어 잘하지 못하는 친구들을 빼고 하자는 이야기가 들리기도 했습니다. 하지만 제가 생각하는 축제는 다 같이 참여하는 데 의미가 있다고 생각했습니다. 저는 반장에게 제 생각을 말하고 축제 참여를 다 같이 할 수 있도록 잘 따라가지 못하는 친구들과 친구들을 빼고 하자는 친구들을 반장과 함께 설득했습니다. 반장과 저의 설득의 결과로 반 친구 모두가 축제에 참여하게 되었고 서로를 배려하며 열심히 연습한 결과 축제 심사에 통과하여 공연을 할 수 있었습니다. 저는 반장, 부반장을 맡지는 않았지만 친구들을 설득하고 반장의 일을 도왔습니다. 그 과정에서 모두를 이끌어 가야 하는 리더의 역할과 중요함을 알게 되었습니다. 또 반전체가 참여했기 때문에 무대가 꽉 찰 수 있었고 모두가 즐거울 수 있었습니다. 상대에 대한 배려가 협력의 힘을 만든다는 것을 알게 되었습니다.

저는 1학년 때 '메이커스'라는 책을 읽게 되었습니다. 책을 읽고 기술력을 기르는 것과 메이커 역량의 중요함에 대해서 깨닫게 되었습니다. 제 꿈을 이루기 위해서나 제가 희망하는 학과에 진학하기 위해서는 꼭 필요한 능력이라고 생각했습니다. 메이커 역량은 자신이나 남에게 필요하거나 있으면 편리하고 재미있는 것을 생각하는 능력이고 기술력은 생각한 것을 만드는 능력입니다. 메이커 역량과 기술력을 기르기 위해 Fab Lab 아카데미에서 아두이노로 기본적인 코드와 제품 기능 구현을 배워서 고양이를 키우는 사람들을 위한 Fishing cat, 메이커 톤 캠프에서 청각 장애인들의 사고를 방지할 수 있는 Ear for you, 동아리 시간에 임산부 자리 배려를 위한 임산부 배려 등을 제작했습니다. 저는 즐거움을 줄 수 있는 것이 게임이라고 생각했습니다. 생동감 넘치고 현재 실현 가능한 게임을 생각하던 중 '체감형 스포츠 게임을 위한 프로젝터 캘리브레이션 매핑 기술 개발'이라는 논문을 읽게 되었습니다. 논문의 주요 내용은 프로젝션 매핑, CAVE형 스크린, 프로젝터를 통해 화면을 구성하여 실제 스포츠를 하는 것처럼 재현할 수 있다는 것이었습니다. 전문적으로 코딩을 공부하진 않았지만 게임을 직접 만들어보고 싶다는 생각을 했습니다. 하지만 장비나 제 코딩 실력의 부족으로 인해 시작부터 한계에 부디쳤고 성공할 수 없었습니다. 그 대신 제가 코딩 프로그램 중 가장 기초적인 프로그램이라고 생각하는 스크래치를 공부하기 시작했습니다. 마우스를 움직여 캐릭터의 위치를 조정하거나, 키보드를 누르면 발사체가 나가는 것 등을 만들었습니다. 그 결과 3학년 1학기 말에 생명과학 관련 게임을 만들 수 있었습니다. 스크래치를 배우면서 코드 배열이나 변수 설정 같은 생각을 많이 하게 되면서 코딩 말고도 중요한 지식인 물리 지식을 쌓을 수 있었습니다. 2학년 때 등속 원운동에서 구심력과 주기 사이의 관계, 회전반경과 주기 사이의 관계와 돌림힘과 평형상태, 자기장의 변인을 설정하고 실험 결과를 그래프와 표로 정리했습니다. 3학년 때 창의융합 프로젝트에서 이중슬릿을 만드는 실험을 진행했습니다. 슬라이드 글라스를 검은색으로 칠하고 면도칼로 이중슬릿을 만들었습니다. 또 3D프린터기를 사용하여 레이저와 슬라이드 글라스를 고정하는 기구를 만들었고 간섭무늬의 간격을 이용하여 레이저 빛의 파장을 측정하기도 했습니다. 물리를 단순히 교과 수업, 이론만으로 공부하는 것이 아니라 실험을 하면서 더 깊게 이해했습니다. 고등학교 3년간 코딩을 하고 물리에 대한 지식을 익히는 과정에서 저는 프로그래밍에 관한 관심은 더욱 커져만 갔고 실험이나 코딩을 통해 실생활에서 유용하게 사용할 수 있는 것을 만드는 것에 도전해 보기로 했습니다. 고등학교 과정에서 시도했던 VR기기, 프로젝터를 통한 게임 제작에는 아쉬움이 많았습니다. OO대학교에서 프로그래밍에 대해 열심히 배워서 전문성을 확보한 후 완벽한 기기와 게임을 제작하고 싶습니다. 이것이 제가 OO대학교 소프트웨어 대학에 지원한 이유입니다.

"

스물여덟 번째 이야기

◆

매년 9월 둘째 주가 되면 수시 원서 접수가 시작된다.

지난 시간을 되돌아 보며 아쉬움을 토로하거나 후회와 탄식을 토해내는 아이들을 만난다.

학생부를 받아보면 꾸준함이 보인다.

학생부를 보면 의지가 보인다.

학생부를 보면 학습능력이 보인다.

학생부를 보면 관심 분야가 보인다.

학생부를 보면 사람이 보인다.

과정을 보아주고 지켜주며 아이들을 응원한다.

이 친구는 고등학교 3년의 학교생활과 학습경험 교내활동을 이렇게 이야기한다.

"
국제적 감각을 겸비한 승무원이 되고 싶은 저는 영어 뿐 만 아니라 일본어에도 관심을 쏟아야겠다고 생각했습니다. 우리나라와 역사적으로 가장 깊게 얽혀 있는 일본에 대해 알고 싶었고 일본어를 통해 소통의 메신저 역할을 해야겠다고 다짐했습니다. 그래서 1학년 때 일본어 방과 후 수업을 통해 히라가나와 간단한 인사법을 배웠습니다. 이후 독학으로 가타카나를 공부하면서 외래어나 의성어 등을 표기할 때 쓰인다는 것을 알게 되었습니다. 또 일상생활에서 쓰는 기본단어를 외우고 작문을 해보았습니다. 틀린 문장을 정확히 교정받기 위해 일본어 선생님께 검토를 받기도 했습니다. 이를 눈 여겨 보신 일본어 선생님께서는 일본어 에세이 대회를 권유하셨고 우리 가족을 소개하는 주제로 대회에 참가하게 되었습니다. 긴 문장과 많은 분량의 글을 써야 해서 많은 어려움이 있었습니다. 특히, 父は仕事が多くておそく来ることがある。에서 こと가 맞는 문법인지 혼동하여 올바른 문장을 썼는지 알 수 없었습니다. 그래서 선생님께 여쭤보기도 하였고 같이 일본어 방과 후 수업을 들은 친구의 도움을 받기도 했습니다. 적극적으로 노력한 결과 대회에서 입상하게 되었습니다. 비록 장려상이었지만 열심히 한 대회인 만큼 보람 있는 대회였고 일본어 공부에 대한 의지를 더 키워준 계기가 되었습니다. 2학년이 되어 일본어 부장으로 1년간 활동했고, 부장으로서 친구들에게 과제를

배부하고 점검하는 일도 맡았습니다. 또한 역할극을 할 때 짝을 도와 함께 발표를 하여 수업 참여도를 높이는 데 노력했습니다. 꾸준히 공부를 해 온 덕분에 일본어 능력은 점점 향상되었고 마지막 시험에 2등급이란 성적을 받았습니다. 3학년 때는 일본의 문화, 역사에 무지하다고 여겨 '일본의 관광문화'란 주제로 조사를 통해 보고서를 작성했습니다. 조사를 통해 일본 지역의 특색과 전통문화를 이해하게 되었습니다. 가장 인상 깊었던 책은 '국화와 칼'입니다. 이런 학습과정을 통해 처음 가졌던 일본과 일본어에 대한 호기심은 더 큰 관심과 목표로 발전하게 되었습니다.

가장 기억에 남는 활동의 첫 번째는 영어 교육 봉사 동아리인 '스토리텔러'에 1년간 참여한 것입니다. 스토리텔러는 지역도서관에서 아동을 대상으로 영어 동화책을 읽어주고 동화책의 주제와 연관 지어 아동과 활동 수업을 하는 동아리입니다. 처음으로 1학년 후배들과 조를 배정 받았는데 수업을 준비하는 과정에서 의견이 쉽게 모아지지 않아 어려움이 있었습니다. 소극적인 태도로 임하는 후배들을 위해 제가 주도하여 회의를 진행했습니다. 후배들의 적극적인 참여를 유도하고 역할을 정해줌으로서 철저히 활동 준비를 할 수 있었습니다. 그때 'The story of the little mole, who it was none of his business'라는 동화책을 구연하며 동화책에 제시된 단어를 알려주는 수업과 찰흙을 이용한 만들기 활동을 진행했습니다. 저는 동화책을 읽어주는 역할로 실감나는 목소리와 몸짓을 통해 동화를 읽어주었습니다. 영어를 읽고 해석하는데 '아동들이 이해를 하는데 어려움이 있지 않을까?' 염려했지만 앞서 진행한 단어 수업의 효과로 아동들이 내용을 이해하는데 큰 문제는 없었습니다. 저는 구연동화 기술에 대한 강의를 들었던 것을 활용하며 아이들에게 집중을 유도할 수 있었습니다. 만들기 활동에서는 아이들이 만들어낸 결과물을 발표 했는데 아이들의 자신감 넘치는 발표에 큰 보람을 느끼기도 했습니다.

두 번째는 사회 참여 프로젝트로 일본군 '위안부'을 주제로 한 것입니다. 친구들과 프로젝트를 계획하며 전쟁과 여성 인권 박물관을 견학했습니다. 견학을 통해 새롭게 알게 된 사실이 많았습니다. 할머니들께서 당시 어떤 폭력을 당하셨고 이후 어떤 삶을 살았는지 한 눈에 볼 수 있었습니다. 전시된 작품과 내용을 보며 마음이 너무 아팠습니다.

박물관1층에서는 전쟁으로 인해 피해 받고 있는 여성들의 이야기를 들을 수 있었습니다. 그리고 우리나라 국군 중에도 베트남 전에서 무고한 시민을 죽이고 여성들을 강간했던 가해 사실을 알게 되었습니다. 충격적이었고 제 자신이 너무나 부끄러웠습니다. 수많은 여성들이 당한 참혹한 일을 생각하며 피해자들을 꼭 기억해야겠다고 생각했습니다. 그래서 추모금을 내고 피해자들을 위해 편지를 쓰기도 했습니다. 그리고 독서를 통해 더 알아보기로 한 저는 [일본군 '위안부'가 된 소녀들]이란 책을 읽었습니다. 책 내용을 통해 피해자의 생생한 증언 뿐 만 아니라 일본군 병사로 참전한 군인의 편지, 공문서 등이 제시되어 당시 충격적인 피해사실을 보다 상세히 알 수 있었습니다. 그 동안의 활동을 바탕으로 전시자료를 만들어 캠페인 활동도 참여했습니다. 피해자들이 동원된 방식을 그래프형식으로 나타냈고 일본군 '위안부'의 올바른 표기법을 제시했습니다. 할머니들의 그림 작품과 글귀를 넣어 그녀들의 아픔을 공감하는 편지함을 배치하기도 하였습니다. 피해자가 세상과 단절되어 목소리조차 내기 힘들었던 현실을 공감하며 다시는 똑같은 일이 반복되어서는 안 된다고 생각했습니다.

원활한 소통을 통해 한,일 두 나라가 역사적 사실을 인정하고 공감하며 발전해 갔으면 좋겠다는 생각을 했습니다.

고등학교에 처음 입학하고 새 학기 분위기에 적응할 때였습니다. 우리 반은 사이좋은 반을 만들기 위해 수련 활동 레크레이션 무대에 서기로 결정했습니다. 저는 단장을 맡아 퍼포먼스를 꾸려야 했습니다. 하지만 순탄할 것만 같았던 공연 준비는 꽤 힘든 과정이었습니다. 회의를 마치고 연습에 들어가면서 친구들의 참여가 소극적이었기 때문입니다. 제가 안무를 창작하고 가르쳐 줄 때도 의욕 없는 태도를 보여 제 마음은 초조하기만 했습니다. 혹여나 '공연에 참가하고 싶지 않은데 내가 무리한 요구를 한 건 아닐까?'라고 고민하기도 했습니다. 하지만 제대로 대화도 해보지 않고 혼자 판단하는 것은 옳지 않다고 생각했습니다. 그래서 반장과 함께 친구들과 개인면담을 하기로 했습니다. 친구들은 안무가 어렵고 부담스러워서 참여하고 싶은 마음이 들지 않는다고 얘기했습니다. 친구들의 속마음을 들은 저는 속상하기도 했지만 그동안 힘들었을 친구들을 이해하려고 노력했습니다. 사이좋은 반이 목표였던 무대가 저로 인해 부담스러운 반이 될 수 있다는 것을 생각하기도 했습니다. 또한 실력 차이를 고려하지 않고 자신의 역할에만 몰두했던 제 태도를 반성하게 되었습니다. 그래서 친구들의 의견을 수렴해 안무를 쉽게 변경하고 빠른 비트에 맞춘 복잡한 동작 대신 단순한 동작으로 바꾸게 되었습니다. 저의 노력을 알아준 친구들은 협력하는 분위기에서 적극적으로 참여하기 시작했습니다. 안무진도를 따라오지 못하는 친구들은 실력을 고려하여 안무를 가르쳐 주기도 했습니다. 반복된 연습의 결과 공연 준비를 완벽하게 할 수 있었습니다. 공연에서 우리 반은 누가 봐도 멋있었습니다. 특히 반전체가 공연한 팀이 없었기에 우리 반은 더욱 빛날 수 있었습니다. 그리고 우리 반이 1등상을 타게 되었습니다. 친구들은 제게 "힘든데도 우리를 챙겨주어서 고마워"라고 말해주었습니다. 친구들의 칭찬을 들으면서 경청하는 자세와 소통의 힘을 통해 협력하여 이뤄낸 결과가 얼마나 값진 일인지 깨달았습니다. 재능을 나눌 수 있다는 점 또한 기뻤습니다.

승무원의 꿈을 이루고 싶은 저는 외국에서 일하고 싶은 소망이 있습니다. 그리고 소통하는 즐거움과 공감하는 능력도 스스로 가진 장점이라 생각합니다, 외국어를 받아들이는 제 태도가 외항사 승무원과 어울린다고 여겨 지금까지 목표로 삼았습니다. 외항사 승무원은 다양한 언어를 구사하는 동시에 다양한 사람들을 이해하는 포용력을 갖추어야 한다고 생각합니다. 그리고 사람을 이해하기 위해서는 그 나라의 문화를 먼저 알아야 합니다. 그래서 저는 고등학교에서 제2 외국어를 일본어로 선택했고 일본의 문화를 알기위한 다양한 활동을 했습니다. 이러한 일본에 대한 관심을 대학에서도 이어가고 싶습니다. 동시에 우리나라와 지리적으로, 국제적으로도 가까운 중국에 대해서도 공부하고 싶습니다. 동양문화를 이해함으로써 국제적인 소양을 갖추고 글로벌 마인드를 가질 수 있다고 생각합니다. 그리고 중국어와 일본어를 통해 제 의견을 전달하고 표현할 수 있는 능력을 기르고 싶습니다. 다양한 언어의 회화능력을 통해 어떤 사람과도 능수능란하게 소통할 수 있는 사람이 되고 싶습니다. 또한 항공 관광에 대해서도 심도 있는 교육을 받고 싶습니다. 실습 능력은 물론 전반적인 객실 서비스 지식을 습득함으로써 외항사에 승무원이 되었을 때 유용하게 활용될 것임을 확신합니다. 승무원에게 서비스 매너는 필수입니다. 그러므로 '글로벌 서비스 매너' 과목을 통해 올바른 서비스 정신을 배우고 싶습니다. 저와 같은 꿈을 가진 동기들과 함께 열정을 갖고 노력한다면 보람찬 대학 생활과 제 미래를 확장시킬 수 있는 확신을 얻을 것 같습니다. 동양어문과 항공관광을 동시에 공부해 문학사와 관광경영학사 학위를 취득한 후, 일본 JAL항공의 인터프리터로 활동하고 싶습니다. 인터프리터는 기내의 통역을 담당하는 승무원입니다. 능숙한 회화능력을 조건으로 삼기 때문에 삼육대학교 항공관광외국어학부의 주요 과목 공부가 저에게 꼭 필요합니다. 꿈을 이루어 내겠습니다. 인터프리터로 일하며 승객들의 안전과 서비스를 책임지는 멋진 승무원이 될 것입니다.

"

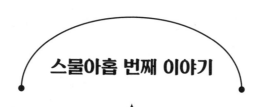

스물아홉 번째 이야기

◆

지방의 중소도시 시 단위 일반고를 다닌 아이다.
쑥스러운 미소와 지방색이 두드러진 사투리가 정감이 느껴졌다.
상담이 시작되자 또랑또랑한 목소리로 당찬 포부를 말하던 아이다.
목표는 분명했고 올바른 판단능력과 적극성이 돋보인 아이다.
Y대 합격 소식과 함께 서울로 상경한다는 소식을 전했다.

이 친구는 고등학교 3년의 학교생활과 학습경험 교내활동을 이렇게 이야기한다.

"

고등학교 입학해 저는 영어의 벽에 가로막힌 느낌이 들 정도로 영어가 너무 어려웠습니다. 중학교 때까지만 하더라도 암기에 자신이 있었기 때문에 영어 시험에서 항상 좋은 성적을 받았습니다. 그래서 중학교 때처럼 많은 지문을 암기하는 방법으로 공부를 하고 시험을 보았는데 실망스런 시험 결과에 당황하지 않을 수 없었습니다. 그래서 먼저 틀린 문제를 분석하면서 틀린 이유를 생각하고 대안을 고민하기 시작했습니다. 응용이 안 되고 문장구조를 이해하는 능력이 부족하다는 것과 단어의 의미를 단순하게 외우다 보니 어원에 따라 여러 가지 의미로 해석될 수 있다는 것을 간과하고 있었다는 것을 알았습니다. 시간이 걸리더라도 각 문장의 구조를 파악하고 정확하게 해석하는 것이 중요하다고 생각해 모르는 어휘를 모아 단어장을 정리했습니다. 단어를 정리할 때에는 어원을 찾아보았고 어원에 따른 여러 단어들을 연상법을 활용해 공부했습니다. 짧은 영어 신문을 스크랩하며 글의 흐름을 이해하는 연습을 통해 구조화된 글을 읽으며 어순의 이해를 높이려고 노력했습니다. 학습법을 익히고 단계적으로 이해도를 높이기 시작하면서 영어 공부에 흥미를 느끼기 시작했습니다. 영어 글쓰기에도 자신감을 얻었고 부족하지만 다른 사람의 도움 없이 '봉사 활동을 하면서 느낀 배려와 나눔', '인터넷 검열'을 주제로 영어 말하기 대회 대본을 준비해서 대회에 참가하기도 했습니다. 3년 간 꾸준히 영어 말하기 대회에 참가하면서 일방적인 정보 전달이 아닌 청중들과 소통하는 발표가 무엇보다 중요하다는 것을 깨닫게 되었습니다. 대회에서 발표력을 인정받아 금상, 은상을 수상하기도 했습니다. 다른 언어로 생각을 논리적으로 표현하기 위해서는 우리말의 이해가 우선되어야 함을 알았습니다. 그래서 우리말의 정확한 의미와 표현을 익히는 것에 집중하며 에세이 쓰기 대회와 백일장 대회에 참가하여 장려상을 받기도 했습니다. 영어공부방법에 대한 고민으로 시작한 단계별 공부방법이 이렇게 자신을 변화시켰다는 생각에 뿌듯한 마음이 들었습니다.

교과 수업시간을 통해 우리말 활동을 한 일이 가장 기억에 남는 활동이었습니다. 언어란 우열이 없이 그 자체로 고유한 매력을 가진 소통의 도구라고 생각합니다. 외래어를 우리말보다 우월하다고 생각하는 사람들의 인식을 바꾸고 한글의 소중함을 알리기 위해 친구들과 '우리말 작명소'를 만들어 무분별하게 사용되는 외래어를 순우리말로 바꾸는 활동을 전개했습니다. 고무줄, 솜사탕과 같이 순우리말처럼 보이는 외래어를 '늘랑줄', '단보드레'로 바꿔 소개했습니다. 또한 '친구야, 힘내자'라는 의미를 상징화한 순우리말 '깐부 아리아리!'를 모둠 구호로 정했습니다. 이것이 반 공식 응원구호로 사용되는 모습을 보고 언어란 의사소통의 수단을 넘어서 같은 말을 쓰는 사람 사이에 유대감을 형성한다는 것을 깨달았습니다. 외래어를 순우리말로 바꾸면서 말을 만드는 것이 쉽지 않음을 느꼈고, 우리나라가 오랜 시간 고유 언어를 사용할 수 있었던 이유는 우리말 보존을 위한 조상들의 노력이 있었기 때문이라는 생각을 했습니다. 말의 창고인 우리말 사전을 편찬하는 과정을 담은 영화 '말모이'만 보더라도 알 수 있습니다. 활동을 통해 우리말의 아름다움과 우리말의 지킴이가 되어야겠다고 다짐했습니다.

둘째는 홍보부 부장으로서 학교 홍보영상 '식스틴'을 제작했던 일입니다. 학생들이 좋아하는 인기 드라마를 패러디하여 내용을 구성했고 오디션을 통해 역할에 어울리는 배우들을 뽑았습니다. 기획팀은 시나리오 작성, 영상팀은 촬영 및 편집의 역할을 분담했고 저는 부장으로서 전체적인 진행을 총괄했습니다. 영상제작과정에서 의견 불일치로 작은 갈등이 생기기도 했지만 최선의 결과물을 만들겠다는 공동의 목표를 통해 어려움을 극복할 수 있었습니다. 완성된 영상을 SNS에 업로드한 후에 영상에 대한 다양한 사람들의 반응을 확인했습니다. 전년도 학교 홍보영상과 조회 수, 반응을 비교해보면서 홍보효과를 분석해 보기도 했습니다. 댓글을 분석하며 아쉬운 점, 재미있는 점 등을 파악해서 더 좋은 영상을 만들어 보겠다는 생각을 했습니다. 이것을 '선플달기 캠페인 영상' 제작에 참고해 더 좋은 영상물을 만들 수 있었고 캠페인 참여를 효과적으로 유도할 수 있었습니다.

"교실에 불 켜, 눈에 불 켜, 마음에 불 켜." 는 'ㅋㅋㅋ 프로젝트'의 슬로건입니다. 산만해진 학습 분위기를 개선하고 자기 주도 학습을 권장하기 위해 야자를 주제로 수험생 응원 광고와 학급 문집 제작을 기획했습니다. 학급 문집은 2행시, 야자에게 보내는 시(詩), 웹툰 등으로 구성되었습니다. 자작시 발표를 통해 자아 성찰의 시간을 가질 수 있었고 친구들의 마음을 움직여 여러 분야에 참여를 이끌 수 있었습니다. 광고에는 선생님들의 응원 영상을 넣었고 웹툰에는 실제 야자 유형을 나타내 웃음을 유발하기도 했습니다. 취지를 알고 함께 참여해 만든 프로젝트이기에 쉽게 공감할 수 있었던 것 같습니다. 프로젝트 이후 마음을 다잡고 학업에 집중하는 친구들의 모습을 보면서 나로 인해 주변의 분위기가 밝아졌다는 생각에 작은 감동을 느낄 수 있었습니다.

학생들의 무분별한 엘리베이터 사용으로 특수학급 친구들이 이동수업에 늦는다는 사실을 알게 되었습니다. 꼭 엘리베이터를 타야만 이동이 가능한 특수학급 친구들을 배려하는 일반 학생들의 의식이 확대되어야 한다는 생각을 하게 되었습니다. 그래서 계단 이용을 권장하기 위해 '함께 걸어요. 캠페인'을 진행했습니다. 계단 이용으로 소모되는 칼로리양을 학생들이 즐겨 먹는 음식으로 수치화하여 다이어트 효과를 강조해 벽에 부착했고 게시판에 퀴즈를 게시해 상품을 지급하는 방식으로 참여를 유도했습니다. 또한 학생들에게 인기가 많은 영화 명대사를 패러디하고 노래 가사를 개사해 스티커를 만들어 계단에 부착하기도 했습니다. 깊은 인상을 남기고자 엘리베이터를 몰래 타는 학생 모습을 재연해 웃음을 주면서도 공감할 수 있는 영상을 만들어 학교TV에 상영하기도 했습니다. 캠페인을 진행하고 한 달여간 조사한 일반학생의 엘리베이터 이용자수는 현저히 줄었습니다. 그러나 시간이 지나자 효과는 지속되지 않았습니다. 그래서 새로운 방식으로 동기부여를 하기 위해 '함께 걸어요. 계단 이용하기로 새끼손가락 걸어요.' 라는 내용으로 카드뉴스를 제작해 방송을 했고 캠페인의 목적을 시각과 청각으로 구체화했습니다. 또한 '엘리베이터 이용 금지' 같은 부정적 표현의 홍보물을 '함께 계단을 이용해요.'와 같은 긍정적인 표현으로 바꾸어 캠페인에 대한 거부감을 줄이려고 노력했습니다. 그 후 조금씩 학생들의 행동 변화가 나타남을 확인할 수 있었습니다. 이를 통해 적절한 시각자료와 영상을 활용한 캠페인 효과와 완곡한 언어표현과 정확한 단어의 쓰임이 공감을 통해 태도를 변화시킬 수 있다는 것을 알았습니다. 캠페인을 통해 나눔을 실천하고 배려함으로써 우리 모두가 함께 한다는 행복감을 느낄 수 있었습니다. 나아가 우리 모두가 언어의 힘을 길러 소통하며 모두가 함께하는 더 나은 따뜻한 사회를 만들었으면 좋겠다는 생각을 했습니다. 저는 이러한 언어의 장점을 극대화해 사람들의 공감을 얻을 수 있는 메신저가 되어야겠다고 다짐했습니다.

친구들과 함께 영상을 시청하던 중 광고 영상이 나왔습니다. 두 개의 광고가 연결되어 나왔지만 첫 번째 영상은 바로 스킵을 누르는 한편 다른 영상은 스킵을 누르지 않고 끝까지 광고를 시청하는 친구들의 모습을 볼 수 있었습니다. 같은 광고임에도 불구하고 보고 싶은 영상과 보기 싫은 영상으로 구분되는 기준이 무엇일까 고민했고 스토리텔링의 중요성을 깨달았습니다. 1번 광고는 단순히 상품을 자랑하는 식의 광고였다면 2번 광고는 반려견 물품을 반려견을 키우는 사람들이 공감할 수 있는 이야기 형식으로 홍보했습니다. 이것을 통해 단순히 상품을 자주 노출하는 것보다 공감을 통해 사람들의 마음을 움직이는 것이 광고 효과를 더 높일 수 있다는 것을 깨달았습니다. 사람들은 광고를 물건을 파는 상업적인 활동에 불과하다고 생각해 성가신 존재로 여기는 경우가 많습니다. 사소한 물건 하나라도 깨달음을 줄 수 있는 내용을 담은 광고를 제작해 사람들의 인식을 개선하고 싶습니다. 글로 생각을 잘 표현하기 위해서는 언어에 대한 정확한 이해가 필요하다고 생각합니다. 언어에 대한 지식을 쌓고 선조들의 삶의 모습과 지혜가 담긴 고전문학, 현대문학을 배워 민족의 보편적인 정서를 파악하여 현대인의 삶과 연관 짓는다면 공감을 이끌어내는 광고를 기획하는데 도움이 될 거라고 생각해 ○○대학교 국어국문학과에 지원하게 되었습니다.

교과 수업 시간에 '문학 작품과 광고의 연관성'을 주제로 발표를 했습니다. 발표를 준비하는 과정에서 전래동화, 시, 고전소설 등을 변용하여 생각보다 많은 문학 작품이 광고 속에서 사용되고 있다는 것을 알게 되었습니다. 고전소설을 바탕으로 제작된 공익광고를 통해 책의 교훈이 현대인의 삶에서도 똑같이 적용된다는 것을 알게 되었고 시대를 불문하여 교훈을 주는 국문학의 가치를 느낄 수 있었습니다. 발표 이후 발표에 나온 소설, 시를 찾아보는 친구를 통해 광고가 우리 문학을 알리는 것에도 긍정적인 영향을 미침을 알 수 있었습니다.

학급 게시판의 '게' 자가 떨어져 시판이라는 글자만 남았습니다. '게'를 다시 붙이는 대신 시판을 만들면 어떻겠냐는 의견을 제시했고 매일 아침 각자가 인상 깊었던 시를 찾아와 시를 선정한 이유에 대해 소개하고 시를 낭송하는 시간을 가졌습니다. '시판'에 그 시에 대한 소감을 기록해 작은 문집을 만들기도 했습니다.

'메밀꽃 필 무렵'을 읽고 봉평으로 문학기행을 떠나 작품의 창작 배경에 대해 고민해보고 소설 결말을 재구성해 친구들과 공유해보았습니다. 시 역시 새로운 관점에서 해석하려고 노력했습니다. '겨울, 바람'과 같은 시어를 시대 상황과 관련지어 부정적인 의미라고 단정 지어 해석하는 경우가 많았지만 부정적인 시어를 고3 생활과 연관 지어 수험생이라는 힘든 시간을 견디게 하고 멋진 미래를 준비해가는 하나의 도약이라는 의미를 부여하며 지친 마음을 달랠 수 있었습니다. 국어국문학과에 진학하여 다양한 문학 작품을 통해 문학적 소양을 기르고 우리 삶을 지탱할 수 있게 하는 메시지를 담은 광고를 사람들에게 전달하는 광고인이 되겠다고 다짐했습니다.

📖 who moved my cheese

다른 나라의 문학에 대한 호기심으로 이 책을 읽게 되었습니다. 변화가 필요한 것을 알면서도 변화를 두려워했던 저에게 이 책은 큰 용기를 주었습니다. 많은 사람 앞에서 발표를 하면 목소리가 떨렸고 이런 모습이 싫어 발표를 피하는 경우가 빈번했습니다. 도전하는 것이 두려웠기 때문에 고치려는 시도는 하지 않으면서도 '언젠가는 바뀌겠지'라며 막연한 기대만 했습니다. 책을 읽은 후 나만의 comfort zone에 갇혀 주인공처럼 눈앞에서 썩어가고 있는 치즈를 바라만 보고 있는 것이 아닐까 생각했고 의지 없이 달라지는 것은 없음을 깨달았습니다. 그래서 말하기 대회와 수업시간 발표에 적극적으로 참여하기 시작했습니다. 시간이 지나자 조금씩 변화를 느낄 수 있었습니다. 이 책을 통해 새로운 변화에 마주할 힘과 유연한 대처능력을 기를 수 있었습니다. 마주할 변화에 대해 현명하게 대처하는 자세는 빠르게 변화하는 사회의 흐름을 담아내는 광고기획자에게 필요한 자질이 될 것이라고 생각합니다.

📖 자유나라 평등나라

생활과 윤리 시간에 자유의 가치를 중요하게 여기는 학자와 평등을 강조하는 학자에 대해 배웠습니다. 자유와 평등 가운데 어떤 것이 더 중요한 가치일까? 라는 궁금증을 가지고 이 책을 읽게 되었습니다. 책에는 자유만을 추구하는 '자유 나라'와 평등이 최우선의 가치인 '평등 나라' 가 존재합니다. 자유 나라와 평등 나라가 각각 남한과 북한을 상징하는 것 같다는 느낌을 받았습니다. 현재 우리나라는 자유 아래에서 평등을 실현하고 있지만 소득 불평등은 지속적으로 커지고 있습니다. 이를 통해 현재의 대한민국이 자유 나라의 모순의 일부를 재현하는 것 같다는 느낌을 받았습니다. 반대로 북한에게서는 평등을 명분으로 더 큰 불평등을 초래한다는 느낌을 받았습니다. 자유와 평등이라는 가치의 장단점을 분석해서 장점만이 조화를 이룬다면 이상적인 국가를 만들어 낼 수도 있다는 생각을 했습니다. 책임이 따르는 자유가 실현되고 인권을 기반으로 평등의 가치가 실현되는 사회가 되었으면 좋겠다는 생각을 했습니다.

📖 나는 광고로 세상을 움직였다.

광고에 관심이 많았던 저는 '광고인이 되고 싶다면 꼭 한 번은 읽어야 하는 책'이라는 제목에 이 책을 읽게 되었습니다. 글을 읽기 전에 어려운 내용으로 흥미를 잃으면 어떡할까 걱정했지만 다양한 사례와 재미있는 비유적 표현를 통해 어려움 없이 광고마케팅에 대한 정보를 얻을 수 있었습니다. '계단 이용 권장 캠페인'을 기획해 장애인 친구를 배려하자는 취지의 공익 광고를 만들어 보며 "광고는 예술이 아니지만 광고를 통한 설득은 예술이라 한다."라는 구절의 진정한 의미를 이해할 수 있었습니다. 사람의 마음을 움직일 수 있는 진정한 메시지를 담아내는 광고가 진짜광고라는 것을 알았습니다. 광고는 정확한 의미의 언어를 사용하는 것이 무엇보다 중요하다고 느꼈고 국문학을 전공해서 순우리말의 아름다움을 표현하고 다양한 문학작품을 통해 정서를 이해하고 '공감'할 수 있는 광고를 만들겠다고 다짐했습니다. 미디어에 대한 관심과 미래의 꿈을 구체화하고 확신을 갖게 해 준 책입니다.

◆

맑은 아이였다.

이미지만큼이나 생각이 예뻤던 아이다.

긍정적인 마인드와 주변을 기분 좋게 만드는 에너지를 뿜뿜하던 아이다.

겸손함으로 사회를 바라보고 어울림과 조화를 강조하던 아이다.

이 아이의 따뜻한 마음이 따뜻한 사회를 만드는 일에 기여하고

역할을 담당하길 바라본다.

이 친구는 고등학교 3년의 학교생활과 학습경험 교내활동을 이렇게 이야기한다.

"

2학년 때 '심신 미약자 감형에 관한 연구' 주제 발표를 하면서 우리나라는 법과 제도에 따른 후속 조치 방안은 완벽하게 준비되어 있는지 궁금했습니다. 법과 정치 시간에 형법상 심신 미약자를 공부하고 심신 미약자 감형제도 폐지를 쟁점으로 하는 토론에 참여하였습니다. 심신미약 가해자의 감형을 금지하라는 청와대 국민청원에도 참여한 저는 폐지를 찬성하는 입장이었습니다. 그러나 토론 도중 반대 측에서 "감형 제도 폐지는 심신미약자의 행위에 대해 강한 책임을 묻는다는 것인데, 우리 사회가 과연 심신미약자에게 강한 책임을 물을 만큼 그들에 대한 보호나 교육을 제대로 하고 있습니까?"라고 반론을 제기했습니다. 이에 따른 찬성 반론에 나선 저는 순간 말문이 막히고 말았습니다. 정말 심신미약자 보호와 교육은 어느 정도 이루어지고 있는지 알지 못했고 사전에 준비하면서 간과했던 내용이었습니다. 찬성 주장에 자신이 있었던 제가 머뭇거리다 토론은 끝나고 말았습니다. 아쉬움을 남기고 토론은 끝났지만 새롭게 든 생각은 '심신미약자 감형제도 폐지 후 사회 보호적 측면의 심신미약자 관리 대책은 무엇일까?'라는 의문이었습니다. 근본적인 원인을 해결하려면 제도 폐지를 주장하기 이전에 대안을 먼저 생각해야 한다고 보았습니다. 그래서 저는 심신미약자에 대한 국가차원의 관리나 보호에 중점을 두고 조사를 시작했습니다. 법률에 미숙했기 때문에 먼저 선행연구를 찾아보기로 하였습니다. 학교 선생님께 조언을 구했고 법조인들의 판례나 사설을 읽으며 궁금증을 해결했습니다. 저는 심신미약자의 수는 많은데 제대로 된 치료감호 시설은 부족하여 범죄자들의 후속

조치가 제대로 이루어지지 않는 실태에 집중하였습니다. 이를 토대로 치료감호제도를 이행할 시설의 수를 늘려 범죄자들의 특성에 맞는 치료를 통해 재범 방지가 필요하다는 것을 해결방안으로 생각했고 교과 시간에 발표를 하기도 했습니다. 주제발표 토론에서 생긴 궁금증을 해결하는 과정을 통해 사회문제에 따른 법과 제도를 다각도로 바라보는 기회를 가질 수 있었습니다.

탐구를 통해 사회현상을 분석하는 것을 좋아하는 저는 1학년 때 사회의 큰 이슈로 떠오른 여중생 폭행사건에 대한 기사를 접한 후, 학교폭력의 실체에 대해 근본적으로 접근하고 싶었습니다. 제가 주목했던 부분은 학교폭력의 상당수가 집단적이라는 것이었습니다. 특히, 학교폭력 중 따돌림은 한 사람에 의해 행해지는 것이 아니라 집단적으로 이루어지는 것이기에 집단따돌림은 타인과의 관계를 의식함으로써 나타나는 행위인지에 관해 연구를 진행하였습니다. 지도 선생님의 피드백과 예비검사를 통해 여러 번 수정 보완한 끝에 설문지를 완성했습니다. 따돌림에 타인과의 관계를 의식하는지 여부를 묻는 설문을 통해 자료를 수집했고, 상당수의 학생이 "자신도 따돌림을 당할까봐 집단따돌림에 가담하는 것"이란 설문결과를 통해 집단따돌림이 타인과의 관계를 의식하는 것과 크게 관련이 있음을 알게 되었습니다. 한편으로는 따돌림에 동조하지 않는 학생들의 특징을 파악하면 따돌림 문제에 대한 해결방안을 찾을 수 있다고 생각했습니다. 따돌림에 동조하지 않는 학생들의 특징을 파악했고, 자아존중감이 높은 학생일수록 동조 행위에 무관심한 것을 알 수 있었습니다. 학생들의 자존감을 높이는 것이 따돌림을 방지할 수 있는 대안이 될 수 있음을 알게 되었습니다. 이를 통해 "자아존중감을 기를 수 있는 방법" 캠페인과 교육을 진행하기도 했습니다. 이러한 활동을 통해 사회현상을 분석하고 문제해결방안을 도출할 수 있는 능력을 기를 수 있었습니다.

'통일을 위해 역사를 관찰하다.' 동아리 탐구 보고서 발표 대회에서 동아리 선배들과 함께 외친 한 마디였습니다. 먼저 현 통일정책의 실태와 문제점을 파악하는 것에 중점을 두었습니다. 그리고 역사 속 통일 사례를 탐구하여 시대적 배경의 장단점을 통해 더 나은 통일방안을 찾아보았습니다. 분단 이후 시간의 흐름과 분단 상황의 차이로 인해 한계가 존재했지만 선조들의 지혜를 배우고 이를 현재에 맞게 변형하여 적용하는 과정을 통해 통일의 가능성을 바라볼 수 있었습니다. 올바른 역사관을 가지고 통일 한반도의 모습에 대해 그려보는 것이 무엇보다 중요하다는 것을 깨닫기도 했습니다.

책 '돌아온 외규장각 의궤와 외교관 이야기'를 읽고, 외교관을 꿈꾸는 학생으로서 지금 제가 할 수 있는 것은 무엇일지 고민하였습니다. 유복렬 외교관이 의궤 반환을 위해 노력했던 것처럼 저도 우리 고장과 한국의 문화유산을 알리는 데에 힘쓰고 싶었기 때문이었습니다. 많은 고민 끝에 저는 교내 게시판에 직지 홍보물을 제작하여 게시하기로 마음먹었습니다. 직지를 소개하는 글을 싣고 그 것의 역사와 가치를 강조하였습니다. 우리 지역을 대표하는 직지의 가치와 존재를 우리가 먼저 알고 있어야 한다고 생각했기 때문에 꼭 해보고 싶었습니다. 학생들의 좋은 반응과 선생님들의 칭찬에 보람을 느낄 수 있었습니다. 앞으로 펼쳐질 나의 미래에서도 능동적자세로 다양한 학문 간 연결고리를 찾아 사회를 분석하고 개인과 개인, 개인과 집단, 집단과 집단이 원활히 소통하는 메신저 역할을 담당하고 싶습니다.

반크 동아리와 교내 뮤지컬 동아리가 연합하여 '안용복'을 주제로 한 공연을 기획하였습니다. 저는 총연출을 맡았고 전교생을 대상으로 한 공연이었기 때문에 총책임자로서의 부담감은 너무나 크게 느껴졌습니다. 안용복은 조선후기 울릉도와 독도가 조선땅임을 확실히 한 어부입니다. '안용복'이라는 인물에 대해서는 반크 동아리 부원들이 더 잘 알고 있을 거라고 생각해서 대본을 전적으로 맡겼습니다. 실제로 무대에 연기를 해야 하고 안무의 합을 맞춰봐야 하는 뮤지컬 동아리 친구들은 제 판단에 불만을 표시했습니다. 완벽한 공연을 위한 결정이었는데 불만을 이야기하며 따라주지 않는 뮤지컬 동아리 회원들에게 속상함과 답답함을 느꼈습니다. 저의 결정이 무엇이 문제였는지 다시 한 번 생각해 보았습니다. 회의 과정 없이 지시한 것이 문제였다는 생각이 들었습니다. 이러한 저의 모습은 '타인을 거느리려는 수직적 리더'의 모습이었다는 생각에 반성을 하기도 했습니다. 이 과정은 잘못되었다는 것을 깨닫고 모두와 함께 다시 회의를 진행하였습니다. 회의에 많은 시간이 걸렸지만 회의를 통해 의견을 나누고 경청하는 과정을 통해 전체가 만족할 만한 결정을 이끌어 낼 수 있었습니다. 결정 이후 각자의 역할을 확인하고 집중하며 협력하는 분위기 속에서 공연은 준비되었고 공연은 시작되었습니다. 학생들의 큰 호응을 받으며 성공적으로 공연을 마무리할 수 있었습니다. 함께 했던 반크 동아리와 뮤지컬 동아리는 과정을 통해 더욱 돈독한 관계가 되었고 다음에 더 좋은 행사를 기획하자는 약속을 하기도 했습니다. 이에 저는 소통하는 리더의 역량을 생각했고 리더가 회원을 수직적 관계로 인식하고 조직을 운영하는 것은 한계가 있음을 알게 되었습니다. 회원 개인의 뜻을 존중해주면서 의견을 조율하고 모두를 하나로 만드는 소통하는 리더의 능력이 대단하다는 것을 알았습니다. 이 후 저는 소통하는 리더의 역량을 발휘하고 실천해 보고 싶은 마음으로 융합적 주제로 탐구와 발표를 하는 '따로또같이'에서 조장을 자원해서 최선을 다하기도 했습니다.

외교관들은 각 나라의 대표로써 중요한 외교 안건들을 결정하는 일을 합니다. 모든 일을 혼자 결정하지 않지만, 각 외교관의 판단력이 그 나라의 국익에 큰 영향을 미치기도 합니다. 저는 고등학교 입학 할 때부터 외교관을 꿈꾸며, 다양한 지식을 배워서 훌륭한 판단을 하여 우리나라 발전에 이바지하는 것을 꿈으로 삼아 왔습니다. 좋은 판단을 하려면 어떻게 해야 될지 고민하던 중에, 2017년 알파고가 바둑 최강자가 되는 것을 TV로 보면서 저는 느꼈습니다. '좋은 데이터가 많이 있으면, 앞으로 컴퓨터가 사람대신 중요한 판단을 해줄 수도 있겠구나' 생각을 하기도 했습니다. 알파고는 강화학습 (Reinforcement learning)을 사용해서 매우 어렵다고 알려진 바둑을 컴퓨터가 인간보다 잘하게 되었다는 점입니다. 데이터 학습의 중요성과 컴퓨터 분석 결과물을 참고한다면 인간의 훌륭한 판단에 많은 도움이 될 것이란 생각을 했습니다.

　고등학교 2학년 때 '따로또같이' 라는 교내 인문자연 융합 프로그램에 참여했습니다. 이 프로그램은 이과 학생 2명과 문과 학생 2명이 팀을 이루어서, 한 가지 주제를 선정해 심화 학습하는 것이었습니다. 마침 인공지능에 관심 있는 이과 학생들 덕분에 인공 신경망 (Artificial neural network)을 주제로 선정해 연구하게 되었습니다. 인공 신경망은 많은 데이터를 통해서 학습이 된다면, 매우 정확한 판단을 내릴 수 있다고 배웠습니다. 특히 페이스북 연구자들의 개발로 사람 얼굴인식이나, 글자 인식 기술은 인공 신경망을 사용한 기계가 사람보다 더 잘 하는 것이 매우 신기했습니다. 저는 '따로또같이' 활동이 끝난 이후에도 네이버나 유튜브의 매우 쉽게 설명하는 강의를 계속 찾아서 들었습니다. 그리고 인공 신경망이 앞으로 외교관들과 정치인들에게도 중요한 판단을 하는데 많은 도움을 줄 것으로 생각됩니다. 예를 들어서 외교관의 입장에서는 인접 국가들의 정치 상황을 예측 하는 것이 중요합니다. 이러한 예측의 영역에서 인공신경망은 매우 좋은 도구입니다. 특히 요즘 같이 투표 기록이나 정당 활동들을 인터넷에 모두 공개하기 때문에, 인공신경망에 모든 데이터를 입력하고 학습함으로써, 각 나라의 선거에서 어떤 후보나 정당이 이길지 예측할 수 있을 것입니다. 마치 '마이너리티 리포트' 영화에서 범죄자를 예측 하는 것처럼, 정치나 외교 분야에 대한 예측을 컴퓨터가 도와줌으로써 판단을 돕는 역할을 할 것입니다.

　인공 신경망 구성에 제일 중요한 것은 입력 값(Input feature)을 설정 하는 것입니다. 좋은 입력 값을 설정해야, 좋은 신경망이 됩니다. 신경망 자체는 공학적인 기술이지만, 좋은 입력 값을 설정하는데는 정치와 외교를 잘 아는 사람이 설정해야 합니다. 저는 중앙대 정치국제학과에서 수업을 듣고 좋은 입력 값을 설정할 수 있는 능력을 가진 사람이 되고 싶습니다. 그리고 컴퓨터공학을 복수 전공하여 공학을 전공한 학우들과 함께 현재 기술로 정치나 외교를 얼마나 예측 할 수 있는지도 실험을 해보고 싶습니다.

서른한 번째 이야기

◆

석전경우(돌밭을 갈고 있는 소) 고사를 연상시켰던 아이다.

열악한 교육 환경 속에서 독서에 매달렸던 아이다.

선생님 검색과 독서로 궁금한 부분을 해결하고 있습니다.

그런데 직접 실험도 하고 체험도 해봤으면 좋겠다며 대학에 가면 직접 실험도 할 수 있고 대학도

서관에는 책도 많을 것이라며 대학에 대한 기대가 컸던 아이다.

대학이 이 아이의 기대를 충족시켰으면 좋겠다는 생각을 했습니다.

합격 후 만족스러운 대학 생활을 하고 있다는 아이의 이야기를 들었다. 감사했다.

이 친구는 고등학교 3년의 학교생활과 학습경험 교내활동을 이렇게 이야기한다.

"

전기영동을 통해 DNA를 관찰했던 실험은 유전자에 대한 저의 생각을 완전히 바꿔놓았습니다. 무극성인 줄 알았던 DNA가 음극을 띈다는 사실과 제한효소에 의해 일정한 크기로 잘릴 줄 알았던 DNA의 크기가 실제로는 다양하다는 점을 통해 DNA의 새로운 면을 인식하게 되었습니다. 생명체에서 가장 중요한 부분을 차지하는 'DNA'의 새로운 부분을 알게 되면서 유전 분야에 더욱 관심을 가질 수 있었습니다.

유전에 대한 관심에는 교과배경지식이 뒷받침되어야한다고 생각하여 생명과학을 중점적으로 공부했습니다. 친구들에게 방과 후에 생명과학특강을 열어서 개념에 대한 이해와 함께 논리의 흐름을 정리했습니다. 또한, 과학특강을 준비하면서 '중간유전현상'과 '비분리현상'을 알게 되었고 이 현상들이 개체의 형질을 일반적인 형질과는 다르게 나타낸다는 점에서 향후 돌연변이 연구나 유전병 연구에 유용하게 쓰일 수 있겠다는 생각이 들었습니다. 더불어, 'DNA에서 우주를 만나다'라는 책을 읽으며 생명체와 돌연변이 간의 필연적 관계를 알 수 있었습니다. 따라서 저는 돌연변이 세포로서 연구 잠재성이 높은 암에 대해 조사하기로 했습니다. 특히 유방암 환자가 급속도로 증가하고 있는 최근 우리나라의 실정에 맞게 유방암에 주목하였습니다. 우리나라의 유방암 학회에 실린 학술지 등을 참고한 결과, 종양억제유전자인 'BRCA유전자'의 돌연변이로 인해 대립 유전자의 기능이 정지되

고 이 유전자가 포함된 세포가 무한증식을 하여 유방암으로 발전된다는 사실을 알게 되었습니다. 이에 대해 생명인터넷카페에 글을 올려, 이 분야에 관심을 갖고 있는 사람들과 소통하며 미처 생각지 못했던 BRCA유전자의 난소암에 대한 특이성과 돌연변이 종류에 대해서도 알 수 있었습니다.

이러한 일련의 과정을 거치면서 세밀하고 성실한 탐구자의 자세가 중요하다는 것을 느꼈습니다. 생각의 깊이를 크게 넓힐 수 있었고 지식을 통해 명확히 다져가야겠다고 다짐했습니다. 그리고 열린 마음으로 새로운 것을 받아들일 수 있는 용기도 배울 수 있었습니다.

교내 HSC프로젝트는 여러 분야를 종합한 융합프로그램입니다. 폭넓은 분야에서의 경험을 쌓아 탐구능력을 키우고자 참여하게 되었습니다. 생명체의 특성을 원활하게 관찰 할 수 있는 생태 모둠에 지원한 저는 잡초가 무성하게 자라있는 인근 생태공원의 상태를 알게 되었습니다. 비교적 최근에 완공된 생태공원이 이렇게 이른 시기에 관리 문제를 겪는 이유가 의문스러웠습니다. 저는 그 원인이 관리적 문제와 생태학적 문제가 복합적으로 연결되어있다고 생각했습니다. 먼저, 생태학적 문제는 개체의 종류와 수가 감소하는 것은 질병, 서식지 파괴, 공해에 의해서 발생한다는 것을 떠올렸습니다. 이 사실을 생태공원에 적용하기 위해 직접 공원에 서식하는 생물의 상태와 개체 수를 살펴보았습니다. 그 결과, 해충들을 잡기 위해 생태공원에서 살충제를 뿌렸다는 사실과 무성하게 자라있는 잡초에 의해 꽃의 수가 줄어들고 있다는 것을 알게 되었습니다. 이 상황이 온전히 자연 상태에서만 일어난 것이 아니라 공원 관리자 수준에서 문제가 발생한 요인이 될 수 있다는 생각을 했습니다. 생태공원 관계자분들께 여쭈어 보았습니다. 그 결과, 생태공원 같이 넓은 범위를 감당할 인력이 부족하다는 점과 해결과정에서 대안이 소멸되어버리는 행정 절차적 문제를 알 수 있었습니다. 이후 생태학적, 관리적 측면에서 살펴본 원인을 토대로 건의문을 올려 일부 문제점을 해결할 수 있었습니다. 일상에서 발생하는 문제들을 다방면에서 바라보며 복합적으로 연결된 해결책을 찾아내는 자세가 과학 분야에서의 활동에서도 꼭 필요한 자세라는 것을 깨달았던 활동이었습니다.

탐구범위의 확장과 더불어, 구체적인 주제 설정부터 결론의 도출까지 탐구의 모든 과정을 직접 해보고 싶었습니다. '과제연구' 활동에 지원하여 제가 평소에 가지고 있던 호기심을 해결하고자 했습니다. 예전부터 지하주차장을 오고 가며 생긴 '자동차번호판 인식기의 원리'에 대한 호기심을 주제로 삼았습니다. 번호판 인식기와 바코드 스캐너가 비슷하게 생긴 것을 느낀 저는 어떤 면에서 두 인식기가 유사성을 가지고 있는지 생각해보았습니다. 직접 주차장과 대형마트에 가서 살펴보며, 두 인식기 모두 원거리에서 사물을 인식하고 그 과정에서 빛이나 소리 같은 투사체를 사용할 것이라고 예상할 수 있었습니다. 빛과 소리 모두 파동이라는 공통점을 가지고 있고 바코드와 번호판 모두 흑과 백의 색 배치를 사용한다는 점에 착안하여 조사를 했습니다. 그 결과, 바코드 스캐너는 백색빛과

흑색빛의 파장 차이를 디지털 숫자인 이진수로 변환하고 이것을 다시 십진수로 변환하여 코드를 인식하며, 번호판 인식기의 경우, 빛의 파장 차이를 이용하는 것은 동일하나 번호판 숫자의 외곽선을 따라 실제 숫자와 대조한다는 점에서 차이가 있음을 알게 되었습니다. 이후 무작위로 생성된 바코드의 숫자를 직접 추론해보며 이 원리를 실현시킬 수 있었습니다. 사소한 호기심이라도 그 호기심을 구체화시키고 대상을 끊임없이 관찰하여 현상을 깊게 바라보는 새로운 눈을 키우는 것이 과학자의 자세임을 알게 된 활동이었습니다.

매년 학급임원을 맡으며 이런 자리에 익숙해져 있던 저는 그동안 친구들과의 관계를 나도 모르는 사이에 수직적으로 생각했던 것 같습니다. 하지만 생명동아리에서의 활동을 통해 리더의 책임감 있는 자세가 어떤 자세인지를 깨닫게 되었습니다.

혈흔 채취에 사용되는 KM시약 제조 모의실험에서 저희 모둠은 계속해서 실패를 하게 되었습니다. 회색의 아연이 포함된 용액을 끓이면 투명하게 변해야 하는데 그러지 않고 용액이 증발해버려 아연만 남는 것이었습니다. 실패가 반복되면서 팀원들은 지쳐갔고 실험을 포기하려는 친구도 생겨났습니다. 저는 실패의 원인을 찾으려 하지 않고 실험을 계속한 점이 친구들이 불만을 토로하는 이유라고 생각했습니다. 그래서 저는 무턱대고 실험만 반복하는 것이 아니라 지금까지의 결과를 토대로 무엇이 문제였을지 함께 생각해보자고 친구들에게 제안했습니다. 팀원 한명 한명이 모두 팀을 이끌어갈 잠재력을 가지고 있다고 생각했기 때문에 친구들의 의견에 긍정적으로 반응하며 참여를 유도했습니다. 또한, 사소하고 그냥 지나칠 법한 작은 원인들도 모두 칠판에 기록하며 친구들과 의견을 주고받았습니다. 그러던 중, '아연은 잘 증발하지 않으니 계속 끓이지 말고 가라앉혀 보는 게 어떨까?' 라는 의견이 제시되었고 저는 가열된 용액을 가만히 두었습니다. 그 결과, 아연이 서서히 가라앉으며 사진으로만 봤던 투명한 KM시약이 제 눈앞에 나타났습니다. 서로를 끝까지 믿고 존중해준 결과 다음날 동아리 활동에서 선생님께 칭찬과 다른 모둠원 들로부터 좋은 반응을 얻을 수 있었고 친구들과 협력하여 문제를 해결했다는 사실에 성취감을 느낄 수 있었습니다.

이러한 경험을 통해 위에서 내려다보는 수직적인 리더가 아닌 수평적인 관계에서 눈높이를 맞춰 협력을 이끌어내는 사람이 진정으로 경청하는 리더임을 깨닫게 되었습니다. 또한 경청을 통해 다양한 의견을 수용함으로써 창의적 아이디어의 기반을 만들 수 있다는 점에서 이러한 리더의 자세가 인간관계뿐만 아니라 탐구과정에서도 필요하다는 것을 알게 되었습니다.

독서 시간에 '세포와 해독'을 읽고 최근 급속한 발전과 현대화로 인한 영향불균형, 환경오염, 스트레스 때문에 사람들에게 많은 중독 증세가 발생하고 있다는 사실을 알게 되었습니다. 또한, 책을 읽으면서 질병의 종류가 매우 다양하고 그에 따른 원인도 다양하므로 모든 분야에서 질병이 발생할 수 있는 상황에 대비해야 한다고 생각했습니다. 이런 생각을 하게 된 배경에는 책 속에 등장하는 식물성 화학물질인 '파이토케미컬'이 있었습니다. 처음 '파이토케미컬'에 대해 알게 되었을 때는 단순히 현대인의 고단함과 스트레스를 완화시켜주는 물질이라고만 생각했습니다. 하지만 '파이토케미컬'을 구성하는 물질 중 세포산화와 동맥경화 같은 질병을 억제하는 '베타카로틴', '리코펜', '제아산틴' 등이 포함되어 있다는 사실을 알고 난 후, 현대인을 위한 일차원적인 문제를 해소시키는 효과뿐만 아니라 우리가 예상하지 못하는 질병도 고려한 고차원적 물질임을 알게 되었습니다. 파이토케미컬과 같이 여러 요소가 복합적으로 융합된 물질을 통해 의학과 화학, 생물학은 서로 얽혀있고 연관되어 있음을 유추해 보기도 했습니다. 그래서 의학과 화학, 생물학과 같은 학문들을 기반으로 생명공학을 통해 집약된 기술을 만들어내는 것이 저의 구체화된 목표임을 동아리 부원들에게 밝히고 '파이토케미컬'의 연구 잠재성과 우수성을 설명해 주기도 했습니다. 생명자율동아리에서 노벨생리의학상 수상자인 윌리엄 캠벨을 조사함으로써 공학자의 자질을 탐구하고자 했습니다. 캠벨이 '스트렙토미세스 아버미틸리스'를 발견하고 또 이를 정제하여 이버멕틴(Ivermectin)을 만들어내기까지의 사고력과 응용력을 확인하고 배울 수 있었습니다. 유기체 간의 복잡한 상호작용을 이해하려면 융합적 사고력을 키워 적재적소에 응용할 수 있는 역량이 필요하다는 것을 알았습니다. 의료 문화 형성에 앞장서는 00대학교에 지원하여 00생명공학을 배우며 지식의 결합을 통해 학문 분야 간의 벽을 허물고 생명현상의 본질을 꿰뚫어 볼 수 있는 인재로 거듭나고 싶습니다.

"

서른두 번째 이야기

◆

남도의 벚꽃과 도화(복숭아꽃) 행화(살구꽃)가 흐드러지게 핀 날
구례 화엄사를 지나 하동으로 향했다.
우리나라에서 최고로 달려보고 싶은 길,
드라이브 길이라고 신나게 달려 화계장터 쌍계사 앞길을 지나던 때가 생각난다.
가로수 벚꽃의 눈부심을 한껏 즐겼다.
밝음, 순수, 하양, 깨끗, 상쾌, 자유, 평화, 희망...... 벚꽃 연관어가 뇌리를 스쳤다.
아이들의 미래도 밝음이고 희망이기를 바라본다.

이 친구는 고등학교 3년의 학교생활과 학습경험 교내활동을 이렇게 이야기한다.

"

왕의 녹차를 품은 땅 화개에서 태어나 농사를 지으시는 부모님 때문에 봄철이 되면 할머니께서 돌봐 주셨습니다. 어렸을 때부터 할머니께 들은 할아버지의 생활과 모습은 제가 성장하는 동안 저의 행동과 가치관에도 큰 영향을 끼쳤습니다. 할아버지께서는 생활이 어려우셨음에도 불구하고, 보수를 받지 않고 농협 조합장으로써 농촌의 발전과 이익을 위해 힘쓰셨습니다. 또한 당시 면의원으로 활동하시며 면민의 권익과 지역발전을 위해서도 일해 오셨습니다. 할아버지의 삶을 통해 진정한 봉사정신이 무엇인지 생각하게 되었습니다. 할아버지께서 하신 일들로 인하여 저희 아버지와 자식들은 자연스레 나 자신보다도 우리 지역을 위하고 공동체를 위한 일에 더 많은 관심을 가지게 되었습니다. 제가 자라온 화개는 농촌지역이기 때문에 주로 농업에 종사하시는 분들이 많고, 일하시는 분들 대부분이 어르신들이십니다. 하지만 큰 문제점은 어르신들이 일하러 가시는 논과 밭이 자동차도로 주변에 위치해 있다는 점이었습니다. 가을이 되면 일을 일찍 끝내도 빨리 어두워지기 때문에 차도로 걸어서 집으로 돌아가시는 어르신들에게는 굉장한 위험요소였습니다. 저는 도로가에 가로등을 설치하지 않아도 생활하는데 지장이 없습니다. 하지만 어르신들을 비롯한 마을 주민 분들의 안전을 위해서라도 가로등은 반드시 필요하다고 생각했습니다. 하동군에 민원을 신청하고 사정을 설명하여 가로등을 설치하게 되었습니다. 처음에는 제가 제기한 민원이 받아 들여 질까 하는 걱정도 있었습니다. 민원이 받아 들여 졌다는 소식에 감격했고 주변에 대한 작은 관심과 실천이 사회를 변화시킨다는 사실을 알게 되었습니다. 이러한 과정들을 통해, 저 혼자가 아닌 공동체를 위해 일하는 선공후사의 정신과 배려심을 다시금 생각하게 하는 값진 경험이었습니다. 자신을 책임지는 일 또한 중요한 일임을 알고 있습니다. 자신에 대한 능력을 키움으로써 당당한 인재로 성장해 가고자 합니다. 자신의 능력을 발휘하여 사회가 발전하는데 기여하고자 합니다. 할아버지의 삶의 가르침을 생각하며 배려와 나눔의 자세로 살아갈 것입니다.

저는 고등학교 2학년 때 1학기 반장으로 활동했습니다. 당시 교내 환경미화 대회에 참가하였는데 저는 반장으로써 아이들에게 할 일을 정해주고 역할을 주어 모두 행사에 참여하도록 격려했습니다. 그런데 환경미화 도중 부반장이었던 친구가 자신은 할 일이 없다며 집으로 먼저 가는 상황이 발생했습니다. 이런 일은 한 두 번이 아니었습니다. 그러한 일이 여러 번 반복되다 보니 주변에 있던 친구들의 비난과 원성은 커져만 갔습니다. 이러한 반 분위기 속에 점점 반 아이들의 사기는 줄어들었고, 부반장의 행동을 보고 덩달아 집으로 가는 아이들도 생겼습니다. 시간이 지날수록 아이들의 갈등의 골은 깊어 졌고, 반 분위기 또한 침체되었습니다. 저는 다시 친구들의 사기를 올리기 위해서는 갈등을 해결해야겠다고 생각했습니다. 따라서 쉬는 시간에 저는 부반장을 따로 불러 이야기를 나누는 시간을 가졌습니다. 이야기를 듣는 동안, 무조건적인 비난과 책망을 하지 않고 최대한 상대방의 입장에서 이해하려고 노력하였습니다. 그러나 대화를 통해 저의 잘못을 알게 되었습니다. 부반장에게 정해진 역할을 주지 않았던 것입니다. 간부로써 자신이 알아서 잘 할 것이라고 생각해 일과 역할을 명시하지 않은 제 자신의 실수였습니다. 자신을 소외 시킨다고 오해했다는 사실을 알게 되었습니다. 또한 예상보다 친구들의 비난이 커지자 두려워서 다시 활동에 참여할 용기가 생기지 않았다는 점도 알게 되었습니다. 저는 반 아이들을 모아놓고 상황과 서로에 대한 오해에 대해 이야기해 주었습니다. 갈등이 해결되자, 부반장은 용기와 책임감을 가지고 더 열심히 일했습니다. 또한 다른 친구들과의 사이도 더욱 돈독해 졌습니다. 모든 학생들이 협력하도록 함께 노력한 결과 저희 반이 대회 1등을 차지하게 되었습니다. 이러한 경험을 통해, 갈등이 발생했을 때 무조건 상대방의 잘못에 대해 비방하는 것보다 상대방의 이야기를 경청해주는 자세의 중요성을 느꼈습니다. 그리고 갈등이 무조건 부정적인 것이 아니라 슬기롭게 해결된다면 자신을 성장시킬 수 있는 발판이 될 수도 있다는 것을 깨달았습니다.

저는 어렸을 때부터 20년 가까이 새마을 지도자와 농촌 지도자로 활동해 오신 아버지 아래에서 자랐습니다. 지역 주민들의 불만과 의견을 듣고 직접 군청이나 면사무소에 찾아가서 민원을 넣는 등 지역사회를 위해 일하시는 아버지를 보았습니다. 저 또한 자연스럽게 아버지처럼 공익을 위해 일하는 리더에 대한 꿈을 키웠습니다. 밥 먹을 때나 운동을 하면서도 항상 아버지와 함께 이야기를 나누곤 했는데 주로 주제는 정치나 사회문제에 관련된 것이었습니다. 이러한 아버지의 영향을 받아 저는 정치 외교 학과에 진학하기로 결심했습니다. 진학을 결심한 후, 깊고 넓은 지식과 경험을 바탕으로 의견을 내시는 아버지를 또 다른 시각으로 보게 되었고, 저도 더 많이 알고 이야기를 나눠야겠다는 생각이 들었습니다. 시간이 날 때마다 인터넷 기사들을 찾아보고 다른 사람들의 댓글을 보면서 다른 의견들을 수용하려고 노력했습니다. 또한, 영어 문제집을 사서 언어적인 부분도 보충하려고 노력했으며, 사설을 읽고 대학 토론 배틀을 시청하면서 논리적인 부분도 채우려고 노력했습니다. 중학생 시절에는 아버지가 참여하는 농촌 지도자대회에도 따라다니면서 지역 어르신들의 의견을 듣고 지역사회에도 많은 관심을 기울였습니다. 또한, 세계 여러 문화를 많이 접하고 공부하기 위해서는 우리나라의 역사를 먼저 알아야겠다고 생각하여 역사 e, 지식 e 등을 사서 읽었을 뿐만 아니라 한국사 과목을 공부했습니다. 이러한 역사에 대한 공부들은 고등학교 2학년 때 위안부 할머니들을 위한 엽서 쓰기에도 큰 영향을 끼쳤습니다. 중학교 2학년 때, 위안부 할머니들의 이야기를 지식 e 라는 책에서 우연히 알게 되었습니다. 그 책을 읽고 난 뒤, 언젠가는 이 할머니들의 억울함을 풀어드리리라 결심했던 제가 고등학교 2학년 때 할머니들에게 보탬이 될 수 있는 활동을 한다는 사실에 감회가 새롭기도 했습니다. 학생들이 쓴 엽서는 일본 수상께 전달되기 때문에 많은 참여와 절실함이 있어야 한다고 생각하여 저는 정말 한 문장을 쓰더라도 진심을 담으려고 노력했습니다. 또한, 몇 명의 학생들이 버리려고 한 엽서까지도 모두 모아 직접 글을 쓰면서 적극적으로 참여했습니다. 저는 이러한 활동에 자극을 받아서 인터넷으로 할머니들을 위해 할 수 있는 활동을 더 찾아보았습니다. 찾아본 결과 제가 농촌에 살기 때문에 서울에서 열리는 길거리 시위에는 참여하지 못하는 등 활동에 제약이 많았습니다. 하지만 간접적으로나마 도와드리고 싶었던 저는 오랜 고민 끝에 할머니들을 위한 성금을 모으기 위해 제작된 팔찌를 구매했습니다. 아직도 저는 할머니들의 팔찌를 항상 차고 다니면서 일본 정부가 빨리 자신들의 잘못을 반성하고 할머니들의 인권을 되찾아 주기를 바라고 있습니다. 따라서 엽서 쓰기 활동이 할머니들에게 힘이 되어드리는 계기가 될 뿐만이 아니라 왜곡되고 억울한 역사에 대한 해결책은 국민들의 지지와 응원이 가장 크고 강력한 외교가 아닐까라는 생각을 가지게 한 의미 있는 활동이었다고 생각합니다.

제가 대학에 입학하면 우선 한국 정치사상, 동양 정치사상을 배우고 세계의 정치체제와 미국, 일본, 북한 등 여러 나라의 정치론을 공부하면서 우리나라를 포함한 세계 정치의 흐름에 대해 공부 할 것입니다. 또한, 북한의 정치와 사회, 한국 정치의 이해와 같은 학부 교양과목에 대한 공부도 열심히

할 것입니다. 더 나아가 다져놓은 지식을 기반으로 인턴쉽 프로그램에 참여하여 동아일보, 한국국제
교류재단 등 여러 분야에서 경험을 쌓고자 합니다. 그리고, 학부 프로그램 중 하나인 'PROJECT 고
래'에도 참여하여 여러 분야에서 종사하고 계신 선배님들의 폭넓은 경험과 지식을 전수 받고 친목을
다지는 기회도 가질 것입니다. 본교와 협력을 맺은 스웨덴의 룬드대학교에도 교환 학생으로 지원하
여 여러 나라의 학생들과 함께 의견을 나누고 문화를 교류하면서 더 넓은 시야를 갖는 기회를 가질
것입니다. 꾸준히 지속적으로 해야 할 일은 봉사활동입니다. 저는 농촌에서 자랐기 때문에 봉사활동
선택의 폭이 좁아서 늘 아쉬웠습니다. 하지만 대학교 입학 후에는 소외당하는 아이들에게 지식과 재
능을 기부하고 독거노인 분들을 위해 봉사활동을 하고 싶습니다. 대학 졸업 후에는, 본교에서 실시
하는 다양한 교육프로그램에 참여하는 것과 양질의 대학원 교육과정을 이수함으로써 이를 바탕으
로 우리나라의 위상을 높이고 국가의 이익을 도모하기 위해 외교통상부나 통일부에서 일하고 싶습
니다. 또한 기회가 된다면 본교에서 이루어지는 국제 교류 프로그램을 바탕으로 UN이나 UN 산하
에 있는 여러 단체에서도 종사하고 싶습니다. 폭 넓은 인재들과 함께 의견을 나누고 교류하면서 더
많은 경험을 쌓고 싶기 때문입니다. 저는 OO대학교가 저의 야망과 포부를 실현 시킬 수 있는 가장
이상적인 학교라고 생각합니다. 저는 본교의 상징처럼 결단력과 용기 있는 리더, 더 나아가 자유, 정
의, 진리를 실현 시킬 수 있는 리더로 성장하여 학교를 빛내고 대한민국을 이끄는 원동력이 될 자신
을 만들어 가고자 합니다.

"

서른세 번째 이야기

✦

아버지가 선생님이시고 선생님이 좋아 선생님이 되겠다던 아이다.

정직 근면 성실 이 세 단어가 떠오르는 아이다.

웃음기 없는 얼굴에 심각함마저 느껴졌다.

이랬던 아이가 어느 날부터인가 웃음을 보이기 시작한다.

질문도 하고 고민도 이야기했다.

웃으며 마음속 이야기를 하는데 시간이 걸렸던 아이다.

선생도 보람으로 화답했다. 아이를 응원했다.

이 친구는 고등학교 3년의 학교생활과 학습경험 교내활동을 이렇게 이야기한다.

> "자네가 무언가를 간절히 원할 때, 온 우주는 자네의 소망이 이루어지도록 도와준다네." 파울로 코엘료라는 작가의 말입니다. 저는 이분의 말처럼 제가 선생님이 되려고 간절히 원했을 때 저희 부모님과 친구들이 저의 소망이 이루어주도록 도와주고 있습니다. 첫 번째로 중학교선생님이신 아버지께서는 가르치는 것을 즐겨 하시는 분입니다. 그래서 제가 어렸을 때부터 길을 걷다, 텔레비전을 보다, 책을 읽으시다가 저에게 도움이 된다고 생각하시면 이해가 될 때까지 반복해서 가르쳐주시곤 하셨습니다. 아버지께서 제게 하신 것처럼 친구들을 가르쳐 주었습니다. 친구들이 이해가 되지 않으면 막힌 부분을 알고 난 다음, 천천히 알려주었습니다. 저는 이런 과정을 통해 가르치는 것에 대한 보람과 기다려주는 인내심을 기를 수 있었습니다. 두 번째로 서로를 이해해주는 친구들을 있었기 때문입니다. 언젠가 친구들은 저에게 "소현이는 처음 보는 친구들한테 스스럼없이 다가가주어서 친근해, 또 설명 잘 해주니까 선생님을 하면 잘 어울리겠다."라고 말해주었습니다. 많은 꿈이 있어서 쉽사리 내리지 못했었던 저에게 친구들의 칭찬이 제가 선생님을 하고 싶다는 소망에 확신을 주었습니다. 저는 친구들과 서로 알게 된 내용을 공유하고 모르는 걸 가르쳐 주는 것을 좋아합니다. 저희는 틈틈이 친구와 서로 새롭게 안 내용에 대해 알려주었습니다. 친구들은 질문형식으로 문제를 내는 것이 효과가 있어서 친구들이 많이 모이게 되었습니다. 다양한 친구들이 다양한 방식으로 질문을 하게

되어서 새로운 방식으로도 접하게 되었습니다. 이러한 방법은 기억에 더 잘 남고 시험도 잘 칠 수 있게 되었습니다. 또 고등학교2학년 때 공부에 흥미를 많이 가지게 되어서 틈틈이 단어장과 암기장을 가지고 다니면서 외우게 되었습니다. 그때 같이 밥을 먹는 친구들은 저를 도와주기 위해 많은 잡담을 하는 대신 같이 외우게 되었습니다. 친구들과 있으면서 남을 배려하는 마음, 다양성을 배울 수 있었습니다. 앞으로도 지금과 같이 꿈을 이루기 위해 노력할 것입니다.

고등학교 1학년때 선생님께서는 인문반, 자연반 진학을 위한 조사를 하셨습니다. 그때 진로에 대해 많은 고민도하고 갈등도 했지만, 어릴 때부터 꿈꿔왔던 '선생님'이 가장 가치 있고, 보람된 일이라고 생각했습니다. 초등학교 선생님이 '내가 정말 하고 싶은 일'이고, 또 '잘 할 수 있는 일'이라고 생각했기 때문에 교육대학교를 진로의 목표로 정하였습니다. 지금까지의 활동은 특별한 것이 없었고, 내신 성적을 위해 전 과목을 고루 공부한 것, 다양한 봉사활동이 전부였습니다. 그동안 준비한 것이 너무 부족해서 참 한심했고 부끄러웠습니다. 하지만 긍정적으로 생각하기로 했습니다. 저는 남은 기간 지금부터라도 준비하고 노력하면 된다고 생각했습니다. 마음을 다잡는 것이 가장 중요했습니다. 그래서 수업시간에 선생님과 눈을 맞추고 다른 잡생각을 하지 않고 최선을 다해 공부하는 것이었습니다. 2학년 학생 임원으로 학생회를 통해 책임감을 기르며, 아침시간과 점심시간동안 학생들의 교통안전과 급식지도를 서면서 리더십을 기르게 되고 모범을 보이려고 노력했습니다. 또한 교육 관련 독서를 통해 부족한 부분은 보충하려고 노력했습니다. 독서를 통해 교육과 교사로서 지녀야 할 품성, 학생들에게 필요로 하는 인성, 다문화교육의 필요성을 다시 한 번 느낄 수 있었습니다. 그와 함께 공공 도서관에서 아이들과 더 가까워지기 위해 꾸준히 봉사활동을 했습니다. 아이들이 찾는 도서를 찾아주고 아이들에게 권장도서를 추천해주는 활동이었습니다. 그리고 직접 가르쳐 보는 것이 아이들을 더 잘 이해하는 데 도움이 된다고 생각했습니다. 그래서 저는 지역 아동센터에 연락한 후 찾아갔습니다. 저의 지역엔 다문화 가정의 증가로 자연스럽게 다문화 아이들과 가정형편이 어려운 초•중학생들을 만날 수 있었습니다. 저는 아이들이 부족한 부분의 학습지도와 나름대로의 공부방법도 가르쳐주고, 함께 창작활동을 하고, 다문화 학생들과 대화하며 큰 가르치는 보람을 느낄 수 있었고, 저의 꿈에 대해 자신감을 갖게 되었습니다.

저는 RCY 단원으로 청소년활동을 하다가 고등학교 2학년 때 처음 00도 응급처치법 경연대회에 출전하게 되었습니다. 일상생활에서 위급한 상황이 발생하게 되었을 경우 누구나 기본적인 응급처치법은 알고 있어야 하고, 선생님이라면 더욱 학생들의 안전지도와 만약의 상황에 대비할 능력이 있어야 한다고 생각했습니다. 대회 참가를 위해, 준비하는 과정에서 정말 많은 일들이 있었습니다. 5

명씩 2개팀이 참가하게 되었는데, 선생님께서는 저를 팀장으로 결정해 대회 연습을 하게 되었습니다. 그러나 한명을 제외하고는 대면이 없던 상황이라 역할을 정하는 과정에서 갈등과 개인행동을 하게 되어 팀워크를 이루기 어렵게 되었습니다. 저는 팀장으로 갈등 해소와 소통을 위해 의견을 나누었고, 조금씩 서로를 이해할 수 있게 되자 역할분담을 하였습니다. 그러나 가장 큰 문제는 주 처치원인 저를 믿지 못하는 것이었습니다. 저는 이런 경우 한 마디 말보다는 행동으로 보여주는 것이 더 효과적이라는 것을 알기 때문에, 저는 방과 후 친구 한명과 끊임없이 연습했습니다. 일주일이 안 되어서, 우리 팀원들은 그런 저의 모습을 보고 조금씩 다가와 도와주는 변화가 나타났습니다. 친구들은 저에게 마음을 열기 시작했던 것입니다. 각자 맡은 역할을 열심히 하고, 자신이 연습상대가 되어 주겠다며 다가와 주었습니다. 그렇게 1개월 동안 연습을 하였고, 대회에서는 모범상을 수상하여 모두들 기뻐하였습니다. 한사회의 사람들은 '다름'을 가지고 있어 갈등이 생긴다고 합니다. 갈등은 해결하기 위해 서로의 소통과 이해가 필요합니다. 하지만 때로는 "백번 듣는 것보다 한번 보는 것이 더 낫다." 라는 말처럼 행동이 더 우선시 될 때가 있습니다. 저는 이렇게 솔선수범하는 모습이야 말로 다른 사람의 마음을 움직이고 이끌어가는 리더십이라고 생각했습니다. 마음을 열고 먼저 다가가 의견을 나누고 이해하며, 솔선수범함으로써 갈등을 없애고 배려, 나눔, 협력하는 과정을 이끌어 낼 수 있다는 것을 알게 되었습니다.

"사람이 미래다" 어느 광고에서 나온 말입니다.

저는 누군가의 고민을 들어주고 함께 아파하고 도와주는 것을 가치 있는 일이라고 생각합니다. 저는 상대방의 시련과 아픔을 들어주고 이해해줄 수 있는 정도의 사람이라면 선생님이 되어서 학생들의 과정의 시련을 극복하도록 도와주는 진짜 가르치는 사람이 되고 싶습니다. 또 제가 대학교를 준비하면서 꿈이 없다고 말하는 친구들을 많이 보게 되었습니다. 그 친구들은 꿈이 없다는 것에 대해 슬퍼하면서 자신은 한심하다고 말했습니다. 하지만 저는 친구들에게 자신의 장점을 아직 못 찾은 것이라고 말했습니다. 하지만 "사람이 미래다"라고 말한 어느 광고의 말처럼 저는 누구나 무한한 가능성이 있다고 생각합니다. 선생님이 된다면 저는 학생들에게 무한한 가능성을 알려주고 싶습니다. 누구나 가치 있는 삶의 목표를 설정하려 하고, 자아를 실현하고자 합니다. 자신들의 좋아하는 일을 스스로 찾도록 도와주고 그 일이 잘하는 일이 되도록 안내해주고 싶습니다. 그리고 저는 학생들에게 먼저 다가가는 교사가 되고 싶습니다. 다가가는 것은 끊임없이 관심을 가지고 지켜봐주는 것이라고 생각합니다. 지속적인 관심은 학생들을 사랑하는 마음에서 나온다고 생각합니다. 지속된 관심은 아이들에게 칭찬을 해주는 것, 잘못된 행동을 하면 확고히 말해 고쳐주어 바른 방향으로 인도해주는 것이라 생각합니다. 간단한 일 같지만 저는 이 방법이 가장 어려운 것이라고 생각합니다. 마지막으로 제가 생각하는 교사는 큰 일이 아니라 아이의 말을 귀담아 들어주는 것과 그 아이의 입장에서 생각하는 것입니다. 선생님이 되는 것은 많은 지식을 필요로 하지만 그 지식을 학생들에게 어떻게 전달하느냐, 즉 교수법을 끊임없이 연구해야 한다는 생각을 합니다. 학생들을 끊임없이 연구하는 모습이야말로 진정 바람직한 교사상이라고 말하고 싶습니다. 저의 강점은 제가 말한 것들을 실천하고자 하는 노력입니다. 저는 아직 많이 배워야 할 것이 너무나 많이 있습니다. 제가 가지고 있는 열정으로 도전해보고 싶습니다. 제가 교육대학교에 들어간다면 제가 말한 것을 실천해 나갈 수 있도록 배우고 노력하겠습니다.

"

◆

변화된 환경에 잘 적응했고 성실히 학업에 임했던 아이다.

자기 주도학습 능력이 돋보였던 아이다.

여유롭게 생각하고 조급하지 않았던 아이다.

분명한 목표의식과 자기애가 강했던 아이다.

무엇이 돼도 될 아이였다.

스승에게 믿음을 주었던 아이다.

이 친구는 고등학교 3년의 학교생활과 학습경험 교내활동을 이렇게 이야기한다.

"

'자연이 최고의 스승이다'라는 부모님 덕분에 도시에서 농촌으로 귀촌하여 전교생 몇 명 안 되는 중학교에서 우물 안 개구리처럼 스스로 성적에 만족하였습니다. 그런데 고등학교 진학 후 학습 내용이 어려워지고, 학습 양도 많아져 따라가기 힘들고 벅찼습니다. 사교육을 접할 수 없는 가정 형편과 지역적 한계도 있었지만 '무거운 엉덩이'로 승부하면 된다는 부모님 말씀에 사교육 없이 3년 동안 스스로 공부하였습니다. 그래서 저의 고등학교 시절 제일 큰 선물은 학습계획노트입니다. 하루하루를 대충 보냈던 중학교와는 달리 고등학교에서는 학습 계획 없이는 아무것도 이룰 수 없다는 것을 첫 중간고사 후 알게 되었습니다. 첫 중간고사 후 한 달, 한 주, 시간별 계획과 과목별 계획을 꼼꼼히 세워 실천하며 힘겨운 도약을 시작했습니다. 처음에는 터무니없는 계획으로 그 날 목표에 이르지 못해 짜증도 나고, 자괴감에 빠지기도 했지만 점점 제 수준과 눈높이에 맞는 계획을 세울 수 있었습니다. 그래서 끌려 다니는 공부가 아닌 제 스스로 세운 계획을 실천하고, 공부를 즐기며 고등학교 3년을 보낼 수 있었다고 자부할 수 있습니다.

평소 계획을 세워 잘 실천하여 자부심을 느꼈던 저에게 생활과 윤리시간에 배운 노자의 무위자연은 혼란스러웠습니다. 노자의 무위자연을 통해 하지 않으면서도 하는 것과 비우면 채워진다는 것을 배웠습니다. '과연 맞는 말일까? 정작 삶에서 실천할 수 없는 이론은 탁상공론에 지나지 않을까?'라는 의문 때문에 혼란스러워 노자의 도덕경을 읽어보았습니다. 도덕경을 읽고 노자가 얘기하는 무위자연이 '겸허와 부쟁'하는 '상선약수' 즉, 물과 같은 마음으로 주변과 조화를 이루는 삶이 '도'라는 것을 어렴풋이 생각할 수 있었습니다. 그래서 제가 꼼꼼히 세워 실천하려는 공부 계획도 목표와 자연스러운 조화를 이루지 못하면 억지로 하는 공부가 된다는 것을 느꼈습니다. 또한 앞으로 제가 하려는 인문학도 물 흐르는 것 같이 일상에서 습관처럼 즐기는 공부가 되어야 한다는 것을 배웠습니다.

'단샘', 소통과 사고의 놀이터에 빠지다'

"빵 동아리!"독서 토론 동아리 임에도 동아리 개설 때 회원 모집이 전혀 이루어지지 않아 붙었던 저희 동아리 별명입니다. 저는 인문학의 핵심이 독서와 깊이 있는 사고, 그리고 소통이라고 생각하여 고2때 독서토론동아리 '단샘'을 만들어 회장을 맡고 있습니다. 하지만 서로의 생각을 나누는 토론이 어색하고, 두려움을 갖는 친구들이 많아 동아리 회원을 모으는데 어려움을 겪었습니다. 그래서 책에 관심 있는 친구들과 모여 도서관에서 '책 이름 가로세로 퍼즐', '책갈피 찾기'등을 진행하며 동아리를 홍보하여 15명 정도의 회원을 모았습니다. 그리고 독서토론이기 때문에 책이 여러 권 필요하여 지역 공공도서관에 가서 관장님께 도움을 요청한 결과 과분한 칭찬도 받고, 지원약속도 받아 필요한 만큼의 책도 구할 수 있었습니다. 하지만 독서 토론을 하며 서로 얼굴을 붉히며 목소리가 커지는 경우도 있었습니다. 모두 소통하는 것처럼 보이지만 결국, 자기 고집에 빠져 불통하는 우리 사회의 단면을 보기도 하였고, 차이가 차별이 되는 우리의 모습을 반성하였습니다. 조지오웰의 '동물농장'을 읽고 '억압과 표현의 자유'에 대해 토론하고, 에밀리 브론테의 '폭풍의 언덕'을 읽고 '사랑과 집착의 경계'에 대해 토론하는 등 여러 분야의 책과 다양한 토론 주제를 다뤘습니다. 특히, 최인훈의 '광장'을 읽으며 이상사회와 개인의 신념, 그리고 조국 때문에 갈등하는 이명준의 모습으로 토론하였습니다. 소설을 소설로만 보지 않는 입체적 사고를 통해 책속에 숨어있는 사고의 즐거움을 느낄 수 있었습니다. 동아리를 통해 비판적 사고의 중요성을 배웠고, 논리적으로 상황을 판단하고 말할 수 있는 인문학적 시야를 넓힐 수 있었습니다.

새로운 경험과 배움. 뮤지컬

또 저에게 있어 의미 있는 활동은 뮤지컬 '신구차'에 출연 했던 것입니다. 뮤지컬 '신구차'는 임진왜란 당시 이순신 장군이 간신들 때문에 옥에 갇혔지만, 약포 정탁선생이 올린 상소문덕분에 살게 되는 이야기입니다. 저는 신구차에서 조선통신사 김성일 역할과 간신 역할을 했습니다. 학교수업이 끝나고 약 한 달 동안 오후에 연습실에 모여 안무, 대사, 노래를 연습하며 준비를 많이 하였고 세계 활 축제 시작 무대와 이틀 동안 문화회관에서 공연을 하였습니다. 학교수업과 병행하였기 때문에 몸이 지치고 힘들었지만 뮤지컬을 하면서 전문 배우들과 함께 밤에 모여 리허설도 해보고, 이어마이크도 직접차서 연기와 노래를 직접 해 본 새롭고 신기한 경험이었습니다. 저는 뮤지컬을 통해서 세상에는 많은 직업들이 있고, 즐기고 경험해 봐야 하는 것이 많다는 것을 느꼈습니다. 그리고 무대에 보이지는 않지만 조명, 음향, 메이크업 스텝분들의 노력을 보며 무대에 서는 주연 배우만이 주인공이 아니라 보이지 않는 곳에서 자신의 모습을 드러내지 않고 열정을 다해 일하는 사람도 주인공 일 수 있다는 것을 느꼈고, 특히 제가 지금 여기 있는 것은 보이지 않는 다른 사람의 땀과 열정덕분이라는 것을 배웠습니다.

저희 학교 오케스트라가 군민체전 개막식에서 마칭 밴드로 전체 선수단 행진과 마을 행렬 선두에 서게 되었습니다. 공부를 해야 하고 학교 활동이 바빴지만, 이번 기회가 아니면 평생 해볼 기회가 없을 것 같아 마칭 밴드의 지휘자인 드럼메이져에 지원하여 맡게 되었습니다. 그런 저의 모습을 보며 담임선생님은 '음대 갈 것 아니면서 쓸데없이 시간낭비하지 말고 공부해라.'라고 하시며 그만두라고 하셨습니다. 그래도 꼭 하고 싶은 활동이어서 솔직하게 '음악도 삶에 있어 중요한 공부이고, 내가 꼭 해보고 싶은 일을 하는 것도 국영수 만큼 중요하다고 생각한다.'고 선생님께 말씀드렸습니다. 여러 차례 진솔한 대화를 나눈 끝에 선생님께서는 수업에 지장이 없게끔 하라며 허락해주셨습니다. 저는 드럼 메이져를 통해 앞에는 나 혼자인 것 같지만 뒤에서 도와주고, 함께 발을 맞추면 아름다운 조화를 이룰 수 있다는 것을 배웠습니다. 또한 어떤 일에나 갈등은 있지만 솔직하고 진정한 마음으로 대화를 나누며, 서로의 눈높이에서 이해한다면 최선의 결과를 만들 수 있다는 것을 배웠습니다.

중학교 때부터 6년 동안 장애인 복지 시설인 예천사랑마을에서 봉사를 하고 있습니다. 봉사라기보다 그분들과 함께하는 시간을 통해 많은 것을 배웠습니다. 그래서 저희반의 특수반 친구 3명을 이해할 수 있는 힘이 되었습니다. 특수반 친구들은 생각과 행동이 다르다는 이유로 다른 친구들과 잘 어울리지 못했습니다.

그리고 유석이라는 친구는 가정형편 때문에 결석도 자주 하고, 학교에오면 잠만 자고, 급식도 먹지 않았습니다. 식구는 음식과 마음을 함께 나누는 것이라고 어른들께 배웠습니다. 그래서 특수반 친구들과 유석이와 함께 급식을 먹으며 차츰 마음의 문을 열고 이야기 나누며 가까워지게 되었습니다. 이제는 마음의 문을 열어 다른 친구들과도 친하게 지내게 되고, 반 분위기도 정말 좋아졌습니다. 잔잔한 호수에 작은 돌 하나를 던지면 큰 파장이 생기는 것처럼 다른 사람을 위한 작고 배려가 큰 영향이 될 수 있다는 것을 배웠습니다.

저의 집안은 신실한 기독교 집안입니다. 양가 할머니, 할아버지, 친척들 모두 교회에 다니고 명절마다 함께 모여 예배를 드립니다. 이런 환경 속에서 기독교는 저에게 있어 매우 친근하며, 삶의 일부입니다. 그리고 저희 아버지는 전도사님으로 시골 교회에서 시무하고 계십니다. 그래서 저는 어렸을 때부터 교회가 익숙하고, 제일 편한 곳입니다. 2년 전 아버지께서 다른 종교의 이해와 체험이 기독교에 대한 더 깊은 통찰과 믿음을 갖게 된다고 하셔서 호기심과 두려움을 갖고 아버지와 함께 화엄사 템플스테이를 다녀왔습니다. 화엄사에서 템플스테이를 하며 다른 종교를 경험하기 전까지 기독교만이 오직 유일한 진리라고 생각하며 신앙을 키워왔는데 기독교뿐만 아니라 불교에서도 진리에 대한 수행과 탐구를 위해 헌신하는 것을 보며 다양한 의문이 생겼습니다. '인간은 정말 석가모니의 깨달음인 무아의 경지에 이를 수 있을까?'하는 근본적인 질문부터 '기독교가 추구하는 구원의 진리와 불교에서 추구하는 깨달음의 진리 사이에 어떤 차이가 있을까? 혹시 연관성은 없을까?'하는 질문까지 생겨 기독교, 불교분만 아니라 유대교, 이슬람교 등 여러 가지 종교를 객관적이고 이성적으로 탐구하고 싶어졌습니다.

그리고 서울 대학교에서 주최한 심리학캠프에 참여하여 심리학 강의를 들었습니다. 저는 '꿈의 왜곡'이란 강의를 재밌게 들었는데 성경책과 장자의 이야기를 읽어 보며 '성경에서 나오는 야곱과 요셉의 꿈 이야기나 장자가 꾸었던 나비 꿈이 무의식의 왜곡이며, 단순히 무의식의 상징이었을까?' 하는 더 큰 의문이 생겼습니다. 또한 성경과 불경에 있는 이야기를 토대로 각 종교 성인들의 심리를 연구해 보고 싶어졌습니다.

앞으로 '예배와 집단 동조(무의식)', '전통 신앙에서의 주술과 최면'등과 같이 종교 속에 숨어있는 심리에 대해서 깊이 연구해보고 싶습니다. 그리고 각자의 종교에서 추구하고 이상적으로 생각하는 진리에 대해서 더욱 객관적, 이성적으로 공부하여 제가 구하고자하는 진정한 진리를 학문을 통해 찾고 싶습니다.

"

서른다섯 번째 이야기

◆

깡마른 아이! 건강이 걱정되었던 아이다.
수업 집중력 일등!
수업을 기다리고 있던 아이다.
이런 아이로 선생도 힘을 낼 수 있다. 그리 생각했던 아이다.
최선을 다해 조력하겠다는 가르치는 선생으로 다짐을 하게 했던 아이다.

이 친구는 고등학교 3년의 학교생활과 학습경험 교내활동을 이렇게 이야기한다.

"

　자연현상을 수식으로 풀어내는 물리학에 흥미가 많았던 저는 자연스럽게 물리를 공부하는 것이 좋았습니다. 물리교과시간에 가속도 그래프를 속도 그래프로 바꾸는 과정을 친구들에게 설명해 주었을 때는 자부심마저 들기도 했습니다. 그리고 친구들이 이해하는 모습을 볼 때 뿌듯했습니다. 특히 역학 관련 단원에 자신이 있었던 저는 그래프 문제나 도르래 문제를 어려워하는 친구들에게 설명해 주기도 했습니다. 그러던 중 한 친구가 역학이 아닌 전자기학 단원에서 L-C회로의 주기성에 대해 물어왔습니다. 답변을 위해 노트필기를 확인하고 참고서의 내용을 확인하는 과정에서 내용이 다르다는 것을 알게 되었습니다. 저는 무엇이 확실한 것인지 궁금했고 정확한 내용을 확인하기 위해서 여러 문제집을 참고하며 올바른 주기 모델을 찾아내고자 노력했습니다. 정말 이해되지 않는 부분은 교과 선생님께 조언을 구하고 친구들과 토론을 하기도 했습니다. 이런 노력의 결과 주기모델을 찾아낼 수 있었습니다. 이것이 계기가 되어 물리 심화공부를 위해 스터디를 조직하였고 물리동아리를 만들게 되었습니다. 하지만 저는 처음 맡아보는 동아리를 어떻게 이끌어 나가야할지 혼란스러웠습니다. 그래서 부원들과 함께 물리로 함께하기 위한 책을 선정하기로 했습니다. 책을 선정하고 중력보조효과에 관한 탐구를 진행했습니다. 영화 〈마션〉에 적용된 원리로 운동량·운동에너지 보존이 주요 개념이었습니다. 개념에 대한 보고서는 작성했지만 증명이 어려웠습니다. 그 때 공을 이용해 개념을 설명해 낸 친구의 보고서를 읽었고 관련 영상을 찾아보았습니다. 또한 공개강의사이트인 'kocw'에서 운동량 보존에 관한 강의를 들으며 제 증명과 비교해나갔습니다. 행성의 질량이 매우 작아 근사적으로 생략하는 것을 알게 되었습니다. 그 결과 중간까지밖에 하지 못했던 증명을 해낼 수 있었습니다. 완벽하진 않았지만 물리 공부에 대한 자신감을 얻는 계기가 되었고 미래의 꿈을 구체적으로 생각하는 계기가 되기도 했습니다. 무엇보다도 함께 한다는 의미를 알게 되었습니다.

친구들보다 늦게 입부한 과학 동아리에서의 활동입니다. 한 부원이 팽이의 안정적 회전 원리를 탐구하자고 제안했습니다. 그냥 지나칠 수 있는 놀이도구를 물리학적으로 해석한다니 흥미로웠습니다. 저는 실험에 쓰일 이론조사를 맡았습니다. 처음 하는 일이라 걱정이 앞섰습니다. 하지만 물리라면 나도 잘 할 수 있다는 생각과 부원들에게 폐를 끼치지 않기 위해서라도 열심히 해야겠다고 생각했습니다. 방과 후 물리수업 때 회전에 관한 수업을 들은 것을 토대로 각속도와 각운동량에 대한 조사를 했습니다. 이것만으로는 팽이를 잘 표현할 수 없다는 생각이 들었습니다. 그 때 국어 기출문제에서 팽이를 알갱이들의 합으로 설명한 지문이 떠올랐습니다. 저는 그것에서 힌트를 얻어 팽이의 각운동량, 관성모멘트 등의 물리량을 합으로 표현해냈습니다. 태도를 바꾸고 차분히 살펴보니 저의 물리에 관한 점들이 떠올랐고 저는 그것을 토대로 첫 탐구에서 맡은 역할을 무사히 끝낼 수 있었습니다. 또한 이 주제를 제시한 부원이 사소한 의문을 직접 탐구에 적용하는 것을 보고 감탄했습니다. 적극적으로 실천하는 모습을 배워야겠다고 다짐하기도 했습니다.

스터디에서 역학을 공부할 때 참고서 내용에는 항상 저항이 없는 곳에서만 물리 법칙들을 관찰했습니다. 그렇다면 저항이 존재할 때는 어떻게 될지 궁금했습니다. 저는 직접 탐구하기로 결심했습니다. 처음 주도적으로 탐구를 진행한다는 생각에 들떠 실수투성이였습니다. 가장 황당한 실수는 이론적 조사를 미리 행하지 않아서 결론 내기가 어려워진 것이었습니다. 뒤늦게 조사한 이론이 너무 어려워 포기하고 싶었습니다. 하지만 다 같이 힘들게 한 실험인데 쉽게 포기할 수는 없었습니다. 그 때 낙하하는 쇠공과 깃털을 예를 들며 공기저항을 표현한 것이 떠올랐습니다. 복잡한 공식을 적용할 수는 없었지만 상대적 저항력을 비교하며 감쇠정도를 나타낼 수 있었습니다. 감쇠진자운동에 대한 자료와 시뮬레이션 영상을 참고하며 간이보고서를 만들었습니다. 그것으로 부담을 가졌던 친구들로부터 한번 해보겠다는 긍정적인 반응을 얻어낼 수 있었습니다. 저희는 어설픈 보고서를 작성했고 끝내 수상은 하지 못했습니다. 하지만 수상보다 값진 것은 위기를 극복하고 결과를 낼 수 있었다는 것입니다.

영어수업시간에 중력파에 대해 발표할 기회가 있었습니다. 하지만 너무 어려운 내용에 겁부터 났습니다. kocw의 강의를 적극적으로 들었지만 미분방정식, 선형방정식 등 도무지 이해할 수 없는 내용뿐이었습니다. 저는 조사를 위해 한 블로그를 방문하게 되었습니다. 마치 소설처럼 재밌게 이야기해주며 필요한 내용은 간결하게 알려주었습니다. 원리를 파악하니 전보다 많이 이해할 수 있었습니다. 저는 kocw나 TED등 지식공유 사이트의 도움을 많이 받았습니다. 지식 공유 사이트의 도움을 통해 진정한 나눔의 의미를 다시 생각하게 되었고 감사한 마음이 들기도 했습니다. 저도 불특정 다수에게 도움이 되는 그런 사이트를 운영하며 필요한 지식을 나눠주는 사람이 되고 싶다는 생각을 갖게 되었습니다.

"

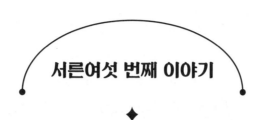

◆

한 부모가정에서 아빠를 챙기고 동생을 챙기고
정말 열심히 억척스러움이 느껴졌던 아이다.
착한 성품에 적극적이고 정의감이 가득했던 아이다.
하루는 선생님처럼 가르치는 사람이 되고 싶다고 한다.
그래서 교육대학을 진학하겠다며 의지를 불태웠던 아이다.
이 친구 교육 대학교에 합격했다.
지식도 지혜도 가르치는 좋은 선생님이 되길 응원한다.

이 친구는 고등학교 3년의 학교생활과 학습경험 교내활동을 이렇게 이야기한다.

"
　　저는 초등학교를 졸업할 무렵까지 큰어머니 손에 자랐습니다. 하지만 큰집은 본래 식구가 많고 유복한 형편이 아니라서 사소한 일에도 다툼이 끊이질 않았습니다. 그때의 외로움과 박탈감은 곧 지나친 욕심이 되었습니다. 항상 누군가에게 이기려고 했습니다. 도저히 이길 수 없을 때는 친구들을 도모해 따돌리는 등 부당한 방법을 택하기도 했습니다. 그런 저를 변화시킨 것은 꾸짖음이 아니라 그 승부욕을 친구를 시샘하는 데 말고 너를 위해 쓰면 좋겠다는 담임선생님의 진심어린 편지였습니다. 선생님을 꿈꾸게 된 것은 그때부터였습니다. 그 후 저는 친구들에게 샘이 날 때면 공부로 이겨야겠다고 생각했고, 이러한 승부욕은 중. 고등학교 때의 성적향상에 밑거름이 되었습니다. 중학생이 되어서는 부모님과 함께 살게 되었지만 부모님께서는 곧 이혼을 하셨습니다. 부모님께서는 이혼 전에도 자주 다투셨기 때문에 무관심 속에서 생활했고 또 어릴 때부터 계속된 외로움에 적응이 되어 중학교 생활에는 큰 문제가 없었습니다. 더 큰 문제는 고등학교 입학 후였습니다. 야간 자율학습을 마치고 집에 돌아오면 집안일에 손 댈 시간이 없었습니다. 그렇다고 자율학습을 포기할 수는 없었기 때문에 밀린 집안일과 함께 스트레스는 쌓여갔습니다. 제 욕심으로는 기숙사 생활을 하고 싶었지만 아버지께서 일을 나가시면 어린 동생이 혼자 집을 지켜야 했기 때문에 원거리 통학을 계속해야 했습니다. 날마다 제 처지를 한탄하며 아버지께 언성을 높였습니다. 하지만 언제까지나 제가 어찌할 수 없는 가정형편을 탓하고 있을 수만 없었습니다. 비록 저를 힘들게 했지만 그것을 발판 삼아 이제는 행복해야 할 제 앞길에 집중하기로 결심했습니다. 그렇게 멀리 내다보기 시작하면서 진로에 대해 더 깊게 생각해볼 수 있었고, 교사가 되겠다는 꿈도 확실해졌습니다. 선생님의 관심이 아이들을 변화시킨다는 믿음으로 관심의 끈을 놓지 않는 그런 선생님이 되고자 노력할 것입니다. 마지막으로 저는 어려운 상황은 긍정적인 마음으로 대할 때 비로소 변화시킬 수 있다는 것을 배웠습니다. 이러한 환경 속에서 책임감과 자립심을 가지게 되었고 지금도 저를 지탱해 주는 힘이 되고 있습니다.

저는 고등학교 2학년 때 학급 부실장, 3학년 때 실장으로써 반을 이끌며 학생회 활동을 했습니다. 학급에서는 학업분위기 조성과 축제나 체육대회 등의 행사에 힘썼습니다. 그리고 학생회 활동으로는 교통지도, 급식지도부터 시작해 여러 가지 학교 행사를 주관하는데 함께 했습니다. 저는 본래 앞장서는 것을 좋아했습니다. 그래서 실장이 되었을 때 희망한 일이었기에 잘 할 수 있을 것이라는 자신감이 넘쳤습니다. 체육대회가 다가왔습니다. 다들 의욕은 넘치는데 뜻대로 진행되는 것은 없자 다들 불평을 늘어놓기 시작했습니다. 모든 걸 다 감수하겠다는 다짐으로 시작한 저도 곧 치쳤습니다. 회의를 할 때면 제대로 된 의견을 수렴하기보다는 감정다툼으로 끝이 날 때가 많았습니다. 그러자 학급 분위기와 실장의 능력에 대해서 반아이들은 비교하기 시작했습니다. 저 스스로도 다른 실장들에 비해 부족한 모습만 자책하게 되었습니다. 하지만 남 탓을 하기 보다는 제 부족한 모습을 인정하고 반 친구들에게 도움을 구했습니다. 제가 조금 더 솔직해졌을 때 반 친구들도 마음을 열어주었고 모두 기분 좋게 체육대회를 마무리할 수 있었습니다. 과정을 통해 리더가 소통하는 자세는 내려놓음이고 비움이라는 생각을 하게 되었습니다. 그 후로는 서로를 위해 사소한 것을 잘 지켜주는 것부터 감사하는 마음을 가지게 되었습니다. 문제집 값을 제 때 내주고, 전체조회시간이나 소풍을 갔을 때 질서정연하게 움직여주는 것부터 말입니다. 학생회 활동도 많은 시간을 함께 했다는 이유로 그들의 소중함을 조금씩 잊게 되었고 그럴 때면 다시금 갈등이 벌어지고 있었습니다. 체육대회를 주관하는데, 회의시기를 잘못 잡음으로써 서로 오해가 생겨 실제 회의에서 다툼이 일어나기도 했습니다. 하지만 결국 함께 고생한다는 것을 깨닫고 서로를 위해가며 행사를 마무리할 수 있었습니다. 탈도 많고 말도 많은 2년간의 간부 활동이었습니다. 스스로를 탓하게 되는 힘든 순간도 많았습니다. 하지만 그것을 이겨냈을 때는 제 가능성을 볼 수 있었습니다.

어린 시절 담임선생님께 꾸지람 대신 편지를 받은 이후로 선생님에 대한 동경심은 날로 커져갔습니다. 또 저의 아픈 가정사까지 감싸주시던 선생님들의 모습에 그 뒤를 따르고 싶다는 생각을 했습니다. 그렇게 교직에 대해 관심을 가지게 되었고, 교사와 관련된 독서나 봉사활동으로 꿈을 굳혀갔습니다. 그리고 제 꿈을 주위에 알렸습니다. 소중한 사람들과 꼭 교사가 되겠다고 약속했습니다. 그들과의 약속을 지키기 위해서라도 꿈을 포기할 수 없도록 말입니다. 교사의 꿈이 확고해진 이후에는 그에 관련된 활동을 본격적으로 해보고 싶었습니다. 하지만 학교나 지역에는 준비되어있는 활동들이 없었습니다. 그래서 교사를 꿈꾸는 친구들과 모여 의미 있는 활동을 계획하게 되었습니다. 각자 맡은 과목을 공부해서 서로에게 수업을 해주는 것이었습니다. 고등학교 공부에 적응하기 힘들고, 더 깊은 공부가 필요했던 저에게는 개인적으로도 좋은 기회였고, 큰 문제없이 첫 번째 활동을 마쳤을 때의 뿌듯함은 이루 말할 수 없었습니다. 하지만 교장선생님의 허가를 받지 않은 동아리 활동은 인정할 수 없고, 그 활동을 위해 아침 시간을 내어줄 수는 없다는 학교의 입장을 듣는 순간 실망하기도 했습니다. 활동이 힘들어지면서 독서를 통해 많은 것을 배우려고 했지만 그럴수록 책에서 벗어나 직접 아이들을 가르쳐보고 싶은 욕심이 생겼습니다. 그래서 고등학교 2학년 때부터 지역아동센터에서 봉사활동을 했습니다. 그곳은 차상위 계층과 한 부모 가정의 자녀들이 도움을 받는 곳이었고, 저는 그곳에서 그들의 학습을 도왔습니다. 저를 선생님이라 부르며 따르는 아이들을 생각만 해도 절로 웃음이 났고, 봉사활동 가는 날만을 손꼽아 기다리곤 했습니다. 드디어 하고 싶은 일을 찾았다는 생각이 들었습니다. 하지만 좋아하는 것을 모두 잘하는 것은 아니었습니다. 아는 것도 명확하게 가르쳐주지 못하고, 아이들의 갈등에 대처하지 못하는 제 모습에 반성해야하는 날이 많았습니다. 그런 날이면 내내 아이들 생각이 나고 그 아이들을 위해 더 잘 가르쳐줄 방법이 없을까 고민을 하게 되었습니다. 고민이 깊어지면서 또 책에서 읽고 배운 것과 현실의 차이에 교사의 길을 심각하게 고민해보기도 했습니다. 하지만 꿈을 포기하는 대신 무작정 부딪히려했던 제 모습을 되돌아보았습니다. 그리고 다시 한 번 책을 찾았습니다.

'교사를 당황하게 하는 아이들'이라는 책은 문제 상황을 제시하고 일반적인 반응과 대처의 문제점을 지적하여, 더 나은 방안을 소개하는 책이었습니다. 이 책에서는 문제 행동을 하는 아이들의 심리도 배울 수 있었기 때문에 실제로 센터에서 봉사활동을 하는데 많은 도움이 되었습니다. 센터에서 아이들이 서로 다투었을 때 속수무책이었던 전과는 다르게 책에서 배운 대로 아이들의 행동에 대해서 이유를 짐작하고 한 발 앞서 대처방안을 생각할 수 있었습니다. 지역 아동센터에서 봉사활동을 하며 발생한 문제를 저 스스로 독서라는 방법을 택하여 해결해 보았습니다. 이 과정을 통해 저는 초등교육과에 지원할 수 있는 용기를 얻었습니다

서른일곱 번째 이야기

◆

지방 학교 첫 수업을 마치고 교문 앞에서 택시를 기다렸다.
얼굴 하이얀 여학생이 다가와 선생님 터미널까지 가시면 엄마 차로 모시겠다고 한다.
누군가 했더니 수업을 들은 학생이었고 이것이 인연이 되어 2년의 수업과정을 함께했고
어지간히 속상하게 했던 아이다. 이미지와 달리 좀처럼 공부에 집중하지 못했던 아이다.
3학년 수시 상담을 하며 후회와 반성을 이야기하던 아이가 지금은 서울 Y대 대학원에 다니며
학구열에 불타고 있다며 푸른 하늘 높아진 날에 전화가 왔다.
반갑고 보람 뿌듯함이 느껴졌다.

이 친구는 고등학교 3년의 학교생활과 학습경험 교내활동을 이렇게 이야기한다.

"

저는 부모님 두 분 다 공무원이시고 삼남매 중 맏이로 태어났습니다. 제가 어릴 적 저희 부모님은 주요 부서에 근무하셔서 늘 바쁘셨습니다. 두 분 모두 빨리 일을 끝내면 8시, 늦으시면 10시에 퇴근을 하셨습니다. 그러다 보니 저희 삼남매는 저의 초등학교 입학 전 까지 주말을 제외하고는 여동생은 친할아버지 댁, 저와 남동생은 외할아버지 댁에서 따로 떨어져 자랐습니다. 제가 초등학교에 입학을 하고 난 후 부모님이 계신 집에서 학교를 다녔습니다. 아침에는 부모님께서 등교 준비를 해주셨지만 방과 후에는 제가 동생들을 돌보아야했습니다. 방과 후 남동생과 여동생을 유치원에서 집으로 데려오고 조금 더 큰 후에는 동생들을 데리고 학원을 다니고 귀가 후 저녁식사를 해결하여야 했습니다. 제가 초등학교를 졸업하기 전까지도 아버지, 어머니께서는 무척이나 바쁘셨고 저 또한 이러한 생활을 계속 해야 했습니다. 어머니께서 가정주부인 친구 집에 놀러 가면 그렇게 부러울 수가 없었습니다. 친구 어머니께서는 맛있는 간식도 만들어주시고 TV도 함께 보며 잘 놀아주셨습니다. 그때는 부모님을 원망하기도 하고 불평하기도 했습니다.

하지만 혼자서 늦은 저녁시간까지 동생을 돌보는 저를 부모님께서는 매우 기특하게 여기셨고 저또한 부모님의 칭찬을 들을 때 마다 몹시 부듯했습니다. 그리고 점점 클수록 두 분이 모두 일을 하신다는 것이 자랑스럽고 저 또한 부모님을 이해하게 되었습니다.

이러한 환경 속에서 동생들을 돌보다 보니 저는 책임감과 능동적이고 적극적인 학생이 되어있었습니다. 다급한 상황 속에서도 부모님께서 연락이 안 되시면 저 혼자 문제를 해결해야 했기 때문에 스스로 문제를 해결 할 수 있는 힘도 기를 수 있었습니다. 상황을 탓하기보다는 긍정적으로 생각하는 것과 참고 인내하는 것이 좋은 결과 뿐 만 아니라 삶의 밑거름이 된다는 사실을 알게 되었습니다. 이런 것이 참고 되어 앞으로도 주어지는 일에 최선을 다하려 합니다.

저는 무척 활동적이고 일을 수행하는 것을 굉장히 즐기고 좋아합니다. 그래서 학교에서 뿐만 아니라 모든 일에 적극적으로 나서서 참여하는 학생입니다. 중학교 때부터 고등학교 내내 반 체육대회 장기자랑 영상이나 노래 체육대회의 응원전 노래 편집과 같은 일들을 도맡아했습니다. 게다가 남들에게 지기 싫어하는 승부욕까지 더해지다 보니 완성도 높은 결과를 낳고 싶어 밤을 새면서까지 최선을 다했습니다. 항상 결과는 상위권에 들게 되었습니다. 고등학교 1학년 체육대회 응원전 때 노래를 편집하여 만들고 축제 때 패션쇼 디자이너를 맡아 의상을 만들고 연출하였고 모두 1등을 하게 되었습니다. 또 저희 학교에서 실시하는 반을 잘 표현하고 나타내어야 하는 교내 사진전에서 저희 반이 금상을 수상하게 되었습니다. 하지만 저의 이러한 장점은 단점이 되기도 하였습니다. 너무 앞장 서 이끌려는 것이 지나치자 나중에는 해야 할 일이 너무 많아져 한계에 부딪히기도 하였습니다. 그러자 문득 제 자신이 너무 욕심이 많은 건가라는 생각을 하게 되었습니다. 혼자 생각을 해보다가 할 줄 아는 일에는 무조건 제가 해야 한다는 생각, 나만 할 줄 안다는 생각을 버리고 1등 보다는 학급 친구들과 다 같이 즐겁게 즐기며 하자는 생각이 들었습니다. 그래서 그러한 문제점을 개선하고자 2학년 축제 때는 너무 앞장 서 이끌려고 하지 않았습니다. 반 친구들 전체의 의견에 제 의견을 덧붙여 가며 영상을 제작하고 노래를 편집하였고 회의를 통해 충분한 대화와 협의를 통해 축제 준비를 하였습니다. 그러자 1학년 때보다 훨씬 수월하게 빨리 구상과 작업이 끝나게 되었습니다. 결과는 모두 같이 열심히 한 덕택에 장기자랑 2등, 패션쇼 1등이라는 쾌거를 거두게 되었습니다.

저는 모든 일에 앞장 서 나아가기 보다는 공동체 생활에서는 서로서로 돕고 협동하며 일을 하는 것이 훨씬 효율적이고 더 좋은 결과를 가져온다는 값진 교훈을 얻게 되었습니다.

중학생 때 '무릎팍도사'의 김중만 작가 편을 보고 난 뒤 사진에 관심을 가지기 시작하였습니다. 선뜻 사진을 진로로 결정하지 못하고 있던 저는 고등학교 입학 전 할아버지께서 사고로 돌아가시면서 결정을 내리게 되었습니다. 장례를 치르며 할아버지와 제가 함께 찍은 사진이 초등학생 이후 없다는 것을 알고 앞으로 기억할 순간들을 놓치지 않고 사진으로 남기고 싶다는 생각을 하게 되었습니다. 그래서 순간들을 기록할 수 있는 사진과 영상을 체계적으로 배워 보고자 마음먹게 되었습니다.

제가 사는 시골에서는 사진과 영상을 체계적으로 배울 수 있는 곳이 없습니다. 그나마 공무원이신 아버지께서 문화회관에서 근무하실 때 무료 영화를 상영하는 날에 찾아가 아버지를 졸라 몇 번 상영실에 들어가 영상 상영원리 등을 보고 배운 적은 있었으나 누군가에게 사진과 영상에 대해 배워 볼 수 있는 기회가 없었습니다. 그러던 중 고등학교 2학년 때 지역행사로 개최되는 '엑스포'에서 프레스센터 자원봉사자로 참여하게 되었습니다. 사진과 영상을 어깨너머로 나마 배워보고 싶었던 저는 사정을 말씀 드리고 담당 공무원을 따라 행사장을 돌아다니며 보도사진·영상을 찍는 방법을 배우고 기사 작성요령을 배웠습니다. 엑스포 행사 기간 중 배운 것을 토대로 축제가 끝나는 날 담당 공무원께 제가 엑스포 때 보고 듣고 느끼며 작성한 기고문을 전해드렸습니다. 지역신문에만 실릴 줄 알았던 제 기고문은 4개의 신문에 실리게 되었고 우연찮게 기사를 보신 교육장님께 표창장을 받게 되었습니다. 신문에 기고문이 실리기까지엔 정말 많은 일들이 있었습니다. 글쓰기에 두려움을 갖고 있던 제가 기사 작성을 배울 때에는 너무 막막하였습니다. 그래서 집에서 밤새 보도기사를 써내면 죄다 '수정해야 한다.'라고 하시고 행사장에서 사진을 찍어 가면 '체험 학습용 사진이다.'라며 담당공무원 아저씨께 혼도 많이 나고 재확인 받는 일도 많이 있었습니다. 하지만 그렇게 글쓰기 연습과 사진 찍는 연습을 봉사활동을 하는 두 달 동안 하다 보니 봉사 활동을 마친 후에는 사진과 글쓰기에 있어 많이 발전한 저를 보게 되었습니다. 또한 학교 동아리 신문 제작부에서 사진팀장을 맡아 사진촬영과 기사 작성을 하였습니다. 개기 일식을 찍기 위해 새벽부터 일어나 학교 운동장에 설치된 망원경에 어떻게 하면 달을 가까이서 찍을 수 있을까 고민하여 망원경 렌즈를 카메라 바디에 끼워 찍으면서 나온 결과물을 보며 희열을 느끼기도 하였고 학교 기사를 작성하여 배포함으로써 제가 생각하는 것과 알리고자 하는 것을 사람들에게 전할 수 있다는 것에 큰 행복을 느꼈습니다. 이러한 활동들을 통해 막연히 사진과 영상을 해야겠다는 진로에 대한 고민을 하게 되었습니다. 사람들에게 제 생각뿐만 아니라 여러 사람들이 전달 하고자 하는 메시지를 사진과 영상에 담아 효율적으로 전달해주는 일이 특별한 의미를 가진다는 확신을 갖게 되었습니다. 그것이 방송국에 들어가 영상피디를 하고 싶다는 꿈을 구체적으로 갖게 되는 계기가 되었습니다.

입학 후에는 1학년 때는 디지털 이미지론과 기초사진실기 2학년 때는 영상 커뮤니케이션론 3학년 때는 매체사진, 멀티미디어제작, 영상기획편집, 방송제작, 기사 작성론, 4학년 때는 영상 연출 등 매체 관련 사진과 영상 분야를 집중적으로 공부할 것입니다. 또한 학교를 다니면서 국가기술자격증인 한글속기자격증과 그 안의 또 다른 디지털 영상속기자격증외의 필요한 자격증을 따서 방송국에 들어갈 수 있는 발판을 마련 할 것입니다. 그리고 1학년 2학년 때에는 전국으로 사진전시회와 영상전을 많이 다니며 영상과 사진에 대한 많은 작가들의 생각을 읽어보며 보는 것에 집중하려 합니다.

보고 경험하는 것이 창작활동에 있어서 매우 중요한 일이라 생각합니다. 전국 사진전시회와 영상전의 연간계획을 확인하고 계획한 대로 실천할 것이며 기록으로도 남기려 합니다. 3학년,4학년 때에는 저의 개인 사진·영상전을 계획하고 개최할 것입니다. 개인 사진 영상전은 대중의 평가와 교수님들의 평가를 통해 개인의 발전에 많은 도움이 될 것으로 믿습니다. 또한 사진뿐만 아니라 영화, 문학, 미술 ,음악 등 다른 분야의 학습을 함께 하여 다른 예술관련 지식을 쌓을 것입니다. 그리하여 문화예술 지식산업시대에 갖추어야 할 창의성과 감성을 갖추도록 다방면으로 노력할 것입니다. 4학년 때부터는 공부와 함께 취업준비를 병행할 것이며 학교에서 국가사회발전에 기여하는 전문적인 지식을 습득하여 졸업 후에는 방송국에 들어가 영상피디로 일 할 것입니다. 시대를 읽고 진실을 기록으로 남기는 진정한 사진 영상가가 되는 것이 진정한 목표이고 또한 이 분야에서만큼은 최고라는 평가와 스스로 선택한 일에 자부하는 최고의 인재가 되도록 최선을 다해 준비해 나아가겠습니다.

"

서른여덟 번째 이야기

◆

OO시에 있는 학교 특강에서 만난 아이다.

목표가 분명하지 않고 구체적으로 생각해 본 적도 없다며 말하던 아이다.

무언가 불만이 가득했고 안정감이란 찾아볼 수 없는 모습이었다.

그래서 관심을 거둘 수 없었다.

만날 때마다 이름을 불러주기 시작했다.

세 번째 수업이 진행되었고 선생님을 부르기 시작했다.

목표를 가지려고 한다. 궁금한 것이 있다......

그렇게 이 아이와 말문을 트기 시작했다.

대화를 통해 목표를 분명히 하는 것과 아이가 밝아지기를 기대했다.

이 친구는 고등학교 3년의 학교생활과 학습경험 교내활동을 이렇게 이야기한다.

"
　　누군가 저에게 공부를 하는 이유가 무엇인지 물으면 저는 명쾌하게 답할 수 없었습니다. 고등학교 진학 후 급격히 늘어난 학업에 대한 부담감이 마냥 버겁기만 했습니다. 공부해야 하는 이유를 몰랐고 분명한 목표도 없었고 동기부여 할 계기도 없었습니다. 성적하락은 너무도 당연한 결과였습니다. 답답함과 방황은 계속되었고 그러던 중 고민 끝에 저는 엄마께 조언을 구했습니다. 엄마께서는 여자라는 이유로 배움에 대한 열정은 있었지만 학업을 포기해야했던 과거를 들려주시며 공부를 하며 그 속에서 자신만의 즐거움을 찾아보라고 말씀해 주셨습니다. 엄마의 진심어린 조언에 저는 제가 당연하다고 여겼던 학습 권리에 대해 감사한 마음과 공부를 수단으로만 간주했던 제 편협한 마음가짐이 잘못되었다는 것을 깨달았습니다. 그리고 공부에 대한 저 자신만의 즐거움을 찾기 위해 공부를 '배움' 자체로 보려고 노력했습니다. 시험을 보기위한 공부가 아닌 배움을 위한 공부라고 생각하니 학업에 대한 부담감은 줄었고 전에는 가지지 못했던 호기심과 생각하는 여유를 가질 수 있었습니다. 어느 분야든지 궁금한 점이 생기면 적어두었다가 사전, 인터넷을 찾아보기도 하고 학과 선생님께 질문을 통해 궁금증을 해소하기도 했습니다. 그러면서 스스로 학습계획을 세우고 기본 개념부터

차근차근 쌓아갔습니다. 모든 과목을 개념으로 접근하여 노트에 정리하기 시작했고, 완벽히 익히고 난 후에는 이를 다른 친구들에게 설명해 주며 함께 알아가는 즐거움도 느낄 수 있었습니다. 알아 가는 것이 즐겁게 느껴졌을 때 공부를 해야 하는 이유와 목적, 그리고 구체적인 목표가 생겼을 때 저의 떨어졌던 성적도 크게 향상되기 시작했습니다. 이제 저는 공부가 '즐거움'을 얻기 위한 일이라고 자신 있게 대답할 수 있습니다. 어떠한 일을 수행할 때에 무엇보다 중요한 것은 목표를 분명히 하는 것과 자신에게 이유를 묻고 실천해 가는 것이라 생각합니다. '이왕할 일이라면 그 자체의 즐거움을 위해 최선을 다하자.'는 생활신조를 가지게 한 값진 학습경험이었습니다.

경제에 대한 다양한 활동을 통해 저의 지적 호기심을 충족시킬 수 있었던 일이 있습니다. 평소 경제 분야에 호기심을 갖고 있던 저는 고등학교 진학 후 바로 경제 동아리에 가입했습니다. 경제를 교과목으로 배우지 않았기 때문에 경제 개념이 마냥 어렵게만 느껴졌습니다. 동아리에서는 영화 속에서 경제 현상을 찾아보거나 축제 활동을 통해 쉽고 재미있게 경제 개념들을 이해할 수 있었습니다. '우버 택시의 도입'이라는 주제로 토론을 할 때에 저는 수요와 공급의 원리를 근거로 반대를 주장하며 논리를 펼 수 있었습니다. 토론과정에서 친구들의 의견을 들으며 사고의 폭 또한 확장시킬 수 있었습니다. 다른 학교 동아리들과 '동전의 순환'이라는 주제로 진행한 캠페인 활동에서는 직접 행사를 기획하고 준비, 제작, 진행을 담당하였습니다. 이 경험을 통해 행사 기획력과 추진력이 행사의 성패를 좌우한다는 것을 깨닫게 되었습니다. 치밀한 기획과 실천 그러면서 조직을 움직이는 리더의 능력이 필요하다는 생각과 경제논리를 생각하지 않을 수 없다는 것을 느낄 수 있었습니다. 일상에서 경제 논리가 적용되고 있다는 사실과 경제논리를 생각하면 얼마나 효율적인가를 느낄 수 있는 일이었습니다. 이후 제가 동아리의 회장이 되어 동아리를 이끌어가는 데에 있어서 큰 힘이 되기도 했습니다. 동아리 활동 이후 저는 경제 이론에 대해서도 체계적으로 배워보고 싶다는 생각이 들어 2학년 때 심화과정으로 경제수업에 참여했습니다. 실생활에서는 잘 쓰이지 않는 용어가 낯설게만 느껴졌지만 신문이나 뉴스기사를 읽을 때에도 제가 배운 개념이 나오는지 확인하기도 했습니다. 때로는 사전을 찾아보기도 하고 담당 선생님께 질문을 통해 해결해 나가며 경제체제의 변천과정, 기초적인 경제 원리부터 천천히 익혀나갔습니다. 이를 바탕으로 동아리 부원들과 함께 참가한 탐구대회와 교내 경시 페스티벌에서 각각 좋은 성적을 거두었을 때는 큰 보람을 느꼈습니다. 수업에서 얻은 지식은 '아는 만큼 보인다.'는 말처럼 세상을 전보다 큰 관점에서 볼 수 있도록 해주었고, 그로 인해 저는 훗날 세계 경제를 예측하고 안정시키는데 도움이 될 수 있는 미래경제학자가 되겠다는 꿈을 갖게 되었습니다.

저는 2학년 때 학년장으로 학생회에 참여하였는데 처음에는 학교행사 참여도가 낮은 3학년 대신

2학년이 행사를 주도하고 그를 총괄해야하는 역할이 부담스러웠습니다. 하지만 저는 곧 중간자로서 역할을 해야겠다는 생각을 했고, 사소한 일을 진행할 때에도 타 학년을 배려하려 노력했습니다. 연간 계획에 없던 수능응원은 참여한 학생들 간의 협력의 중요성과 선,후배간 끈끈한 정을 확인하는 행사이기도 했습니다. 학교생활의 어려운 점과 불편한 것들에 관하여 조사하고 학생들의 목소리에 귀 기울이며 문제를 해결하기 위한 방법을 생각하기도 했습니다. 부원들과 밤을 새며 토론하고 대안을 제시하고 공감을 얻었을 때 느꼈던 보람은 평생 잊지 못 할 경험이 되었습니다. 자신이 먼저 모범이 되어야 한다는 점과 책임감과 최선을 다한 일에는 후회가 남지 않는 다는 것을 배웠습니다.

2학년 여름 음악부에서 미니 콘서트를 준비하는 과정에서 있었던 일입니다. 점심시간 1시간을 활용하여 돌체만의 특색을 보여주기 위한 무대를 꾸미기로 하고 다 같이 곡을 선정하고 프로그램을 구성했습니다. 일주일간의 개인 연습기간을 가진 후에 단체연습에 들어갔는데 단체 연습을 시작한 지 오랜 시간이 지나도 악기별로 음률도 맞지 않고, 속도도 맞지 않아 곡의 완성도를 높이기에는 너무나 어려운 상황이었습니다. 지휘자 겸 피아노를 맡고 있는 저는 불안감을 떨쳐 버릴 수 없었습니다. 처음에는 개인연습이 부족하다고 생각해서 동아리 회장과 상의 후 개인 연습시간을 더 갖도록 했습니다. 하지만 후에 단체연습을 재개했지만 전과 달라진 점이 없었습니다. 제 지휘가 잘못된 것인지, 무엇이 문제인지 답답한 마음에 급기야는 부원들에게 화를 내는 바람에 상황은 더욱 악화되었습니다. 이대로는 예정된 프로그램을 진행할 수 없겠다는 생각을 하면서 음악 선생님께 도움을 요청했습니다. 음악선생님께서는 제게 웃으면서 오케스트라에서 가장 중요한 것이 무엇이냐고 물어보셨습니다. 저는 망설임 없이 '조화'라고 말씀드렸고 바로 그 순간 오케스트라의 특성을 간과한 채 개인에만 초점을 두었던 제 자신이 잘못되었다는 생각이 들었습니다. 연습을 다시 시작하고 부원들을 가만히 관찰했을 때 부원들이 실수하지 않기 위해 자신의 연주에만 몰두하고 있는 것을 볼 수 있었습니다. 그래서 저는 저의 잘못된 판단을 사과하고 '조화'의 중요성을 말하며 이제부터는 실수에 얽매이지 말고 서로의 소리를 듣는 데에 집중해 볼 것을 제안했습니다. 몇 번 연습하고 나니 전보다 훨씬 좋아진 것을 느낄 수 있었습니다. 부원들도 한결 가벼운 마음으로 연주에 집중할 수 있었고 행사 당일도 수많은 학생들의 박수갈채를 받으며 연주를 성공적으로 마칠 수 있었습니다. 이 경험을 통해 단체 활동을 할 때에 개인의 역량도 중요하지만 조화와 협력의 중요성을 배웠고, 문제 해결을 위해서는 나의 점검과 전체를 바라볼 수 있는 능력이 필요함을 느낄 수 있었습니다.

평소 뉴스나 신문을 볼 때 경제 관련 기사를 보게 되면 알 수 없는 용어들로 인해 내용을 파악하는데 있어서 큰 어려움을 겪었습니다. 그럴 때마다 부모님께 여쭙거나 인터넷 검색을 통해서 하나둘 씩 용어를 배워갔고, 점점 재미가 붙기 시작했습니다. 또한 학교에서 사회 과목을 배울 때 등장하는 여러 현상들, 역사적 사건들이 경제라는 큰 흐름 속에서 파악되는 것이 매우 흥미로웠습니다. 경제를 배움으로써 과거의 현상을 재조명해 볼 수 있을 분만 아니라 현재와 미래까지 예측해 볼 수 있다는 매력적인 특성이 경제학을 전공해야겠다는 결정적 계기가 되었습니다. 경제학과에 진학한 후에는 경제학원론을 바탕으로 미시, 거시 경제학을 수강하며 우리나라에서 보이는 경제적 특징은 물론이고, 현상의 원인과 영향 예측 등을 다방면에서 접근할 수 있는 역량을 키울 것입니다. 수치와 그래프의 모양을 익히는 경제수학으로 수리적 지식을 쌓고, 경제사에서 배우는 각 시대의 경제사상 및 정책 변화를 토대로 저 스스로 현재의 사상과 정책을 정리, 분석해 볼 것입니다. 국내경제에만 국한되는 경제 지식이 아닌 세계경제의 흐름도 읽을 수 있는 포괄적 지식을 쌓아 갈 것입니다. 미래의 경제상황을 예측하고 분석하는 능력을 갖추는데 전력을 다 할 것입니다. 경제에 대한 전반적인 지식을 습득하고 졸업한 후에는 대학원에 들어가 실제 사회 분야에 대하여 더욱 깊이 있게 탐구해 보고 싶습니다. 나라를 다스려 백성을 구한다는 경국제민(經國濟民)이라는 경제의 어원을 마음속에 새기고, '빈부의 격차, 빈곤의 악순환'과 같은 우리 사회의 근본적 문제점을 중점으로 연구하여 현 시대에 적용될 수 있는 해결책을 모색할 것입니다. 또한 혼자만의 배움으로 끝나는 것이 아니라 국민들 스스로도 경제를 알고 실생활에 응용할 수 있는 교육의 기회를 마련하는 데에 이바지하고 싶습니다.

"

서른아홉 번째 이야기

◆

과학자가 되겠습니다.

그래서 학교에서 이런 실험을 했습니다.

실험 과정은 이랬습니다. 실험 결과는……

놀라울 정도로 깊이 있게 공부했던 아이다.

고등과정에서 심화란 이런 것이다.라고 말하고 보여줬던 아이다.

이 친구는 고등학교 3년의 학교생활과 학습경험 교내활동을 이렇게 이야기한다.

"

〈예기〉의 학기편에 '교학상장[敎學相長]' 이라는 말이 있습니다. 가르치고 배우면서 더불어 성장한다는 말로 고등학교 3년 동안 친구들과 함께 공부하며 이 말의 의미를 배울 수 있었습니다. 화학에 어려움을 겪던 친구의 화학 공부를 도와준 일이 있었습니다. 처음에는 친구를 위한 일이라고 생각했지만 친구가 모르는 것을 가르쳐주면서 저의 문제점도 발견할 수 있었습니다. 저는 문제집을 풀면서 맞은 문제는 정확히 알고 있다고 생각하며 틀린 문제만 공부를 했습니다. 하지만 친구가 내가 맞췄던 확실히 알고 있는 문제라 여겼던 것에 대해 질문했을 때 답은 알았지만 정답인 이유를 설명하기는 어려웠습니다. 저는 이것이 기본 개념이 부족하기 때문이라고 생각했습니다. 그래서 교과서를 처음부터 꼼꼼히 읽으며 기본 개념부터 다시 정리하고 개념을 단순히 암기 하는 것 보다는 개념을 이해하려고 노력했습니다. 문제를 푼 뒤에는 맞은 문제라고 그냥 넘어가는 것이 아니라 정답인 이유를 설명하는 나만의 해설을 써보면서 공부했습니다. 이런 방법으로 공부를 하면서 기본 개념을 정확히 익힐 수 있었고 친구가 어떤 질문을 하더라도 정확히 답변해주는 것이 가능해졌습니다. 이러한 방법을 전 과목에 적용해 공부하기도 했습니다. 친구의 화학 공부 어려움을 해결해 준 것 뿐만 아니라 친구의 성적 또한 올랐을 때 정말 기뻤습니다. 그리고 제 자신도 화학에 대한 이해가 생겼고 자신감으로 교내 과학경시대회에 참가해 화학부문 장려상을 입상하기도 했습니다. 이 경험을 통해 자기 주도 학습의 중요성을 깨닫고 진짜 공부의 의미를 생각하는 계기가 되었습니다. 화학연구원이 꿈인 저로서는 기본개념을 이해하는 것과 학문의 기초를 다지는 것이 얼마나 중요한 것인가를 깨달은 동시에 탄탄한 학문의 기본기위에 응용과 창의적인 생각이 가능하다는 것을 알았습니다. 대학수학 과정에서 배우는 개론과목을 이수할 때 기본을 이해하는데 집중할 생각입니다. 기본을 이해했을 때 구체적인 화학전공분야를 선택하는 것이 가능하다고 믿기 때문입니다.

2학년 1학기에 친구와 동아리 후배들을 이끌고 교내 과학탐구 실험대회에 참가하였습니다. 관심을 가지고 참가를 했지만 조원들 중 누구도 비슷한 대회에 참가한 경험이 없어 어떻게 진행을 해야 하는지 막막하기만 했습니다. 그래서 작년에 이 대회에 참가했던 선배를 찾아가 진행방법을 물어보았습니다. 어떤 실험을 했는지 보고서를 작성할 때 주의해야 하는 점은 무엇인지도 물어보고 조언을 구하기도 했습니다. 실험주제를 정하기 위해 인터넷과 책을 찾아보며 회의를 하던 중 저희는 표면장력과 표면활성 물질에 관심을 가지게 되었습니다. 그래서 물과 이쑤시개, 세제를 이용하여 물의 온도와 세제의 양 등 다양한 조건에서 표면활성물질의 효과에 대한 실험을 하게 되었습니다. 간단한 실험이라고 생각했지만 막상 실험을 시작해보니 많은 어려움이 있었습니다. 처음에는 표면장력의 크기를 비교하기 위해 표면장력으로 인해 이쑤시개가 나아간 거리를 측정하였습니다. 하지만 수조 크기의 한계로 일정거리 이상을 측정하지 못했고 저희는 실험을 중단한 채 다른 방법을 고민해야 했습니다. 조원들과 회의를 하며 아이디어를 내보고 표면장력과 표면활성물질에 관한 이론을 찾아보던 중 저는 이쑤시개가 표면장력의 끌어당기는 힘에 의해 움직인다는 사실을 바탕으로 표면장력이 더 클수록 더 세게 잡아당기면 속력이 더 빨라지지 않을까하는 생각했습니다. 그래서 거리를 측정했을 때와 속력을 측정했을 때를 비교하며 같은 결과가 나오는지 비교했습니다. 예상한데로 같은 결과가 나왔습니다. 이렇게 정해진 실험과정을 따라하는 것이 아니라 직접 실험을 설계하고 시행착오를 통해 문제점을 해결하면서 다양한 경험을 쌓을 수 있었고 실험자체에 대한 흥미도 느낄 수 있었습니다. 하지만 관련 지식과 경험의 부족으로 정확한 실험과 결과 분석에 한계가 있었습니다. 그래서 실제 연구소에서는 어떻게 실험이 진행되는지 궁금해졌습니다. 그러던 중 진로선생님의 추천으로 한 회사의 연구소를 탐방할 수 있는 기회가 있다고 해서 K-Girl's Day 행사에 참여하였습니다. 연구소를 탐방하면서 다양한 실험 장비를 접하고 어떤 원리가 사용되고 어떤 용도로 쓰이는지 설명을 들을 수 있었습니다. 수많은 실험 장비들 중에 제 눈에 띈 것은 비커 안에서 끊임없이 회전하고 있는 작은 물체였습니다. 아무것도 연결 되지 않았는데 혼자 돌아가고 있는 모습을 보며 그 원리도 궁금했고 왜 저런 장치를 했는지도 궁금해졌습니다. 그래서 연구원에게 장치원리에 관해 물어보았습니다. 그 물체는 용액을 일정한 농도로 유지하기 위해 섞어주기 위한 것으로 비커 아래에 전자석이 있어 전류의 방향을 계속 바꾸면서 비커 안에 있는 자석이 돌아가는 것이라는 설명을 들었습니다. 그리고 제품의 개발을 위해서 다양한 촉매를 사용하여 제품 생산의 효율을 높이고 그 후에도 제품의 품질을 유지하기 위해 끊임없이 연구해야 함을 알 수 있었습니다. K-Girl's Day 행사를 통해 연구원의 사명감과 연구원으로서 가져야 할 자세를 배웠고 연구원이라는 꿈에 확신을 가지게 되는 계기가 되었습니다.

2학년 때 지역아동센터에서 자원 봉사를 했습니다. 처음 봉사를 가면서 아이들과 잘 지낼 수 있을지 조금 걱정도 했습니다. 걱정과 달리 아이들은 먼저 관심을 가지며 다가와 주었습니다. 아이들에게 둘러싸여 이야기를 나누던 중 한 아이가 제게 다가왔습니다. 그러자 다른 아이들은 모두 피하며 다른 곳으로 가버렸습니다. 나중에 아동센터에 계시는 선생님께 여쭈어보니 그 아이는 약간의 지적 장애를 가진 아이로 다른 아이들과 잘 어울리지 못하고 있다는 이야기를 들었습니다. 너무도 밝고 사람을 좋아하는 아이인데 혼자라는 생각에 너무도 안타까웠습니다. 그래서 봉사를 갈 때면 항상 그 아이를 먼저 챙겨주고 같이 종이접기도 하고 게임도 하면서 대부분의 시간을 그 아이와 함께 보냈습니다. 하지만 돌아갈 시간이 되면 혼자인 아이가 걱정스러웠습니다. 내가 함께 있는 것 보다 아이들과 잘 지낼 수 있도록 도와주는 것이 더 필요하다는 생각이 들었습니다. 그 후 봉사를 간 날 아이들이 주사위놀이를 하고 있었습니다. 저는 아이들에게 다가가 그 아이도 같이 해도 괜찮겠냐고 물어보았습니다. 아이들은 "쟤는 이런 거 못해요"라고 말하며 무시했습니다. 그런 아이들에게 너희와 내가 도와준다면 그 아이도 충분히 할 수 있지 않겠냐며 설득을 했습니다. 처음에는 그 아이가 옆에 있는 것을 귀찮아하고 불편해하는 다른 아이들의 모습에 상처만 받는 것은 아닐까 걱정했습니다. 하지만 다른 친구들과 어울리는 것만으로도 너무 즐거워하는 모습을 보며 계속 다른 아이들 속에서 그 아이가 할 수 있는 것을 찾으면서 함께 할 수 있도록 도와주었습니다. 그러자 아이들도 조금씩 변하기 시작했습니다. 더 이상 그 아이가 다가와도 눈살을 찌푸리거나 피하지 않았고 그 아이를 도와주는 아이들도 생겼습니다. 저의 작은 노력으로도 다른 사람들을 좋은 방향으로 변화시킬 수 있다는 것에 기쁨과 보람을 느낄 수 있었습니다. 그리고 나와 다르다는 이유로 편견을 가지고 사람을 대한 적은 없는지 스스로를 점검하고 반성하는 계기가 되었습니다.

"

마흔 번째 이야기

◆

착하고 성실한 아이다.
이 아이를 통해 정보를 전달한다는 것이 일용할 양식을 전달해
사람을 살리는 일 만큼이나 중요한 일임을 알았다.
학과 상담을 통해 구체적인 학과를 결정했다는
아이의 커진 목소리가 흐뭇한 미소를 짓게 했다.
연이 잘 날아오르는 것은 연줄이고 얼레이고 그것을 잡고 있는 사람이리라.

이 친구는 고등학교 3년의 학교생활과 학습경험 교내활동을 이렇게 이야기한다.

"
　　2학년 때까지 저는 다른 과목들에 비해 유독 낮은 수학성적으로 인해 전교에 소문난 '수학을 못 하는 학생'이었습니다. 처음에는 인정하기 싫었지만 저 또한 언제부터인지 아무렇지 않게 그 꼬리표를 받아들였고, 풀이 죽어 수학 공부에 소홀해지기 시작했습니다. 당연히 점수는 점점 떨어지기만 했고 형편없는 성적으로 2학년 내신을 마무리 지어야 했습니다. 차라리 포기해버릴까 고민 하던 중 문득 '겨우 수학 하나 못 이겨서 여기서 포기하면 앞으로 더 어려운 일들은 어떻게 이겨나갈까?'하는 생각이 들었습니다. 그래서 1등급을 목표로 지금껏 미뤄두기만 했던 수학 공부를 시작하기로 결심했습니다. 평일에는 최소 2시간씩 그 날 학교 수업과 방과 후 수업에서 배웠던 부분들을 다시 풀어보고 관련된 응용문제와 기출문제들을 풀며 복습했습니다. 또한 주말에는 EBS를 들으면서 정적분, 조건부확률 등 부족한 개념들을 보충하고 남는 시간에는 예습을 하였습니다. 문제를 많이 풀기보다는 이해하며 정확히 풀기 위해 노력했고 모르는 것은 수학 잘하는 후배에게도 물어보면서 배우기 위해 애썼습니다. 지금까지 수학공부를 등안시 했던 것으로 인해 어려움은 가중되었고 이렇게 해서 목표 근처에는 가볼 수 있을까하는 불안감도 있었습니다. 하지만 수학보다는 나 자신을 이겨야겠다는 결심으로 꾸준히 노력하길 두 달, 저는 고등학교 마지막 중간고사에서 전교 2등을 하였고 뒤이어 지난 2년간 한 번도 입상하지 못했던 교내 수학 경시대회에서 우수상을 받기도 했습니다. 저는 목표를 이루어냈고 꼬리표는 자연스레 떨어졌습니다. 과거에 저는 자신에게 실망하는 것이 두려워 실패를 피하기 위해 항상 편한 것, 쉬운 것만을 선택했습니다. 하지만 마지막이라고 생각하며 실패를 무릅쓰고 간절하게 노력한 결과 허황되다 생각했던 목표를 이룰 수 있었습니다. 이를 통해 앞으로 어떤 어려운 일이 있더라도 하고자 하는 나의 의지와 실천력만 있다면 해낼 수 있다는 자신감을 얻었습니다. 도전이 있어야 발전도 있기에 저는 앞으로도 계속 도전할 것입니다.

저는 수줍음이 너무 많았습니다. 그래서 늘 남들 앞에서 제 의견과 생각을 다 표현하지 못하고 한참 지나서야 '왜 말을 안했을까'하며 후회하곤 했습니다. 1학년 때 이런 저의 성격을 극복하기 위해 사람들 앞에서 자신의 의견을 발표할 기회가 많은 시사토론동아리 활동을 시작하였습니다. 처음에는 모든 사람들이 쳐다보고 있다는 생각에 고개도 제대로 들지 못했고 기어들어가는 목소리로 부족하게나마 발표를 마쳤습니다. 발표가 끝나자 더 잘할 수 있다고 말해주는 듯 우렁찬 박수를 보내는 친구들과 선배들 덕분에 용기를 얻어 조금씩 발표 횟수를 늘릴 수 있었고 어느 순간부터는 발표할 때 고개를 숙이지 않았습니다. 이제 웬만큼 수줍음을 극복하고 다른 사람들 앞에서 말하는 연습이 되었다고 생각했습니다. 하지만 활동을 그만 두지 않고 2학년 때에도 시사토론동아리에 들었습니다. 말하는 연습을 위해 들었던 동아리였지만 상대방에게 자신의 의견을 논리적으로 전달하는 토론의 매력에 끌렸기 때문이었습니다. 3학년 때에는 동아리의 반장을 자처해 원활한 토론 분위기를 만들기 위해 앞장서기도 했습니다. FTA, 비트코인, 불체포특권 등과 같은 서로의 관심사와 관련된 토론 주제를 통해 다른 분야에 대해서도 지식의 폭을 넓힐 수 있었고 그것들에 대해 비판적으로 사고하는 능력을 길렀습니다. 또한 자발적으로 사회자 역할을 맡아 간접광고 찬반토론을 진행함으로써 능동적인 자세를 갖추고, 소비자의 입장뿐만 아니라 제가 생각하지 못했던 중소기업의 입장에서까지 생각해볼 수 있었습니다. 저와 다른 생각을 가진 사람들과 소통하며 편협한 시각에서 벗어나 넓은 시야를 가질 수 있었던 기회였습니다. 자신의 생각을 주장하되 다른 사람의 의견을 경청하고 더 좋은 의견을 수렴할 수 있는 성숙한 자세를 갖추는 것이 중요하다는 생각을 했습니다.

00초등학교에서 다문화 가정과 저소득층의 자녀들과 매주 일요일마다 만나 함께 공부도 하고 놀이도 하는 봉사 동아리 두드림 활동은 저에게 처음으로 멘티를 만들어주었습니다. 그만한 나이의 동생이 있는 것도 아니고 지금까지 한 번도 누구를 제대로 가르쳐 본 적도 없었기 때문에 잘 해낼 수 있을까 걱정도 됐지만 저를 언니, 누나라고 부르며 잘 따라주는 아이들을 보며 꼭 최선을 다해야겠다고 다짐했습니다. 많은 공부를 시키는 것보다는 아이들을 올바른 길로 이끌어주고 싶은 욕심이 가장 컸기에 실수는 감싸주더라도 잘못은 따끔하게 혼내 고쳐주기 위해 노력했습니다. 처음에는 그런 저를 싫다고 피하던 아이도 있었지만 이내 저의 진심을 알아주고는 잘못된 행동을 고치기 위해 함께 노력해주었습니다. 스티커 같은 작은 것이라도 저와 함께 나누려는 아이들의 모습으로부터 자신을 반성하고 저 또한 사소한 것일지라도 나누기 위해 노력했습니다. 3학년이 되면서 이전보다는 자주 만날 수 없었지만 서로 문자나 전화로 소통했습니다. "누나! 우울할 때는 민들레차가 좋대"라며 수험생인 제 컨디션까지 챙겨주는 아이들에게 감동을 받기도 했습니다. 많은 것을 배울 수 있었던 활동이었습니다.

고등학교에 다니는 3년 동안 기숙사 생활을 했던 저에게는 잊지 못할 룸메이트가 있습니다. 그 친구는 1학년 2학기 때 처음으로 기숙사에 들어와 저와 같은 방을 쓰게 되었는데, 처음 하는 단체 생활이라 그런지 방 청소와 화장실 사용에 대해서 미숙한 점이 있었습니다. 초반에는 친구가 기숙사 생활에 적응할 수 있도록 함께 노력했지만 반복되는 친구의 실수에 갈수록 짜증만 늘어갔습니다. 몇 달 전까지만 해도 방에서 막내였던 내가 이제는 그 친구의 몫까지 대신 해주고 챙겨줘야 한다는 부담감은 커져만 갔고 보이지 않는 갈등도 있었습니다. 그러던 어느 날, 평소처럼 씻기 위해 화장실에 들어갔는데 여느 때와는 달리 깨끗한 바닥이 보이고 뒤이어 친구의 뿌듯한 표정이 보였습니다. 오늘은 자기가 청소했다며 환하게 웃는 친구를 보니 지금껏 제대로 챙겨준 것도 없으면서 짜증만 내던 제 자신이 너무나도 부끄러웠습니다. 이렇게 나름의 노력을 하는 친구에게 무조건 의무감과 부담감을 강요한 것은 아닌지 생각했습니다. 말로 돕기보다는 진심에서 우러나온 행동으로 보답해야겠다고 결심했습니다. 쓰레기통 비우기, 머리카락 치우기 등과 같은 사소한 것들은 혼자서 해결하고 창틀 청소와 방청소 같이 힘든 일들은 서로 도와가면서 하자고 이야기 했습니다. 청소를 함께하며 많은 대화를 나눌 수 있었고 친구의 진실됨을 알게 되었습니다. 이로 인해 멀어지고 있다고 느꼈던 친구와 다른 방 부럽지 않은 절친한 룸메이트가 되었고 시험기간에는 친구가 어려워하는 과목인 사회와 영어 공부를 도와주기도 하였습니다. 제 덕분에 점수가 올랐다며 좋아하는 친구의 모습을 보니 저까지 뿌듯해지는 기분이었습니다. 처음에는 서로 성격이 맞지 않아 많이 힘들었지만 친구와 친해지고 나니 지난 과정이 생각났습니다. 나와 다른 사람과 조화를 이룬다는 것은 솔선수범하는 것과 상대를 배려하는 마음, 그리고 대화를 통해 항상 소통하는 자세를 갖는 것이 무엇보다 중요함을 배울 수 있었던 뜻 깊은 경험이었습니다.

"

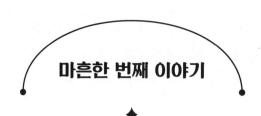

마흔한 번째 이야기

✦

초록이 가득한 날 아이가 찾아왔다.

2학년입니다. 농어촌전형 대상자입니다. 정보보안 전문가가 되려고 합니다.

무엇을 하면 목표하는 학교에 갈 수 있나요.

순진함에 검은 뿔테안경에 학구적 이미지를 물씬 풍겼다.

성실함으로 매월 과제를 꼼꼼히 해내던 아이가 합격 소식을 알렸다.

이 친구는 고등학교 3년의 학교생활과 학습경험 교내활동을 이렇게 이야기한다.

" 저는 정보보안 전문가가 되어 사생활을 철저히 보호해 줄 수 있는 보안시스템을 만드는 것이 꿈입니다. 정보보안 전문가가 되기 위해서는 컴퓨터프로그래밍 실력이 뒷받침 돼야 한다고 생각했습니다. 그래서 프로그래밍에 관심을 갔고 프로그래밍 기본에 대한 공부를 찾아서 시작했고 기초를 다지기 위해 노력 했습니다. 그리고 코모도반 동아리에 가입하여 직접 코딩에 참여하여 직접 경험을 하기도 했습니다. 동아리에서 아두이노를 배웠고, 아두이노를 바탕으로 팀 프로젝트를 진행했습니다. 원격 멀티 탭 제작을 하게 되었는데 저의 역할은 프로그래머였습니다. 저는 다른 팀의 프로그래머들과 비교하여 코딩 경험이 부족하였고, 실력 또한 부족함을 실감했습니다. 이대로는 안 되겠다는 생각에 직접 몸으로 부딪혀 보고 부족한 실력을 보완해야겠다고 생각했습니다. 그래서 저는 늦게까지 학교에 남아 바스코 자율동아리를 통해 부족한 공부를 했습니다. 저는 이때 탄탄한 기초아래 직접시도해보는 새로운 실험과 경험이 무엇보다도 중요하다고 느꼈습니다. 그래서 저는 이후 'FabLab'수업을 통해 부족한 아두이노의 경험을 쌓았습니다. 또한 C언어 기반인 아두이노 이외의 다른 언어의 공부경험도 도움이 될 것이라 생각하여, 꿈의 대학 수업을 통해 파이썬을 배웠고, 방과 후 수업을 통해 파이썬을 활용하여 AI를 다루고, 주어진 문제를 해결하는 경험을 쌓을 수 있었습니다. 그리고 참여과정을 통해 협동과 배려의 중요성을 배웠습니다. 2학년 때 아두이노를 바탕으로 과제연구수업에 참여 했을 때입니다. 과제연구의 주제는 노이즈 캔슬링을 활용하여 급식실 층간소음을 억제하는 것이었습니다. 저는 아두이노에 대해 많은 경험을 했다고 생각했고, 자신이 있었습니다. 하지만 혼자서도 충분히 할 수 있을 것이라는 자만심 때문에 팀원 간의 협동보다는 혼자서 작업을 하였습니다. 진행 중 거듭된 실패를 경험했고, 그제야 저는 저의 어리석음을 깨달았습니다. 이후 팀원들에게 나의 무례함을 사과 했습니다. 그리고 팀원들과 충분한 토의와 토론을 통해 함께 결정한 방법과 역할에 따라 연구를 진행했습니다. 협동을 통한 문제점의 해결은 혼자 했을 때에 비해 훨씬 효율적이었습니다. 팀원 간의 협동 덕분에 연구를 성공적으로 마칠 수 있었습니다. 저는 이후 모둠 활동에서 모둠간의 협동을 가장 중요시 여기게 되었습니다. 또한 융합의 중요성을 배우는 계기가 되기도 했습니다. 노이즈 캔슬링 장치는 소리의 간섭현상을 이용하여 소음을 제거하는 장치입니다. 노이즈 캔슬링 장치를 제작하는 중에 파동을 만드는 과정에서 문제가 발생했습니다. 소음은 대부분 비정현파였고, 아두이노 장치로는 비정현파를 구현할 수 없었습니다. 학교에서 배운 물리로는 방법이 없었지만, 수학시간에 배운 구분구적법을 통해 해결해 보려했습니다. 그 결과 '푸리에 변환'에 대해 알게 되었고, 푸리에 변환을 사용해 비정현파를 구현할 수 있었습니다. 문제를 해결할 때 한 관점에서만 접근하지 말고, 여러 가지 관점을 접목하여 사용했을 때 훨씬 시너지 효과가 크다는 것을 체험할 수 있었습니다.

저는 2년 동안 학급에서 멀티미디어 기자재 도우미라는 역할을 맡았습니다. 수업 중에는 교과 선생님께서 수업에 지장이 없도록 기기를 다루는 도우미 역할을 하고, 수업시간 이외에는 HDMI 케이블이나 랜선 등의 기자재를 망가지지 않도록 관리하는 역할입니다. 초기에는 봉사시간을 받기 때문에 열심히 해야 한다는 책임감이 컸습니다. 하지만 시간이 지날수록 마음이 해이해지면서 문제가 발생했습니다. 아무생각 없이 수업 후 기기의 뒷정리를 하지 않은 채 급식실로 향한 적이 있습니다. 아차 하는 생각에 교실로 돌아갔을 때는 이미 케이블이 밟혀 망가져 있었습니다. 저의 무책임한 행동으로 결론은 학급 전체의 피해가 발생된 것이었습니다. 저는 죄책감과 함께 철저히 반성하게 되었습니다. 그 이후 봉사시간을 받는다는 나 자신만을 위한 생각보다는 학급에 피해를 가져오지 않도록 책임감을 갖고 학급 수업을 위한 역할에 최선을 다했습니다. 달라진 태도로 교과 선생님들로 부터 주의보다는 칭찬을 많이 받게 되었고 그때마다 큰 보람과 자부심을 느낄 수 있었습니다. 수업 도우미 봉사를 통해 느낀 보람은 그 어떤 성취감보다 컸고, 이후 3학기 동안 계속해서 도우미를 자청하여 할 수 있게 되는 계기가 되었습니다. 저는 학급 봉사 활동을 하면서 봉사에 임하는 마음가짐의 중요성을 몸소 느꼈고, 사람들이 봉사를 왜 계속하게 되는지 체험할 수 있었습니다. 비록 타인과 공동체를 위한 영향력이 있는 큰일은 아니었지만 고등학교 생활에서의 이 작은 경험이 이기심보다는 이타적 마음이 공동체 사회생활 속에서 더욱 값진 것임을 알게 해준 소중한 경험이었습니다.

1학년 통합사회 시간에 정보화 사회의 문제에 대해 찾아보던 중 사이버상의 사생활 침해에 대해 조사하게 되었습니다. 그 중 민간인 사찰에 관심을 갖게 되었습니다. 그 이유는 감시와 통제로 사람들의 자유를 억압하는 전체주의 사회의 모습을 보여주는 디스토피아 소설의 사회와 정보통신 기술의 발전으로 감시되는 사회의 모습이 겹쳐 보였기 때문입니다. 저는 사생활이 침해되고 감시가 지속된다면 자유롭지 못한 인권의 문제가 발생된다는 생각을 했습니다. 법적 절차를 거치지 않고는 국가도 함부로 사생활을 들여다 볼 수 없는 보안 시스템을 만들고 싶었습니다. 이를 계기로 정보보안 전문가가 되기로 결심했습니다. 이를 위해서는 시스템을 운영하고 관리할 올바른 가치관과 시스템 제작에 필요한 기술적 능력이 중요하다고 생각했습니다. 그래서 1학년 때는 표현의 자유와 개인정보 자기결정권이 충돌하는 '잊힐 권리'에 대해 보고서를 썼고, 자유선택에 의해 희생되는 것을 어떻게 윤리적으로 해결할 수 있는지에 대해 정리했습니다. 2학년 때는 보안시스템의 필요성에 집중했습니다. 시스템의 목적은 감시가 통제로 이어진다는 전제하에 있었기 때문에 그 근거를 찾아 확인해 보았습니다. 시스템 제작에 있어서, 기술적인 부분 역시 필요합니다. 구체적으로 대학교에 들어가서 수학과 역학 그리고 기초적인 프로그래밍에 매진하여 전공분야의 기초를 쌓고, 이후 심화적인 보안 시스템과 네트워크에 대해 공부하여 보안을 전공할 계획입니다. 졸업 후에는 연구소나 대학원에 들어가 이상적인 보안 시스템을 개발하여 감시에 얽매이지 않고 자유롭게 생활 할 수 있는 사회에 기여하고 싶습니다.

"

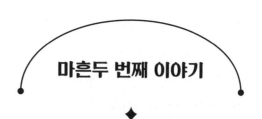

마흔두 번째 이야기

◆

푸른하늘, 날아가는 새, 반짝이는 여울 빛, 노란 꽃, 봄이 온다,

따뜻한 햇살, 시원한 바람……

긍정을 알리는 단어다.

혹한의 겨울, 엄동설한, 칠흙같은 어둠, 차가운 얼음, 청천벽력, 천둥 번개, 소나기……

부정의 단어다.

어휘를 통해 긍정과 부정을 판단하는 것이 수능 국어 문제풀이의 기본이라고 강조했다.

역사에 관심이 많았던 아이가 백년대계 교육을 생각하며 교사가 되겠다고 한다.

국어가 어렵다고 질문이 끊이지 않았던 아이다.

스펀지처럼 물 빨아 드리듯 그렇게 국어 수업에 빠져들던 아이다.

이 친구는 고등학교 3년의 학교생활과 학습경험 교내활동을 이렇게 이야기한다.

"
한국사 수업 중 삼국시대에 대한 호기심이 가장 컸습니다. 제일 약소국이었던 신라가 마지막에 통일을 하는 것이 긴 소설책을 읽는 느낌이 들어서 흥미를 느꼈습니다. 하지만 학교에서 하는 수업이 배우는 내용과 시간은 한정되어 있어서 학교 수업만으로는 저의 궁금증을 해결할 수 없었습니다. 고민 끝에 교육 동아리의 활동 중 모의 수업으로 아직 배우지 않은 신라의 멸망에 대해 수업을 하기로 했습니다. 하지만 어떻게 수업을 준비해야 할지 막막했습니다. 그래서 저는 주변 사람들의 도움을 받기로 했습니다. 역사 선생님을 찾아가 수업 방식에 대해 조언을 구했고 기숙사 선배들이 수업 전 예행수업을 통해 점검해 주며 잘못된 습관이나 언어사용에 대해 조언해 주었습니다. 이러한 도움으로 수업을 잘 끝낼 수 있었습니다. 모의 수업 후 평가서를 살펴보았는데 그중 '수업시간에 배우지 않았던 생소한 내용을 재미있게 잘 설명해주었다.'라는 평가를 보고 성취감을 느꼈습니다. 또 다른 평가서에 '신라 말고 다른 나라들은 어떻게 쇠락하게 되었는지도 설명해 줬으면 더 유익했을 것 같아요.'라는 평가를 보고 신라 이외에 한반도 내에 존재했던 국가들의 흥망성쇠에 대해 궁금증이 생기기 시작했습니다. 그래서 역사의 흐름을 정리한 자신의 개념노트, 수업 내용, 독서 내용을 기반으로 하여 인터넷 검색을 통해 얻은 정보를 합쳐 국가 쇠락의 원인을 보고서로 작성을 하게 되었습니다. 이후 진로 시간을 활용하여 보고서를 기반으로 발표를 하기도 했습니다. 문학 공부를 하던 중 박인로의 선상탄을 감상하면서 임진왜란에 대한 궁금증이 생겼습니다. 그래서 역량이라는 책과 한국민족대백과사전을 통하여 임진왜란의 전반적인 배경에 대해 알게 되었습니다. 이후 한국지리 시간에 자신이 원하는 주제로 발표하는 시간을 가지게 되었는데 임진왜란에 이용된 지형을 조사해보겠다는 생각을 하게 되었습니다. 명량해전과 울둘목에 대해 알아보기 위해 책 명량을 읽고 국립해양조사원의 지리적 연구를 보며 승리한 역사의 현장에 감동을 받기도 했습니다.

가장 기억에 남는 활동의 첫째는 현장체험학습에서 답사를 진행한 일입니다. 유적 유물 가운데 탑, 건축물 또는 지형은 교과 공부로는 잘 이해되지 않았습니다. 다른 학습방법을 고민하던 중 현장체험학습 공지를 보게 되었습니다. 현장에서 직접 사료들을 보고 느끼면서 이해하는 것이 좋은 학습방법이 될 것 같은 생각이 들었습니다. 우선 우리 지역 내의 역사를 알기 위해 추계테마활동으로 우리 지역 내의 역사 답사를 건의하여 답사하게 되었습니다. 답사를 진행하면서 시내에서 지나치며 본 돌이 척화비라는 것을 알고 나서는 저의 무관심에 반성하기도 했습니다. 이 답사를 계기로 저는 한반도와 연관된 모든 역사적 유물이나 역사적 유적지를 돌아보자는 목표가 생겼습니다. 이 목표를 이루기 위해 우선 학교에서 추진한 역사적 사건과 연관된 장소를 답사하는 것에 빠지지 않고 참여하는 것이었습니다. 이 목표를 달성하기 위해 저는 지금까지 양평(여운형 기념관), 영주(금성대군 신단), 담양(죽녹원-송강정), 단양(도담삼봉-정도전) 총 4 지역 답사에 참여했습니다. 이 중 단양답사는 가장 인상 깊은 답사였습니다. 한국의 지리를 학습한 후 주변 지형을 바라보니 많은 것들이 보였습니다. 특히 신라적성비가 그곳에 세워진 이유를 듣고는 역사적 사실을 이해할 수 있었습니다. 이전까지는 단순히 진흥왕이 영토를 넓힌 기념으로 세운 사실밖에 모르면서 다 알고 있다고 생각했던 제가 부끄러웠습니다. 거기서 역사 선생님께서 '적성비는 당시 태백산맥 안쪽에서만 있었던 신라가 태백산맥을 넘어 진출한 것을 기념하여 세웠다'라는 설명을 해주셨습니다. 저는 여기서 단순히 사실을 아는 것보다 그 원인을 비롯한 주변 상황을 아는 것도 중요하다는 깨달음을 얻었습니다.

저는 교육에 대해 학습하고 싶었지만, 전문적으로 학습할 수 없었습니다. 그러다 거점학교라는 교육에 대해 학습할 기회가 찾아왔습니다. 하지만 저는 아쉽게 교육학 대신 과제연구라는 명칭의 거점학교에 들어가게 되었습니다. 거기서 각자 원하는 분야를 택해 과제연구를 하게 되었습니다. 경제와 법, 교육 이었지만 저의 관심분야는 교육이었습니다. 교육을 택한 친구는 저를 포함 3명밖에 되지 않았습니다. 처음 시작을 하자마자 저희에게 위기가 찾아왔습니다. 주제에 대한 고민이었습니다. 의견차이 때문에 2주가 지나도 정하지 못하였고 저희는 마음만 급해졌습니다. 결국 서로 생각나는 주제를 써서 투표하기로 했습니다. 그렇게 '교사의 정치적 중립성'이라는 주제를 선정하였습니다. 이후 참고문헌을 정하고, 파트를 나누어 자료를 수집하였습니다. 하지만 저의 글쓰기와 자료 이해 실력이 다른 친구들에 비하여 떨어졌습니다. 결국 호기심으로 시작한 활동이 저에게 부담이 되었습니다. 이런 저의 어려움을 알고 있던 친구들이 저를 격려하며 끝까지 함께 하자고 말해주었습니다. 격려에 힘입어 저는 제가 할 수 있는 자료 수집과 분석을 하고 여러 번의 피드백을 거쳐서 본래 맡았던 결론 부분을 완성할 수 있었습니다. 격려의 힘과 협력의 중요성을 알았습니다.

저는 지역아동센터에서 교육 봉사를 하면서 나눔과 배려를 실천하였습니다. 처음에 친구와 봉사를 신청할 때는 사촌 동생들을 돌보는 것처럼 하면 되겠다는 생각으로 신청했습니다. 막상 시작하려니 긴장되었고 부담이 되기도 했습니다. 아이들이 오기 전에 놀이방과 학습실을 청소했습니다. 청소가 끝난 직후 아이들이 오기 시작했습니다. 처음에 아이들이 저를 보았을 때 무척이나 경계하는 표정을 볼 수 있었습니다. 그래서 우선 친해지는 것을 목표로 하고 아이들에게 이름이 무엇인지, 아침은 먹었는지, 오늘 무엇을 하는지 물어보면서 아이들의 경계심을 풀어갔습니다. 이후 학습지도 시간에 저는 아이들의 학습 도우미로서 아이들이 푼 문제집 채점과 풀이, 놀이지도시간에 아이들과 여러 가지 놀이 활동을 같이 해주었습니다. 맨 처음으로 저는 준이라는 아이를 만났습니다. 준이는 수학을 어려워했습니다. 그런데 틀리는 문제 지문이 전부 서술형인 것을 발견했습니다. 그래서 준이에게 각 문장을 끊고, 문장의 상황을 그림으로 그려보자고 제안했습니다. 처음에는 귀찮아했지만 점점 문제가 풀리기 시작하니까 좋아하며 적극적으로 문제를 풀기 시작했습니다. 그 뒤로 봉사 마지막 날까지 준이는 저와 같이 수학을 했는데 2~3문제를 틀리면서 이전보다 훨씬 높은 정답률을 보였습니다. 제가 알고 있는 보잘것없는 지식이었지만 어린친구에게 무엇인가 주었다는 것에 보람을 느낄 수 있었습니다. 아이들과 탁구, 축구, 팽이, 블록쌓기, 소꿉놀이 등 여러 놀이를 하다가 술래잡기를 하게 되었습니다. 술래잡기하던 중 술래인 미서가 혼자서 다른 언니, 오빠들을 못 잡겠다고 울었습니다. 그래서 저는 미서에게 다가가서 같이 술래를 하자고 말하면서 미서를 업고 한 30분 정도를 뛰었습니다. 땀범벅이 되며 모두 잡고 나니 모두가 재미있다고 웃으며 즐겁게 술래잡기를 마치고 돌아가게 되었습니다. 피곤하고 힘들었지만 아이들의 밝게 웃는 모습을 생각하니 보람찬 일이었습니다. 나눔의 실천을 통해 자신을 성장시킬 수 있다는 생각이 들었습니다.

사촌 동생들을 돌보면서 처음으로 교육에 흥미를 얻었습니다. 제가 12살 때 새로운 사촌 동생이 태어났습니다. 저는 자연스럽게 사촌 동생을 키우는데 보조 도우미가 되었습니다. 처음에는 귀찮았지만 시간이 지나며 사촌 동생이 귀엽게 보이기 시작했습니다. 동생이 걷기 시작할 때부터는 제가 거의 전담해서 놀아주었습니다. 그러다 보니 아이들의 교육에 관심이 가기 시작하면서 어떤 과목을 가르치는 것이 좋을까 생각했습니다. 저의 역사교육에 관한 관심은 한 사건을 계기로 가지게 되었습니다. 바로 역사 도서의 내용이 역사드라마로 제작되어 방송으로 보게 되었을 때였습니다. 이전까지 저에게 역사는 고리타분한 학문이었습니다. 그러나 저는 드라마를 보고 그 재미없는 걸 저렇게 재미있게 풀어낸 모습이 저에게는 충격이었습니다. 그리고 학교에서 역사수업을 들었는데 드라마처럼 재미있지 않았습니다. 아이들에게 더욱더 재미있고 흥미로운 수업은 어떻게 하면 좋을지 생각해 보았습니다. 현장학습이나 동영상으로 수업하는 방식이나 연극을 통한 수업방식이나 어떤 것이 더 흥미를 가질 수 있는 수업인지 생각했습니다. 그러면서 저의 궁극적인 목표는 아이들에게 역사가 재미없는 것이라는 고정관념을 깨주는 역사교사가 되는 것이었습니다. 저는 한국사와 동아시아사 두 과목을 학교에서 배웠습니다. 그 이외의 역사에 대해서는 학습하지 못했습니다. 대학에 입학해서 제가 아직 학습하지 못한 서양사를 중심으로 열심히 학습하고자 합니다. 한국사와 동양사에 대한 것은 지식을 더욱 확고히 하는 차원에서 학습을 진행할 것입니다. 저는 답사에 많은 흥미를 느끼고 있으므로 학생회 중 답사 운영 위원회에 들어가 활동하고 싶습니다. 더 재미있게 학습하고 기억에 남을 답사를 진행할 것입니다. 많은 역사 지식을 쌓음과 동시에 어떻게 하면 아이들에게 재미있는 방법으로 역사를 가르칠 수 있는 방법도 연구하겠습니다. 많이 부족하지만 호기심과 끈기로 보충하여 왜곡되지 않은 역사를 재미있게 가르치는 아이들을 위한 역사교사가 되도록 노력하겠습니다.

"

마흔세 번째 이야기

◆

말수가 없어서 답답하기까지 했던 아이다.

자기 세계가 강했던 아이다.

혼자 생각하며 혼자 중얼거리고 자기 생각에 푹 빠져있던 아이다.

그러면서 생명공학 이야기에는 눈에 빛을 내며 이야기하던 아이가

생명공학을 전공해서 인류에 기여하는 과학자가 되겠다고 한다.

뭔가 한 방 있어 보이던 제자를 응원하며 꼭 그리되리라 바라본다.

이 친구는 고등학교 3년의 학교생활과 학습경험 교내활동을 이렇게 이야기한다.

" 교내 과학 동아리 〈DS EUREKA〉에서 방사능이 생명체에 미치는 영향을 발표하면서 생명과학에 관심이 커지게 되었습니다. 그리고 생명과학 시간에 배운 생명공학의 기술, 유전자 재조합의 기술, 단백질의 합성과정 등을 배우며 본래 흥미가 많았던 생명공학이라는 학문을 심도 있게 공부하고 싶다는 생각이 들었습니다. 유전자 재조합기술이 무엇인지 구체적으로 알고 싶어 읽게 된 책이 "바이오 사이언스"였습니다. 이 책에서 유전자 재조합 기술을 사용하여 난치병 등 유전자 변형으로 인해 발생된 여러 가지 질병을 치료할 수 있다는 점에 매료되었습니다. DNA를 마음대로 잘라서 이어 붙이고 복제하는 일이 가능해졌고 이 기술이 의약품을 생산하는데 적용된다는 것을 알게 되었습니다. 생명공학이라는 학문은 실험 경험이 중요하다고 생각해 2,3학년 때는 우리 학교에는 없는 과학 실험 중심의 거점학교를 신청해 다니며 많은 실험을 경험했습니다. 호기심이 많아 동생이 소화불량으로 힘들어 하는 것을 보고 어떤 쌀이 가장 소화가 잘되는지 궁금했습니다. 궁금증을 해결하기 위해 직접 실험을 통해 확인해 보고 싶었습니다. 실험은 세 개의 비이커에 흑미, 백미, 현미를 같은 부피만큼 각각 넣은 후 같은 양의 아밀레이스 용액을 첨가하고 온도 변화를 측정하는 실험이었습니다. 이 실험의 종속변인은 온도 변화이고 조작변인은 쌀의 종류였습니다. 실험에서 가장 신경 쓰이고 어려웠던 점은 외부 온도 변화를 고정시키는 문제였습니다. 공간을 통제하고 에어컨 자동온도 시스템을 가동하며 실내온도를 유지했습니다. 온도변화 데이터를 시간대별로 정리하고 결과를 확인했을

때 백미가 가장 소화가 잘 되는 쌀이라는 것이 확인되었습니다. 이 실험을 진행하면서 실험을 할 때 변인통제를 잘 못하면 오류가 나올 수 있다는 것을 깨달았습니다. 석 달 동안 열심히 노력한 끝에 실험에 성공할 수 있었습니다. 생명공학은 많은 곳에 영향을 미치고 인류에게 도움을 줄 수 있는 학문이란 생각에 제 진로를 확고히 다지는 계기가 되었습니다.

첫 번째는 진로 활동입니다. 1학년과 2학년에 비전업고에 참여하면서 많은 진로 탐색 활동을 했습니다. 1학년 때는 직업 골든벨에 도전하면서 내가 몰랐던 직업군에 대해서 탐색할 수 있었으며 2학년 때는 친구들과 협력하여 창업 아이템을 개발해내는 활동을 했습니다. 이를 토대로 내 적성에 맞는 탐구형 직업을 가져야겠다고 생각했습니다. 또한 인문 융합 토크콘서트에서 인문학 강의를 듣고 인문학은 독립적인 학문이 아니라 여러 가지 분야와 연결 되어 있음을 배웠습니다. 이 강의를 듣기 전에는 인문학이 나의 진로인 생명과학과 무슨 관계가 있을까? 궁금증을 가지고 강의를 들어보아야겠다고 생각했습니다. 이 강의를 들어보니 인문학이 저의 진로인 생명공학만이 아니라 모든 분야의 기본이 되는 교양이라는 것을 알았습니다. 인문학적 소양을 넓힐 수 있도록 노력하는 계기가 됐습니다. 꿈,끼 체험 주간 학과탐색 프로그램에서는 산업공학과 교수님과의 만남을 통해 실질적인 학과 정보를 자세히 제공받아 나의 진로에 대해 한 층 더 확신을 가지게 되었습니다. 그리고 2학년 때 과학상상 캠프를 통해 저의 진로와 관계된 생명분야를 여러 가지 실험으로 더욱 깊게 알고 특히 의생명 분야의 다양성을 깨달을 수 있는 계기가 되었습니다. 이런 진로활동을 통해 생명분야로의 나의 진로를 구체화하고 분명히 하게 된 활동이었습니다.

두 번째는 동아리 활동입니다 저는 좋은 연구 성과를 내는 생명공학 연구원이 꿈입니다. 동아리를 참가하기 전엔 연구원은 자기의 분야와 관련이 있는 연구만 실행하면 된다는 생각을 가지고 있었습니다. 하지만 동아리 활동을 통해 협업하고 서로의 생각을 나누는 것이 혼자 고민하는 것 이상의 좋은 결과를 도출 할 수 있다는 것을 느꼈습니다. 수학감각이라는 동아리에서 파이데이 주간에 동아리부원들과 함께 신발 던지기 이벤트를 진행한 것과 교내수학축제에서 수학부스를 운영한 것을 통해 수학적 창의력과 호기심, 협동심을 기를 수 있었습니다. 또, 충북수학축제에서 OHP에 도안을 숨겨 상대방에게 보내는 스테가노그래피를 계획하고 운영하며 수학적상식과 설명하는 방식에 대해 깨달을 수 있었습니다. DS-DUREKA라는 과학 동아리에서는 방사선의 정의와 종류, 피폭되었을 때 생명체에 나타나는 현상에 대해 발표하였습니다. 동아리 활동을 협업과 협력을 통해 더 큰 결과를 낼 수 있다는 것을 알았습니다.

세 번째는 멘토 멘티 활동입니다. 이 멘토 멘티 활동에서는 교학상장이라는 사자성어의 의미를 확인했습니다. 친구를 가르치거나 친구에게 배우는 것 모두가 저의 학업을 증진에 도움이 되었습니다. 수학에 어려움을 느끼는 친구를 위해 일일 수학 선생님을 자처해서 도와줬습니다. 제가 잘하는 분야에서 친구를 도울 수 있다는 것이 즐겁고 부듯했습니다. 물론 친구에게 도움을 받을 때도 많았습니다. 수학이라는 과목을 통해 서로의 단점을 극복하고 우정을 쌓을 수 있었던 좋은 경험이었습니다.

    저는 어렸을 때 말과 행동이 느려 부모님께서 걱정을 많이 하셨다고 합니다. 제 입장에선 오랫동안 생각하고 말을 하는 것이었지만 말이 느린 것이 친구와 소통하는 데 어려움이 있었습니다. 유년 시절 친구와 소통하고 공감하는 경험보다는 혼자 고민하는 경험을 더 많이 하다 보니 성장하면서 나 중심의 생각을 많이 하게 되었습니다. 친구들과 같이 실험을 해야 할 때 처음엔 내 생각을 이야기하는 것이 어색했지만 실험을 진행하다 보니 다른 사람들과 소통하는 것이 중요하다는 것을 느꼈습니다. 나와는 다른 생각들을 듣는 것이 흥미롭고 나의 발전에 유익한 것이라는 것을 깨닫게 되었습니다. 또한 학교의 가장 좋은 제도는 멘토 멘티 제도입니다. 잘하는 과목을 어려워하는 친구들에게 멘토가 되어 같이 공부하는 제도입니다. 선생님께서 수학을 어려워하는 친구들에게 수학을 가르쳐 보지 않을래? 라는 제안을 받았을 때 내가 친구에게 수학을 잘 설명할 수 있을지 두려웠지만 과학 실험을 통해 친구들과 소통 하는 것과 공감 하는 것에 대해 즐거움을 느낀 저는 좀 더 잘 소통하는 방법을 배우고 싶다는 생각에 흔쾌히 하겠다고 했습니다. 친구와 서로 돕고 서로 격려해주며 경쟁만 하는 것이 아니라 서로의 발전에 도움이 될 것이라고 생각했습니다. 학사에서 동고동락하는 친구와 함께 하게 되어서 안심했지만 항상 서로 경쟁을 했었던 관계라 처음엔 서로 어색했습니다. 하지만 시간이 흐르면서 언제부턴가 친구와 제가 성장하고 있다는 것을 공감하며 서로 마음을 열게 됐습니다. 풀이과정이 복잡한 여러 가지 유형의 문제를 같이 풀어보고 같이 오답 정리도 했습니다. 지금은 그 친구와 공부도 같이 하고 고민도 같이 나누는 아주 친한 친구가 되어 잘 지내고 있습니다. 열심히 노력하다보니 차츰 말이 늘기 시작했고 이런 저의 노력을 친구들도 알았는지 저에게 수학이나 과학 문제를 물어보는 친구들이 늘기 시작했습니다. 고민하고 해결하려는 노력을 하면서 점점 발전해나가는 저의 모습을 보면서 깨달음을 얻을 수 있는 좋은 경험이었습니다.

    저의 꿈은 생명현상 연구를 통해 유용한 물질을 만들어내는 생명과학연구원입니다. 처음 생명과학과에 관심을 가지게 된 이유는 과학 동아리 〈DS EURECA〉에서 방사능에 대해 조사하면서 방사능이 생물체의 염색체에 들어가게 되면 돌연변이가 일어난다는 것을 알게 되었습니다. 방사선을 쏘아주는 것으로 돌연변이를 일으킬 수 있다는 것에 흥미를 느껴서 그때부터 생명과학 관련된 책들을 집중해서 읽게 되었습니다. 가장 인상깊게 읽은 책이 하리하라의 바이오 사이언스라는 책입니다. 이 책을 읽고 공부하면서 유전자란 무엇이고 유전자가 어떻게 쓰이는지를 알게 되었습니다. 그리고 유전자 연구를 통해 인간의 질병을 치료하고 인간의 삶의 질을 향상 시킬 수 있다고 생각했습니다. 생명과학 연구원이라는 직업을 꿈으로 가지게 되었고 학과에 지원하게 되었습니다. 처음에는 유전자에 관한 내용만 알 수 있었지만 점차 유전자에 대해 공부하면서 유전자라는 것이 생명 활동에 중심이 된다는 것을 깨달았습니다. 그리고 유전자가 이용되는 부분을 공부하면서 유전자 연구와 이용에 대한 흥미를 키울 수 있는 계기가 되었습니다. 그리고 이 책을 읽으면서 모르는 단어가 많았습니다. 그래서 생명과학이라는 분야가 이해하기 힘든 과목이라는 생각이 들었습니다. 그러나 생명과학에 대한 흥미를 잃고 싶지는 않았습니다. 그래서 모르는 단어를 인터넷으로 조사하였습니다. 바소체라는 내용과 X선을 유전자에 쏘면 왜 돌연변이가 생기는지, 유전자가 어디에 쓰이는지에 대해 인터넷으로 조사하는 활동을 하였습니다 .왜 돌연변이가 생기는지 정확하게 알지는 못하지만 유전자 연구를 통해 밝혀 질 것입니다. 제가 생물학과에 입학하면 1학년 때에는 미생물학개론을 수강하고 2학년 때에는 유전학을 공부할 예정입니다. 3,4학년 때에는 분자조직학을 배우고 그 후에 대학원에 들어가서 좀 더 심화적인 공부를 하여 유전자 연구에 집중하고 싶습니다. 그러면서 우리나라의 생명공학 연구 성과가 다른 나라에 뒤처지지 않도록 최선을 다하고 싶습니다.

"

◆

한 부모 가정의 환경에서 착하고 성실하게 생활했던 아이다.
혼자인 아버지를 위해 집 가까운 대학에 가겠다며 아버지를 생각하는 마음이
심청이를 연상하게 했다. 정말 착한 효녀다.
끝까지 겸손하게 최선을 다하며 역사교사가 되어 아버지와 동생을 책임지겠다던 아이다.
마음으로 응원했고 이런 아이는 꼭 잘되어야 한다는 바람을 되뇌었던 아이다.

이 친구는 고등학교 3년의 학교생활과 학습경험 교내활동을 이렇게 이야기한다.

"
　　우리 고장의 문화유산인 '백운화상 초록불조 직지심체요절'이라는 직지의 이름을 어려서부터 외우고 다닐 만큼 저는 역사에 대한 관심이 깊었습니다. 1학년 때 한국사에서도 높은 점수를 받을 수 있었습니다. 그러나 2학년 때 동아시아사를 접하게 되면서 저는 어려움을 느끼게 되었습니다. 이전에 공부했던 한국사와 달리, 여러 나라의 역사를 동시에 다루는 동아시아사라는 새로운 역사 과목이 낯설었기 때문입니다. 마치 제가 알던 역사가 아닌 다른 과목이라는 생각이 들었습니다. 이전에 한국사를 공부하던 때와 같이 암기위주의 공부법으로는 안된다는 것을 알고, 역사적 흐름을 체계적으로 알기 위해 동아시아 모든 나라를 한꺼번에 정리한 저만의 사건 연표를 제작했습니다. 이를 통해서 각 나라를 따로 암기하는 것보다는 동아시아 각 나라의 역사를 관계 지어 보기 위해 노력했습니다. 또한 한꺼번에 쏟아지는 많은 사건들을 외우기 위해 될 수 있는 한 기출문제를 많이 풀었고, 오답의 여부와 관계없이 모든 문항 아래에 관련 내용의 주석을 다는 방식으로 사건을 익혀갔습니다. 중간 중간 한국사에 관한 감을 잃지 않기 위해 매주 실시하는 교과 퀴즈왕 역사 부문에 꾸준히 참여하기도 했습니다. 동아시아사를 공부하는 과정에서 왕안석의 신법에 대해 좀 더 알아보고 싶다는 호기심도 생기게 되었습니다. 관련 영상물을 찾아보는 등의 조사를 통해 신법 추진의 배경을 탐구하고, 그에 관한 보고서를 작성하여 제출했습니다. 그 과정에서 정책이 실패한 원인으로 이론적으로만 완벽한 개혁을 추구했기 때문이라는 의견을 제시하여 사건을 바라보는 능동적인 시각을 갖출 수 있었습니다. 이러한 결과, 저는 시험에서 100점이라는 점수와 함께 동아시아사 교과우수상을 수상

하게 되었습니다. 또한 한 학기 동안 꾸준히 참여했던 교과 퀴즈왕 역사 부문에서도 최우수상(1위)을 받을 수 있었고, 창의융합 사회탐구 경시대회의 역사부문에서 장려상(3위)을 받는 등의 성과를 이뤄내, 노력은 나를 배신하지 않는다는 확신을 가질 수 있었습니다.

학교 수업에서 접하는 역사와 함께 당시의 역사의 현장을 직접 느껴보고 싶었기에 '생생가사문학 집중프로그램 동아리 선생님들과 함께하는 현장체험학습'에 참가하게 되었습니다. 장소는 담양이었습니다. 저는 답사 사전 주의사항을 들으며 담양의 역사를 알아보고 간다면 그 지역에 대한 더 깊은 이해가 가능할 것이라는 생각이 들었고, 친구들과 조를 짜 '역사가 살아 숨 쉬는 곳' 이라는 주제로 담양의 방문지인 소쇄원에 관해 보고서를 작성했습니다. 답사 사전 보고서를 작성하면서 소쇄원은 사화 중 하나인 기묘사화와 관련되어 있다는 것을 알았습니다. 연산군 축출 이후 중앙정계에 진출했다가 다시 밀려난 사람들 중, 조광조의 제자가 스승의 죽음에 벼슬길에 미련을 버리고 은둔하며 지은 곳이었습니다. 이러한 충분한 사전 조사는 제게 보다 더 풍부한 체험학습의 경험으로 다가왔습니다. 마치 '아는 만큼 보인다.'라는 말을 깊이 깨닫게 되는 순간이었습니다. 소쇄원을 방문하여 소쇄원의 건축 배경인 기묘사화에 관하여 친구들에게 설명을 해주자, 친구에게서 '문화 해설사' 같다는 호평도 얻었습니다. 제가 아는 역사적 지식을 직접 현장에서 가르친다는 생각이 들자, 선생님이 된 것 같다는 생각마저 들었습니다. 정유재란 때 소쇄원이 소실된 적이 있다는 사실에 안타까워하면서도, 역사가 공존하는 오래된 문화재로서의 가치와 역사가 공존하는 유교적 발자취를 직접 느껴볼 수 있는 소중한 경험이었습니다.

모의수업을 진행하며 '역사를 어떻게 하면 재미있게 가르칠 수 있을까?' 생각했습니다. 역사라는 과목이 고리타분하고 지루한 암기 과목이라는 친구들의 인식을 바꾸어 주고 싶었기 때문입니다. 역사라는 과목에서 느껴지는 고정관념을 깨기 위해서는 역사적 사건의 설명보다도 무엇보다 역사에 대한 흥미가 먼저라는 생각이 들었습니다. 그렇기에 모두가 알 만한 고사 성어를 주제로 그 고사 성어와 관련된 고대 중국 고사를 이야기 해주는 방식으로 접근한다면 분명 편견을 깰 수 있을 거라 생각했습니다. 여기에 그치지 않고 수업 방식에도 변화를 주었습니다. 교사의 질문에 대답하기를 두려워하는 학생이 있으니 기존의 강의식 수업에서 벗어나 스스로 대답할 수 있게끔 하는 참여식 수업으로 바꾸었습니다. 실수하지 않는 완벽한 수업보다는 학생들이 편하게 느낄만한 수업을 위해 수업 대본을 준비하지 않았고, 직접 고사 성어와 관련된 만화를 그려 퀴즈를 준비했습니다. 수업 방식을 바꾸니 제 수업을 듣는 학생들의 태도도 달라진 것을 느꼈습니다. 대본에 집중하느라 학생들의 반응을 살필 틈이 없었던 이전의 저와는 달리 많은 질문을 던지고 스스로 대답하게끔 대답을 유도하는 제 수업에 다들 적극적으로 호응해주었습니다. 특히 고사 성어를 활용해 스토리텔링을 하듯 중국 고사를 들려주는 수업 방식을 통해 역사에 대한 생각이 바뀌었다고 말하는 동아리 부원도 있어 보람을 느낄 수 있었습니다. 역사에 대한 접근법 하나에 변화되는 분위기와 호응을 보고 모두가 역사를 쉽게 느낄 수 있도록 돕는 교사가 되고 싶다는 생각이 들었습니다.

제게 협동 정신을 깨닫게 해준 것은 미술 수업시간에 했던 '협동화 그리기'였습니다. 6~9명으로 조를 이루어 거대한 그림 하나를 인원수만큼 잘라 각 부분을 완성하는 과제였습니다. 미술에 나름 자신을 가지고 있던 저는 '별 거 아니겠지'하며 조장 역할에 지원했습니다. 하지만 생각보다 일은 순탄하게 흘러가지 않았습니다. 그림의 밑그림을 그리기 위해 원본을 나무 목판에 모작하여 조각칼로 파내는 첫 과정부터 고된 작업의 시작이었습니다. 게다가 제가 속한 조가 선택한 그림은 세밀한 칼질을 필요로 하는 그림이었고, 저는 조장으로서 모두가 기피하는 가장 어려운 부분을 맡겠다며 나서게 되었습니다. 쉬울 줄 알았던 조장으로서의 역할은 과제가 장기간에 걸쳐 진행되자 큰 부담으로 느껴졌습니다. 협동화의 특성 탓에 자신의 그림의 옆 부분을 맡는 친구들과 시시때때로 그림을 맞춰봐야 했고, 조금이라도 다른 점은 바로 수정해야만 했습니다. 이에 때로는 조원들 간의 갈등이 생기기도 했습니다. 조장으로서 조원들의 갈등을 해결하려고 노력했습니다. 이후 불편을 조금이라도 해소해 주기 위해 수업 시작 전, 교실에 먼저 도착하여 조원들의 목판을 각자의 자리에 놓아 주었습니다. 채색 단계에서는 단체로 행동하기에 미술실이 좁게 느껴질 수 있겠다는 생각이 들어서 옆 교실을 빌려 책상 배치와 함께 물감을 미리 준비해 놓았습니다. 처음에는 쉬는 시간을 포기해가며 조장 역할을 하는 것이 힘들었지만 이전보다 그리기 편해졌다는 조원들의 말에 이런 저의 노력이 헛되지 않은 것 같아 뿌듯함을 느꼈습니다. 쉬는 시간에 일찍 와 저를 도와주는 조원들도 하나둘씩 늘어났고 비협조적이었던 조원들도 차츰 적극적으로 활동에 참여하기 시작했습니다. 제출일이 가까워지자 우리 조는 손이 느려 힘들어하는 친구를 위해 늦게까지 남아 서로의 그림을 대신 칠해주며 협동화 완성을 위해 모두가 노력하는 한 팀이 되었습니다. 이러한 과정을 통해 저는 협동이란 무엇인지에 대해 많은 것을 느꼈고 배려의 힘을 느낄 수 있었습니다.

교사의 꿈을 갖게 된 것은 중학교 3학년 때 담임선생님을 만나면서였습니다. 선생님은 항상 학생들을 우위에서 이끌어주는 역할로만 생각했던 제게 담임선생님은 다른 존재감을 보여 주셨습니다. 학생의 '자율성'을 강조하셨습니다. 친구처럼 학생들과 어깨동무하며 함께 걸어 나가는 친근하고도 열정적인 교육관을 가진 선생님이셨습니다. 저는 선생님을 존경하게 되었고 '아, 나도 저렇게 학생들이 거리감을 느끼지 않는 친구 같은 선생님이 되고 싶다.' 라고 생각하며 교사의 꿈을 갖게 되었습니다. 고등학교 진학 후 한국사를 접하고, 초, 중학교 때보다 더 심화 과정을 배우면서 저는 본격적으로 역사라는 과목에 흥미를 붙이게 되었습니다. 깊게 공부할수록 사건과 사건이 연관되어 하나의 흐름이 눈에 들어오기 시작했고 초반의 어려움도 잠시 동아시아사는 나라와 나라 간에 서로 영향을 주고받는 흐름이 눈에 보이기 시작하자 역사에 큰 매력을 느꼈습니다. 한눈에 보이는 나만의 역사연표를 만들어 공부할 때는 교사가 되어 역사를 쉽게 가르치고 싶다는 생각이 들었습니다. 친구들이 제게 왜 그런 딱딱한 과목을 좋아하느냐고 물을 때가 있었습니다. 그 말을 듣고 역사는 여전히 지루하고 어려운 과목이라는 인식이 대다수인 것 같다는 생각이 들었습니다. 제가 어렸을 적 삼국지로 역사에 대한 첫 접근을 했듯이, 역사는 접근을 어떻게 하느냐에 따라 누군가에게는 재미있는 과목일 수도, 재미없는 과목일 수도 있다고 생각합니다. 저는 학생들이, 또는 대중들이 왜곡된 역사가 아닌 정확한 역사를 재미있게 알 수 있도록 돕고 싶습니다. 역사교육과는 이런 저의 꿈을 실현시켜 줄 학과라는 생각으로 지원하게 되었습니다. 역사교육과에 진학하여 동양사와 서양사, 그리고 한국사에 대한 심화 과정을 배워 지식을 구체화한 후, 역사란 무엇인지 그 심화 과정을 제대로 공부하고 싶습니다. 이를 바탕으로 향후 역사 교사가 되어 여러 교수법에 대해 탐구해보며 학생들이 흥미를 느낄 만한 색다른 역사 수업을 하는 교사로 거듭날 것입니다.

"

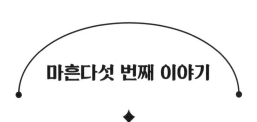

◆

꿈도 없고 생각도 없던 아이가 실생활을 통해 우연히 꿈을 갖게 되었고
그 꿈을 실현해 보겠다고 한다.
식물 유전자에 대한 관심이 인간의 생명으로 관심이 확장되었고 인류를 위해
무언가를 만들어 인류의 생명 연장에 기여하겠다는 포부를 밝히던 아이다.
발전 가능성과 성공의 확신을 내비치던 아이를 응원한다.

이 친구는 고등학교 3년의 학교생활과 학습경험 교내활동을 이렇게 이야기한다.

"
저는 고등학교 공부도 중학교 때와 별반 다르지 않다고 생각하고 3월 모의고사를 치렀습니다. 하지만 너무 낮은 점수에 충격을 받았습니다. 특히 자신 있었던 수학 점수를 보고 이대로는 안 되겠다고 생각했습니다. 저는 중학교 때와는 달리 급격하게 늘어난 난이도에 기초적인 문제를 풀기에도 버거웠습니다. 하지만 원하는 대학에 진학하기 위해서도 필요하지만 제 진로인 생명과학을 전공하기 위해서는 수학은 필수라고 생각했습니다. 수학을 이해 할 수 있는 공부법을 생각했고 찾아야만 했습니다. 수학 공부에 대한 막연한 두려움이 있던 저는 우선 많은 문제를 풀어 보는 데만 집중했습니다. 문제를 풀고 정답을 맞추며 스스로는 많은 공부를 했다는 생각으로 시험을 치렀지만 수학 점수는 오르지 않았습니다. 저는 제 공부 방법에 문제가 있다고 생각하여 새로운 공부 방법을 생각해 보았습니다. 일단 수학에 흥미를 느껴보자고 생각했고, 학교 수학축제에 적극 참여했습니다. 또 동아리에서 '자신의 진로와 관련된 수학'과 '일상생활 속 수학 원리'에 대한 주제로 글을 써보고 발표를 하는 등, 다양한 활동에 참여하다 보니 저절로 수학에 대한 흥미를 갖게 되었습니다. 그리고 단순한 공식 암기가 아니라 융합된 문제원리를 이해하는 것이 중요하다는 것을 알게 되었습니다. 매일 정해진 시간에 일정한 분량을 규칙적으로 공부하되 문제 해설문을 써가며 스스로 설명을 할 수 있을 정도로 이해하려 노력했습니다. 계획대로 공부한 날과 그렇지 못한 날을 기록하며 자기 점검의 시간을 갖기도 했습니다. 또 나만의 노트를 만들어, 이전에 틀렸거나 중요한 문제를 노트에 정리해두고, 외워야 할 중요한 공식이나 새로운 풀이 과정 등을 적어 틈이 날 때마다 노트를 들여다보며 기초를 다졌습니다. 심화 문제풀이에도 자신감이 생길 무렵 치러진 시험에서 7등급이었던 확률과 통계 과목을 3 등급 결과를 받을 수 있었습니다. 저에게 수학 3등급은 정말 소중한 결과였고 집중하고 생각하는 공부방법이 자신을 발전시킬 수 있다는 자신감을 갖게 되었습니다.

저는 여러 과학 동아리 부원들과 유전자 가위에 관해 탐구한 활동이 기억에 남습니다. 서로 관심 분야가 비슷한 사람들끼리 모여서 한 조를 이루어 한 가지 주제를 조사해 보고, 나중에 모여서 보고서를 같이 작성하는 활동이었습니다. 그러나 처음 주제를 정하는 것부터 어려웠습니다. 다들 생명과학에 관심이 있어서 인지 뇌 과학, 동물의 돌연변이, 유전자 조작 식품 등 여러 가지 주제를 제시했습니다. 주장과 의견이 많다보니 주제를 정하기가 어려웠고 시간만 흘러갔습니다. 그래서 저는 많은 주제 중 유전자 공학 분야에서 많은 주제가 나온 것을 보고, 여러 명이 함께 탐구해볼 기회인데 혼자 할 수 있는 주제보다도 어려운 주제를 탐구해보자고 제안하였고 결국 유전자 가위에 대해 탐구하는 것으로 결정 되었습니다. 하지만 처음 접하는 내용이었고, 교과서에서도 찾기 힘든 내용이라 어려움이 많았습니다. 서로 모르는 부분을 알려주며 조사해 나갔지만, NHEJ, HDR과 같은 전문용어에 대해 어려움을 느낀 저희는 결국 담당 선생님께 도움을 요청하게 되었습니다. 선생님께서는 관련 기사나 관련 논문 등을 소개해주시며 자료 수집에 큰 도움을 주셨습니다. 여러 명이 각자 조사를 하다 보니 중복되는 부분이 많거나 기간 내에 정해진 부분을 조사하지 못하는 등의 어려웠던 점도 많았습니다. 부족한 부분을 채워가며 보고서를 완성하게 되었습니다. 서로를 배려하고 협동하는 것이 무엇인지 알 수 있었던 의미 있는 활동이었습니다.

3학년 때 동아리 부원들끼리 한 토론 활동도 기억에 남습니다. 다양한 주제가 있었지만, 그중에서도 동물 실험에 대한 주제로 토론을 진행했을 때가 가장 기억이 납니다. 저는 동일한 주제로 2학년 때 반대 입장에서 토론을 준비해본 경험이 있어 이번에는 찬성 입장에서 토론을 진행해보고 싶었습니다. 그 때문에 별로 어려움 없이 제 주장에 대한 근거를 찾아 나갔고, 토론 활동 중에도 자신 있게 제 생각을 말했습니다. 하지만 반대 측에서 의외로 동물 실험의 윤리적 문제나 동물 실험의 실효성에 대해 지적했을 때는 미리 준비가 되어있지 않아서 당황스러웠고 제대로 반론하지 못했습니다. 제가 반대 입장을 준비할 때를 생각하며 완벽하게 토론을 준비했다고 생각했는데 막상 지적에 대한 반론을 펼치지 못하는 제 자신을 보며 준비가 부족했다는 생각과 겸손하지 못했다는 반성을 하기도 했습니다. 특히 동물과 사람이 공유하는 병은 극히 일부에 불과하다는 동물실험의 실효성 문제에 대해 지적받았을 때 반박할 수 없었고, 토론이 끝난 후에서야 이 문제를 다시 살펴보게 되었습니다. 저는 토론 활동 중에 지적받은 내용 이외에도 탈리도마이드 사건, 콜리오퀴놀 사건 등에 대해 찾아보면서 동물 실험의 문제점을 찾아보고 동물 실험에 대해 다시 한 번 생각해보게 되었습니다. 하지만 찬반 양측의 주장과 근거를 반복하는 과정을 통해 많은 지식을 공유할 수 있었던 유익한 시간이었습니다. 제가 미래에 생명 공학 연구원이 되면 분명한 목적과 기준을 가지고 구분된 동물 실험을 해야겠다고 다짐하게 되었습니다.

　제가 학교생활 중 어려웠던 점은 많은 사람들의 의견을 조율하는 것이었습니다. 매주 주번을 정해서 분리수거를 하는데, 간식을 먹지 않으니 청소를 하지 않고 그 시간에 운동을 하겠다는 친구가 있었습니다. 이를 다른 친구들에게 일방적으로 통보하듯 말해 친구들의 불만을 많이 듣게 되었습니다. 저는 학사 전체 학년장으로서 단체의 규칙이 중요하다고 생각했습니다, 그래서 저는 학생들을 모아 서로의 의견을 들어보고 해결하려고 했습니다. 하지만 해결책은 나오지 않고 서로 감정만 상하는 말만 오고갔고 서로를 이해하려 하지 않았습니다. 저는 일단 대화를 일단락하기로 했습니다. 미리 준비하지 않고 서로 자신의 의견만 내세우려 했던 게 실패의 이유라고 생각했습니다. 그래서 저는 다른 친구들의 의견을 듣고 절충안을 생각해 다시 그 친구에게 전달했습니다. 서로의 의견은 모두 맞지만 일방적으로 통보한 태도는 잘못되었다고 생각해 사과를 하면 어떻겠냐고 묻자, 그 친구는 자신의 잘못을 인정하였고, 다시 다른 친구들에게 모두 사과하며 상황이 끝났습니다. 그리고 며칠 후, 저는 그 친구가 스스로 청소하는 모습을 보게 되었습니다. 흐지부지 끝났던 것 같아 다시 해결책을 생각하고 있을 때 먼저 스스로 청소하는 모습을 보았을 때 뿌듯함을 느낄 수 있었습니다. 물론 서로의 감정도 많이 상하고 해결책은 찾지도 못한 채 대화는 실패로 돌아갔지만, 중재안을 가지고 대화하면서 상대방을 배려하는 모습을 보고 준비된 대화의 성공을 보았습니다. 앞으로도 어떠한 갈등이 생겼을 때 갈등을 해결하는데 큰 도움이 되리라 생각했습니다. 특히 다시는 말할 것 같지 않고 사이가 개선될 기미가 보이지 않던 친구들을 중재하며 계속 대화를 이끌어낸 제 자신의 역할도 중요했다는 생각입니다. 나에게 상대에 대한 불만을 털어놓고 대화한 것이 결국 화해하며 서로를 이해 할 수 있었다는 말을 들었을 때 보람도 느꼈습니다. 저는 이 경험을 통해 대화의 방법이 문제 해결의 중요한 역할을 할 수 있다는 점과 대화의 힘을 알게 되었습니다.

　제 어렸을 적 꿈은 과학자가 되는 것이었습니다. 고등학교에 진학해서도 이공계 대학을 목표로 공부했습니다. 하지만 막연히 과학자가 되고 싶다고 생각했을 뿐, 구체적인 진로를 정하지 못했습니다. 학교에서 자신의 진로를 구체적으로 정하라는 말을 들으며 제가 뭘 좋아하는지, 무슨 일을 하고 싶은지 잘 알지 못했습니다. 저는 우연히 씨 없는 수박을 먹다 문득 이 수박도 유전자공학이 적용된 것을 알게 되었고 평소에 생명과학이 밀접하게 연관되어 우리를 편하게 해준다는 매력에 이끌려 생명공학자가 되고 싶다고 생각하게 되었습니다. 더 자세히 알아보니 줄기세포, 유전자 공학 식품 등, 우리가 먹는 것부터 질병치료까지 많은 분야에 생명과학이 연관되어 있다는 것을 확인하고 저는 꿈을 분명히 하게 되었습니다. 그 뒤 저는 제 진로에 맞는 활동을 생각해 보았습니다. 먼저 교내 생명과학 동아리에 가입했습니다. 학교 동아리 행사기간에 동아리 부스를 만들어 운영하는 과정에서 과산화수소 분해 실험 등의 다양한 생명과학에 관련된 활동을 진행하며 생명과학에 더 흥미를 갖게 된 것 같습니다. 또한 동아리 활동 중 선배님들의 조언이 큰 도움이 되었습니다. 저는 유전자, 질병 등을 주제로 한 책을 읽으며 생명과학부에 지원하기로 결심했습니다. 대학 입학 후에는 새로운 사람들을 많이 만나보고 싶습니다. 생명과학에 관련된 일을 하려는 사람들을 만나며 다양한 가치관을 가진 사람들과 만나보고 싶습니다. 다양한 정보를 공유하고 미처 해보지 못한 다양한 실험이나 연구를 해보고 싶습니다. 또한 1,2학년 때는 기본개론과 전공에 집중해서 3,4학년 심화전공과목을 선택하는데 어려움이 없도록 할 것입니다. 생명공학자가 되기 위해 필요한 다양한 학문을 접해보고 더 깊이 들어가 보고 싶습니다. 전문분야를 결정해서 대학원에 진학 후 석박사 과정을 마치고 생명과학연구소 연구원이 되겠습니다. 사람들이 건강한 삶을 행복하게 살아가는데 생명공학 연구원으로서 집중된 연구로 신기술 개발에 힘쓰도록 하겠습니다.

"

◆

소심하고 생각이 많았던 아이다.

주단위로 생각이 바뀌고 다시 돌아오고 그랬던 아이다.

분명 똑똑한 아이고 장점이 많은데 자신의 장점을 보기보다는 겸손이 지나쳐

늘 자신이 부족하다고 말하던 아이다. 지나침이 안타깝게 느껴졌다.

고3이 되어서야 갈팡질팡 돌아와 목표를 분명히 했다던 아이다.

다행인 건 이 아이는 천재성이 있다는 것이다.

이 친구는 고등학교 3년의 학교생활과 학습경험 교내활동을 이렇게 이야기한다.

"세균은 도대체 무엇일까? 세균을 그저 질병의 원인이 되는 부정적 존재로 여겼던 제가 '질병과 치료의 개별화'를 주제로 한 강연에서 세균을 이용하여 항생제를 만든다는 이야기를 들었을 때 놀랍기도 하면서 궁금증은 커져만 갔습니다. 궁금증을 해결하기 위해 '박테리아'라는 책을 읽으며 생명체의 소화와 질소의 순환을 돕는 세균의 이점을 알게 된 후 저는 세균에 대한 탐구조사를 통해 더 많은 사실을 알고 싶어졌습니다. 활동하던 동아리에 '세균 배지 실험'을 제안하였고 배지를 슬리퍼, 안경, 손 등에 접촉시키며 세균을 배양한 후 배지에 나타난 색과 모양을 통해 세균의 다양함을 관찰하였습니다. 모든 장소에 세균이 존재한다는 사실을 확인하고 놀랍기도 했습니다. 이후 '모든 생명은 서로 돕는다'는 책을 읽고 학급독서토론에 참여하여 '인간은 지구를 벗어나 살아갈 수 없다'라는 주제로 토론을 진행하였습니다. 토론을 통해 다양한 찬반의견을 들을 때 책 속의 항생제와 세균에 관한 구절에서 슈퍼박테리아가 떠올라 조사와 토론을 제안했습니다. 슈퍼박테리아가 무엇인지 정확하게 조사하고 강력한 항생제에도 죽지 않는 슈퍼박테리아를 해결할 수 있는 방안을 생각해 보았습니다. 이때 생명과학 시간에 세균을 숙주로 삼는 바이러스인 박테리오파지가 떠올랐습니다. 박테리오파지를 이용한 슈퍼박테리아 해결방안이 존재할 것이라 생각했고 조사를 통해 파지치료가 실행된 적이 있으며 파지 연구가 진행 중인 것을 알게 되었습니다. 조사 후 독서토론 친구들에게 소개를 해 주면 좋을 것 같다는 생각으로 박테리오파지 영상을 함께 시청한 후 슈퍼박테리아와 박테리오파지

를 이용한 슈퍼박테리아 해결방안을 소개하였습니다. 친구들은 슈퍼박테리아를 정확하게 알게 되었다며 독서토론과 함께 유익한 시간이었다는 의견을 주었습니다. 친구들과 지식을 공유했다는 기쁨과 보람을 느낄 수 있었습니다. 또한 세균의 궁금증으로 시작한 작은 활동이 모여 더 큰 주제를 깊게 탐구해본 경험은 앞으로 더 심화된 공부를 하는데 자신감을 심어주었습니다.

거점학교 수업프로그램 활동에서 가졌던 의문이 키보드 자판은 효율적으로 배열된 것일까? 노트북을 사용하던 중 손가락으로 다른 자판을 짚을 때 의문이 생겼습니다. 궁금증 해결을 위해 조를 이루어 조사한 결과 쿼티키보드의 효율성이 높지 않다는 것을 알게 되었습니다. 그렇다면 키보드 자판을 어떻게 효율적으로 배열할까? 이때, 고급수학에서 배운 '채색 수와 채색그래프'의 개념을 이용하여 효율적인 키보드를 구축해보자는 생각이 들었습니다. 조원들에게 생각을 전달한 후 각자 역할을 분배했습니다. 저는 자판 구현에 적용될 세 가지 기준을 구축하고 알파벳의 사용빈도와 채색그래프 작성을 맡았으며 조원들의 추천을 받아 대표를 맡아 탐구 결과를 발표하였습니다. 기준에 맞추어 조원들과 자판 배열을 해보았고 효율적인 자판 배열을 조원들과 밤을 새우며 만들어 보았습니다. 이후 학급친구들에게 바꾼 자판 배열을 사용해볼 것을 권유해보았고 친구들은 사용 후 자주 쓰는 알파벳이 모여 있어 익숙해지면 편하게 사용할 수 있을 것 같다는 의견을 주었습니다. 이후 발표를 통해 자판배열 제작과정과 다른 키보드와의 효율성 분석결과를 반 친구들에게 전달했습니다. 자판을 배열하며 불편함을 감수하는 것을 아무 노력 없이 받아들이는 고정관념을 깨고자 노력하였고 친구들의 반응을 통해 자판배열의 효과가 있음을 느끼게 되었습니다. 또한 일상 속의 시스템의 효율성을 스스로 개선할 수 있으며 새로운 방식을 만들어 낼 수 있다는 자신감을 얻게 되었습니다. 자판 배열의 효율성을 개선해본 경험은 앞으로 시스템을 구축하는 일에 큰 도움과 경험이 될 것입니다.

생명과학 동아리 활동을 통해 생명공학기술에 대한 저의 지식은 배아 줄기세포의 윤리적 논란의 시대에 멈춰있는 수준이라는 것을 알았습니다. 그러던 중 '질병 정복의 꿈, 바이오 사이언스' 라는 책을 통해 역분화 줄기세포의 존재를 알게 되었습니다. 윤리적 논란에서 벗어난 효율적인 줄기세포의 존재를 알게 된 것은 신선한 충격이었습니다. 이후 생명공학기술보고서를 작성하며 탐구를 진행하였고 자연스럽게 생명공학기술이 응용되는 바이오산업에 관심을 가지게 되었습니다. 바이오산업 조사보고서를 작성하며 '바이오 대박넝쿨'이라는 책을 읽어보았습니다. 책을 읽으며 바이오시밀러가 주목 받고 있다는 소식을 접할 수 있었습니다. 바이오시밀러가 무엇일까? 바이오시밀러에 대하여 조사해 보았습니다. 바이오시밀러는 바이오신약의 유사한 성분 및 효능을 갖도록 만든 복제 단백질의약품을 말합니다. 바이오의약품은 살아있는 생물에서 뽑아낸 물질을 재료로 약을 만듭니다. 그래서 동일한 약품을 만드는 것이 현실적으로 불가능하다고 합니다. 따라서 임상 시험을 통해 원래 바이오의약품과 동등함을 증명해야 한다고 합니다. 이런 이유로 '후속 바이오의약품'이나 '바이오시밀러'라고 불립니다. 부작용이 적고, 특정 질환에 대한 효과도 높고 개발에 들어가는 시간과 비용을 줄일 수 있다는 장점이 있다는 것을 알았습니다. 이 과정을 통해 관심분야의 집중된 조사연구와 자기 주도 학습의 필요성을 알게 되었습니다.

노인 요양원을 지속적으로 방문하며 봉사활동을 하였습니다. 제가 요양원에서 담당했던 분들은 특히 몸이 편찮으신 분들이 많았습니다. 치매를 앓고 계셔서 아이처럼 행동하시는 분도 계셨고 침상에서 일어나지 못하셔서 기저귀를 차고 계신 분도 많았습니다. 다수가 고통과 외로움을 종교에 의존하시는 분들이셨습니다. 저는 요양원 청소를 하거나 교회에 할머니들을 바래다 드릴 때면 먼저 말을 건네며 말동무가 되어드리기도 했습니다. 함께 대화를 할 때면 과거 젊었을 때 이야기를 하시는 분도 계셨고 요양원에 들어오신 계기를 말씀하시는 분도 계셨습니다. 한번 이야기를 나누기 시작하면 끝날 줄 몰랐습니다. 할 이야기가 없으실 때면 학교 명칭을 여러 번 물어보시거나 고맙다는 말을 반복하셨습니다. 봉사활동을 하기 전에는 주변에서 병으로 고통스러워하거나 외로워하시는 분들을 본 적이 없었습니다. 봉사활동을 통해 제가 항상 사회의 밝은 부분만 보았지 드러나지 않는 소외된 곳에는 관심이 없었다는 것을 느끼며 자신을 반성하기도 했습니다. 또한 소외계층에게 따뜻한 말 한마디와 관심이 얼마나 소중하고 필요하다는 것을 느끼게 되었습니다. 부반장으로 당선되었을 때 저는 한명도 빠짐없이 모두 함께 하는 반을 만들고 싶었습니다.

반장과 상의 후 학급회의를 통해 결정된 일에 대해서는 한명도 빠짐없이 함께하자고 급우들에게 이야기했습니다. 추계체험학습 때 자전거로 생태공원을 완주하는 에코캠페인을 계획하게 되었습니다. 그런데 자전거를 못타는 친구가 있어서 일주일동안 자전거연습을 함께하며 참가를 돕기도 하였습니다. 또한 행사 중 길을 잃어버린 친구들을 찾아 생태공원으로 안내하기도 했습니다. 이렇게 학급임원들의 노력과 학급친구들 모두의 협조로 에코캠페인은 성공적으로 마무리 될 수 있었습니다. 학급회의에서 의견을 하나로 수렴하는 것과 학급친구들 모두를 이끌어가는 것은 저의 예상보다 훨씬 어려웠습니다. 함께 한다는 것은 무엇보다도 상대에 대한 배려와 협력이 중요하다는 것을 느낄 수 있었던 경험이었습니다.

📖 도서명 : 어떻게 하면 과학적으로 사고할 수 있을까?

저자/역자 : 하이먼 러치리스 / 출판사 : 에코리브스

선정이유 : 지구가 평평할 것이라 믿은 사람들은 바보였을까? 미국 인구의 1%가 과학 비관론자들이라고 합니다. 과학 비관론자들은 지구가 둥글다는 것은 긴 깃발이 걸린 배가 지나가는 실험을 통해 보여줬음에도 믿지 않았습니다. 지금의 과학 비관론자들의 모습을 통해 과학적 사고에 대한 궁금증을 품게 되었습니다. 책을 읽으며 과거 지구가 평평하다는 것을 믿었던 사람들은 지구가 둥글다는 지식을 접하기 전까지 존재하는 증거들을 통해 지구가 평평하다고 믿었던 것입니다. 이때 관념을 고착화 되어 있더라도 다시 살펴보는 것이 중요함을 깨달았습니다. 물이 고이면 썩듯이 새로운 과학적 지식에 대하여 열린 자세를 가지고 충분한 증거가 있어도 계속적으로 추론하는 것이 얼마나 중요한 과학적 활동인가를 알게 되었습니다. 그리고 저 또한 한 번 아는 것으로 만족하는 사람은 아니었는지 되돌아보게 되었습니다. 그리고 주제 탐구학습을 진행할 때에도 충분한 조사를 통해 많은 의견을 접해보려 노력했습니다.

📖 도서명 : 생명공학이여, 질주하라 인간의 미래

저자/역자 : 라메즈 남 / 출판사 : 동아시아

선정이유 : 유전자 조작 기술은 우리 사회에 어떻게 다가올까? 유전자 조작 기술을 접할 때면 가지는 의문이었습니다. 광장히 유용해보이지만 부작용에 대한 우려가 존재하기 때문입니다. 저는 유전자 조작 아기에 대한 우려가 컸습니다. 부모가 아이를 선택하고 요구사항에 맞추는 것은 생명체가 아닌 상품을 고르는 것처럼 느껴졌기 때문입니다. 하지만 책을 읽으며 유전자 조작 아기의 시작이 유전병 치료의 목적이라는 것과 유전자의 발현은 개인의 후천적 노력과 환경이 크게 결정지음을 알 수 있었습니다. 이때 유전자 조작 아기에 대하여 편협적이게 알고 있던 스스로를 발견하게 되었습니다. 그리고 체외수정기술이 유전자조작기술처럼 사회에서 외면받던 기술이었으나 현재는 다수가 긍정하는 기술이 되었다는 점에서 유전자 조작 기술도 부작용과 사회적 우려가 존재하나 결국 인류의 더 나은 삶을 위해 받아들여질 것이고 결국은 상용화될 것이라 생각하게 되었습니다. 또한 기술을 더 열린 입장에서 바라보는 계기가 되었습니다.

📖 도서명 : PROFESSIONAL 소프트웨어 개발

저자/역자 : 스티브 맥코넬 / 출판사 : 인사이트

선정 이유 : 소프트웨어 개발에 있어서 가장 중요한 것은 무엇일까? 저는 어떠한 도전이든 시작이 반이라는 말을 믿었기에 소프트웨어 개발도 일단 개발을 시작하는 것이 중요하다고 생각했습니다. 의문점 해결을 위해 책을 찾아보았고 책 내용을 통해 생각의 교정이 필요함을 느꼈습니다. 책 속의 구상시간의 투자 정도 그래프를 통해 개발을 시작한 후 오차를 고쳐나가는 것은 개발의 방향을 뚜렷하게 잡지 못하고 비용을 과도하게 낭비하며 효율성이 떨어지는 소프트웨어를 개발하게 됨을 알 수 있었습니다. 이때, 알찬 소프트웨어 개발에 있어서 구상시간에 많은 투자를 하는 것이 중요함을 알았고 일상 속 행동부터 고치기로 다짐하였습니다. 많은 준비를 필요로 했던 고급수학 소논문 계획이나 동아리 실험계획을 여러번의 구상을 통해 계획을 작성한 후 일을 시작하였습니다. 일상 속 자세를 교정하여 더 효율적인 방법으로 일을 진행할 수 있었고 무언가를 시작할 때 계획을 세우고 많은 구상을 먼저 하는 습관을 가지게 되었습니다.

"

마흔일곱 번째 이야기

◆

인간은 환경을 지배하는 자는 못 된다.

가정환경 교육 환경이 무엇보다도 중요하다는 생각이다.

자식 교육의 최우선은 부모 스스로가 먼저 잘 살아가는 거다.

그런 부모의 모습과 환경을 통해 아이의 기본이 자라고 만들어지는 것이리라.

이 아이는 어머니가 간호사이고 어머니를 존경해서 자신도 간호사가 되겠다고 한다.

꼼꼼하고 야무진 아이다.

이 친구는 고등학교 3년의 학교생활과 학습경험 교내활동을 이렇게 이야기한다.

"

고등학교에 입학해 선택한 과학과목은 어려웠습니다. 공부 방법을 몰라 공부를 시작하기도 전에 과학은 부담스러웠습니다. 과학 선생님께 공부방법을 여쭤보기도 하고 나만의 공부방법을 찾아보기도 했습니다. 과학 공부의 부담을 덜어 낼만한 해법을 찾지 못하고 있던 중 물건의 이야기를 소개하는 교과 융합 수업인 '사이다 맵'시간에 껌을 주제로 조사를 하게 되었습니다. 조사 내용은 껌의 역사와 더불어 인간의 건강에 미치는 껌의 영향이었습니다. 이 조사 발표수업에서 특히 신경 쓴 부분은 '박사님과의 Q&A'라는 부분을 만들어 설명하는 부분이었습니다. 그중 하나의 질문은 "자일리톨 껌이 충치를 예방할 수 있는 이유가 무엇인가요?"입니다. 설탕은 치아에 분포하는 뮤탄스균이 설탕의 단맛을 먹고 산을 방출하기 때문에 치아를 썩게 만들지만, 자일리톨 안에 있는 당분은 뮤탄스균이 먹고도 소화를 시키지 못하기 때문에 산이 발생하지 않아 충치를 예방한다는 것을 알았습니다. 또한 자일리톨은 인슐린 분비를 촉진하는데 인슐린작용을 개재하지 않아 세포에 들어가 혈당에 영향을 미치지 않는 특성이 있기 때문에 의료용으로 포도당 대신 에너지 보급 목적으로 사용하기도 한다는 추가적인 정보도 알게 되었습니다. 조사를 하는 과정에서 여러 과학 단어를 접하게 되었는데 생소하고 모르는 단어가 너무나 많아 답답했습니다. 발표를 진행할 때 이런 생소한 과학단어로 인해 친구들도 저의 이야기를 이해하지 못할 것이라고 생각했고 발표자 입장에서도 설명이 어려울 것이란 생각을 했습니다. 그래서 교근, 치근, 에나멜질, 헬리코박터균 등 모르는 단어들의 개념을 조사하고 공부하며 발표를 준비하게 되었습니다. 이후 발표수업에서 턱관절 모형과 필요한 신체그림을 이용해 단어의 의미를 설명했습니다. 철저한 조사와 공부를 통해 개념을 완전히 이해하고 있던 저는 친구들의 모든 질문에 답을 해줄 수 있었습니다. 작은 물음에 대한 궁금증을 해결해 가는 과정을 통해 과학에 대한 흥미와 자신감을 얻을 수 있는 의미 있는 학습 과정이었습니다.

저는 교내 성 보건의 날 봉사자로 참여했습니다. 여러 개의 활동 중 심폐소생술 실습 봉사를 자원했습니다. 왜냐하면 심폐소생술이 심정지 환자를 살릴 수 있는 가장 빠른 방법이라고 생각했고 학생들도 실습과 경험을 통해 응급상황에서 누구나 생명을 살리는 구원의 손길이 될 수 있다고 생각했기 때문이었습니다. 저는 30명을 대상으로 ppt 이론 교육과 실습을 진행해야 했습니다. 이론 수업을 통해 기본을 이해하고 많은 실습을 통해 숙달하는 것이 좋을 것이라고 생각했습니다. 대부분 이론 학습으로 진행한 다른 봉사자 팀과는 달리 실습 시간을 많이 잡아 반복된 실습을 통해 효과적인 자세 교정을 해주었습니다. 실습 현장에서 빠른 속도로 압박하는 학생들이 많았습니다. 저는 그 학생들에게 가슴에 시선을 두고 누르고 올라오는 것을 눈으로 확인하며 숫자를 세면 속도에 맞출 수 있다는 저만의 노하우를 알려주었습니다. 실습 시간을 많이 잡아 반복적으로 교육 할 수 있어서 많은 학생들이 심폐소생술 실습이 효과적인 수업이었다며 칭찬을 아끼지 않았습니다. 심폐소생술에 열심히 참여하는 학생들을 보고 언젠가 한 생명을 구할 수 있는 방법을 알려주었다는 것에 크게 뿌듯함을 느꼈습니다. 학생들에게 직접 교육을 해보니 심폐소생술에 대해 정확히 알고 있는 학생이 소수라는 것을 알게 되었습니다. 교육의 필요성과 지속적으로 진행되어야 한다는 생각을 하게 되었고 2시간동안 심폐소생술을 교육하며 의료인으로서 갖추어야 할 체력의 중요성도 알게 되었습니다. 더불어 이 활동을 통해 의료인이 되어서 더욱 전문화된 보건 교육 봉사를 계획해서 진행보고 싶다는 생각을 했습니다.

제가 어르신을 대하는 언어 습관을 고칠 수 있었던 계기는 영어 지문 활동이었습니다. 영어 지문 활동에서는 두 사람이 노인들을 대상으로 지도 경로 비디오 이해를 실험합니다. 실험을 통해 노인들은 상대가 문법적 복잡성을 줄이고 상세히 말했을 때 설명을 이해하고 지도를 따라 갈 수 있다는 실험 결과를 도출해냈습니다. 저는 2년간 요양원에서 봉사를 했습니다. 저는 어르신 분들은 천천히 짧고 강하게 이야기해야 이해가 잘 될 것이라는 생각을 가지고 있었습니다. 요양원에서 노인 분들과 이야기할 때 강세를 주고 천천히 짧은 문장으로 이야기했습니다. 영어 지문 활동을 통해 이런 것이 저의 의사소통 방법에 문제가 있었다는 것을 깨달았습니다. 저는 어르신들을 생각해서 말했던 저의 의사소통 방법이 소통의 벽을 만들었다는 생각에 벽을 허물기 위해서라도 요양원에 가서 노인 분들께 바로 사용해봐야겠다고 생각했습니다. 말할 때 의식적으로 말의 속도를 적당히 하고 상세하게 이야기 하려고 노력했습니다. 의사소통 방법을 바꾸고 제가 먼저 다가가니 조금씩 노인 분들과 이야기 하는 시간이 자연스럽게 늘어났습니다. 외로우신 어르신들의 말벗이 되어 웃음을 드릴 수 있다는 것이 뿌듯했습니다. 영어 지문활동을 통해 노인 언어 소통 방법을 이해한 것처럼 간호사가 되어 효과 적으로 환자와 소통하는 방법에 대해서도 관심을 갖고 노력 해야겠다는 생각을 하게 되었습니다.

전교 회장으로서 행사마다 일을 잘 처리한다고 칭찬을 받곤 했습니다. 하지만 3년에 한 번씩만 진행하는 교내 축제는 저에게 매우 어려운 행사였습니다. 매년 진행되는 것이 아니기 때문에 축제 행사의 메뉴얼도 없었고 선생님들께서도 진행 방향이 정해진 것이 없으니 학생회에서 주체적으로 진행 할 것을 권하셨습니다. 하지만 저에게도 처음인 축제였기 때문에 방향도 서지 않았고 모든 것이 저의 책임으로 느껴져 부담스러웠습니다. 계획부터 부원들과 함께 축제 준비를 시작했습니다. 그러나 학생회 부원들 사이에 의견 충돌이 생겨 준비가 지연되어 가고 선생님들과의 일정 소통이 잘 진행되지 않아 문제가 계속해서 발생했습니다. 이 상황에서 시험도 겹쳐 학생회 부원들에게 일을 부탁하기가 어려웠습니다. 그렇기에 저는 최소한의 시간으로 일의 능률을 최대화하기 위해서는 혼자 일을 처리하는 것이 더 나을 것 같다는 판단을 했습니다. 그러다보니 선생님들과 의견을 조율해서 혼자 일을 정리하고 부원들에게는 전달하는 형식이 되어 버렸습니다. 점점 저는 혼자 모든 일을 처리하는 것이 버거워졌고 학생회 부원들은 더욱 관심이 없어졌습니다. 저는 시험과 축제에 대한 부원들의 부담감을 줄여 주고 싶어서 선택한 결정이 혼자 감당할 수 없는 일이었다는 것을 깨닫고 부원들에게 솔직히 이해를 구하고 축제 준비를 도와줄 것을 요청했습니다. 이렇게 먼저 얘기를 꺼내니 부원들도 축제 준비 과정에서 어떻게 도와줘야 할지 물어봐 주길 기다리고 있었다고 얘기를 해 주었습니다. 그 후 프로그램별로 인원을 나눠 역할을 정하고 나니 모두가 적극적으로 함께 일을 해 주었고 수월하게 일이 진행되었습니다. 혼자 할 때보다 일의 능률이 극대화된 것을 몸소 느낄 수 있었고 함께 협력하여 일하는 방법을 알게 되었습니다. 또한 축제가 끝난 후 다른 행사들을 진행할 때 학생회 부원들의 단합력이 높아진 것이 눈에 보였습니다. 몸과 마음이 힘든 큰 행사였지만 부족함 채운 다는 것과 진정한 리더십을 생각 할 수 있었던 소중한 일이었습니다.

간호사를 꿈꾸던 저는 '에듀클러스터 - 간호학' 수업을 들었습니다. 다양한 수업으로 대학교에서 배우는 것을 간접 체험해 볼 수 있었습니다. 이 수업을 들으며 환자를 위해 일하는 간호사의 직업적 책임감을 배우면서 간호사라는 꿈을 키우게 되었습니다. 가장 흥미로웠던 수업은 전문 간호사에 대한 수업이었습니다. 저는 전문 간호사 중 아동 전문 간호사에 관심을 가지고 조사하게 되었습니다. 조사를 하며 아동 전문 간호사님을 직접 만나게 되었습니다. 아동 전문 간호사님은 아이들이 호소하는 문제에 따른 치료방법을 제시해주고, 배변교육, 성장발달검사, 양육방법, 심리상담 등 체계적으로 이루어지는 센터를 소개해 주셨습니다. 간호사님의 설명을 통해 보다 전문적이고 체계화된 아동 지원센터의 기능이 얼마나 중요한 것인지 생각하게 되었고 아동 전문 간호사가 되어야겠다고 결심했습니다. 꿈을 이루기 위해 대학에 입학해서 체계적으로 수업에 임할 계획을 가지고 있습니다. 1,2학년 때는 간호학개론에 대한 공부를 통해 간호 지식을 기르고, 3학년 때 다른 과목들과 함께 아동 건강 간호학에 대한 공부와 실습을 집중적으로 할 계획입니다. 간호학과 졸업 후에는 소아과에 들어가 3년간의 임상 경험을 거친 후, 대학원에 들어가 아동 전문 간호사의 소양을 기를 것입니다. 전문 간호사 시험을 거쳐 아동 전문 간호사가 되어 아이들의 안전 교육과 보건 교육에 힘쓸 것입니다. 더불어 저는 취약 가정 아동 전문 센터를 만들어 아이들의 외적 상처를 넘어 내적 상처까지 보듬어 줄 수 있는 따뜻한 간호사가 되고 싶습니다. 취약 아동들은 특수한 환경으로 마음의 상처가 크다고 생각합니다. 편안한 센터를 만들어 아이들이 자신의 고민을 편안히 이야기하고 들어줌으로써 올바른 길로 나아갈 수 있도록 보살피고 싶습니다. 더불어 아이의 양육에 있어 고민이 있는 부모들의 양육 고민을 들어주고 이에 따른 길을 제시해주고 싶습니다. 이러한 저의 꿈을 이루기 위해 선택한 간호학과에서 꿈의 첫 걸음을 내딛고 싶습니다.

"

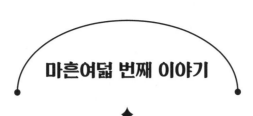

마흔여덟 번째 이야기

◆

자매의 좋은 경쟁이 긍정적 학습효과를 얻을 수 있었던 아이다.

명문대에 다니는 언니의 영향으로 따라쟁이란 애칭을 들으며 열심히 언니의 생활을 따라 했다는

아이다. 그러면서도 자신만의 방법을 생각하고 실천했다는 아이다.

그래서 자신은 자기주도학습 능력이 누구보다도 뛰어나다며 장황히 이야기하던 아이다.

관심 분야 이야기를 할 때면 목소리의 힘도 두 눈에선 광선이 비치던 아이다.

이 친구는 고등학교 3년의 학교생활과 학습경험 교내활동을 이렇게 이야기한다.

"

"백문이 불여일견" 직접 경험해야 확실히 알 수 있다는 말처럼 저는 교과서 중심의 교육이 아닌 스스로 탐구하며 학습하는 방법을 추구합니다. 학교생활을 하면서 가장 중요하게 생각한 것은 자율적이고, 경험적인 학습방법입니다. 학습의 능률은 스스로가 갖는 지적호기심으로부터 시작하여 향상되었다고 생각합니다. 평소 역사에 흥미가 많은 저는 학습계획을 세우고 공부한 내용을 가지고 자신만만하게 우리역사바로알기 대회에 참가하게 되었습니다. 그러나 예상보다 좋지 못한 성적을 거두고 큰 상실감에 빠졌습니다. 돌이켜보면 제가 배웠던 역사는 문제풀이 중심의 교육이었고, 대회에서 평가하고자한 것은 역사에 대한 탐구능력이라는 생각이 들었습니다. 그래서 저는 직접 답사하고 탐구하는 기회를 가지고자 방과후 수업으로 역사탐구반을 수강하게 되었습니다. 서울 도심에서 찾아 볼 수 있는 역사의 흔적을 답사하고 잘못알고 있던 역사에 대해 알게 되었습니다. 답사 후 일제강점기를 배경으로 한 당시 조선시대 모습에 대해서 뉴스의 형태로 영상을 제작해보았습니다. 저는 많은 친구들과 공유하고 싶고 역사에 무지한 친구들에게도 흥미를 가지게 해주고 싶었습니다. 제가 준비한 역사자료와 영상을 보며 흥미를 느끼던 친구들의 모습을 보며 뿌듯함을 느끼게 되고 더 많은 사람들에게도 공유할 수 있는 기회가 생겼으면 좋겠다고 생각했습니다. 2학년에 들어서 세계사를 접하게 되어 생소하고 어려웠던 부분들을 영화를 통해 쉽게 이해하게 되었습니다. 세계의 역사에 대해 다룬 영화를 분석하며 친구들에게도 소개하고자 영화의 내용을 짧게 편집하고, 영화 내용 중 각색이 된 부분에 대해 정확한 배경을 설명하기도 했습니다. 역사라는 과목에 대해 거리감을 느끼는

친구들에게 영상매체를 사용함으로써 높은 집중력을 보일 수 있었고 흥미롭다는 호평을 받기도 했습니다. 저는 제가 추구한 학습의 방법을 통해 더 폭 넓은 지식을 수용하게 되었다고 생각합니다. 앞으로도 자기 주도 학습 능력을 발휘해 많은 활동을 직접 체험하며 학업에 매진할 생각입니다.

자기 주도적으로 능동적인 사람으로 생활하는 것을 중요하게 생각하는 저는 학습계획도 스스로 하고 삶의 목표를 세우는 것 또한 타인에 의해서가 아닌 나 자신의 목표를 구성하며 이를 위해 노력하며 살고자 했습니다. 친구와 가벼운 마음으로 신청했던 자기주도 캠프에서는 좋은 멘토님을 만나게 되어 스스로 자아를 탐구해보는 시간을 가지며 인생의 목표를 주체적으로 세워보는 계기가 되었습니다. 저의 다양한 활동들은 무언가를 이루고자 하는 목적을 가진 것이 아닌 호기심으로 시작한 활동이라 부족한 결과를 나타내기도 했지만 용기를 가지고 삶을 직접 개척해 나가는 방법을 알게 해준 가장 의미 있는 프로그램이었습니다.

역사에 흥미를 가지게 되며 다양한 활동을 경험해보고자 사이버 외교사절단의 역할을 하는 'VANK'라는 동아리 활동에 참여했습니다. 그 중 가장 기억에 남는 일은 위안부 1억인 서명운동 캠페인에 참여한 일입니다. 활동 당시 의외의 상황이 벌어졌습니다. 소수의 시민들이 위안부 캠페인에 대해 소리지르며 비난하는 것이었습니다. 저는 황당하기도 하고 역사에 무지한 사람들의 개선되지 못한 시민의식에 안타깝고 속상한 마음이었습니다. 우리 민족에 대한 아픔을 이해하지 못한 채, 치열한 경쟁사회 속에서 자신의 삶만을 중요시하며 타인의 삶을 비난하는 사람들의 모습을 보며 저는 많은 사람들에게 우리의 역사를 바로 알리는 일이 무엇보다 중요하다는 생각을 했습니다. 그러면서 가장 파급력이 강한 매체가 무엇인지 생각한 끝에 영화라는 생각이 들었습니다. 영화라는 대중매체를 활용하여 제대로 된 역사를 널리 알림으로써 올바른 시민의식의 성장에도 많은 영향을 끼칠 것을 확신하며 최종의 목표를 가지게 되었습니다.

영화라는 매체가 가진 장단점을 파악하기 위해 대중매체의 영향력과 언론의 중립성에 대해 탐구하는 자율동아리를 만들어 활동했습니다. 역사와 언론에 관심이 있는 친구들로 구성하여 현대인들의 무비판적인 정보수용으로 발생하는 사회적 혼란을 조사하며 '좋은 언론인이 되기 위해 갖춰야 할 자질을 알아보자' 라는 의미로 동아리 명을 '미디어리터러시'라고 정하게 되었습니다. 동아리 활동에서는 스마트폰의 대중화로 사용 빈도수가 적어진 인쇄매체에 대해 탐구해보고 인쇄매체가 가진 장점을 직접 알아보고자 언론사에 방문하여 진로체험을 경험해보기도 하였습니다. 더 나아가 언론의 긍정적인 파급효과에 대한 탐구로 기부를 활성화시키는 마케팅 전략을 통해 영상매체가 지니는 파급력을 확인해보기도 했습니다. 제가 조사해본 결과 영화사업에서는 사극의 요소가 자주 사용되긴 하지만 스토리적인 부분을 위해 각색된 내용이 많았습니다. 이는 사람들의 역사적 지식에 혼란을야기 시키기도 했습니다. 뿐만 아니라 영화라는 매체가 가진 파급력을 통해 영화의 내용이 사실성과 진실성을 가지지 않는다면 사회적인 문제를 더할 수 있다는 것을 알게 되었습니다 . 따라서 저는 인 쇄매체의 전문성과 영상매체의 파급력을 잘 결합하여 사회에 긍정적인 변화에 영향을 줄 역사와 영화라는 좋은 결과물을 만들어 내겠다는 목표를 갖게 되었습니다.

📖 인문 고전 읽기 마키아벨리의 군주론!!

분열된 도시국가의 통일을 위한 참된 군주의 자질에 대해 토론해 보는 시간이었습니다.정치적 이상과 현실을 어떻게 조화시킬 것인가? 군주에게 신의와 배신이란 어떤 의미를 가지는 것인지? 이 책을 읽고 토론한 내용을 통해 저는 이상적인 리더의 모습을 생각해보게 되었고 2년 동안 학급임원을 맡게 되며 이를 실천하고자 노력 했습니다. 저는 남들이 하기 싫은 일을 먼저 솔선수범하는 리더가 되고자 했습니다. 그 중 제가 제일 먼저 실천한 것은 청소였습니다. 우리가 생활하는 교실의 환경이 개선될 수 있도록 청소도구를 준비하고 친구들도 자발적으로 청소에 참여할 수 있는 분위기를 만들어 갔습니다. 이런 학급 활동을 통해 저는 친구들과의 교우관계에 있어서 가장 많은 친구들을 사귄 사람이라고 자신합니다. 저는 모든 인연을 소홀히 하지 않고 소중히 여기려고 하다 보니 친구들도 제게 마음을 열어주어 개인별로 언제든지 고민을 나눌 수 있는 친구라고 얘기해줍니다. 하지만 모든 친구들과 관계를 좋게 한다는 것이 그리 쉬운 일은 아닙니다. 살아온 배경과 환경, 가치관이 다르기에 의견대립이 생기기도 하고 다투기도 할 수 있습니다. 2학년에 올라가면서 가장 친한 친구와 갈등이 생겼을 땐 심리적으로 많은 고민을 겪게 되었습니다. 진심이 아닌 모진 말들을 주고받으며 서로에게 상처를 준 상태에서 먼저 서툰 사과의 표현을 건네는 것이 어찌나 어려운 일인지 힘든 시간을 보내기도 했습니다. 하지만 진심어린 사과와 대화를 통해 오해를 풀어나가는 과정은 저와 제 친구의 관계에서 큰 터닝 포인트가 되었던 것 같습니다. 서로의 진심을 알게 되고 주의할 점을 이야기 하다 보니 상대에 대해 더 알게 되고 서로를 배려하고 존중하려 하다 보니 의견결정도 수월하고 작은 다툼도 없어진 것입니다. "익숙함에 속아 소중함을 잃지 말자"라는 책의 한 구절이 우리의 관계가 갈등 이후 좀 더 돈독해진 결과를 나타낸 것 같아 제 고등학교 시절 중 가장 기억에 남는 한 순간이 되었습니다.

이야기란 상대방을 흥미롭게 하며 집중을 할 수 있게 하는 매력을 가집니다. 저의 학습방법에도 역사교과서를 암기하기 보단 그들의 삶을 이야기처럼 풀어서 이해하려고 노력했습니다. 역사라는 교과가 가진 매력은 시간에 따른 이야기라고 생각됩니다. 그래서 저는 발해의 역사를 배경으로 하는 영화를 제작하는 것입니다. 역사의 배경을 발해로 선택한 것은 한국사 선생님의 "너희들 중 아직 발견되지 않은 발해의 역사를 언젠가 직접 연구하는 사람이 있었으면 좋겠다." 는 말씀을 듣고 저는 발해사를 연구하고 싶었습니다. 발해는 우리나라의 고구려를 계승한 나라로 우리민족의 역사이지만 중국이 시행하는 동북공정에 따르면 발해의 옛 영토가 현재 중국의 영토이기에 중국의 역사라고 주장하기 때문에 이를 시정하고자 발해의 역사를 탐구하고 연구해서 잘 지켜가야 한다고 생각했습니다. 하지만 현재 발해에 역사가 연구되지 못하는 까닭은 다른 나라의 영토이기 때문인데, 저는 훗날 발해의 역사를 직접 연구하여 우리의 역사임을 증명하고 싶습니다. 최근 영상을 통해 알게 되었는데 우리나라에도 미라가 존재한다는 것입니다. 다른 나라와 달리 우리나라만의 독자적인 형태로 만들어진 미라는 공기가 차단되어 형성되는 형태로 석회질의 벽을 세워 나무 관의 형태로 만들어져 있습니다. 500년 전 사람의 시신에도 피부와 장기가 남아 있을 정도로 발달한 조선의 장례문화가 역사가 위대하다는 점을 다시금 느끼게 되었습니다. 사학과에 들어간다면 더 전문적인 역사에 대해 연구할 수 있는 기회를 갖기위해 지원하게 되었습니다. 아직 밝혀지지 않은 무수히 많은 역사의 흔적을 찾아 연구해 나가는 일이 무척이나 기대되고 흥분이 됩니다. 뿐만 아니라 제가 세운 최종목표를 이루기 위해 대중매체에 대한 탐구를 게을리 하지 않고 영화라는 매체가 가진 특성에 역사를 접목하여 사람들에게 파급력 있게 역사적 사실이 전달되도록 노력할 것입니다. 저는 좋은 언론인이 되기 위해 열정을 가지고 역사탐구와 매체탐구에 전력을 다할 생각입니다.

"

마흔아홉 번째 이야기

◆

씩씩한 아이다.

개성이 강한 아이다.

자기표현 능력이 탁월했다.

이런 점들이 장점으로 작용했다.

이 아이는 무궁무진한 확장성과 무언가를 분명히 해낼 아이란 생각이 들었다.

꼭 그리되리라 바라본다.

이 친구는 고등학교 3년의 학교생활과 학습경험 교내활동을 이렇게 이야기한다.

"

저는 실험과 체험학습이 가능한 과학과목에 관심이 많았습니다. 그 이유는 구체적인 실험을 통해 증명할 수 있는 결과를 도출해낸다는 점에서 큰 매력을 느꼈기 때문입니다. 제가 생명과학 수업중 가장 재밌게 즐기면서 했던 실험들 가운데 하나는 자신의 혈액을 직접 채취한 후 항원항체 반응을 통해 혈액검사를 하여 A,B,O,AB형을 구분하는 실험이었습니다. 그 결과 RH식 혈액형이 동양과 서양에 따라 다른 비율로 분포한다는 사실을 알게 되었습니다. 또한 DNA단원에선 난자와 정자가 구분되는 생식세포와 수와 구조에 이상 유무를 판별하여 성별이 무엇인지 확인 가능한 핵형분석을 배우게 되었습니다. 그러면서 사람의 염색체에 대해 특히 흥미를 느꼈고 점차 생명과학에 대해 더 큰 호기심이 가지게 되었습니다. 과학적인 방법으로 사람의 염색체와 DNA를 연구하고 사람들의 질병을 치료 해보고 싶다는 생각이 들었습니다. 이것을 계기로 저는 매 실험마다 보편적인 방법 분 만 아니라 좀 더 효율적인 방법을 시도하기도 하였습니다. 그리고 생명과학의 기초부터 자세히 배우기 위해서 방과후 과학반 수업을 수강하기도 하였습니다. 이 후 교내에서 진행된 토론학교 과학 논술평가에서 만점을 받는 성과를 냈을 때 너무나 기뻤습니다. 그리고 과학시험 성적에서 우수한 성과를 거두면서 제 자신에게 어떤 일이든 잘 할 수 있겠다는 자신감을 갖는 계기가 되기도 하였습니다. 이렇게 인간의 DNA와 염색체, 인간의 질병과 치료에 대한 지식을 쌓아오면서 인간의 생명연장과 과학적 치료에 대해 더욱 심화된 내용을 배우고 싶어졌습니다. 한 달에 두 번 병원봉사 활동을 갔을 때

환자들 가까이에서 치료에 도움을 주고 열심히 환자를 살피는 간호사님들을 보면서 감동을 받기도 했습니다. 그러면서 간호학에 대한 관심을 갖게 되었고 간호학을 전공해야겠다는 확신을 갖게 되었습니다. 간호학에 대한 호기심은 "간호사라서 다행이야"와 "간호사가 말하는 간호사"를 찾아 읽어보며 해소되었고 꼭 간호사가 되어야겠다고 다짐했습니다.

고등학교 3년의 활동 가운데 가장 기억에 남는 일들이다.

첫 번째는 '공포 반응 원리'와 관련된 비문학 지문 학습시간 조 활동에서 조장과 발표자를 자원했던 일입니다. 조장으로서는 공포 반응 원리와 관련된 비문학 지문을 몇 번씩 읽어보며 중요한 내용을 밑줄 쳐 가며 완벽히 내용을 숙지한 후 내용이 이해가 안 된다는 조원친구들에게 좀 더 쉽게 그림을 그려 덧붙여가며 설명해주었습니다. 조원 모두가 내용을 완벽히 이해하는 모습을 보고 조장으로서 뿌듯한 마음이 들었습니다. 그리고 발표자로서는 사람이 극심한 공포를 느꼈을 경우 쓰러지는 현상은 심장박동수가 빨라져서가 아니라 몸속에서 박동수를 늦추기 위한 활동이 계속해서 이루어져 느려진 상태가 되어 쓰러진다는 내용을 시각적으로 구조화하여 인포그래픽을 만들어 반 전체 친구들 앞에서 질문의 형식으로 친구들의 이해도를 점검해 나가며 설명해주었습니다. 저는 중요한 내용들을 선별해내고 청중의 지식수준과 이해력을 우선적으로 생각하며 발표를 준비하는 과정 속에서 청중과의 원활한 소통 방법을 알 수 있었습니다.

두 번째는 대학병원에서 한 봉사활동입니다. 병원에서 거즈접기, 업무보조 등을 직접 해보면서 간호사님들의 기초적인 일을 조금씩 배우게 되었고 점점 간호사라는 직업에 관심을 갖게 되었습니다. 또한 응급환자들을 침착하게 치료하며 대처하는 간호사님들의 일하시는 모습을 직접 눈으로 보면서 간호사님들의 환자에 대한 책임감이 생생하게 느껴졌습니다. 뿐 만 아니라 간호사님들이 수술실에 필요한 도구들을 계속해서 신속하게 가지러 오시고 수량을 반복해서 체크하고 보고하는 동시에 환자들에게 친절한 모습을 잃지 않는 모습을 보고 정말 멋있는 직업이라고 생각했습니다. 그리고 제가 접은 거즈와 소공이 수술에 사용되는 것을 알고 사람의 소중한 생명을 살리기 위한 의미 있는 일이라는 생각에 봉사활동에 대한 자부심이 생기기도 했습니다. 매번 봉사시간을 소중히 여기며 최선을 다했고 보람을 느끼며 한 활동이었습니다.

세 번째로는 RCY 봉사 동아리 활동입니다. 제가 RCY에 들어간 이유는 학교 내외에서 보다 다양한 봉사를 할 수 있기 때문입니다. 평소에 봉사에 관심이 많고 좋아하다 보니 운동장 깨끗이 관리하기, 국군병원 봉사활동, 공원 환경정화활동 등 이런 활동들은 저에게 더욱 의미 있게 느껴졌습니다. 하지만 더운 여름에 몇 시간 동안 넓은 공원에서 쓰레기를 줍고 청소하는 일은 신체적, 정신적으로 쉬운 일 만은 아니었습니다. 시간이 지남에 따라 점점 지쳐가며 심지어 봉사를 하기 싫어하는 친구들도 몇몇 보이기 시작했습니다. 그래서 저는 동아리 부장과 어떻게 해야 친구들이 모두 봉사를 즐겁게 할 수 있을지 생각해보면서 방법을 찾았습니다. 우선 동아리 활동 시간에 너무 더워 지치고 힘들 때 시원한 것을 마시면서 쉴 수 있는 20분의 자유시간을 갖고 분위기를 바꿔가며 더 적극적으로 봉사할 수 있도록 친구들의 참여를 유도했습니다. 동아리 회원 친구들은 모두가 전보다는 밝아진 모습으로 즐겁게 봉사활동을 하게 되었습니다. 작은 노력과 실천이 긍정적인 변화를 불러올 수 있다는 것을 깨닫게 되었습니다.

저는 학교에서 제주도로 가는 숙박형 체험학습을 가던 날 아침에 계속된 구토증세로 인해 몸이 너무 안 좋아 공항으로 가는 학교 관광버스를 포기하고 다시 집으로 돌아오게 되었습니다. 저는 학급 친구들과 제주도를 못가는 것도 아쉬웠지만 가장 아쉽고 안타까웠던 것은 제가 중심이 되어 몇 주 동안 반 친구들과 함께 최선을 다해 연습했던 학급 장기자랑 무대에 서지 못하는 것이었습니다. 열심히 연습해서 맞춰진 동선과 그에 따른 안무가 저로 인해 바뀌어져 친구들에게 혼란을 주어 무대를 망치게 되어 친구들에게 피해를 주게 되지 않을까 걱정이 앞섰습니다. 그래서 저는 집으로 돌아온 후에도 친구들에게 미안한 마음에 계속해서 고민이 되고 걱정이 끊이지 않았습니다. 많은 생각 끝에 이대로 있어서는 안 되겠다는 생각을 했습니다. 응급약을 챙기고 다시 돌아가야겠다고 생각하고 부모님께 부탁해서 부모님 차를 타고 다시 공항에 도착한 후 학급 친구들과 함께 제주도로 체험학습을 떠났습니다. 저는 학급 친구들 모두가 장기자랑 무대를 열심히 준비해온 만큼 좋은 결과가 있어야 한다는 기대감과 중심이 되어 준비해 온 것에 대한 책임감을 외면할 수 없었습니다. 제주도에 도착해 기대하던 반별 장기자랑이 시작되었습니다. 약을 먹어가며 친구들과 준비했던 안무를 동선을 맞춰가며 연습을 했고 본 공연이 시작되자 통증은 사라지고 완벽하게 공연을 마무리하게 되었습니다. 즐겁게 행사를 마무리 하여 대상이라는 원하는 결과를 얻을 수 있었습니다. 친구들은 기뻐하며 저에게 아픈 몸으로 끝까지 함께해 주어서 고맙고 감동적이라며 칭찬해 주었습니다. 이 과정을 통해서 책임감 있는 리더의 자세를 다시 한 번 생각해 보았고 응원과 격려가 얼마나 큰 힘이 되는지 알 수 있었습니다. 그러면서 친구들의 저에 대한 배려에 감동과 따뜻함을 느꼈습니다. 비록 저는 몸 상태가 좋지 않아 힘들었던 시간이었지만 다른 친구들에게 피해가 가지 않도록 해결하려는 스스로의 노력이 어려움을 책임감으로 극복해낸 제 모습에 감동이었던 소중한 경험이었습니다.

저의 꿈은 환자의 마음을 잘 헤아릴 줄 아는 간호사입니다. 고등학교에 진학하면서 간호사가 되기 위해서 어떤 활동을 해야 할까 고민하던 중 RCY 봉사동아리에 들어가 국군병원 봉사 활동에서 동아리 부장을 도와 봉사 계획을 세우는 것에 의견을 내며 적극적으로 참여하였습니다. 국군양주병원에서 업무보조 활동 등의 시간을 가지며 진정한 봉사정신이란 무엇인가에 대한 고민을 깊게 해볼 수 있었던 기회가 되었고 간호사의 일을 직접 체험 할 수 있었습니다. 그러면서 타인을 위하고 자신을 위한 봉사활동이 되어야 한다는 생각을 했습니다. 이 후 도움이 필요한 환자들에게 봉사자로서 도움이 되겠다는 생각으로 1학년 때부터 3학년 때까지 꾸준히 봉사활동에 참여하였습니다. 근처 대학병원에서 간호 업무보조와 병실 청소 등의 활동을 통해 병원에서 환자들의 생활을 직접 보며 예비 간호사로서 환자들을 도울 수 있는 방안을 생각해 볼 수 있었습니다. 더불어 학교에서 개최된 진로 진학설명회에서 간호학과를 선택해 실제 간호학과에 재학 중인 선배님의 설명을 들으며 진학에 필요한 준비 과정들을 알아보고 탐색하는 시간을 가질 수 있었습니다. 그리고 문과인 저는 간호학과에 가기 위해서는 과학 과목에서도 뒤처지면 안 되겠다고 생각하여 생명과학 방과후 특강을 듣기도 했습니다. 수업을 들으며 생명과학 나만의 정리노트를 만들었고 철저한 복습과정을 통해 열심히 공부했습니다. 노력한 결과 생명 과학 교과 우수상을 받기도 했습니다. 제가 간호학과에 진학하면 우선 기본간호학, 성인간호학, 지역사회간호학, 아동간호학 등의 전공과목을 우수한 성적으로 이수하고 싶습니다. 특히 응급간호학과 중환자간호학 등의 특수 분야 전문적인 간호학 지식을 습득함으로서 특수 분야 간호사가 되기에 부족함이 없도록 노력 할 것입니다. 노인 간호학 실습과 임상간호실습을 통해 현장 속에서의 직접 경험함으로써 환자를 이해하는 방법을 배우고 신속하고 정확하게 환자의 치료에 도움이 돼주는 공감간호사가 될 수 있도록 끊임없이 노력할 것입니다.

"

50 번째 이야기

◆

우직한 아이다.

착하디 착한 아이다.

수의사가 되고 싶다던 아이다.

동물복지를 이야기하고 동물 분야에 깊은 관심을 가지고 목표를 이야기하던 아이다.

꿈에 대한 생각이 분명하다 못해 진실 됐다.

진실함과 성실함으로 무언가를 이루어 내리란 기대가 큰 아이다.

이 친구는 고등학교 3년의 학교생활과 학습경험 교내활동을 이렇게 이야기한다.

"
목장을 운영하시는 아버지의 영향과 태어나서부터 보고자란 것이 동물이어서 인지 동물산업과 동물의학에 관해 관심이 많았습니다. 고등학교에 입학해 생명과학 과목을 공부하는 과정에서 생명공학기술이라는 단원에 동물 복제에 관하여 짧게 내용이 언급되어 있었습니다. 동물 복제가 무엇인지 궁금했고 정말로 완전한 동물 복제가 가능한 것인지 너무나 궁금했습니다. 그래서 저는 더 자세히 알고 싶어 '하리하라의 생물학카페'라는 책을 찾아 읽게 되었고 이 책에 나와 있는 복제돼지에 관한 내용을 읽게 되었습니다. 유전자 편집을 통해 복제에 성공했다는 이야기와 복제돼지 생산을 통해 인간 장기를 대체할 수 있다는 내용을 읽었을 때는 충격적이었습니다. 이것을 계기로 교내 과학주제 발표대회에 '동물복제'라는 주제로 참가하게 되었습니다. 대회에 참가하면서 동물 복제에 관한 다양한 자료를 조사하게 되었고 정말 궁금했고 호기심을 가지고 있었던 것들을 학습을 통해 해결해 보고자 노력했습니다. 우선 복제개념이 무엇인지 조사하였는데 "생물학적 정체성의 유전적으로 동일한 복제물을 생산하는데 사용할 수 있는 과정"이라고 정의 하고 있었습니다. 유전자나 세포, 조직, 혹은 전체 생물체를 모두 다 포함하는 포괄적인 개념이라는 것입니다. 그리고 복제의 유형에는 자연복제와 인공복제가 있다는 것도 알게 되었습니다. 자연복제는 인간에게서도 발생하는데 바로 쌍둥이로 수정된 난자가 쪼개져 동일한 DNA와 동일한 유전자 구성으로 2개 이상의 배아가 만들어지는 경우라고 합니다. 그리고 인공복제는 복제양 돌리와 같이 유전자 복제, 생식용 복제, 치료용 복제의 3

가지 형태로 나뉘어 연구한다는 사실도 알게 되었습니다. 준비하는 과정에서 많은 것을 알게 되었고 대회에 참가했던 친구들을 도와 발표를 잘 마무리 할 수 있었습니다. 발표 후 선생님들로부터 좋은 평가도 받았습니다. 대회를 마치고 동물 산업과 동물의학에 대한 나의 꿈을 다시 한 번 확신하게 되었고 끊임없는 동물에 대한 연구가 필요하다는 것을 알게 되었습니다.

고등학교 3년의 활동 가운데 가장 기억에 남는 일입니다.

첫 번째는 유기동물보호소에서 한 봉사활동입니다. 나는 인터넷에서 유기견이 점점 늘어나고 있고 반려인들의 잘못된 인식을 바로 잡아야 한다는 기사를 접하게 되었습니다. 이것을 계기로 동물보호소 봉사활동을 시작했습니다. 동물 집 청소하기, 동물 산책시키기, 밥주기 등의 활동을 했습니다. 평상시 동물에 관심이 많았던 저는 어떻게 하면 동물들과 빨리 친해지고 사나운 성격을 가진 동물들을 대처하는 방법들을 관리사님들께 여쭤보기도 했습니다. 아픈 동물들은 어디가 불편한지 여쭤보았습니다. 그러면서 동물의 생명과 동물의학에 대해 생각해 보기도 했습니다. 여름에 봉사를 했을 때는 더위 때문에 동물 집 위쪽에 물을 부려주며 온도를 낮춰주어 시원하게 만들어 주는 일을 하기도 했습니다. 동물이 생활하는 동물집의 환경이 얼마나 중요한지 알았고 어떻게 하면 동물들이 더 이상 상처를 받지 않고 편하게 지낼까 생각해 보았습니다. 한 번은 직접 유기동물이 구조되어 들어오는 모습을 보게 되었습니다. 그 과정에서 나는 구조되어 오는 동물의 눈을 보니 겁에 질린 모습을 하고 있어 걱정이 되기도 하고 안스러워 보이기도 했습니다. 하지만 시간이 지날수록 점점 그곳에서 적응해가는 모습을 보니 마음이 놓였습니다. 그리고 봉사를 하는 우리들이 힘들다는 생각을 가지는 것보다 따뜻한 마음을 가지고 좀 더 동물들을 생각하는 마음을 갖기로 했습니다. 그러자 봉사에 대한 행복감과 자부심을 느낄 수 있었습니다. 동물의 생명을 보호하는 것으로 동물 산업도 발전할 것이란 생각을 하게 되었습니다.

두 번째는 독서토론 활동입니다. 생명윤리와 관련된 책인 '생명윤리와 법의 이해'로 토론을 진행했습니다. 처음에는 준비가 미흡한 탓이었는지 어려운 내용을 토론 주제로 잡아서인지 토론이 아닌 토의가 되는 경우가 많았습니다. 하지만 그 와중에 특히 6장의 '안락사와 의사조력자살'에 관한 내용으로 토론을 한 내용이 가장 인상 깊었습니다. 이 토론에서 나는 반대 측 입론을 맡았기 때문에 반대하는 사람들의 일반적인 입장을 대변하며 의사조력자살과 관련된 판례를 들어가며 토론에 참여했습니다. 토론에 참여하면서 자신의 생각을 자신 있게 말하는 것이 가장 힘든 부분이었습니다. 그래서 친구들과 토론을 하면서 내가 잘 할 수 있을까라는 걱정이 앞섰습니다. 하지만 답은 없었고 한 번 부딪쳐 보기로 마음먹었습니다. 이런 기회를 통해 발전할 수 있겠다는 생각을 하며 적극적으로 참여했습니다. 토론을 위해 인터넷 기사를 검색하고 조사한 내용을 정리하여 내 의견을 정리하였고 토론에서 자신의 의견을 분명히 전달하려고 노력했습니다. 토론이 끝나자 친구들은 내 걱정을 알기라도 한 듯이 나에게 "너 처음보다 많이 늘었다?"라고 말을 해주었습니다. 그 말은 들은 나는 '열심히 준비한 게 빛을 바라는구나' 생각을 하며 발표에 대한 자신감을 갖게 되었습니다. 여러 번의 토론 활동을 통해 논리적 사고력을 키울 수 있었고 자신의 생각을 표현하고 전달하는 것이 소통을 위해 얼마나 중요한 일인가를 느낄 수 있는 소중한 경험이었습니다.

고등학교 2,3학년 동안 생명동아리 회장으로 활동했습니다. 동아리를 만드는 과정부터 동아리를 운영하는 과정이 너무나 힘들었습니다. 2학년 때 학교에 생명동아리가 없었기 때문에 직접 만들어야 했습니다. 선배에게 조언을 구해 동아리를 만들기는 했지만 부원을 모으는 것부터 1년 동안 해야 될 활동을 정하는 것도 쉬운 일이 아니었습니다. 동아리 부원을 모집하기위해 쉬는 시간마다 친구들에게 의사를 물어보고 홍보지를 붙이며 부원을 모으기 시작했습니다. 이런 노력 끝에 다행히도 부원들이 모이게 되었고 동아리를 만들 수 있었습니다. 그리고 동아리 담당선생님이 생명과학 선생님이라 많은 조언과 다양한 활동에 대한 추천을 받아 년간 활동 계획을 세울 수 있었습니다. 2학년 1년 동안 원활히 동아리 활동은 진행되었습니다. 하지만 3학년이 되어서 담당선생님이 바뀌게 되었고 부원들도 일부 바뀌게 되어 혼자 활동 계획하고 준비해야 했습니다. 부담감이 크게 느껴졌습니다. 그런 와중에 새로 들어온 부원들은 소극적이고 불만이 많았습니다. 심지어 내가 준비한 활동은 너무 일반적이라며 더 발전된 활동을 하고 싶다고 했습니다. 그래서 나는 어떻게 하면 부원들이 적극적으로 참여하고 어떤 활동을 해야 불만이 사라질지 고민을 했습니다. 그래서 조사한 여러 가지 활동 중에 가장 하고 싶은 활동을 투표를 통해 부원들이 원하는 활동을 선택하도록 하였습니다. 실험 활동은 결정되었고 실험 전날에 성공적인 실험이 되어야 한다는 걱정 때문에 남아서 미리 실험재료들을 준비하고 미리 실험을 해보며 실패노트와 성공노트를 적어놓기도 했습니다. 실험 날 부원들에게 협력을 강조하며 조로 나누어 실험을 진행하였고 실험과정을 자료로 만들어 보여주며 설명해주기도 했습니다. 실험을 하는 과정에서 막히는 부분이 있으면 도와주면서 원하는 결과를 얻을 수 있도록 노력했습니다. 처음에는 소극적이고 불만이 많던 부원들이 여러 번의 활동을 통해 적극적으로 바뀌는 모습을 볼 수 있었고 모두가 즐길 수 있는 활동을 할 수 있었습니다.

저는 농촌에서 태어나고 자라면서 주변에서 많은 동물들을 보고 자랐습니다. 하지만 저는 어렸을 때 동물을 굉장히 무서워했습니다. 집 목장의 소들에게도 가까이 가지 못했습니다. 그런데 동물에 대한 인식이 바뀌는 계기가 있었습니다. 어느 날 TV에서도로 위를 다친 채 돌아다니는 고양이를 보면서 동물 치료에 대한 생각과 반려동물에 대한 사람들의 책임감을 생각하게 되었습니다. 버려진 강아지가 주인을 찾아 지나가는 차량을 주시하며 기웃대는 모습에서는 안쓰러운 마음과 인간의 비정함을 느끼기도 했습니다. 구제역으로 소와 돼지가 살처분 되는 영상을 보고는 충격이 가시지가 않았습니다. 왜 살처분 되는 돼지와 소를 살려 낼 수 있는 방법은 없는지 궁금하기도 했고 안타깝기도 했습니다. 이를 계기로 동물의 치료와 동물 보호에 관심을 갖게 되었습니다. 그러면서 하나의 꿈과 목표를 가지게 되었습니다. '동물들의 생명을 보호하고 동물 산업을 발전시킬 수 있는 사람이 되겠다.'라는 것이었습니다. 동물에 대한 관심을 갖고 목표가 생겼을 때 가장 인상 깊게 읽은 책은 '야생동물병원 24시'입니다. 우리 주변에 살고 있는 수많은 야생동물들이 다치고 구조되고 다시 방생되기까지의 과정을 알게 되었고 다친 동물들의 치료를 위해서는 얼마나 빠르게 판단해야하고 그에 맞는 최적의 환경을 만들어 줘야한다는 것을 알게 되었습니다. 그리고 이런 일을 위해서는 동물에 대한 전문지식과 무한한 관심이 반드시 필요한 일이란 생각을 했습니다. 또한 책 내용에는 동물별로 치료하는 과정들이 나와 있었습니다. 처음 접하는 내용들이다 보니 처음에 읽었을 때는 바로 이해하기가 어려웠습니다. 그래서 치료과정을 다시 노트에 정리하고 전문용어를 찾아 정리하기도 하였습니다. 큰 고니 배에 있는 납 봉돌을 내시경으로 제거 하는 것부터 호흡마취를 통한 조류들의 깃을 이식하는 방법들은 너무나 큰 호기심으로 다가 왔습니다. 이렇게 정리를 하다 보니 부듯함도 느꼈고 마치 내가 동물을 치료하는 의사가 된 것 같은 기분을 느끼기도 했습니다. 그리고 이런 활동을 하시는 수의사님들과 동물보호에 앞장서시는 동물보호 환경운동가, 그리고 동물산업에 종사하시는 분들이 존경스러웠습니다. 그런가 하면 동물복제의 윤리적 문제가 제기되는 뉴스와 서울대 교수님이 난자 채취용이나 대리모로 100여 마리의 개를 실험에 이용했다는 뉴스를 통해 동물들을 어떤 시선으로 바라봐야하는지 생각하게 되었습니다. 동물치료와 동물보호 그리고 동물산업의 발전에 대해서도 생각했습니다. 동물보호와 동물산업이 구분되지 않고 어떻게 발전시킬 수 있을까 고민해 보기도 했습니다. 이런 나의 관심과 생각으로 꿈을 키워왔습니다. 저는 동물들의 영양과 동물의 서식 환경 등 여러 가지 전문적 지식을 배우고 익혀 동물학 최고의 전문가가 되고자 합니다. 이런 나의 의지와 열정을 실천할 수 있는 학문적 토대를 만들고 동물전문가의 꿈을 이루기 위해 건국대학교 동물생명과학대학에 지원하게 되었습니다. 학부 생활에 최선을 다함으로써 기초지식을 쌓아 동물학 박사의 꿈을 꼭 이루고자 합니다.

51 번째 이야기

◆

열정적인 아이다.

2시간 거리를 마다하지 않고 한 번도 늦은 적이 없는 아이다.

당차게 최선을 다해 12회 특강에 임했던 아이의 열정은 대단했다.

심리학에 대한 관심이 엄청났다.

인간심리. 사회심리. 군중심리……이야기가 시작되면 분명한 목표를 향해 나아가고 있다는 느낌
이 들 정도였다. 이 아이는 심리학박사가 꿈이다.

이루어내고도 남음이 있을 것이다.

이 친구는 고등학교 3년의 학교생활과 학습경험 교내활동을 이렇게 이야기한다.

> "
> 아동 성폭행 사건뉴스를 보았을 때 가해자가 너무도 당당하게 행동하는 모습을 보고 너무도 충격
> 적이었고 뻔뻔하다는 생각이 들었습니다. 가해자의 당당함과 뻔뻔함은 어떤 심리에서 가능한 것인
> 지 궁금했습니다. 어느 날 가정시간에 무관심형, 폭탄형의 행동을 하는 부모는 아이의 정서적 안정
> 에 어려움을 준다는 것을 배웠습니다. 그래서 교육심리 동아리에서 부모의 행동이 아이에게 얼마나
> 많은 영향을 주는 지에 대한 궁금증으로 '유아 행동의 영향 요인 탐색'이라는 주제로 소논문을 작성
> 하기도 하였습니다. 담당 선생님께 조언을 구해 탐구과정을 결정하고 주변의 아이들을 대상으로 곤
> 지곤지실험과 무표정 실험을 진행하였습니다. 곤지곤지 실험은 각 연령대의 아이에게 특정한 표식
> 을 가르쳐서 얼마나 빠르게 인식하는가를 알아보는 실험이었습니다. 그 결과 평균적으로 만2살의
> 아이에게 간단한 표식을 알려줬을 때, 2일 내에 행동을 따라한다는 것을 알게 되었습니다. 무표정
> 실험의 경우 타인의 인사에 대한 부모의 반응을 확인하고 아이의 반응을 관찰하는 실험이었습니다.
> 그 결과 부모가 긍정적인 반응으로 인사를 받을 때 아이역시 높은 확률로 함께 인사를 하는 반응을
> 보였습니다. 이런 결과를 통해 아이가 부모와 같이 이미 애착관계에 있는 경우, 작은 반응에도 큰 영
> 향을 받는다는 것을 확인하였습니다. 가해자의 뻔뻔한 심리가 어쩌면 어릴 적 가정환경과 부모의 영
> 향을 일정부분 받은 것이란 생각을 했습니다. 그리고 또래상담 연합 동아리에서 영화 〈소원〉을 보고

가해자가 불우한 가정환경 등 피해의 경험이 있다는 것을 알게 되었고, 그런 피해 경험이 보복 심리로 작용해서 사고로 연결된다는 것을 알게 되면서 안타깝다는 생각이 들었습니다. 책 〈프로이트의 의자〉를 읽으며 심리 방어기제의 종류와 극단적인 예시를 알 수 있었고, 그런 극단적인 결과를 피하기 위해 성숙한 방어기제가 중요하다는 것을 알게 되었습니다. 인간심리에 대한 연구를 통해 가해자의 심리치료와 피해자의 트라우마를 치료해주는 심리상담사가 되기로 마음먹었습니다.

가장 기억에 남는 의미 있는 활동은 또래상담 동아리 활동입니다. 청소년들의 고민상담 대상은 친구가 44.4%를 차지한다는 통계가 있습니다. 친구의 일탈 원인에 대해서 공감하고 함께 성장해 나갈 수 있는 것이 바로 또래상담이라고 생각했습니다. 그래서 또래상담 동아리에 가입을 했고 내가 속해있는 또래상담 연합동아리에서는 또래상담의 목적을 홍보하고, 학교폭력을 근절하기 위한 캠페인을 하기도 했습니다. 부기장으로서 캠페인의 기획회의에 참여하여 일정과 방향성 등의 큰 틀을 결정하고 동아리회원들과 회의를 진행하며 효과적으로 홍보할 수 있는 부스를 정해 운영하기도 했습니다. "방관자가 되어 암묵적 동조자가 되는 것이 아닌 방어자가 되어 학교폭력을 목격했을 시 적극적인 도움을 줄 것"이라는 내용의 서명운동을 하기도 했습니다. 캠페인을 진행하면서 나의 일이 아니니 괜찮다고 느끼는 것 같은 너무 많은 사람들을 보게 되었습니다. 일반인들은 학교폭력 신고 전화번호도 잘 알지 못했습니다. 또한 또래 상담자의 존재를 학생들의 CA쯤으로 생각하고 있다는 것을 알게 되었습니다. 실망하기도 했지만 캠페인 과정을 통해 아이들에게 좋은 경험이 되었다고 말씀해주신 학부모님들과 친구들이랑 사이좋게 놀겠다는 꼬마아이의 말에 뿌듯함을 느낄 수 있었습니다. 이 활동을 통해 주변의 관심이 학교폭력과 청소년을 보호하는데 얼마나 중요한 것인지 알게 되었습니다. 이 후 의식 개선에 효과가 있었다고 생각했고, 함께 활동한 친구들 역시 자부심을 가지고 있었습니다. 캠페인의 효과를 체감한 저는 조금 더 직접적인 대상에게 세분화된 주제를 가지고 캠페인을 지속하고 싶다는 생각을 했습니다. 그래서 제가 속해있던 교육심리동아리에서 교내 학생들을 대상으로 캠페인을 진행하기로 하고, 회의를 통해 각 주제를 정했습니다. 이전에 했던 캠페인의 단점을 보완하여 고민나무, 젠가 게임, 나쁜 기억 지우개 등을 진행했습니다. 가장 인기가 좋았던 부스는 고민나무였는데, 고민을 써서 진행자에게 주면 참가자의 이름을 가지고 이행시를 고민과 관련해서 지어주었습니다. 개인에게 주어진 선물이라는 느낌이 친구들의 긍정적 반응을 이끌었습니다. 교내 캠페인을 진행할 때 금전적 시간적 여유가 부족했지만 동아리 부원들은 개인의 사비와 방과 후 시간을 들여 준비할 정도로 열심히 했습니다. 나는 미리 준비해 간 MBTI에 대한 전체적인 내용과 점수 계산 방법, 각 성격 유형의 대표적 특징을 정리해 진행자에게 알려줬습니다. 또, 우리가 흔히 보는 혈액형별 심리테스트 같은 것과는 무슨 차이가 있는지 등을 알려주며 준비를 해나갔습니다. 진행을 한 친구들은 참여자들이 진로 검사를 하며 본인진로에 확신을 얻거나 준비된 게임을 하며 언어폭력의 중요성 등을 알았을 때 부듯함을 느끼며, 이런 캠페인을 기획한 것에 대해서 고마움을 표시했습니다. 나는 캠페인 활동의 성공에는 나를 믿어주고 함께해준 동아리 부원들의 협력에 있다는 생각에 고마웠습니다. 캠페인이 끝난 후 부원들과 평가를 할 때 생각하지도 못했지만 나 역시 성장했음을 느낄 수 있었습니다.

마음 심, 살필 심. '마음을 살핀다' 라는 의미의 심심클럽은 청소년 상담 및 봉사동아리입니다. 심심클럽에서 일일카페를 운영하게 되었습니다. 하루 동안 카페를 운영하여 해당 수익금을 기부하며 한 해를 마무리하는 활동이었습니다. 그런데 담당 선생님의 권유로 타 동아리와 연합해서 카페를 운영하게 되었습니다. 우리 동아리에서 세운 연간 계획과 달라졌다는 불안감, 예산 문제에 따른 준비물의 분배, 협업 방식 등의 문제들이 계속 발생했습니다. 게다가 카페운영의 경험이 있던 심심클럽 친구들에 비해 타 동아리의 친구들은 경험이 없었습니다. 그래서 모두의 협업은 어려웠습니다. 학교 내신 시험기간 역시 달랐기 때문에 구체적인 카페운영 계획을 회의하기도 어려웠습니다. 그러다 보니 갈등은 커져만 갔습니다. 이대로는 안 되겠다는 생각에 동아리 대표자 회의를 갖자고 제안했습니다. 회의가 진행되었고 행사의 목적을 노동을 통한 기부 및 나비효과 기대에 두자는 점과, 어느 한 쪽이 우위를 가지고 있는 것이 아닌 동등한 관계로 협력하는 것을 목표로 하자는 점 등을 합의하며 회의를 마무리했습니다. 일일카페는 시작되었고 각자의 역할에 최선을 다했습니다. 음료나 디저트를 팔기도 했고 소통이라는 메시지를 전달하고자 준비했던 젠가 게임에서는 상대방에게 칭찬하기, 고마웠던 점 말하기 등 단체용 미션과 '나는 나를 사랑한다'를 크게 말하기, 자신의 목표 말하기 등을 개인용 미션으로 진행했습니다. 호응이 좋았습니다. 일일카페가 무사히 끝나고 평가하는 시간을 갖게 되었습니다. 긍정적인 점으로는 기부라는 메시지의 전달을 통해 상품 구매를 통한 기부를 해주시는 분들에게 고마움을 느꼈다는 것과 게임을 하며 상대방에 대해 많은 것을 알게 되었다는 것이었습니다. 이런 피드백 시간을 통해서 장단점에 대해서 서로 칭찬하거나 해결책을 제시하였고, 내년의 활동을 더욱 기대할 수 있게 되었습니다. 갈등하던 두 집단이 회의를 통해 소통함으로써 갈등을 해결하고 협력이 얼마나 멋있는 일인지 알게 해 준 소중한 경험이었습니다.

"

◆

생각이 많았던 아이, 자기에게 좋은 욕심을 내던 아이다.

부모님의 요구에 아랑곳하지 않았던 아이다.

그만큼 주관이 강했던 아이다.

화학공학자를 꿈꾸던 아이가 구체적 활동을 통해 전공을 확인하고

그것에 확신을 갖는 것에 감동했던 기억이 난다.

똑똑한 아이, 잘생긴 아이, 그래서 인기도 많았던 아이다.

이 친구는 고등학교 3년의 학교생활과 학습경험 교내활동을 이렇게 이야기한다.

"
　　저는 어떤 과목보다도 과학에 대한 관심이 높은 학생이었습니다. 하지만 고등학교에 진학하면서 이전에 흥미로웠던 과학과는 달리 고등학교 과학은 정말로 어렵고 복잡했습니다. 이전에는 보지 못했던 이해가 되지 않는 그래프나 표 등이 나오면서 과학에 대한 흥미가 점점 사라지기 시작했습니다. 그래서 나는 나의 공부방법이 잘못되었는지 다시 점검하고 과학 선생님께 과학 공부 방법에 대한 도움을 청하기도 했습니다. 수업시간에 집중해서 듣고 그래프나 표를 이해하기 위해서 수업 중 선생님께서 설명해 주신 노트를 복습하며 원리를 알고 이해하도록 노력했습니다. 그리하여 처음에 이해하지 못했던 것도 이해하기 시작했고 교과시험성적도 향상되기 시작했습니다. 이 후 과학에 대한 진정한 이해는 점수에 연연 해 하는 것이 아니라 실생활에서 과학의 원리를 적용하고 활용하는 것이란 생각을 하게 되었습니다. '고교생이 알아야 할 화학 스페셜'이라는 책을 읽고 과학 분야 중 화학에 대한 관심이 커졌고 화학실험에 대한 호기심을 갖기 시작했습니다. 그래서 화학동아리에 가입하여 여러 가지 실험과 활동을 통해 화학에 대한 궁금증을 해결할 수 있었습니다. 특히 화학동아리 활동가운데 교내행사인 학술제에서 화학 심화학습과 직접 실험을 통해 화학에 대한 꿈을 키울 수 있었습니다. '식물 추출물을 이용한 각 식물의 항균효과 비교'와 '한지의 구강 청정 능력'이라는 주제로 학술제에서 2년 연속 좋은 결과를 내기도 하였습니다. 그리고 정기적으로 아동센터에 가서 아이들에게 화학에 대한 개념설명과 실험을 진행하며 내가 이해하고 있는 것들을 통해 아이들의 궁금

증을 해결해 주기도 하였습니다. 아이들이 적극적으로 실험에 참여 하고 질문을 할 수 있도록 유도하며 실험을 진행했습니다. 아이들이 신기해하는 모습을 보며 보람도 느꼈습니다. 힘은 들었지만 저로부터 아이들이 화학에 흥미를 갖고 꿈을 가졌으면 좋겠다고 생각했습니다. 저 또한 화학에 대한 호기심 해소와 화학공학자로의 꿈을 구체화하는 계기가 되기도 하였습니다.

'식물 추출물을 이용한 각 식물의 항균효과 비교', '농도에 따른 식물추출물의 항균능력에 관한 연구'는 제가 2년 동안 교내 예당 학술 대회에서 실험한 주제입니다. 화학에 대해 관심을 갖고 고등학교에 올라오면서 해보고 싶었던 것 중 하나가 화학실험 이었습니다. 전에는 실험을 직접 할 기회가 없었기 때문에 그냥 사진을 보고 이론을 이해하였습니다. 고등학교에 올라오면서 당연히 화학 실험이 가능한 예당학술제에 관심이 많을 수밖에 없었습니다. 그래서 화학동아리 회원가운데 참가 하고 싶은 친구들끼리 모여서 3명씩 팀을 이루어 참가하였습니다. 1년을 보고 장기간으로 시간을 설정하는 것이기 때문에 처음에는 자신감이 없었지만 1학년 때 선배들의 조언과 도움으로 시작할 수 있었습니다. 처음에는 실험주제를 정하고 실험을 하다 많은 실수가 있었습니다. 팀원들 간에도 사소한 일로 갈등이 잦아지기 시작했습니다. 이대로는 어렵겠다는 생각이 들었습니다. 저는 일단 자신을 돌아보았습니다. 저 자신으로부터 일어난 갈등이 있었는지 생각해보고 팀원들 간의 갈등을 풀어야겠다고 생각습니다. 자신의 문제를 인정하고 팀원들과 진솔한 대화를 통해 노력한 결과 갈등은 사라지고 단합하는 팀 분위기가 만들어졌습니다. 그러면서 대회전 실험도 즐겁게 성공적으로 진행 되었고 대회준비도 철저히 할 수 있었습니다. 대회 날이 되어 사전에 준비한대로 열심히 발표하였습니다. 발표하는 과정을 통해 제 자신이 성숙해져있다는 느낌이 들었고 많은 사람들이 지켜보는 가운데 무대 위에 서있는 제 자신이 자랑스러웠습니다. 최선을 다한 과정은 결국 좋은 결과를 만들어 내었고 많은 것을 배울 수 있었고 큰 성취감 느낄 수 있었습니다.

둘째로 학생 담임제에 참여한 일이었습니다. 학생담임제의 목적은 학생들이 담임교사의 입장에서 학생을 지도하고 학급 일을 계획, 운영하여 주체적인 학교생활을 도모하는 것입니다. 저는 2일 연속으로 학생담임이 되어 주도적으로 학급 일을 계획하였고 친구들에게 유익한 정보, 최근 화제거리등을 골라 5분 제언 발표를 준비했습니다. 이전의 친구들이 발표한 5분 제언은 그냥 대충 영상만 보여주고 끝내는 방식이었습니다. 그러나 저는 조금은 다른 방식으로 학생들의 관심을 집중시키고 현재 학생들에게 직접적으로 필요한 유익한 정보를 전달해야 겠다는 생각을 하게 되었습니다. 영상이 아닌 직접 발표방식을 선택했고 정보수집 또한 열심히 준비하였습니다. 열심히 준비한 만큼 친구들도 저의 5분 제언을 잘 들어주었고 좋은 정보를 알려 주어서 고맙다는 이야기도 들어서 기분이 좋았습니다. 마지막으로 짧은 기간 이지만 학급을 운영한 것에 대한 친구들의 평가를 들어보고 서로의 의견을 주고받는 시간을 갖게 되었습니다. 그 과정에서 잘 한 점 보다는 부족한 부분에 대해 관심을 가지면서 고쳐나가야겠다고 생각을 했습니다. 학생 담임제 경험을 통해 저만의 역할은 무엇이고 책임감과 진정한 리더쉽은 무엇인가에 대해 생각하고 배울 수 있는 좋은 기회였습니다. 그리고 교내평가에서 학생담임제 부분 2년 연속 수상을 하게 되었습니다.

동아리 발표회를 맞아 우리 동아리에서는 학생들이 화학 실험과 퀴즈를 통해 화학에 대해 많은 관심을 가질 수 있게 하고 화학이 얼마나 유용한 과목인지 알 수 있게 하고 싶었습니다. 어떤 실험과 퀴즈를 준비할지 생각해보다가 최근 문제가 되었던 메르스가 떠올랐습니다. 손 씻기의 중요성이 증가됨에 따라 어디서든 손을 깨끗이 할 수 있는 간편한 손 소독제를 만들기로 하였습니다. 학생들이 손 소독제를 만들면서 질병 예방도 하고 화학실험에 대한 흥미도 높일 수 있을 것이라고 생각했습니다. 그리고 학생들이 공부했던 화학교과 내용과 기본 개념을 중심으로 퀴즈 문제를 준비했습니다. 퀴즈문제를 만들면서 정확히 알지 못했던 화학지식들을 확실히 알 수 있었습니다. 행사 전날까지도 동아리 부원들은 혹시라도 실수할까봐 서로서로 협력하면서 실험연습을 하고 퀴즈설명까지 완벽하게 준비했습니다. 행사 당일 얼마나 많은 친구들이 참여할까 기대가 되기도 했지만 한편으로는 걱정도 되었습니다. 당일, 메르스의 여파 때문인지 손 소독제를 만들려는 친구들이 많았고 결국 준비했던 재료가 모두 떨어져서 일찍 마감할 수밖에 없었습니다. 그만큼 복잡하고 쉴 틈이 없어서 힘들었지만 열심히 준비한 것이 헛되이 되지 않아서 다행이라는 생각이 들었습니다. 학생들이 실험에 적극적으로 참여하는 모습이 인상적이었습니다. 그리고 퀴즈에 참여하여 모르는 화학지식도 알아가고 상품을 타가는 모습도 재미있었습니다. 실험에 참가한 학생들이 화학에 대한 관심과 호기심이 커지는 것 같아 우리는 목표를 달성한 것 같아 뿌듯했습니다. 열심히 응해준 학생들에게 너무 고마웠고 이렇게 우리 동아리가 가진 장점을 학생들과 나눌 수 있어서 정말 좋았습니다. 이 시간만큼은 모두가 화학으로 하나가 되어 즐길 수 있는 시간 이었습니다. 행사가 끝나고 처음에 행사를 준비할 때 동아리 친구들이 행사 전까지 자기가 맡은 역할을 반복하며 연습했던 모습이 생각났습니다. 서로간의 노력과 협력으로 값진 결과를 얻어낸 보람찬 날이었습니다.

독서 시간에 '세포와 해독'을 읽고 최근 급속한 발전과 현대화로 인한 영향불균형, 환경오염, 스트레스 때문에 사람들에게 많은 중독 증세가 발생하고 있다는 사실을 알게 되었습니다. 또한, 책을 읽으면서 질병의 종류가 매우 다양하고 그에 따른 원인도 다양하므로 모든 분야에서 질병이 발생할 수 있는 상황에 대비해야한다고 생각했습니다. 이런 생각을 하게 된 배경에는 책 속에 등장하는 식물성 화학물질인 '파이토케미컬'이 있었습니다. 처음 '파이토케미컬'에 대해 알게 되었을 때는 단순히 현대인의 고단함과 스트레스를 완화시켜주는 물질이라고만 생각했습니다. 하지만 '파이토케미컬'을 구성하는 물질 중 세포산화와 동맥경화 같은 질병을 억제하는 '베타카로틴', '리코펜', '제아산틴' 등이 포함되어 있다는 사실을 알고 난 후, 현대인을 위한 일차원적인 문제를 해소시키는 효과뿐만 아니라 우리가 예상하지 못하는 질병도 고려한 고차원적 물질임을 알게 되었습니다. 파이토케미컬과 같이 여러 요소가 복합적으로 융합된 물질을 통해 의학과 화학, 생물학은 서로 얽혀있고 연관되어 있음을 유추해 보기도 했습니다. 그래서 의학과 화학, 생물학과 같은 학문들을 기반으로 생명공학을 통해 집약된 기술을 만들어내는 것이 저의 구체화된 목표임을 동아리 부원들에게 밝히고 '파이토케미컬'의 연구 잠재성과 우수성을 설명해 주기도 했습니다. 생명자율동아리에서 노벨생리의학상 수상자인 윌리엄 캠벨을 조사함으로써 공학자의 자질을 탐구하고자 했습니다. 캠벨이 '스트렙토미세스 아버미틸리스'를 발견하고 또 이를 정제하여 이버멕틴(Ivermectin)을 만들어내기까지의 사고력과 응용력을 확인하고 배울 수 있었습니다. 유기체 간의 복잡한 상호작용을 이해하려면 융합적 사고력을 키워 적재적소에 응용할 수 있는 역량이 필요하다는 것을 알았습니다. 의료 문화 형성에 앞장서는 OO대학교에 지원하여 OO생명공학을 배우며 지식의 결합을 통해 학문분야간의 벽을 허물고 생명현상의 본질을 꿰뚫어볼 수 있는 인재로 거듭나고 싶습니다.

"

53 번째 이야기

◆

발등에 불 떨어졌다며 선생을 찾았던 아이다.

12개월의 지도와 학교 활동 점검으로 자신감 충만으로 열정을 다했던 아이다.

떠밀려 하다 보면 불안감은 고조에 달하고 엇박자는 일수로 벌어진다.

그렇지만 간절함으로 집중하는 태도가 역력했다.

계획하고 실천하기를 반복하면서 서서히 자신감을 회복했던 아이가

힘차게 합격 소식을 알려왔다. 가르치는 사람의 보람도 함께였다.

이 친구는 고등학교 3년의 학교생활과 학습경험 교내활동을 이렇게 이야기한다.

"
　저는 지구 환경과 에너지에 대한 관심이 많습니다. 그런데 지구과학이나 물리교과서에 나와 있는 에너지 관련 부분은 단편적이고 한정적이어서 제 관심을 충족시킬 수 없었습니다. 그래서 인터넷을 통해 지구 환경과 에너지에 대한 기사를 검색하기도 하고 신재생 에너지에 대한 보고서를 작성하기도 했습니다. 작성한 보고서를 물리 동아리에서 발표하기도 했고 친구와 함께 2인1조로 팀을 꾸려 연료전지에 대한 조사보고와 발표를 하기도 했습니다. 각 조가 한 가지 주제를 정하여 계획하고 그에 대한 자료조사와 보고서를 작성한 후에 친구들과 선생님 앞에서 발표하는 것이었습니다. 연료 전지의 종류, 전기 생성 과정, 특징, 한계점 등 연료 전지에 관한 내용을 조사하고 보고서를 작성한 후에 확실하게 내용을 이해하고 숙지하려고 노력했습니다. 친구와 조사한 내용을 바탕으로 토론하며 발표 내용을 채워 나갔습니다. 예상 질문 리스트를 직접 만들어 질문에 대비하였고 또한 잡월드에 방문하여 직접 연료전지를 만들어 보며 구조와 원리를 더욱 구체적으로 파악할 수 있었습니다. 보고서는 완성되었고 자신감을 갖고 발표를 진행했습니다. 발표가 끝나고 선생님의 난해한 질문에도 당황하지 않고 침착하게 답변할 수 있었습니다. 결국 발표를 성공적으로 마칠 수 있었고 선생님의 칭찬도 들을 수 있었습니다. 처음 준비를 시작할 때 가졌던 의문이 조사하는 과정을 통해 해결되었던 것도 있습니다. 주제 선정 단계에서 저는 이산화탄소를 고체화하거나 액체화할 수 있는 방법은 없을까? 하는 생각이 들었습니다. 이산화탄소가 공기 중으로 확산됨으로써 지구 온난화 현상을 일

으킨다는 점에서 이산화탄소를 줄이는 방법과 에너지로 전환하는 방법은 없을까하는 의문을 가지고 있었습니다. 조사과정에서 책을 읽던 중 탄소포획저장(CCS)이라는 기술에 관한 내용을 읽게 되었고 제가 의문을 가졌던 내용이 실제 존재하는 기술이라는 것을 확인할 수 있었습니다. 폭넓은 조사와 깊이 있는 학습을 통해 궁금증이 해결된다는 것을 알았습니다.

스스로 탐구하는 능력을 기르고자 efficient wing이라는 자율동아리를 직접 조직해서 활동했던 일이 가장 기억에 남는 활동이었습니다. 풍력 발전기의 효율을 확인하기 위해 직접 실험을 계획하고 준비해서 실험을 진행했습니다. 처음에 설정했던 가설과 실험 계획들이 실제 실험에서는 오류가 계속 발견되어 수정을 해가며 실험을 반복했습니다. 친구들과 토론을 통해 오류를 고쳐나가고 새로운 방법으로 실험을 반복하다 보니 점점 오류는 줄어들고 원하는 결론을 도출할 수 있었습니다. 이 과정에서 개념으로만 알고 있었던 연역 추론의 방법을 직접 적용하여 탐구해 보았다는 것에 의미가 있었습니다. 알고 있는 지식을 활용하고 확인해 보니 신기하기도 했습니다. 그러면서 정확한 결론을 도출하기 위해서는 피드백 작용이 필수적이라는 것 또한 알게 되었습니다. 스스로 계획하고 실행했던 실험은 결과를 확인하고 의문이 해결되는 과정을 통해 자기 주도 학습의 의미를 깨닫게 해주었습니다.   1학년에 입학해서 저는 여러 가지 활동들을 경험해보고 싶었습니다. 그래서 교내에서 시행하는 각종 대회에 참가하였습니다. 하지만 참가하는 대회마다 입선도 하지 못하여 자괴감이 들기도 했습니다. 욕심만 부렸지 대회에 참가하는 다른 학생들에 비하면 그만큼 준비가 부족했다는 생각이 들었습니다. 그래서 2학년에 올라가서는 제대로 준비해서 대회에 참가하여 좋은 성적을 거두리라 다짐했습니다. 2학년이 되어 삼아수학UCC대회와 창의 융합 대회에 참가하였습니다. 준비를 철저히 해서 참가했다고 생각했지만 입상에는 또 실패하고 말았습니다. 나 자신에게 실망도하고 포기할까 생각도 했습니다. 그러나 다시 지난 과정을 살펴보고 나를 점검하고 다시 도전해야겠다고 생각했습니다. 마지막이라는 생각으로 친구들과 팀을 꾸려 영어UCC대회에 참가하였습니다. 저와 친구들은 매주 주말에 모여 아이디어 회의를 하고 직접 촬영을 하며 최선을 다해 준비하였습니다. 저는 UCC의 주인공을 맡았는데 처음 연기하는 거라 굉장히 떨리고 영어 발음도 어색했지만 반복된 연습을 통해 최대한 자연스럽게 연기할 수 있도록 노력했습니다. 촬영이 진행 될수록 자연스럽게 연기하는 제 자신을 보며 밤새 연습하고 연습했던 지난 시간이 헛되지 않았다는 생각에 뿌듯한 마음이 들었습니다. 이렇게 최선을 다한 대회의 결과는 최우수상 이었습니다. 저에게는 너무나 값진 상이었습니다. 제일 높은 상 때문이 아니라, 노력은 배신하지 않는다는 것을 경험했기 때문입니다. 최선을 다한 노력이 무엇인지 알았고 앞으로 하고자 하는 일에 어떤 자세로 임해야 한다는 것을 알았습니다. 영어 UCC대회 수상을 계기로 저는 영어에 더 많은 관심을 가지게 되었고 영어동아리 활동에 참여하기도 했습니다. 가장 인상 깊었던 활동은 STEAM English에 참여했던 것입니다. 외국인 선생님들과 만나 영어로 이야기를 나누며 수업을 진행하는 활동이었습니다. 적극적으로 참여한 수업을 통해 영어에 대한 자신감을 가질 수 있었고 소통의 중요성을 생각할 수 있었습니다.

　어느 날 평상시 학교생활에 적극적이지 않았고 공부도 열심히 하지 않았던 한 친구가 제게 입시에 대한 스트레스 때문에 힘들다며 불평을 토로하였습니다. 하지만 저는 그 친구의 고민을 들어주고 위로하기 보다는 오히려 그 친구의 문제를 지적하고 타박하기 시작했습니다. 불평할 자격이 없다고 생각했고 정말 열심히 학교생활에 충실한 친구들과 비교해 가며 이야기하고 말았습니다. 시간이 지나 저는 제 나름대로 최선을 다해 교과대비와 학교생활을 열심히 하고 있다고 생각하고 있었습니다. 대학에 대한 고민으로 스트레스가 쌓이고 힘든 상태였습니다. 그런데 부모님께서는 지나는 말로 저에게 고3다운 모습을 보여주지 않는다며 고3이 맞느냐고 타박하셨습니다. 대화를 나누지도 않고 저의 상황을 묻지도 않으시고 타박하시는 부모님이 원망스러웠습니다. 그래서 저는 부모님께 화를 내며 힘들다고 말대꾸를 하고 더 이상 대화를 하지 않았습니다. 그 때 저는 지난 친구의 불평을 들어주지 않았던 일이 생각났습니다. 그 친구의 기분을 생각하니 미안한 마음이 들었고 만나면 사과해야겠다고 생각했습니다. 이후 친구를 찾아가 그때 이야기를 들어주지 못했던 것과 위로해주지 못한 것에 대해 사과했습니다. 이 일을 계기로 항상 상대방의 입장에서 먼저 생각하는 자세를 갖도록 노력했습니다. 내가 말하기 전에 상대방의 입장이 되어 지금 얼마나 힘든지, 그 사람이 지금 가장 필요로 하는 것은 무엇인지에 대해 생각해 보게 되었습니다. 시간이지나 부모님 또한 저를 부르셔서 요즈음 많이 힘들지 그래 가장 힘든 사람은 너라며 위로해 주시고 지난번 일은 부모의 급한 마음으로 한 말이니 이해해 달라고 하시며 사과하셨습니다. 부모님의 말씀을 들으며 제가 더 죄송한 마음이 들었고 진짜 내가 잘 하고 있는 건지 자신을 되돌아 보며 스스로를 점검해 보는 기회가 되기도 했습니다. 이런 과정을 통해 사람들과 갈등이 생겼을 때 갈등을 해결하는 좋은 방법 또한 우선 상대방의 입장에서 생각해 보고 대화해야 한다는 것을 깨닫게 되었습니다.

　저의 에너지에 대한 관심은 전기자동차에 관해 조사하던 중 시작되었습니다. 처음에는 단순히 전기자동차는 전기를 이용하기 때문에 친환경적라고 생각했습니다. 하지만 조사과정을 통해 전기를 만들어내는 과정에서 환경오염 물질이 배출된다는 것을 알게 되었고 전기자동차를 이용하는 것만으로는 환경을 보호할 수 없다는 것을 알게 되었습니다. 또한 현재 가장 높은 비율을 차지하고 있는 화력발전은 자원의 한계와 환경오염으로 지속되기 어려운 것이 현실입니다. 따라서 친환경적이고 지속가능한 전기를 얻기 위한 에너지 발전 방법의 변화가 필요하다는 생각을 하게 되었고 신재생에너지 개발에 기여하고자 본과에 지원하게 되었습니다.

    저는 우선 신재생 에너지에 대한 조사보고를 시작했습니다. 조사한 것을 바탕으로 현재 신재생 에너지 발전 현황을 확인할 수 있었습니다. 현재의 신재생에너지는 효율이 낮다는 단점이 있기 때문에 송전 과정에서 손실이 발생한다면 그 효율은 극도로 떨어질 것이기 때문에 효율을 극복하기 위해서 알아야 할 전기의 기본원리와 송전에 관한 기본적인 지식을 쌓아야 한다는 생각으로 조사보고서를 작성하며 공부하였습니다. 이러한 지식들을 종합하여 자율동아리 활동에서 실험에 적용해 보았습니다. 실험 내용은 신재생에너지의 효율을 증가시키기 위해서 풍력발전기의 날개에 따른 에너지 효율이란 주제로 실험을 하여 같은 세기의 바람으로 더 큰 에너지를 얻기 위한 방법에 대하여 고민하고 실험해 보았습니다. 실험결과 받음각이 커지면 실속현상이 발생해 양력이 적어져 날개의 속도가 줄어드는 것을 확인 할 수 있었습니다. 또한 연료전지에 대한 주제로 탐구하고 직접 제작해보며 전지의 개념과 연료전지의 문제점, 앞으로의 전망 등에 대하여 생각해 보게 되었습니다. 현재 연료전지는 가격과 무게가 가장 큰 문제입니다. 연료전지 일반화를 위해 단가는 낮추고 무게를 줄이고 효율을 증대 시킬 수 있는 방법에 대해서 연구해 보고 싶습니다. 미래의 에너지는 친환경, 지속가능, 안전성과 효율성이 필수적인 조건이 될 것입니다.

"

54 번째 이야기

◆

해군사관생도가 되다.
어린아이 때부터 보아온 아이다.
절친 친구의 아들이기도 하다.
한마디로 어디로 튈지 모르는 생각과 행동이 늘 걱정이었던 부모와 선생이었다.
뭐 엉뚱하기는 했지만 늘 씩씩했고 당당했다.
그런 아이가 자라 해군사관학교에 합격했단다.

이 친구는 고등학교 3년의 학교생활과 학습경험 교내활동을 이렇게 이야기한다.

"
　　고등학교 입학 당시 저는 수학에 대한 자부심이 무척이나 컸습니다. 그래서 '다른 것은 몰라도 수
학만큼은 어떤 시험이든 한문제도 틀리지 말자.'라는 생각을 갖고 있었습니다. 하지만 처음 본 수능
모의고사부터 이런 목표가 섣부른 생각이라는 것을 알게 되었습니다. 수학에 대한 고민은 시작되었
습니다. 그래서 저는 수학공부법을 점검하고 문제점과 보완해야할 것에 대해 생각해 보았습니다. 점
검한 결과 어려운 문제를 풀 때 너무나 제 방식 하나만을 고집한다는 것과 대충 넘겨짚어 푸는 것이
었습니다. 중학교 수학 까지는 이런 식의 대충풀기가 통했다면 고등학교 수학에서는 통하지 않는다
는 것을 알았습니다. 그리고 다양한 공식의 적용과 다양한 시각으로 문제를 보고 풀어야 정답이 나
온다는 것도 알았습니다. 이것을 극복하기 위해 수학자율동아리에 가입했습니다. 동아리에서는 대
학 논술 문제나 어려운 문제를 풀고 서로가 푼 방식을 발표하고 토론하는 시간을 가질 수 있었습니
다. 동아리 활동을 통해 제 방식만 고집하며 풀 때와 달리 '내 방식이 틀리면 친구들이 설명한 다른
방식도 있다'는 생각을 갖게 되었고 이러한 사고의 유연성이 모의고사를 풀 때 많은 도움이 되었습
니다. 뿐만 아니라 심화된 개념과 문제들을 다루었고 선배들이 여러 가지 공식과 개념을 적용해 심
화문제를 풀어 발표했을 때 감동이었고 많은 것을 배울 수 있었습니다. 심화 개념과 문제를 접하다
보니 모의고사에서 풀지 못하는 문제가 많이 줄었습니다. 그러면서 수학적 호기심도 많이 생겼습니
다. '사이클로이드가 왜 최단 강하곡선이지?'같은 의문이 생겼을 때 수학선생님을 찾아가 설명을 듣

기도 했습니다. 수학에 대한 자신감과 흥미를 갖게 한 활동이었습니다. 일 년의 동아리활동은 계속 되었고 2학년이 되어서 처음 본 모의고사에서 결국 목표였던 100점을 받을 수 있었고 경시대회와 자연논술 대회에서도 우수한 성적을 거둘 수 있었습니다. 자기 점검을 통해 새로운 방법을 익히고 적극적으로 받아들일 때 더 큰 발전을 이룬다는 것을 알게 되었습니다.

생명지킴이 봉사는 구청에서 자살예방 캠페인 활동 중 하나로 자살 시도 경험이 있거나 자살 위험 군에 속하는 어른들에게 격주마다 전화도 드리고 방문도 하여 그 분들에게 긍정적인 마음을 갖게 해주는 것입니다. 저는 1학년 때 학교 방과 후 수업으로 인문 아카데미를 수강하며 생명의 가치와 존엄성에 대해 토론하고 깊이 있게 생각해 보았습니다. 때문에 생명의 소중함을 알고 그것을 지키는 것이 얼마나 중요한지 알기 때문에 생명지킴이 봉사를 신청하였습니다. 처음 봉사자로서 다가갈 때 는 힘들었습니다. 제가 도움을 드리고 싶은데 무슨 말을 걸어야 될지 모르겠고 나이대도 달라 공감 대를 형성하기는 힘들었습니다. 어떻게 이 문제를 풀어야 할 까 고민하던 중 봉사자가 아닌 손자처 럼 다가가면 쉽지 않을까 생각을 했습니다. 그래서 주말농장에서 따온 야채들이나 새로 한 김치를 갖다 드리며 편하게 다가갔습니다. 안부 묻는 것과 아픈 곳을 여쭤보며 대화를 나누었습니다. 저는 자살예방 봉사활동이라고 해서 특별하고 심각해야 되는 줄 알았는데 결국 중요한 것은 소통을 하며 서로 마음을 나눌 수 있어야 한다는 것을 깨달았습니다. 어르신들이 저와 소통함으로서 긍정적인 생 각을 갖고 활기차게 생활할 수 있다는 것에 보람을 느꼈습니다. 과학 동아리에서 '과학의 달을 기념 으로 의미 있는 일을 하자.'는 주제로 의논을 하였습니다. 많은 의견 중 실험봉사활동이 지지를 받았 고 '샛별 어린이집'에서 실험 봉사를 하기로 결정 하였습니다. 4조로 나눠서 실험교육을 했는데 저 는 녹말펀치 조였습니다. 실험 내용은 감자전분과 물을 2:1로 섞으면 밑에 전분이 가라앉는데 이걸 압축해서 잡으면 고체가 되고, 잡았던 손을 풀면 다시 수용액상태로 변하는 것입니다. 분자의 구조 와 원리에 대해서 아이들에게 설명하고 아이들이 쥐었다 폈다 반복하게 하였습니다. 아이들이 이것 을 만지면서 신기해하고 재미있어 했습니다. 어린 아이들에게 과학에 대해 좀 더 친숙하게 다가 갈 수 있는 기회를 주었다는 것에 가장 큰 보람을 느꼈습니다.

고등학교 3년의 활동 가운데 가장 기억에 남는 일입니다.

첫 번째는 학교장추천을 받고 간 서울대학교 청소년 과학 기술 진흥 센터의 토요 과학 공개강좌 프로그램입니다. 이 프로그램에서 수리, 물리, 화학 등 자연과학기초학문 강좌를 들을 수 있었습니 다. 프로그램에 참여하며 저는 진로와 진학고민을 해결할 수 있었습니다. 저는 의사가 꿈이었습니 다. 1학년 때 방과 후 수업인 인문아카데미를 수강하면서 생명의 가치에 대해 토론하며 생각한 결과 생명을 살리는 의사가 되자고 마음먹었습니다. 하지만 과학 공개강좌를 통해 수학이나 물리, 화학과 같은 기초학문이 의학발전에 크게 기여하고 있다는 것을 알았고 기초학문의 중요성을 깨닫게 되었습니다. 그러면서 의사보다는 기초학문을 전공하는 것이 더 큰 의미가 있다는 생각을 갖게 되었습니다. 그동안 좋아했던 수학이 더 큰 의미로 다가왔고 적성에도 적합하다는 것을 느꼈습니다. 공개강좌 가운데 가장 기억에 남는 것은 슈뢰딩거 방정식을 통해 전자의 에너지 확률밀도함수를 설명하는 부분이었습니다. 화학에서 오비탈 에너지 준위를 공부했던 저로서는 수학책에서 교과내용으로 딱딱하게 배웠던 개념이 화학에서 유용하게 활용되고 있다는 것이 신기했습니다. 물리에서도 빅뱅이나 일반상대성이론을 공부하며 공간과 질량, 에너지의 상관관계에 대해 궁금한 것들이 있었는데 이러한 문제들도 '수학이란 도구로 해결할 수 있겠다!'라는 생각을 갖게 되었습니다. 수학자로 꿈을 갖게 한 가장 의미 있는 활동이었습니다.

두 번째는 학교 정규동아리인 과학 동아리 E.O.S활동입니다. 1학년 때 동아리 활동은 정말 문제가 많았습니다. E.O.S는 주로 실험을 하는 동아리인데 실험을 해도 어떤 내용인지 모르고 실험할 때가 많았습니다. 주로 2학년 선배들 위주로 실험이 진행되어 1학년들은 구경만 한 수준이었습니다. 결국 1학년들 사이에서 동아리를 그만 두겠다는 아이들이 늘어났고 저는 1학년 부장으로서 부원들에게 나를 믿어달라고 설득하며 탈퇴하는 것을 말리기도 했습니다. 그러면서 2학년이 되어 이 위기를 동아리 개혁을 통해 극복해야겠다고 생각했습니다. 새로운 규칙을 만들고 모두가 참여하는 실험이어야 이런 일이 발생하지 않겠다는 생각을 했습니다. 저는 실험을 체계적으로 할 수 있게 동아리 카페를 개설했습니다. 실험 수준 관리와 부원들의 적극 적인 참여를 위해 조별로 실험을 하기 전에 실험 계획서를 카페에 올리고 제가 검토를 한 후 선생님께 제출했습니다. 선생님도 검토를 하셔서 실험 승인을 받으면 실험하는 날에 조장들이 계획서를 봅아 와서 그날 아침에 자기 조원들에게 나눠주고 조원들의 이해가 부족할 경우 조장이 설명하는 형식으로 진행 하였습니다. 또한 조별로 각자 조들이 무엇을 실험했는지 조장들이 발표하도록 해서 부원들 전체가 많은 실험을 접하고 이해할 수 있도록 했습니다. 그리고 동아리 학생들이 실험실에 자유롭게 출입할 수 있도록 생활지도부 선생님에게 허락을 받았습니다. 과학 조교 선생님의 관리 하에 많은 실험을 자유롭게 해보는 기회이기도 했습니다. 규칙을 바꾸고 모두가 참여할 수 있는 실험이 되어서 정말 뿌듯했습니다.

저는 작년에 서울 시립대학교 도시공학과에 재학 중이었습니다. 고등학교를 다닐 때에는 시간적 여유도 없었고 구체적인 꿈보다는 일단 대학에 합격하고 보자는 생각 뿐 이었습니다. 하지만 막상 대학교에 합격해서 입학한 후에는 제가 좋아하는 것에 관심을 갖고 조금 더 시간을 쓸 수 있게 되었습니다. 우연히 접한 국방 뉴스를 통해 정보전 특수 부대원들의 활동에 대해 관심을 갖게 되었습니다. 특히 특수부대원들이 극한의 상황까지 훈련을 하는 것을 보고 자신의 한계를 뛰어넘는 것에 큰 매력을 느꼈습니다. 그리고 연평도 포격 사건과 아덴만 여명작전 같은 사건에서 해군 특수 부대원들의 활약상을 구체적으로 알게 되었습니다. 이 전에는 그저 힘들고 고된 훈련을 견뎌내는 군인들이 멋있었습니다. 하지만 이러한 상황을 알게 된 후로는 그들이 조국의 안보를 위해서 목숨까지 바쳐가며 충성을 다하는 모습을 보고 그들을 존경하게 되었습니다. 그러면서 직업 군인이 되고 싶다는 생각으로 ROTC에 지원 하려 하였습니다. 그래서 서울 시립대 선배 중 현재 학사장교 훈련 과정에 있는 선배에게 ROTC에 대해서 물어봤습니다. 하지만 선배가 ROTC를 하는 것 보단 아직 나이도 어리고 기회가 있으니 저에게 사관학교를 지원해 보는 것이 어떠냐며 추천해주셨습니다. 그래서 가족들과 고민한 끝에 시립대학교를 자퇴하고 다시 사관학교에 응시하게 되었습니다. 현대의 전쟁은 '정보전쟁'이라고도 합니다. 하나의 중요한 정보가 군인 몇 천 몇 만 명을 죽일 수 있는지는 2차 세계 대전만 보더라도 알 수 있습니다. 저는 보안상의 문제로 유출되는 정보 때문에 적으로부터 위협 받고 안타깝게 희생되는 해군이 없도록 정보를 관리하고 정보를 획득하는 해군 정보전 특수 요원이 되고 싶습니다. 그러기 위해서 저는 4년간의 사관학교 생활을 최우수 성적으로 졸업하고 헌병병과에 지원을 하여 우수한 국내외 전문교육기관에서 교육을 받은 후 정보전 특수 요원에 지원할 것입니다. 특수 요원으로 적과의 대치상황은 분명 정해진 상황에만 주어지는 것이 아니기에 제가 해군사관생도 교육과정을 철저히 이수하고 이것을 기반으로 정보특수교육을 받는다면 어떠한 상황에서도 적을 물리칠 수 있는 유연한 작전을 구사 할 수 있을 것입니다. 이로써 해군의 예상치 못한 정보의 유출로 인하여 입는 피해를 최소화할 수 있는 나의 능력을 키워갈 것입니다.

또, 미국의 무인 폭격기 드론만 보더라도 현대전에서는 과학기술의 발전이 큰 영향을 준다는 것을 알 수 있습니다. 과학기술을 이용하여 여러 상황에 맞는 무기를 개발하고 발전시키는 것에도 많은 관심을 가지고 있습니다. 그 중에서도 정보전에서 우위를 점할 수 있는 과학적 무기개발과 정보시스템 개발에도 전문적인 지식을 쌓고 싶습니다. 고급교육기관에서 좀 더 전문적인 지식을 쌓고 이를 활용하여 국군에게 필요한 정보전 무기를 개발하고 발전시키는 것에도 기여하고 싶습니다. 제가 정보시스템 방어체계 전문가가 된다면 북한의 핵 잠수함 위협으로부터 자유로운 해군의 방어체계를 구축하는 중추적인 역할을 하고 싶습니다.

"

55 번째 이야기

◆

로봇 공학을 전공하겠다는 아이다.

고등학교 3년의 활동을 정말 알차게 한 학생이다.

심화의 깊이가 느껴질 정도로 집중했다는 생각이 들었고 상담 내내 자신감 넘치는 아이의 모습에서 좋은 결과를 직감할 수 있었다.

면접 질문의 수준이 높을 것으로 예상했고 그래야 합격 확률이 높을 것으로 생각했다.

아이는 면접을 잘 통과했다며 전화기의 목소리가 자신감으로 가득했다.

합격 소식과 함께 장황한 미래 계획을 이야기하던 아이다.

미래의 계획 또한 창대하게 펼쳐지리라 기대된다.

이 친구는 고등학교 3년의 학교생활과 학습경험 교내활동을 이렇게 이야기한다.

"

로봇에 관심이 많았던 저는 로봇동아리에서 로봇에 대해 배우던 중 데이터 로깅 기능을 알게 되었습니다. 이 기능은 로봇이 운동할 때의 데이터를 컴퓨터에서 그래프로 표현하는 것입니다. 저는 데이터 로깅 기능을 활용해 처음에는 간단한 운동만 구현할 수 있었지만 물리 수업과 독서를 통해 배웠던 센서와 프로그래밍을 통해 복잡한 등가속도 운동도 그래프로 구현 할 수 있었습니다. 이렇게 그래프에 흥미를 갖게 된 저는 과학 심화 문제에서도 이를 적용해 공부하게 되었는데 쉽게 이해되는 것이 신기하기도 했습니다. 그리고 어려운 역학 문제가 나온 에너지 사랑 페스티벌에서도 그래프를 이용한 문제 풀이로 좋은 결과를 거둘 수 있었습니다. 대회를 통해 흥미를 갖고 스스로 이뤄 낸 공부가 효과적이라는 사실을 확인할 수 있었습니다. 그러면서 과정을 통해 배운 지식을 활용하고 적용할 때 진정한 지식의 가치가 확인 된다는 것을 알게 되었습니다. 로봇은 물리2 공부에도 유용하게 쓰였습니다. 포물선 운동에 대한 호기심으로 동아리 부원들과 로봇을 이용한 역학적 에너지 실험 장치를 응용하여 포물선 운동 장치를 만들 수 있었습니다. 공을 포물선 운동 장치에 넣으면 데이터 로깅 기능을 이용해 컴퓨터로 그래프가 그려지는 장치였습니다. 직접 공학적 도구를 통해 증명하면서 추상적으로만 느꼈던 포물선 운동을 그래프를 통해 쉽게 이해할 수 있었습니다. 장치를 활용하여 동아리 후배들에게 운동의 원리를 설명해주면서 개념을 복습하였고 후배들에게도 도움을 주었습니다. 이렇게 로봇이 교육적으로 가치가 있다는 것을 깨달은 저는 '로봇을 통한 교육적 효과'라는 소논문을 쓰기도 했습니다. 동아리 활동이 끝날 때마다 로봇의 설계 과정, 로봇이 잘못되었을 때 논리적 결함을 찾아 문제를 해결했던 과정을 소논문에 기록하였습니다. 로봇을 통해 호기심을 갖게 되었고 호기심을 해결해야 한다는 학습 습관은 의지와 논리력을 갖는데 많은 도움이 되었습니다.

동아리 시간에 준비했던 세계 로봇 대회는 저에게 로봇공학자라는 꿈을 확고히 해주는 계기가 되었습니다. 대회 미션은 암호를 해독한 후 산 정상에 물건을 운반하는 것이었습니다. 대회를 준비하면서 하드웨어를 맡은 저는 부원들과 탱크로봇과 집게손 로봇이라는 두 가지 아이디어를 생각해냈습니다. 로봇 만들기를 좋아했던 저는 처음 생각했던 집게손 로봇에서 하드웨어에 영향이 더 큰 로봇 팔을 연구하기로 했습니다. 4개로 제한된 모터 숫자로 인해 헤매고 있던 저는 수첩에 설계도를 작성하는 후배를 보았고 이를 참고하여 연구일지를 작성하는 방법을 배울 수 있었습니다. 일지를 통해 로봇팔의 문제점을 분석하였고 부원들과 함께 생각을 정리하였습니다. 이런 과정을 통해 대회 중에 일어난 돌발 상황에도 문제를 해결할 수 있었습니다. 이는 잘못된 점이 있을 때마다 모두 모여 고민했던 대회 준비 과정의 중요성을 깨닫게 해주었습니다.

대회가 끝나고 저는 우승한 로봇에 대해 호기심을 가졌고 우승팀 로봇동아리를 방문해 정보를 얻었습니다. 수학, 과학적 지식을 토대로 로봇을 만들었던 우승팀의 연구일지를 팀원들에게 설명해주면서 창의성과 지식의 중요성을 느낄 수 있었습니다. 알고리즘, 물리 법칙을 토대로 우리 팀의 로봇이 개선해야 할 점에 대해 팀원들과 의견을 모았고 '등산 로봇의 효율적 주행'이라는 소논문으로 이러한 생각을 심화시켰습니다.

저는 로봇공학자로서 필요한 자질인 분석력과 상상력을 기르고자 스스로 변화하려고 노력하였습니다. 공감, 칭찬을 주로 하는 성격 때문에 친구의 아이디어에 문제를 제기해야 하는 발명동아리의 아이디어 회의는 처음엔 저와 잘 맞지 않았습니다. 하지만 저는 동아리 부회장으로서 책임감을 갖고 회의에 적극적으로 참여하였습니다. '물을 보관하는 걸레'라는 아이디어에서 압력 문제에 대해 의문을 제기하였고 이와 비슷한 음료수병을 활용하여 새로운 원리를 고안했습니다. 이렇게 자신감을 얻은 저는 발명 아이디어를 직접 생각해 내고 싶었습니다. 로봇공학자 데니스 홍의 강의에서 발명 수첩을 본 후 저만의 수첩을 직접 만들어서 생활 속 불편함과 해결 방안들을 적기 시작했습니다. 처음에는 익숙하지 않았지만 데니스 홍의 말을 되새기며 항상 수첩을 가방에 넣고 아이디어가 생각날 때마다 기록하는 습관을 갖게 되었습니다. 특히 수첩에 적었던 로봇청소기는 창작로봇활동에서 실현할 수 있었습니다. 터치센서로 주행을 시작하고 초음파 센서로 벽을 감지하는 아이디어를 통해 저만의 청소기를 만들 수 있었습니다.

고급수학1 교과서의 행렬 단원을 훑어보던 중 '로봇공학의 기초'라는 책에 나왔던 행렬이 떠올랐습니다. 이를 완벽히 이해하고자 수업을 듣게 되었고 교과서에 있는 개념을 이해한 후 곧바로 책의 내용에 적용해 보았습니다. 눈으로 이해하기 어려웠던 행렬변환은 지오지브라라는 컴퓨터 프로그램을 이용하여 직접 나타내 보면서 관련 내용을 복습하기도 했습니다. 이렇게 다양한 매체를 이용하여 폭넓은 지식을 습득하게 되었고 스스로 학업역량을 키워나가는 습관을 가질 수 있었습니다.

종종 로봇을 구경하러 동아리교실을 방문하는 친구들을 보며 더 많은 학생들이 로봇을 만져보고 흥미를 느꼈으면 했습니다. 이런 생각을 선배에게 건의하여 동아리 회의를 소집하였고 얼마 후 열릴 축제 때 로봇 축구 부스 운영을 제안했습니다. 하지만 동아리 회비로 샀던 로봇 부품을 잃어버리는 것을 걱정하는 부원들이 많았습니다. 저는 부품마다 고유 넘버를 부착하여 수시로 숫자를 체크하는 것으로 부원들의 걱정을 덜어줄 수 있었습니다. 저는 로봇을 포지션, 선수별로 만들면서 다양한 학생들의 취향을 고려하였고 그 결과 성공적으로 부스를 운영할 수 있었습니다. 이러한 활동을 통해 내가 노력하여 나눌 수 있는 것은 무엇이든지 함께 한다면 더 큰 기쁨이 된다는 것을 알았습니다.

축구 로봇은 중증장애인 봉사활동에서도 유용하게 쓰었습니다. 중증장애인시설에 봉사를 하러 갔을 때 저에게 직원 분들은 청소만 하면 된다고 하셨습니다. 하지만 저는 장애인 분들에게 실질적으로 도움을 드리고 싶었고 시설 담당 선생님께 부탁을 드려 장애인 학생들을 만나게 되었습니다. 갑자기 소리를 지르고 이상한 행동을 하는 것을 보고 처음에는 선뜻 다가가지 못했습니다. 하지만 TV를 보면서 같이 웃고 축구를 하면서 환한 미소를 짓는 것을 보고 중증장애인분들도 우리와 똑같이 감정을 느낀다는 것을 알게 되었습니다. 함께 행복을 나눌 수 있는 것이 어떤 것이 있을까 고민하던 중 축구로봇을 가져오게 되었습니다. 그러나 로봇 조작이 어려워 원활한 진행을 할 수 없었습니다. 저는 그들의 신체 조건을 생각하지 않았던 것에 대해 반성했습니다. 그리고 다음 방문에는 장애인 분들의 상황을 고려해 로봇을 조작하기 쉽게 아이패드의 조종 어플을 이용하였고 다행히 재미있게 경기를 진행할 수 있었습니다. 시설에 있는 형, 동생들의 환한 미소를 통해 진정으로 뿌듯함을 느꼈고 즐거운 마음으로 봉사활동을 할 수 있었습니다. 이러한 경험은 훗날 사회적 약자들을 위해 로봇을 만들고 사용자의 편의를 중요시 해야겠다는 생각을 하게 되었습니다.

저는 로봇뿐만 아니라 글라이더, 드론, 전기자동차와 같은 폭넓은 분야에 대해 탐구해 보면서 기계공학을 전공하기로 결정하였습니다. 특히 글라이더를 만들 때였습니다. 무게중심을 고려하여 날개에 신문지를 붙이고 고정 장치를 조절하면서 룰 위반이 되지 않는 선에서 저만의 글라이더를 만들었습니다. 하지만 더 안정적으로 오래 비행할 수 있는 날개에 호기심이 생겼고 효율적인 날개 형태에 대해 연구하게 되었습니다. 혼자서 연구하는 것이 힘들어서 동아리 부원들과 협력하게 되었습니다. 풍동실험을 제안한 부원의 아이디어를 통해 폐박스로 격자무늬의 실험 장치를 만들어 효율적인 날개 형태를 완성할 수 있었습니다. 그리고 로봇동아리에서 활동을 할 때 엔지니어를 맡아 로봇의 외형을 만드는 역할을 했습니다. 이러한 활동들을 통해 기계공학을 전공하기로 진로를 확고히 할 수 있었습니다.

'로봇 다빈치, 꿈을 설계하다'를 읽고 저자 데니스 홍이 만들었던 장애아를 위한 로봇팔에 감명을 받았습니다. 로봇 대회에서 물건을 들어 올리는 로봇팔을 직접 만들어 보면서 로봇팔의 제어와 형태에 대한 호기심은 더 커졌습니다. 저는 기계공학과 입학해서 전공학회 MECA에서 로봇팔에 대해 심도 있게 탐구하면서 이러한 호기심을 해결해 나가고 싶습니다. MECA에서의 다양한 경험은 저에게 로봇공학자로서 소중한 자질을 키워 줄 것입니다.

기술로 세상을 따뜻하게 만들자 이 말은 2학년 때부터 저의 궁극적인 목표였습니다. 인간을 위한 로봇에 관심을 갖게 된 뒤 읽은 책 '휴보이즘'에서 재활, 의료로봇에 대해 알게 되었고 이러한 로봇을 연구하는 새로운 꿈을 꾸게 되었기 때문입니다. 학부에서 공학, 수학 등에 대해 공부하여 기초를 탄탄히 닦은 후 로봇공학 대학원에 진학하여 전문적으로 로봇을 연구할 것입니다. 특히 재활, 의료 분야의 로봇을 연구하는 로봇시스템 제어 또는 인간메카트로닉스 연구실에서 '인간을 위한 로봇공학자'라는 꿈을 키워나가고 싶습니다. 대학의 가르침을 통해 공학자로써의 지식과 인성을 키워가겠습니다.

56 번째 이야기

◆

반드시 좋은 결과가 있을 게다.

긍정적인 생각과 자신감으로 큰소리로 임해라.

할 수 있다. 할 수 있다. 할 수 있다.

면접 직전 이런 문자를 했다.

이렇게 용기를 북돋워 주었던 아이다.

겁이 많았던 아이다. 그렇지만 알차게 욕심부리던 아이다.

국어와 문학이 좋아 국문학을 전공해 교사가 되겠다고 한다.

이 친구는 고등학교 3년의 학교생활과 학습경험 교내활동을 이렇게 이야기한다.

"
평소 우리말과 우리글에 관심이 많았던 저는 사회문화 시간에 문화의 특성에 대해 배우면서 언어의 기능에 대해 관심을 가질 수 있었습니다. 언어라는 공유된 문화가 우리의 의사소통에 미치는 영향과, 인간의 언어 사용능력이 문화의 축적과 발전에 어떠한 영향을 주었는지 알 수 있었습니다. 우리가 일상적으로 사용하는 언어가 우리의 사회와 문화에 영향을 미치고 있다는 사실에 흥미를 느낀 저는, 언어가 우리의 사고체계에도 영향을 미치지 않을까 하는 궁금증을 갖게 되었습니다. 그러나 교과서에서는 이러한 내용을 찾기는 어려웠고, 인터넷으로 검색도 해보았지만 내용을 검색하기는 어려웠습니다. 결국 언어와 인간의 사고체계와 관련한 전문서적을 찾아보기로 마음먹었습니다. 시간이 오래 걸리더라도 책으로 깊이 탐구해보자는 마음으로 사회문화 선생님께 관련 내용이 담긴 책을 추천해주실 것을 부탁드렸습니다. 그러자 선생님께서는 언어학자 조지 레이코프의 '코끼리는 생각하지 마'라는 책을 권해주셨습니다. 언어학을 정치에 적용한 책이다 보니 처음에는 이해하기 어려웠습니다. 그래서 좀 더 쉽게 이해할 수 있는 방법으로 지식채널e에서 관련된 내용을 찾아보았고, 여러 번의 검색 끝에 'frame'이라는 제목의 영상을 찾을 수 있었습니다. 같은 정책을 어떤 단어로 표현하느냐에 따라 사람들이 인식이 달라지고, 어떤 정권이 승리하느냐에 까지 영향을 미친다는 점은 신선한 충격이었습니다. 또한 조지오웰의 '1984'를 읽으며 신어, 즉 언어의 축약을 통해 사람들을 통제하려는 권력층의 계획도 알 수 있었습니다. 언어의 수가 줄수록 사고의 폭도 따라서 좁아진다는 것을 알게 되었고, 인간의 사고체계에 지대한 영향을 미치는 언어의 중요성 또한 알게 되었습니다. 이처럼 사회문화를 학습하면서 관심 있는 내용에 관해 깊이 탐구해본 경험은 과목 자체에 대한 흥미를 높여주었고, 우리말 국어에도 더 큰 관심을 갖게 되었습니다. 이러한 흥미와 관심으로 교과 사회문화와 국어에서 1등급이라는 성적과 학업상을 받을 수 있었습니다.

끈기가 부족한 저에게 매주 참여해야 하는 교과별 퀴즈왕은 시작 자체가 도전이었습니다. 첫 주 국어 퀴즈왕 답안지를 제출할 때는 '내가 이걸 끝까지 할 수 있을까?'하는 의문이 들기도 했습니다. 그러나 얼마가 지나자 다양한 국어 문제를 푸는 것이 재미있었고 새로운 문제를 해결하는 것이 기다려지기도 했습니다. 시를 해석하기도, 사자성어의 유래를 찾기도, 문법의 정확한 개념을 익히기도, 주어진 주제로 글을 짓기도 했습니다. 일례로 봄을 주제로 시를 쓰는 것이 퀴즈였던 적이 있었습니다. 제대로 시를 써본 경험이 없어 막막하고 어색했습니다. 그렇지만 내가 느끼는 것을 잘 담아보자는 생각으로 조금씩 써내려갔습니다. 제가 쓴 시는 예상 외로 좋은 평가를 받아 학교 사제동행 길에 전시되기도 했고 교지에 실리기도 했습니다. 직접 시를 써보고 친구들과 함께 시를 감상하면서 즐거움을 느낄 수 있었습니다. 뿐만 아니라 꾸준한 국어 퀴즈왕 참여는 제게 애매하게 알고 있던 개념을 바로 잡아 주었고 몰랐던 내용도 새로이 알 수 있는 기회가 되었습니다. 이렇듯 다양한 경험을 하면서 성적을 위한 국어 공부가 아닌 진짜 국어 학습에 흥미를 느꼈습니다. 덕분에 처음의 우려와는 달리 한주도 빼먹지 않고 끝까지 참여할 수 있었고, 우수상이라는 성과도 얻었습니다. 나의 의지로 처음부터 끝까지 무언가를 해냈다는 성취감은 그 후로도 저에게 어떤 일이든지 끈기를 가지면 해낼 수 있다는 자신감을 심어주었습니다.

1학년 때 경제경영 동아리 BOM에서 활동하면서 단통법과 공무원 연금 인하에 대해 토론한 적이 있습니다. 관련 내용은 어려웠지만 토론을 준비하고 진행하는 과정은 저에게는 흥미로운 경험이었습니다. 서로 다른 의견들을 주고받는 과정에서 더 나은 결론에 다가갈 수 있다는 점이 토론의 매력이었습니다. 사회문제에 대해 좀 더 체계적으로 토론해보고 싶다는 생각이 들었습니다. 그래서 친구들에게 토론동아리를 만들어보자고 제안했고, '비정상회담'이 조직되었습니다. 간부는 아니었지만 동아리의 운영 방향과 토론 주제 등을 건의하면서 동아리에 적극적으로 참여했습니다. 팀을 이루어 하는 토론이다 보니 함께 자료조사를 하고 의견을 나누는 시간이 필요했습니다. 저는 우선 역할을 나누어 자료를 조사 할 것을 제안했고, 각자가 조사한 자료를 저에게 보내면 보기 좋게 정리하여 팀원들에게 나누어주는 역할은 제가 맡기로 했습니다. 이렇게 함으로써 따로 만나지 않고도 모두가 토론 내용을 숙지할 수 있었고, 토론을 진행 할 수 있었습니다. 토론을 하다보면 내 생각과 다른 의견을 지지해야 하는 당황스러운 경우도 있었습니다. 일례로 '노키즈존은 필요한가'를 주제로 토론할 때 저의 생각은 '필요하지 않다'였지만, 찬성 팀에서 주장을 펼쳐야 했습니다. 저는 자기주장이 강한 편이어서 제 의견이 옳다고 생각하면 상대방의 의견을 잘 인정하지 않고 제 생각만 고집하곤 했습니다. 그러나 이런 경험을 통해 내 생각과 다른 의견에도 충분한 이유가 있음을 알았습니다. 나와 다른 의견을 수용해야 하는 이유도 알게 되었습니다.

"처음 보는 사람들이랑 어떻게 같이 살아. 나 들어가기 싫어." 기숙사에 붙었다는 연락을 받은 날, 제가 엄마께 한 말입니다. 외동으로 자라면서 부모님과 떨어져 본 적이 없는 저에게 낯선 기숙사 생활은 생각만으로도 두려웠습니다. 처음에 걱정했던 것처럼 힘든 일이 많았습니다. 같은 방을 쓰는 친구와 생활 방식이 달라서 마찰을 겪기도 했습니다. 저는 늦게 자는 편이라 밤에 방에서 스탠드를 사용하고 싶어 했고, 작은 불빛도 잠자는 데 방해가 된다며 불만을 이야기하는 친구와 갈등은 점점 쌓여만 갔습니다. 이 문제를 해결하고 싶었던 저는 다른 친구에게 저의 상황을 말하며 조언을 구했습니다. 그러나 방 친구는 제가 다른 친구에게 안 좋은 얘기를 하는 것으로 오해했고, 저희 사이의 갈등은 더 깊어져만 갔습니다. 오해도 풀고 싶었고, 한 방에 살면서 불편하게 지내는 것은 아니라고 생각했기에 저는 친구와 대화를 시도했습니다. 다행히 친구는 제 얘기를 들어주었고, 저는 우선 친구가 오해할 만한 상황을 만든 것에 대해 진심으로 사과했습니다. 친구도 그런 이유인지 몰랐다며 저를 오해한 것에 대해 미안함을 표현했습니다. 오해가 풀리자 저는 스탠드 문제에 대해 함께 타협점을 찾아보자고 제안했습니다. 솔직한 대화를 나눈 끝에 최대한 같은 시간에 자도록 노력하기로 했고, 간혹 제가 늦게 자야하는 날은 불빛이 약한 전구를 사용하고 이불 등으로 불빛이 새어나가는 것을 최소화하기로 했습니다. 막상 터놓고 얘기해보니, '서로 조금씩만 양보하면 해결될 일을 왜 그렇게 예민하게 굴었을까'하는 생각이 들었습니다. 그 후로 저는 누군가와 서운한 일이 생길 때 마다 미루지 않고 바로바로 솔직한 대화를 나누려고 노력했습니다. 덕분에 학교생활을 하며 친구들과 크게 다투는 일 없이 좋은 관계를 유지할 수 있었습니다. 저는 이 경험을 통해 당사자와 직접 대화를 하는 것이 문제 해결의 가장 중요한 열쇠라는 것을 배웠습니다. 또한 갈등이 생겼을 때 대화에 나서는 용기가 필요하다는 것을 알았습니다.

문학작품을 배우며 다채로운 우리말 표현들을 접하는 것에 흥미를 느꼈습니다. 문학적 표현을 접할 때의 전율은 자연스럽게 국어에 대한 관심으로 이어졌습니다. 그래서 국어와 관련된 활동이라면 무엇이든 흥미를 갖고 참여했습니다. 교내 우리말 경시대회, 각종 교내 글짓기 대회에 참여한 경험은 저에게 국어의 다양한 영역에 대한 흥미를 갖게 해준 기회였습니다. 저는 중, 고등학교 때 총 4번의 국어과 담임선생님을 만나며 원래 좋아하던 국어 과목을 더 좋아하게 되었습니다. 선생님들을 통해 가르치는 일의 사명감을 느끼기도 했습니다. 아이들의 국어에 대한 관심을 키워줄 수 있는 국어 교사가 되고 싶었습니다.

국어교사가 되기 위한 학과인 국어교육과가 있음에도 불구하고 제가 국어국문학과로의 진학을 희망하는 이유는 친구를 가르쳐줄 때의 경험 때문입니다. 향찰을 학습할 때 친구가 음차와 훈차가 잘 이해가 가지 않는다며 질문을 한 적이 있습니다. 선뜻 알려주겠다고 나섰지만 막상 제대로 설명을 해주지 못했습니다. 제 스스로에게 실망하여 개념을 다시 짚어가며 꼼꼼히 공부했고, 다음날 다시 친구에게 알려주었습니다. 드디어 이해했다며 고마워하는 친구를 보며 보람을 느꼈습니다. 이후 저는 문학을 깊이 있게 공부할 수 있고 교사가 될 수 있는 기회가 있는 국어국문학과에 진학하여 충분한 지식을 쌓고, 2학년 2학기 때 교직이수를 신청 할 것입니다. 그리고 제가 알고 있는 지식을 효과적으로 전달하는 방법과 아이들에게 진심으로 다가갈 수 있는 방법을 배우기 위해 교육심리, 아동심리를 교양과목으로 이수하고, 2학년 때부터는 교육학을 부전공할 것입니다. 또한 교육봉사동아리 ELF에 가입하여 주기적인 교육봉사를 하고 싶습니다. 충분한 교육을 받지 못하는 아이들에게 저의 작은 능력으로 도움을 주고 싶기 때문입니다. 기회가 된다면 다르마 칼리지도 수강하여 국문학 외에도 세계의 명작을 두루 읽고 토론해보며 인문학적 소양을 기르고 싶습니다. 아이들에게 국어의 즐거움을 알려줄 수 있는 참교사가 되도록 노력하겠습니다.

"

57 번째 이야기

◆

검은 뿔테의 안경에 진중한 느낌의 목소리로 애늙은이 같은 포스가 느껴졌던 아이다.

경영컨설턴트가 되겠다고 한다.

과정에 충실했던 고3 생활을 스스로 뿌듯하다 했다.

그만큼 당당하고 성실하고 씩씩한 아이였다.

대학에서 공부할 양이 많을 것이라며 걱정하던 아이가 합격 소식을 알렸다.

아마도 이 아이는 무쏘의 뿔처럼 그렇게 밀고 갈 것이다.

___

이 친구는 고등학교 3년의 학교생활과 학습경험 교내활동을 이렇게 이야기한다.

"

저는 다른 과목에 비해 수학 성적이 낮아 수학공부에 많은 시간을 투자했습니다. 처음에는 주변 친구들이 추천하는 문제집을 사서 많은 문제를 풀었지만 효과는 미미했습니다. 2학년 초 눈에 띄게 떨어진 모의고사 점수에 충격을 받은 저는 수학 공부 방법을 바꿔야겠다고 생각했습니다. 평소 수학을 잘하던 친구들에게 공부법을 물어보았고, 모두 '기본 개념 공부를 확실히 했다'는 대답을 해 주었습니다. 이미 기본기는 충분하다고 믿었던 저는 수학 기본서를 읽고 매우 놀랐습니다. 잘못 알고 있거나, 헷갈리는 개념과 공식이 생각보다 많았던 것입니다. 기본을 확실히 하지 않은 채 무작정 문제만 많이 풀었던 것이 성적이 오르지 않는 원인이었다는 것을 깨달았습니다. 저는 '기본을 탄탄히 하자', '취약한 부분을 집중적으로 보완하자'는 마음가짐으로 새롭게 수학공부를 시작했습니다. 교과서와 기본서에 나오는 개념과 공식을 정리한 노트를 만들었습니다. 또한 그동안의 시험에서 틀린 문제는 어느 단원에서 출제한 문제인지, 내가 어떤 원리와 개념을 응용하는 데 어려움을 겪었는지 분석했습니다. 그런 뒤에 점차 난이도 높은 응용문제를 해결하는 능력을 기르기 위해 노력했습니다.

그리고 수학에 어려움을 느끼는 문과 친구들과 수학동아리를 만들었습니다. 동아리 부원들이 선정한 문제를 각자 풀어본 뒤 함께 모여 서로의 풀이법을 공유하는 활동이었습니다. 어려운 문제를 풀다가 막힐 때도 있었는데, 그럴 때 친구들이 해 주는 조언을 하나씩 적용하다 보니 문제가 풀리는 것이 신기하기도 했고 혼자서 해설지를 보며 문제를 풀 때보다 수학이 재미있게 느껴졌습니다. 반면 저의 도움을 받으며 몰랐던 문제를 풀어나가는 친구들의 모습을 보면서 수학에 대한 자신감을 갖기도 했습니다. 기본에 충실한 학습법으로 자신감을 얻고 학습한 결과 모의고사 성적뿐만 아니라 내신 성적도 향상되었습니다. 무엇보다도 제가 자신의 문제점을 직접 파악하고 그를 해결하기 위해 방법을 찾아 실천하고 노력했다는 것이 정말 뿌듯하게 느껴졌습니다.

고등학교 진학 후 처음으로 기숙사에서 단체생활을 하게 되었을 때 불편한 점은 한두 가지가 아니었습니다. 함께 지내는 사람이 많다 보니 샤워나 빨래를 할 때면 순서가 겹쳐 기다려야 할 때가 많았고, 방 안에서 생기는 갈등도 있었습니다. 그 중에서도 밤에 공부를 하느라 스탠드 조명을 켜놓는 것 때문에 룸메이트 사이에서 말다툼이 일어날 때가 많았습니다. 그렇게 다툼이 계속되다 보니 룸메이트들끼리 어색한 채로 한 학기를 보내야 했습니다.

2학년이 되어 새로운 룸메이트들을 만나게 되었을 때, 저는 지난해와 같은 갈등을 다시 겪고 싶지 않았습니다. 그래서 룸메이트들에게 1학년 때 있었던 일들을 들려주었고, 이번에는 미리 우리끼리 규칙을 정해서 문제가 일어나지 않도록 하자고 이야기했습니다. 저희는 소등시간, 방 청소, 냉장고 정리, 개인소지품 관리 등에 대한 규칙들을 정리하였습니다. 규칙을 지키며 서로를 배려하려고 주의하며 생활하다 보니 큰 갈등이 생기는 일이 없었습니다. 이런 과정을 통해 소통의 중요성, 충분히 논의하고 만든 규칙의 중요성을 알게 되었습니다.

2학년 처음으로 영어 모의고사 해설수업을 하던 날이었습니다. 수업은 시작되었고 친구들은 제가 하는 말에 집중하지 않고 있었습니다. 어떻게 해야 친구들이 저의 수업에 흥미를 갖고 집중할 지 고민했습니다. 수업 과정을 다시 살펴보니 제가 친구들이 이해하는 정도에 관심을 갖지 않고 혼자서만 수업을 하고 있었습니다. 선생님께 수업하는 방법에 대해 조언을 구했습니다. 그리고 다음 수업부터는 친구들이 이해할 수 있는 수준으로 설명을 준비했고, 친구들이 이해하고 있는지 중간 중간 질문을 던졌습니다. 이해가 된다는 친구들의 답변과 점점 저의 수업에 집중하기 시작했습니다. 그리고 모르는 문제나 어려운 독해를 먼저 질문하기도 했습니다. 그럴 때마다 친구들이 나를 믿고 있다는 생각에 기뻤고, 책임감 또한 느낄 수 있었습니다. 나중에 영어성적이 올랐다며 저에게 고마워하는 친구를 보며 느꼈던 행복은 말로 표현할 수 없을 정도였습니다.

어릴 때부터 저는 '세계적으로 인정받는 여성 CEO'라는 막연한 꿈을 가지고 있었습니다. 그러다 어느 날 경영컨설턴트가 나오는 텔레비전 프로그램을 보게 되었습니다. 당시 경영컨설턴트라는 직업이 생소했던 저에게 그 프로그램은 새로운 목표를 갖게 해 주었습니다. 프로그램 속의 경영컨설턴트는 전문 경영 컨설팅 회사인 '맥킨지 앤드 컴퍼니' 소속으로 금융업, 제조업 등 다양한 분야의 기업에서 경영 컨설팅을 하는 모습을 보여주었습니다. 대부분 하나의 분야에서 하나의 기업만을 꾸준히 경영하는 CEO와는 달리, 경영컨설턴트는 다양한 분야의 여러 기업에서 일할 수 있다는 점이 정말 매력적이었습니다. 그 후로 저는 경영컨설턴트의 꿈을 갖게 되었습니다. 기업 경영의 방향을 제시하는 경영컨설턴트는 CEO만큼의, 혹은 그 이상의 경영지식을 갖춰야 한다고 생각했습니다. 그래서 경영학과에 진학하여 회계, 재무, 인사관리 등 기업경영에 필수적인 지식을 전문적이고 체계적으로 배우고 싶습니다. 특히 저는 〈경영학 콘서트〉를 읽으며 경영과학에 많은 관심을 갖게 되었습니다. 이 책을 읽으면서 경영과학이 현대 경영학 발전에 큰 역할을 하고 있다는 것을 알게 되었고, 앞으로 그 중요성은 더욱 커질 것이라고 생각했습니다. 현재도 컴퓨터 기술이 발달함에 따라 빅 데이터 분석을 통한 개인적이고도 정확한 마케팅이 주목을 받고 있습니다. 또한 큐잉이론, 공급사슬관리 등 경영학과 수학적 이론을 접목시킴으로써 정교하고 효율적인 경영시스템이 발전하고 있습니다. 또한 마케팅 분야는 심리학 영역과의 융합으로 집단적 타겟팅의 성격으로 발전해 가고 있습니다. 경쟁력 있는 기업이 되기 위해서는 경영과학을 활용하는 것이 필수적이라고 생각해서 저는 경영과학을 깊이 있게 공부하고 싶습니다. 또한 중국이 중요한 글로벌 시장으로 계속 성장하고 있기 때문에 중국어 능력도 갖출 생각입니다. 졸업 후 '맥킨지 앤드 컴퍼니', '보스턴 컨설팅 그룹'같은 전문 경영 컨설팅 회사에 입사해 경영 컨설턴트로의 꿈을 펼치고 싶습니다.

"

58 번째 이야기

◆

도전의식이 강했다.

리더십이 강했다.

목표가 분명했다.

구체적으로 활동했다.

긍정적 결과를 체험했다.

성공할 것이다.

응원한다.

이 친구는 고등학교 3년의 학교생활과 학습경험 교내활동을 이렇게 이야기한다.

"
　사회 분야에 관심이 많았던 저는 사회 관련 서적을 즐겨 읽었습니다. 독서를 통해 사회 수업이나 교과서에서 느꼈던 궁금증은 해결되는 듯했습니다. 하지만 책을 읽는 것만으로는 호기심을 충족시키지는 못했습니다. 완전한 학습을 위해서는 혼자 독서하면서 지식만 쌓기보다는 사회현상에 개념을 적용해가며 이해해야 한다는 생각을 했습니다. 그리고 친구들과 토론하고 함께 지식을 공유하는 것 또한 필요하다는 생각을 했습니다. 이를 계기로 관심분야가 같은 친구와 함께 당시 교내에 없었던 신문 스크랩 및 토론 활동을 하는 '신사고'라는 동아리를 만들게 되었습니다. 회장이 된 친구와 부회장을 맡은 저는 동아리를 이끌어본 경험이 없었기 때문에 담당 선생님을 찾아가 조언을 구하기도 했습니다. 그럼에도 불구하고 동아리 활동 계획을 세우는 것조차도 순조롭지 않았습니다. 때로는 토론을 해야 하는 인원이 다 오지 않아서 토론을 못한 적도 있었습니다. 하지만 어렵게 만든 동아리인 만큼 그만 둘 수는 없습니다. 책임감을 갖고 회원들 각자를 만나 적극적으로 참여를 부탁했습니다. 이러한 노력들로 동아리 친구들의 참여가 늘면서 동아리도 활기를 띠게 되었습니다. 특히 세계의 기아문제에 대해 스크랩 활동을 했던 것이 기억에 남습니다. 당시 저는 후진국의 구조적 문제점과 제도의 미비가 기아문제의 원인이라고 생각했는데 동아리 친구들과 의견을 나누면서 나의 생각이 편협한 것임을 알게 되었습니다. 1970년대 다국적 기업 레슬러가 이윤 저하를 염려하여 어린

이에게 0.5리터의 분유를 무상으로 제공하는 칠레 정부의 빈곤 개혁 제도에 반발하여 우유 공급을 중단하고 칠레의 아엔데 대통령은 CIA로부터 피살당하는 사건을 접할 수 있었습니다. 친구들의 의견을 듣고 사실을 확인한 후 후진국만의 문제가 아니라 오히려 선진국들의 거대 자본과 신자유주의의 비인간성 또한 문제가 될 수 있다는 사실을 알게 되었습니다. 독서를 통해 폭 넓은 지식을 쌓게 되었고 동아리 활동을 통해 사회학습의 완성도를 높일 수 있었습니다.

　　고등학교 1학년 때까지만 해도 나에게 반장이나 부반장은 너무나 멀게만 느껴졌을 정도로 나서기 싫어하는 소극적인 학생이었습니다. 그런 제가 2학년이 되어 우연히 부반장이 되었고 학급친구들과 학교생활을 주제로 한 UCC 촬영을 맡게 되었습니다. 촬영 과정에서 하기 싫은 역할을 서로 미루면서 역할 배정이 제대로 이루어지지 않아 어려움을 겪게 되었습니다. 급식을 먹고 맛있게 먹었다는 것을 표현하기 위해 트림을 해야 하는 역할은 학급 친구들 모두가 꺼려했습니다. 의무감에 못 이긴 저는 그 역할을 용기 내어 자원해서 맡게 되었습니다. 내가 그 역할을 맡게 되면서 모든 배역이 결정되었고 순조롭게 영상을 찍을 수 있었습니다. UCC는 완성되었고 오히려 그 역할에 자부심 또한 느낄 수 있었습니다. 과정을 통해 적극적으로 변화하고 있는 나 자신을 발견하며 놀랍기까지 했습니다. 축제 UCC를 만드는 과정을 계기로 학급 문제에도 적극적으로 참여하게 되었을 뿐만 아니라 책임감을 갖고 주어진 상황을 긍정적으로 바라보며 반을 이끄는 경험을 할 수 있었습니다.

　　모의수업 활동을 하면서 학생들을 어떻게 잘 가르칠 수 있을지 생각했습니다. 수업을 진행 할 때 어딘가가 자연스럽게 흘러가지 않는다는 느낌을 받았습니다. 그래서 다른 친구들의 수업과 비교해 보며 문제점을 찾으려고 노력하였습니다. 관찰한 결과 그 동안의 저의 수업은 준비해온 자료를 읽고 내용을 전달하는 것에만 치중하고 있었습니다. 그런데 친구들은 학생들에게 질문의 여지를 남겨두어서 수업에 적극적으로 참여할 수 있게끔 수업을 진행하는 모습을 보며 수업 방식을 바꿀 필요성을 느끼게 되었습니다. 그 이후로 학생들을 가르칠 때 이해하고 있는지 확인하고 질문을 던져보는 등 학생들과 활발하게 의사소통을 하는 수업으로 탈바꿈하게 되었습니다. 모의수업활동은 학생들을 잘 가르치기 위해서는 학생들의 적극적인 참여가 전제되어야 한다는 것을 깨닫게 해준 의미 있는 활동이었습니다.

　　모의수업 활동을 하다 보니 교육 분야에 관심을 가지게 되었습니다. 그 중 교육 평등과 교육개선이라는 주제로 동아리 친구들과 함께 동아리 탐구 발표대회에 참가하면서 교육에 대해 깊이 있는 연구를 해보고자 노력하였습니다. 농어촌전형이나 사회적 배려 대상자 전형과 같은 우리나라의 교육 평등을 위한 제도와 핀란드, 스웨덴 등 북유럽 국가의 교육 평등을 위한 제도들을 비교함으로써 국가 중심의 교육의 질 개선, 학교 수준에서의 교육 평등 실천 방법 등을 알게 되었습니다. 무엇보다도 가장 의미 있었던 것은 교육 개선에 있어 교사의 역할이 크게 영향을 끼칠 수 있다는 것을 알게 되었습니다. 교사가 가르칠 때 상당한 열의를 가지고 학생에 대한 긍정적인 기대를 함으로써 교육 발전을 이룰 수 있다는 것을 깨닫게 되었습니다. 학생들에게 더 나은 교육 환경을 제공하기 위해서는 국가의 역량과 제도가 뒷받침되어야 하는 것은 기본이 되어야 하겠지만 학생들을 가장 가까이에서 가르치고 훈육하는 훌륭한 교사의 양성 또한 무엇보다도 중요하다는 것을 새롭게 느낄 수 있는 계기가 되었습니다.

"선생님, 고맙습니다." 지역아동센터에서의 봉사가 끝날 때마다 아이들이 건네는 말이었습니다. 1학년 초부터 시작한 지역아동센터에서의 봉사활동은 교사의 꿈을 확신하게 만들어준 계기가 되었습니다. 어려운 가정환경 때문에 하고 싶은 만큼 공부하지 못하는 아이들이 많았기 때문에 아이들에게 작은 보탬이라도 되고 싶었습니다. 초등학생 아이들에게는 기초수학을 가르치거나 아이들과 함께 그림그리기 활동이나 요리 실습 등을 하였고, 중학생 아이들에게는 고민 상담이나 필요한 과목 공부를 도와주었습니다. 아이들이 "선생님"이라고 부르는 것이 낯설었지만 마치 진짜로 선생님이 된 것 마냥 설레지 않을 수 없었습니다. "선생님, 고맙습니다." 라는 말을 들을 때마다 아이들의 공부를 더 신경 써서 가르쳐주는 원동력이 되었고 가르침의 보람을 느낄 수 있었습니다.

하지만 아이들을 가르치는 것도 순조로웠던 것만은 아니었습니다. 무엇 때문인지 모를 이유로 수업 때 아이들과 원활하게 소통이 이루어지지 않았던 적도 있었습니다. 심지어는 수업을 받으려 하지 않는 아이들도 있었습니다. 한동안 문제의 원인을 찾으려 고민을 하였습니다. 그 동안의 수업을 되돌아보았을 때, 비로소 그 이유를 찾을 수 있었습니다. 아이들의 흥미나 눈높이를 고려하지 않은 수업방식으로 가르치고 있었기 때문입니다.

수업 방식을 바꿔야겠다는 필요성을 깨닫고 변화를 주기 시작하였습니다. 수업이 끝날 때마다 "다음 주에는 어떤 거 배우고 싶어?"라고 모든 아이들에게 물어보았고, 아이들이 원하는 더 나은 수업을 받을 수 있도록 더 정성을 담아 수업을 준비하게 되었습니다. 수업 방식을 바꾼 후에는 아이들이 점점 더 수업에 적극적으로 참여하는 것을 보고 성취감 또한 느낄 수 있었습니다. 누군가를 가르치는 것은 보람 있는 일입니다. 하지만 가르침의 보람을 느끼는 것도 중요하지만 배움의 보람을 느끼게 하는 것도 중요합니다. 지역아동센터에서의 값진 경험은 상대방을 배려한다는 것은 상대방을 먼저 이해하는 것부터 시작해야 한다는 교훈을 안겨주었습니다.

1학년 사회 수업시간에 사회 불평등에 대해 배우면서 사회문제에 대해 관심을 가지게 되었습니다. 그러던 중 지역아동센터에서 교육 봉사활동을 하면서 다문화 가정으로 인해 학교에서 왕따나 따돌림을 겪고 있는 아이들과 사회를 비관적으로 바라보는 아이들을 만나게 되었습니다. 아이들의 고민을 들어주면서 학생들이 사회에 대한 편견을 없애고 올바르고 다양한 시각으로 바라볼 수 있도록 가르치는 사회 선생님이 되는 것에 대해 생각하게 되었습니다. 그러기 위해서는 먼저 사회 교사로서 사회에 대한 전문적인 지식과 이를 바탕으로 하는 사회에 대한 올바른 인식을 길러야 한다는 생각에 사회 교육과를 지원하게 되었습니다.

　　대학교 입학 후에는 시민 교육과 사회윤리, 일반사회 교육론 등을 수강하고 사회학, 경제학 등을 복수 전공하여 사회 교사로서 필요한 다양한 사회 분야의 전문적인 지식과 자질을 갖출 것입니다. 사회 교재와 지도법을 연구함으로써 학생들에게 더 쉽고 더 나은 사회교과를 가르치는 방법을 연구할 것입니다. 그리고 다문화 인식 개선 캠페인에 참가하여 다문화 가정에 대한 사회의 부정적인 시선을 바꿀 방법과 다문화 가정을 이해하고 존중하는 방법을 배울 것입니다. 또한, 교육과 사회문제에 관심을 가지고 유네스코, 유니세프, 월드비전이 주선하는 세계 시민 교육 포럼에 참가하여 다양한 직종의 사람들과의 교류와 토의를 통해 사회 문제와 교육 문제를 바라보는 안목을 넓힐 것입니다. 학문적인 탐구뿐만 아니라 대외적인 활동을 통해 얻은 지식과 경험을 바탕으로 학생들에게 다양한 시각으로 사회를 바라보고 다양성을 인정할 수 있는 안목을 키워주는 역할을 하고 싶습니다. 그리고 사회를 더 나은 사회로 발돋움 할 수 있도록 비판은 하되 비관하지 않는 방향으로 학생들을 가르치고 소통과 공감으로 학생들을 이끌 수 있는 사회 선생님이 되고 싶습니다. 학교 교육을 통해 사회적으로 인정받을 수 있는 진정한 사람을 키워내는 일에 기본이 되는 역할과 소양과 지식을 대학교에서 쌓을 수 있으면 좋겠습니다.

"

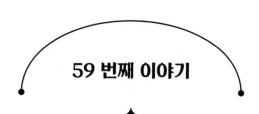

59 번째 이야기

◆

모든 이야기의 기승전결이 분명했다.
질문에 대한 답변은 구체적이었고 근거를 들어 이야기했다.
똑똑하고 당당했다.
주변에 관심과 호기심이 얼마나 창의적 발상에 도움이 되었는지 느껴졌다.
환경문제에 관심을 갖고 신소재 개발 연구에 집중하는 과학자가 되겠다고 한다.

이 친구는 고등학교 3년의 학교생활과 학습경험 교내활동을 이렇게 이야기한다.

"
　친구와 운동장을 걷던 중 비가 왔을 때 저는 무심코 고개를 들어 빗물을 받아 마시는 장난을 친 적이 있었습니다. 그 친구는 놀라며 산성비가 얼마나 유해한데 그러냐고 저를 다그쳤었습니다. 그 말을 들은 저는 산성비가 어떤 과정을 통해 생기는지 궁금해졌습니다. 동아리 부원들을 만나 궁금함을 호소했습니다. 그 과정에서 다수의 부원들도 그러한 궁금함에 동의했고 우리는 산성비의 생성원리와 신 맛과 산과의 연관성에 중점을 둔 실험을 진행하였습니다. 실험을 진행한 후 결과는 황의 발생이 가장 큰 문제였습니다. 실험 후 관련 자료를 찾던 중 산성비로 인해 문화재 훼손 및 농작물 파괴 등으로 피해를 입고 있다는 기사를 볼 수 있었습니다. 기사를 통해 황의 발생을 막는 연구가 정체되어있는 것은 아닌지 생각했습니다. 그래서 산성비의 유해성분인 이산화황의 생성을 최소화하고 근본적으로 황의 발생을 줄이는 신소재를 개발해낸다면 환경오염과 경제적 손실을 막을 수 있지 않을까라는 생각을 해보았습니다. 이 과정을 통해 화학적 연구가 실생활에 있어서 얼마나 유용한 것인가를 깨닫게 되었습니다. 이러한 계기는 화학과목에 대한 흥미의 증폭으로 이어졌고 교과공부에 큰 동기부여가 되었습니다. 그러던 중 '역사를 바꾼 17가지 화학이야기'라는 책을 읽고 분자 간 결합에 큰 관심을 갖게 되었습니다. 또한 분자모형을 조립해보며 단순한 결합의 변화가 큰 화학적 성질을 변화시킬 수 있음을 이해했습니다. 이와 같은 교과에 대한 흥미는 성적 상승으로 이어져 친구들로 하여금 '화학 반장'이라는 별명과 함께 저에게 화학교과 시간을 전후로 모르는 문제를 질문하고 설명을 듣기를 바라는 친구들로 인해 제 주변은 항상 북적이게 되었습니다. 이러한 관심 속에서 저는 학교 운동장의 발암물질 성분 관련 조사, 건전지 분해를 통한 산화-환원의 이해 등과 같은 심화학습을 진행하였고 이는 교내화학경시대회에서 최우수상을 수상하는데도 큰 영향을 미쳤습니다. 그러면서 깨달은 것은 모든 일에 호기심을 갖고 최선을 다하자는 것이었습니다.

전지의 원리를 이론적인 개념보다는 실제로 직접 확인해 보고 싶었습니다. 그래서 실용전지를 분해해보며 화학전지의 원리가 어떻게 반영되어있는지에 대한 탐구를 진행했습니다. 우선 건전지의 구조가 나와 있는 참고서를 펼치고 건전지를 직접 분해하려 했습니다. 하지만 외부가 단단해 제대로 분해하지 못하고 건전지를 가를 때의 위험성을 추가적으로 알게 되어 더 이상 실험을 진행할 수는 없었습니다. 단순한 호기심에서 비롯되었지만 건전지를 통해 1차전지의 원리를 알 수 있었고, 2차전지에 대해서도 간접적으로나마 알 수 있었습니다. 동시에 작은 건전지의 비용도 부담스러운데 2차전지로 쓰이는 전기 자동차의 리튬 전지가 갖고 있는 비용 측면의 단점도 알 수 있었습니다. 이와 관련하여 2학년 교내 축제 때 자동차 연구원의 강연에서 전기자동차가 비싼 리튬전지로 인해 상용화 되지 못하고 있다는 이야기를 듣게 되었습니다. 그래서 값싸게 대체할 만한 방법을 생각해보며 이 분야의 연구원이 되어 경제적인 고효율의 리튬전지를 개발하는데 앞장서자는 목표를 갖게 되었습니다.

평소 분자모형을 평면적으로만 봐서 입체적인 구조에 어려움을 겪는 학급 친구들을 보며 안타까웠습니다. 그러던 중, 제가 갖고 있던 분자모형을 조립해 분자의 결합구조와 결합각에 대해 설명했고 친구들이 이해하는 모습을 보며 뿌듯했습니다. 이 후 교내 축제 때 '화학분자모형 만들기'라는 주제로 부스를 운영했습니다. 그 과정에서 과학에 무지한 후배들이 무작정 원소 블럭에 결합막대기를 꽂으며 이런 결합은 왜 안 되는지 물었을 때는 그들이 제시한 독특한 구조모형에 당황스럽기도 했습니다. 그러나 그런 상황 속에서 차근차근 결합의 원리를 설명해주어 결국 후배들이 고개를 끄덕였을 땐 평소 학급 친구들을 이해시킬 때와는 다른 성취감에 뿌듯함을 느끼기도 했습니다.

이런 활동을 통해 누군가와 지식을 나눈다는 것의 참된 기쁨을 깨달았고 스스로에게는 학습에 대한 큰 동기부여가 되기도 했습니다.

1학년 때 친누나와 저는 연세가 드신 말기 암 환자분들의 말동무가 되어드리자는 목적으로 대학병원에서 호스피스 말벗 도우미 활동을 한 적이 있었습니다. 그 활동에서 저는 정말 의미 있는 일이란 생각에 이후 2학년 때부터 일 년 반 동안 정기적으로 말벗도우미 활동을 지속해왔습니다. 어느 날 평소처럼 봉사활동을 마치고 집으로 돌아오는 버스에서 저는 '옛날에는 암으로 고통을 받았다는 이야기가 없었는데 왜 이 시대에는 암이라는 병이 생겼을까?' 하는 의문이 들었습니다. 그러던 중 문득 우리학교 운동장 트랙 속에서 발암물질이 검출되어 그와 관련된 탐구를 진행했던 것을 떠올렸습니다. 그리고 위와 같은 질문에 답을 찾을 수 있었습니다. 저는 그 때 화학성분이라는 것이 우리에게 주는 이로움과 동시에 해로움이 있다는 것을 알았습니다. 결국 저는 봉사활동을 통해 몸이 불편한 분들의 정신적 건강에 도움을 주었다는 뿌듯함과 동시에 우리가 추구해야 하는 것은 경제성분만 아니라 궁극적으로 안전하고 친환경적인 물질을 만들어 보급하는 것이 필요하다는 생각을 하게 되었습니다.

제 스스로에게 큰 깨우침을 주었던 활동은 2학년 교내 체육대회입니다. 저에게는 실장으로서 반을 이끌어야하는 첫 번째 공식 활동이었습니다. 하지만 담임선생님이 교내 직무로 인해 체육대회에 함께 하실 수 없었기에 첫 활동부터 선생님의 역할까지 맡아야한다는 큰 부담감을 갖고 있었습니다. 대회당일 저희 반은 제가 출전했던 농구를 비롯해 다수의 종목에서 조기 탈락하는 일이 벌어졌습니다. 당시의 무더위는 학생들의 사기 또한 떨어뜨리게 했습니다. 이로 인해 친구들 간의 말다툼까지 생기기도 했습니다. 친구들의 그러한 모습에 저 또한 처음에는 무기력했고 짜증이 나기도 했습니다.

설상가상으로 쉬는 시간에 간식을 먹던 도중 이빨이 부러져 지쳐있던 저를 더욱 힘들게 했습니다. 날카롭게 부러진 이빨로 인해 입속에 상처가 나서 음식을 먹을 수 없었습니다. 빠른 치료가 필요한 상황이었습니다. 친구들은 저에게 얼른 치과에 가라고 했습니다. 갈등이 되었습니다. 하지만 그 상황 속에서 저는 실장으로서 어떻게 해야 할 지 생각했습니다. 그 때 저는 선생님을 대신해 학급을 맡고 있다는 것에 대한 사명감과 책임감을 생각해 보았습니다. 동시에 포기하려던 생각은 사라져 버렸습니다. 저는 친구들에게 괜찮다고 말했고 끝까지 함께 힘을 내자고 했습니다. 그 순간 저는 친구들의 의식이 변하는 것을 느낄 수 있었습니다. 저와 주변에 있던 학급 친구들은 학교 내 교실을 돌며 시원한 곳을 찾아 들어가 있던 친구들을 불러 마지막까지 힘내자고 격려하며 불러냈습니다. 그렇게 저희 반은 다시 단합이 될 수 있었고 서로를 응원하며 체육대회를 잘 마칠 수 있었습니다.

그 날 부러진 이빨 치료를 지연시켰던 것을 후회하지 않았습니다. 어쩌면 부러진 이빨 조각이 실장의 역할을 다할 수 있도록 했다고 생각했기 때문입니다. 또한 실장이었던 저를 다시금 돌아보게 하는 계기가 되었고 그 날 느꼈던 실장으로서의 책임감은 앞으로도 남을 이끌어야할 수많은 상황 속에서 어떻게 해야 하는지 가슴속 깊이 깨달음을 준 좋은 경험이었습니다.

1학년 때 한국우주연구원의 초청강연을 들었습니다. 저는 그 때 화학물질인 질화붕소가 항공우주기술에선 탄소나노튜브보다 획기적인 물질이 될 수 있음을 알았습니다. 확장해서 생각해 볼 때, 상황에 따라 화학 소재들의 상성이 바뀔 수 있음을 알았습니다. 이를 계기로 저는 세라믹 합성 소재에 관심을 가졌습니다. 또한 당시의 강연을 통해 원소들이 결합을 할 때마다 변하는 화학적 특징에 매력을 느꼈습니다. 그것을 계기로 저는 이후 분자모형 블록을 사서 원소들의 화학적 성질들을 고려한 상상속의 화합물을 만들어보기도 했습니다. 인터넷에 제가 만들어본 화합물을 제시하며 의견을 공유하고 틈틈이 동아리 부원들과 토의해보기도 했습니다. 또한 물질의 성질과 관련된 과학 탐구 대회에도 참가하여 제가 앞으로 나아갈 진로방향을 다져보고 이를 확고히 했습니다. 이와 같은 활동들은 단순히 지나칠만한 일상의 물건도 '저건 어떤 원소의 특징이 나타난 물질일까'라는 접근으로 바라보게 되었습니다. 하지만 전문성 없는 스스로의 탐구였기 때문에 그 과정 속에서 한계가 있음을 깨달았습니다. 그러나 저는 포기할 수 없었습니다. 그래서 저는 원소들의 결합과 관련한 물리적, 화학적 성질의 연구로 일상에서의 발견을 통해 새로운 소재를 합성해내는 연구원이 되고자 마음먹었습니다. 저는 이러한 연구원이 되겠다는 다짐과 함께 관련 서적들을 읽기 시작했습니다. 그 중 "재밌어서 밤새 읽는 화학이야기"라는 책에서 현재의 고무가 황을 섞어 탄성력을 높인 합성고무라는 내용은 소재의 합성이 심오한 것만은 아니라는 생각을 할 수 있었습니다. 이렇게 소재합성으로 신소재를 개발하고 인간 생활에 유용하게 활용하는 것에 대한 관심은 점점 커져만 갔습니다. 강연 당시 연구원께서는 "열정이 최고의 기술을 낳는다"는 말씀을 하셨습니다. 이 말에는 좋아하는 교과를 토대로 자신이 원하는 일을 열정을 갖고 한다면 목표를 이룰 수 있다는 의미입니다. 그래서 꿈과 목표를 위해 본 대학의 신소재 공학과에 지원하게 되었습니다.

"

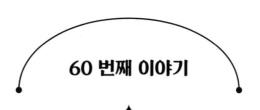

60 번째 이야기

◆

적극성이 돋보이는 아이다.
관심 분야 활동을 열심히 했다.
활동 증거물이 가득했다.
엄청난 호기심과 실천력!
미래에 큰일을 낼 것이다.

이 친구는 고등학교 3년의 학교생활과 학습경험 교내활동을 이렇게 이야기한다.

"

저는 버스를 타면서 대부분의 사람들이 전자기기를 사용하는 것을 보게 되었습니다. 전자공학에 관심이 있던 저는 사람들에게 더욱 실용적인 전자기기를 만들어 주고 싶다는 생각을 하였습니다. 결국 고등학교 2학년 때 여러 활동을 하면서 저는 전자제품 개발자의 꿈을 가지게 되었습니다. 이는 동아리 활동을 하며 구체화되었습니다. 동아리 CSI는 물리, 화학 관련 실험과 토론활동을 통해 과학 호기심을 충족해 주는 동아리입니다. 물리 수업시간에 깊게 다루지 않았던 전자기력의 원리가 궁금했던 저는 동아리 구성원들에게 '레일건' 실험을 제안하고 직접 실행하게 되었습니다. 실험은 선로인 알루미늄 포일에 발사체인 네오디뮴자석을 부착한 철사를 올려놓고 포일에 전류를 흘려주어 전자기력에 의해 철사가 움직이게 하는 것이 목적이었습니다. 예상보다 역동적으로 움직이는 철사를 보며 전자기력은 미미한 힘이 아닌 실생활에 활용될만한 강한 힘이라는 것을 확인 할 수 있었습니다. 특히 저는 이 전자기력이 대부분의 전자기기에 사용된다는 점에 흥미를 느끼게 되었고, 전자공학에 대한 저의 관심은 더욱 구체화 되게 되었습니다. 그리고 '일렉트릭 유니버스'를 읽으며 전기전자공학은 현대과학의 발전에만 국한된 것이 아닌 인류문명의 발전에도 큰 영향을 끼쳤음을 알게 되었습니다. 내가 공부하려고 하는 전기전자 분야가 이미 세계의 흐름에 중요한 부분을 차지하고 있다는 것을 알았습니다. 이후 저는 학교 물리 수업시간에 전기 파트를 누구보다도 즐겁게 들을 수 있었습니다. 이로 인해 교내 과학경시대회에 꾸준히 참가했던 저는 물리부문에서 3위의 성적으로 입상하였습니다. 그리고 다소 저조했던 중간고사 물리성적도 기말고사에선 대폭 향상되었습니다. 저는 이러한 경험들로 자신감을 갖게 되었고, 전자제품을 개발하는 데에 있어서 창의성과 응용력이 중요한 만큼 이 분야에 더 많은 관심을 가져야겠다고 생각했습니다. 이런 학습과정을 통해 관심과 목표를 가지고 공부했을 때 성취감 또한 높다는 것을 알게 되었습니다.

1학년 때 분리수거장 청소 봉사를 했던 일입니다. 반마다 분리수거 담당을 한명씩 정해 학교 밖의 분리수거장에서 친구들이 가져오는 쓰레기를 처리하는 것이 저희들의 역할이었습니다. 한창 수능이 끝나고 3학년 선배들이 참고서들을 버리는 시기였습니다. 분리수거장 앞에는 책들이 산더미처럼 쌓이게 되었고, 이로 인해 저희들은 학교의 정규 청소시간을 연장하여 책 정리를 하게 되었습니다. 종이의 분리수거는 컨테이너 박스에 넣어서 후에 청소부 아저씨들이 수거해가는 방식이었습니다. 저희들은 쌓여있는 책을 컨테이너 박스 안으로 옮겨야만 했습니다. 그런데 비가 내려서 종이들은 바닥에 달라붙어 있었고 분리수거의 어려움으로 동료들의 불평은 늘어만 갔습니다. 저는 조금이라도 동료들에게 도움이 될까 싶어 "열심히 하는 모습이 멋있다, 끝이 보이니 조금만 하면 된다"며 격려를 해주었습니다.

제 덕분에 힘이 났다는 친구들도 있었고, 열심히 하는 동료들의 모습을 보고 저 또한 힘을 얻을 수 있었습니다. 결국 일을 깔끔히 마무리하고 동료들과 함께 성취감을 느끼기도 했습니다. 동료들 각자가 맡은 바 책임을 다하고 실천하며 악천후에도 열심히 하는 동료들을 보면서 저는 자랑스러웠습니다. 저는 분리수거가 모두 끝나고 학교로 돌아가면서 작고 사소한 봉사활동일지라도 학교를 더 깨끗하고 행복한 공간으로 만들 수 있다는 자부심을 가지게 되었고, 분리수거장 봉사에 지원하길 잘했다는 생각이 들었습니다.

2학년 때 교내 진로동아리 탐구보고서 발표대회에 참가했던 일입니다. 저는 CSI동아리에서 동급생 1명, 후배 2명과 함께 참가하게 되었습니다. 처음에는 저의 조용하고 차분한 성격 때문에 구성원들과 원활하게 소통하는 것이 어려웠습니다. 이러한 저의 성격이 대회에서 큰 장애로 작용할 것이라는 생각이 든 저는 이 단점을 반드시 고쳐야만 한다고 생각했습니다. 보고서에는 동아리활동 중 기억에 남았던 실험과 토론활동 등을 싣게 되었는데 실험부분에는 'Joule thief'라는 전기회로 관련 실험이 선정되었습니다. 전기 관련 실험은 제가 좋아하는 실험이기도 하고 알고 있는 것이 많았기에 구성원들이 어려움을 겪을 때 제가 설명해 주기도 하며 실험보고서의 작성방향을 제시하였습니다. 생각했던 것보다 구성원들이 저에게 친근하게 다가와 주었기에 그 이후의 보고서 작성과정은 순조로웠습니다. 평가가 시작되었고 1차 서류심사를 통과한 우리들은 2차 심사인 발표를 준비하게 되었습니다. 그런데 저는 발표에 자신이 없었습니다. 그러나 개선이 필요하다고 느낀 저는 용기를 내어 구성원들과 수시로 모여서 발표연습을 하였고, 개별적으로 혼자서 말하는 연습을 하였습니다. 결국 저는 발표 날에 떨지 않고 자연스럽게 발표를 할 수 있었습니다. 사람들의 호응도 잘 이끌어 냈습니다. 발표는 실수 없이 계획한대로 마쳤으며 우리 조는 최우수상(1위)이라는 값진 성과를 이루게 내게 되었습니다. 이 경험을 통해 저는 사람들과의 소통에 자신감을 가지게 되었고 적극적으로 나서는 때도 많아지게 되었습니다.

저는 'STN'이라는 영어토론동아리에서 활동하였습니다. 3학년이 되고나서 2학년 후배가 회장을 맡게 되었는데, 3학년들이 지도해 주는 역할을 떠넘기는 바람에 회장 후배가 어떻게 해야 할지 몰라 갈팡질팡하는 모습이 보였습니다. 그 후배는 저에게 도움을 요청하였고, 그래서 저는 점심, 저녁시간에 짬을 내서 동아리 운영을 도와주기로 하였습니다. 하지만 저 또한 동아리 회장경험이 없었기에 무엇을 먼저 해야 할지 몰랐고, 어떻게 해야 할지 막막하기만 했습니다. 곰곰이 생각해 본 저는 문제를 먼저 파악하고 해결하는 게 우선이라고 생각하였습니다. 현재 동아리의 문제는 부원들이 영어에 흥미를 느끼지 못하고 적극적 참여를 하지 못하는 것이었습니다. 운영계획을 완전히 바꾸어야겠다고 생각한 저는 동아리 부원들 각각이 좋아할만한 주제로 그룹을 나누어 토론하는 것을 제안했습니다. 곧 주제에 대한 설문조사를 실시하였고, 스포츠, 문화, 예술, 과학 등의 4-5개의 조가 형성되었습니다. 그중에서도 과학 분야의 조장을 맡았던 저는 '과학실험에 윤리적 문제가 우선되어야 하는가?', '전자파는 안전한가?' 등의 주제로 토론을 진행하였습니다. 또한 부원들이 토론을 하면서 공부도 할 수 있도록 주제와 관련된 단어들이나 배경지식을 해석과 함께 제공하였습니다. 그러다 보니 부원들은 토론하기가 더욱 쉬워져 참여가 늘어나게 되었고, 열띤 토론의 분위기가 형성되었습니다. 자신이 흥미 있는 분야의 토론을 하며, 또 그것을 준비하게 된 부원들은 이전보다 적극적으로 참여하게 되었습니다. 그러한 부원들의 모습을 본 회장후배도 자신감을 가지고 동아리를 이끌 수 있게 되었고, 그것을 도와준 저에게 감사하다고 하였습니다. 저의 이러한 작은 노력에도 많은 학생들이 행복해 질 수 있음을 느낀 저는 뿌듯함을 느꼈고, 한편으로는 열심히 하는 후배들을 보면서 자랑스럽기도 하였습니다. 비록 회장은 아니었지만 한 조의 조장으로서 활동하였던 이 리더의 경험은 제게 자신감을 심어주었고, 책임감의 중요성을 일깨워 주었습니다.

제가 전자공학의 길을 걷겠다고 결심한 것은 중학교 때 부터였습니다. 하지만 막연하게 전자공학을 전공해야겠다는 생각 분 이였지 확실한 목표와 구체적인 진로가 정해져 있는 것은 아니었습니다. 그러다가 제가 구체적인 진로의 방향을 잡게 된 것은 1학년 때 모 대학에서 주최한 자연과학 공개강연에 참여했을 때였습니다. 저는 그 곳에서 들었던 강연 중에서 물리천문학부의 '빛, 광자, 그리고 반도체' 라는 강연이 가장 인상 깊었습니다. 반도체를 이용한 다이오드와 LED 기술의 개발과정과 원리 등이 주된 내용이었는데, 특히 백색LED는 각종 전자제품을 개발하는 데에 있어 혁명적 조명 기술로 각광받고 있다고 하였습니다. 백색LED 저에게 매력적으로 다가왔고, 전자기기에 대해 생각해 보는 계기가 되었습니다. 전자기기를 만들 때에 회로는 어떻게 구성되는지, 반도체소자는 어떻게 이용되는지, 또 디스플레이는 어떻게 만드는지, 생각하면 할수록 저의 호기심은 커져만 갔습니다. 그 궁금증을 풀기 위해서 저는 관련서적을 읽어보았습니다. 그중 '짜릿짜릿 전자회로 DIY'라는 책을 읽었는데 DIY(do it yourself)라는 말에서 볼 수 있듯이 이 책을 통해서 직접 전자회로를 구성해보고 원리를 쉽게 파악할 수 있었습니다. 또한 이 책을 보며 직접 기기를 분해, 조립할 수도 있었습니다. 반도체의 역할에 대해서도 자세히 공부할 수 있어 좋았습니다. 이러한 과정을 통해 즐거움을 느꼈던 저는 전자제품 개발 기술자가 되기로 마음먹었습니다. 이 꿈은 2학년 때 학교에서 실시한 '전자공학과 우리사회'라는 명사초청 강연회를 들으면서 확고해 졌습니다. 전자기기가 필수적인 이 사회에서 전자제품 개발자의 역할이 얼마나 큰지에 대하여 알게 되었고, 전자제품을 개발하며 사람들을 행복하게 만들어 주는 제 모습을 상상해 보기도 하였습니다. 저의 진로 목표는 확고히 정해져 있습니다. 목표를 이루기 위한 최적화된 대학을 탐색하던 중 OO대학교 전자공학과가 가장 이상적이라고 생각하여 지원하게 되었습니다.

"

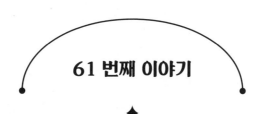

61 번째 이야기

◆

적극성이 돋보였던 아이다.
자기주도학습 능력과 집중력이 뛰어났다.
꼼꼼한 기록 노트가 인상적이었고 눈부신 철저함이라고 평가하기도 했다.
리더로서의 역량은 충분했고 학생의 열정이 무한 발전 가능성을 느끼게 했다.
밝은 미래와 성공을 기대케 한다.

이 친구는 고등학교 3년의 학교생활과 학습경험 교내활동을 이렇게 이야기한다.

"
　　고등학교 진학 후 1년이 지날 때까지 저는 명확한 꿈이 없었습니다. 그래서 일단 여러 활동을 다양하게 경험하다 보면 확실한 꿈이 생길 것이라는 생각을 가지고 학교에서 하는 모든 활동에 적극적으로 참여하기로 마음먹었습니다. 수업을 들을 때는 선생님이 하시는 농담까지 기억하겠다는 태도로 임했고 필기할 때는 이해를 위한 세세한 설명을 그림으로 기록해서 복습할 때 참고했습니다. 모든 수업에 이런 자세로 임하면서 제가 생물 시간을 기다리고 생물에 대해 배울 때 가장 적극적으로 참여한다는 것을 알게 되었습니다. 생명과학이 재미있고 관심이 집중 되다 보니 수업 시간에는 선생님께서 제시하시는 질문 하나하나에 빠지지 않고 대답하려고 노력하였습니다. 이런 모습을 반 친구들이 보고 처음에는 생명 시간에 놓친 필기를 확인하기 위해 저에게 찾아왔습니다. 시간이 지나 이해되지 않는 부분을 나에게 묻기 시작했습니다. 친구들에게 알려줄 수 있는 분야가 생겼다는 사실이 기뻤습니다. 그리고 설명해주다 막혔을 때는 관련된 개념을 인터넷과 책에서 찾아보고 충분히 이해한 뒤 다시 설명해주기도 했습니다. 2학년이 끝날 무렵 생명과학 진도를 마친 기념으로 선생님께서 친구들 노트의 뒷부분에 'The end'라고 써 주셨는데 제 노트에는 '은수 짱!'이라는 글씨가 쓰여 있었습니다. 선생님께 인정을 받은 것 같아 자신감을 얻은 저는 생명 경시대회에 참가했습니다. 1학년 때부터 생명경시대회는 항상 참가했지만 목표가 분명하지 않았습니다. 그러나 이번에는 생명과학에 목표도 생겼고 자신감으로 수상하고 싶다는 욕심까지 생겼습니다. 그래서 1학년 때부터 정리한 과학노트, 생명1노트, 생명2 노트와 교과서를 함께 보면서 연관성이 있는 단원끼리 묶어가며 개념을 되짚어 보며 준비했습니다. 열심히 준비한 결과 장려상을 수상하게 되었습니다. 이를 계기로 생명과학 연구원이 되겠다는 꿈을 찾게 되었고 자신이 좋아하는 것에 분명한 학습 목표를 갖는다면 꿈은 반드시 이루어진다는 믿음을 갖게 되었습니다.

항상 엄마가 닭이나 오징어를 사 오시면 제일 먼저 만져봐야 직성이 풀렸습니다. 해부를 중심으로 하는 동아리인 '바이오필리아'에 가입했습니다. 1년 동안 동아리 활동에 한 번도 빠지지 않고 열심히 활동에 임했습니다. 그리고 동아리 활동에 대해 가장 잘 알고 있다는 자신감으로 동아리 회장을 하기도 했습니다. 첫 번째 해부대상은 황소개구리였습니다. 사전 조사를 통해 황소개구리가 인간과 내장구조의 유사성이 높기 때문에 실험대상으로 많이 사용된다는 사실을 알게 되었습니다. 부원들과 토론을 통해 실험 목표를 '개구리가 인간과 얼마나 비슷한 내장구조를 가졌는지, 카페인이 개구리에게도 영향을 끼치는지' 확인하는 것으로 정했습니다. 그런데 실험 하루 전 문제가 발생했습니다. 당연히 학교 과학실에 있을 줄 알았던 마취용 에탄올이 없었습니다. 첫 실험인 만큼 부원들도 기대가 컷을 텐데 준비가 미흡해 미안하고 부끄러웠습니다. 하지만 어떻게든 실험을 진행해야겠다고 생각해서 대학생인 멘토 선배님들께 조언을 구했습니다. 선배님들의 경험상 에탄올 대신 아세톤도 마취 효과가 있을 수 있다고 하셨습니다. 그 말을 듣고 부원인 친구와 학교 주변 화장품가게로 뛰어가 아세톤을 사왔습니다. 선배님들의 조언 덕분에 무사히 마취를 마치고 해부를 시작할 수 있었습니다. 내장 구조를 확인하면서 심장을 빼내 심박 수를 확인한 뒤 커피를 1mL씩 넣어 보기로 했습니다. 1mL를 채 넣기도 전에 개구리의 심박 수는 눈에 띄게 빨라졌습니다. 이렇게 개구리도 카페인에 반응한다는 사실을 확인하면서 실험을 마무리했습니다. 동아리 회장이 되어 처음 실시한 실험에서 시작은 불안했지만 선배님들의 조언과 부원들의 적극적인 참여 덕분에 성공적으로 실험을 마칠 수 있었습니다. 실험을 정리하면서 철저한 사전 준비의 필요성을 느낄 수 있었습니다.

진로시간에 과학 선생님으로부터 오송 국제 바이오 엑스포에서 과학 퀴즈왕 대회가 열린다는 소식을 듣고 친구들과 의견을 모아 출전하게 되었습니다. 퀴즈왕 대회 문제들은 골든벨 형식의 생명 관련 상식 문제였습니다. 문제를 풀어가는 과정에서 모르는 문제가 등장했습니다. 알을 낳는 오리너구리는 포유류인가 조류인가를 가리는 문제였습니다. 기억 속 오리너구리의 생김새는 주둥이를 제외하면 포유류에 가까웠습니다. 하지만 저는 주둥이 모양이 오리와 닮은 점, 난생이라는 점에 무게를 두고 조류라고 답을 적었습니다. 짧은 순간 정말 많은 고민을 했습니다. 결국 이 문제를 틀려 예선에서 떨어지고 말았습니다. 실망하며 더 이상 기회가 없을 줄 알았습니다. 그런데 알고 보니 희망자에 한해 예선 탈락자 대상의 패자부활전이 있다는 것을 알게 되었습니다. 저는 아쉬움에 패자부활전에 참가했습니다. 그리고 차분히 문제를 푼 결과 패자부활전을 통과해 본선에서 운 좋게도 2위라는 생각지도 못한 성적을 낼 수 있었습니다. 뿐만 아니라 충청일보 기자의 2위 수상자 인터뷰를 할 때는 꿈만 같았습니다. 이 일을 통해 포기하지 않으면 기회가 온다는 것을 직접 체험할 수 있었습니다.

담임선생님의 제안으로 1학년 때 체력과 협동심을 기르기 위해 매일 운동장 5바퀴를 돌았습니다. 어떤 상황에서도 빠짐없이 운동장 돌기를 해야 한다는 것은 부담이었습니다. 그리고 육체적으로도 너무 힘들게 느껴졌고 자습시간이 줄어든다는 생각에 속으로 불평도 자주 했습니다. 대부분의 반 친구들은 학년 말에도 운동장 돌기를 별로 좋아하지 않았습니다. 2학기가 끝나갈 때쯤 반 친구들은 운동장을 3바퀴만 돌고 몰래 교실로 돌아가기로 입을 맞췄습니다. 그리고 약속한 대로 교실로 돌아가는 길에 담임선생님과 마주쳤습니다. 벌써 다섯 바퀴를 돌리가 없다는 걸 아신 담임선생님은 몰래 선생님과의 약속을 어기려 했다는 것에 대해 크게 실망 하셨습니다. 그 날 이후 선생님께서는 교실에도 평소보다 가끔 들어오시고 더 엄격해지셔서 저희는 혼나는 일이 눈에 띄게 많아졌습니다. 게다가 반 친구들은 선생님께서 우리 반에 애정이 없으신 것 같다고 오해를 하게 되었습니다. 저는 갈등이 일어났을 때는 반드시 서로 대화해야 한다고 생각했습니다. 그리고 1년 동안 잘 지내다가 서로 충분히 얘기하지 못하고 관계가 틀어진 채로 선생님과 헤어질까 봐 걱정이 되었습니다. 그래서 일단 반 친구들에게는 선생님이 말은 차갑게 하셔도 우리들에 대한 관심과 애정은 변함없으시다는 말을 수시로 말하면서 분위기를 바꾸기 위해 노력했습니다. 그리고 선생님께는 실망시켜드린 것 반 친구들 모두 반성하고 있으니 화난 것 푸셨으면 좋겠다는 내용의 편지를 반 이름으로 썼습니다. 선생님 자리에 몰래 편지를 두고 간 다음 날 선생님께서는 어떤 점이 화가 나셨는지 저희에게 구체적으로 말씀해주셨습니다. 그러고 나서 선생님께서는 예전의 분위기로 돌아왔고 반 친구들도 선생님에 대한 오해를 풀고 선생님 말씀을 잘 듣기 위해 더 노력했습니다. 아무도 제가 노력한 것에 대해서는 알지 못했지만, 소통을 위해 직접 노력해서 갈등이 해결되는 모습을 본 것만으로도 기분이 좋았습니다. 그리고 갈등해결에 있어서 소통이 얼마나 중요한지 몸소 느낄 수 있었습니다.

태어날 때부터 아토피로 고생했기 때문에 저의 주된 관심사는 항상 건강과 과학이었습니다. 저도 힘들었지만 부모님을 비롯한 주변 사람들도 저로 인해 많이 힘들었고 희생을 감수해야만 했습니다. 이런 과정을 겪으며 언젠가는 사람들이 겪는 이런 고통이 사라지는 날이 오길 원했습니다. 그래서 제가 할 수 있는 일은 무엇일까 생각했습니다. 당장 무엇인가를 할 수는 없었습니다. 부모님께서는 당장 무엇을 하겠다는 욕심보다는 주어진 현실에 집중하고 열심히 바라는 일에 목표를 세워서 노력한다면 이루어지는 것이라고 조언해주셨습니다. 그래서 고등학교 3년 동안 주어진 모든 일에 누구보다 열정을 다해 임해야겠다는 각오로 고등학교에 입학했습니다. 입학해서 여러 과목의 수업을 들었지만 특별히 관심이 가는 분야를 발견하지 못하고 있었습니다. 그러던 중 과학 분야의 생명과학

수업을 접했을 때 아토피를 치료하는 데 가장 관련이 깊은 분야라는 생각을 가지게 되었습니다. 그러다 보니 자연스럽게 과학 중에서도 생명과학 분야에 관심을 두고 학교에서 하는 활동들도 생명과학을 중심으로 참여하게 되었습니다. 일상생활에서도 저의 관심은 생물에 맞춰져 있어서 인터넷 서핑을 하다가도 사람과 연관성이 있는 생명과학 관련 기사가 나오면 저도 모르게 찾아보고 있었습니다. 그렇게 관심을 갖다보니 하루는 친구가 핫도그를 그렸을 때 저에게는 그 그림이 미토콘드리아로 보였습니다. 이 일을 계기로 저는 생명과 관련된 일을 한다면 잘 할 수도 있고 재미있게 일할 수 있겠다고 자신하게 되었습니다. 그래서 생명과 관련된 활동은 경시대회부터 동아리 활동까지 모두 참여하였고 생명 수업시간은 누구보다 열심히 듣기 위해 노력했습니다. 저의 이런 흥미와 열정을 바탕으로 생명과학과에 들어가면 생명에 대한 폭넓은 지식을 쌓아 이를 바탕으로 아토피 치료를 위한 면역체계에 대한 연구를 깊이 있게 하고 싶습니다. 그리고 이를 통해 아토피로 고통받고 있는 모든 사람들을 위해 치료법을 개발해서 고통에서 벗어나게 해 주고 싶습니다.

"

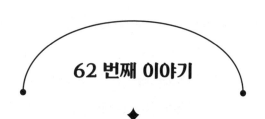

62 번째 이야기

◆

목표가 분명했던 아이다.

연이 하늘을 날 때 얼레에 연줄은 팽팽히 당겨져야 한다.

이 친구의 얼레의 줄은 단단했고 팽팽했다.

목표가 분명하니 매사가 당당했고 의미는 분명했다.

목표가 있을 때 꿈이 있을 때 신나서 할 수 있고 당당히 갈 수 있다.

그만큼 우선 되어야 할 것이 목표를 설정하는 것이다.

목표가 분명했던 아이의 미래는 분명할 것이다.

아이를 응원한다.

이 친구는 고등학교 3년의 학교생활과 학습경험 교내활동을 이렇게 이야기한다.

"
저는 기업의 경영과 발전 가능성을 파악하여 투자의 적정성을 평가하는 애널리스트가 되고 싶습니다. 글로벌 시대에서는 기업의 경영환경이 한 국가에만 국한되는 것이 아니기 때문에 세계 전반적인 시장의 흐름과 국제 관계들을 파악하는 것이 중요하다고 생각합니다. 그래서 국제 뉴스와 시사 프로그램을 즐겨보았지만, 기초적인 경제 지식이 없었기에 기사에 나온 내용을 수동적으로 수용하는 것이 전부였습니다. 기사에서 설명해주지 않은 기본적인 개념을 이해하고 주체적으로 경제 상황을 바라보기 위해서 경제 공부를 시작했습니다. 경제는 학교의 정규과정에 포함된 과목이 아니었습니다. 그래서 선택한 독서가운데 '17살, 돈의 가치를 알아야할 나이'를 반복적으로 읽으며 경제용어들을 익히고, EBS 교재와 강의를 활용하여 구체적인 개념을 학습했습니다. 또한 경제신문을 매주 읽고 시사 프로그램을 시청하며 배운 것들을 접목시켜 이해했습니다. 이를 바탕으로 경영·경제 동아리의 회장을 맡아 부원들에게 새로운 시사 경제 이슈들을 소개해주었습니다. 예를 들어 '양적완화'가 등장한 배경과 환율 변동으로 세계 국가들의 경제에 미칠 영향에 대해 설명해주었습니다. 뿐만 아니라 '세계 경제 패권을 향한 환율전쟁'을 읽으며 환율에 대해 더 깊이 있게 공부하였습니다. 다양한 방식으로 경제에 대해 공부하는 것은 응용력을 높여주었으며, 더 오래 기억에 남게 하였습니다.

그래서 3학년 때 교내 경제 경시대회에서 최우수상을 받게 되었습니다. 친구들은 경제가 어려운 과목이라고 여겨 회피하는 과목입니다. 그러나 임금, 해외여행, 무역, 물가 등 경제는 실생활과 밀접한 관련을 가지고 있습니다. 저는 친구들에게 경제를 유용한 과목임을 알게 해주고 흥미를 느낄 수 있게 도와주고 싶었습니다. 그래서 시사 경제 이슈들을 친구들 각각의 관심분야와 관련지어 설명해주었습니다. 그러자 친구들은 흥미를 가지고 제 말에 경청하기 시작했습니다. 이를 통해 경제 공부뿐만 아니라 친구들에게 경제에 관심을 갖게 했다는 것이 보람된 일이었습니다.

저는 교내 동아리 탐구 발표 대회에 3인 1조로 참가하였습니다. 참신한 주제를 고민하던 중 한창 열풍이던 허니버터 칩에 대해 발표하기로 결정했습니다. 허니버터 칩을 직접 먹어본 친구들 중 특별히 맛있다고 하는 친구는 별로 없었습니다. 그런데도 허니버터 칩을 원하는 사람들은 굉장히 많았습니다. 그 이유를 탐구해보니 비밀은 마케팅 속에 숨어있었습니다. SNS를 통해 소개가 되며 물량이 적은 희귀품이라는 점은 소비자들의 심리를 자극했고 베블렌 효과와 밴드웨건 효과가 나타났습니다. 팀원들이 서로 자료를 조사하고 정리하여 하나의 주제로 수렴해나가는 과정은 협력의 진정한 의미를 알게 해 주었습니다. 자료 조사는 수월하게 끝났지만 문제는 PPT를 이용한 발표였습니다. 실수하는 것을 두려워하여 발표하기를 꺼려했기 때문에 자신이 없었습니다. 그러나 발표하는 것을 피하기만 해서는 안 된다고 생각했고 적극적으로 도전하기로 마음먹었습니다. 실수를 하지 않기 위해 끊임없이 반복하여 대본을 읽고, 친구들 앞에서 발표도 하며 점점 자신감을 얻을 수 있었습니다. 철저한 준비를 통해 실제로 PPT 발표를 했고 떨렸지만 차분하고 조리있게 말을 할 수 있었습니다. 이를 통해 스스로 부족한 것을 깨닫고 열심히 노력하면 자신을 변화시킬 수 있다는 것을 알았습니다.

경영·경제 동아리에서 2학년 때 회장을 맡아 축제에서 플리마켓을 열었습니다. 3개의 경제동아리가 연합 활동으로 진행했기 때문에 참여 인원이 약 60여명으로 모두가 물건을 판매하기에는 너무도 많았습니다. 그래서 고민 끝에 5개의 부서를 만들었습니다. 영업부, 총무부, 기획부, 홍보부, 물품관리부로 나누어 각각 물건 판매, 가격 설정 및 결산, 게임이나 이벤트 제작, 활동 홍보 및 홍보물 작성, 물건 진열 및 정리의 역할을 맡게 하였습니다. 각 부서에 책임자를 정해주고 부원들이 원하는 부서에 들어갈 수 있도록 의견을 최대한 반영했습니다. 저는 전체 총괄과 총무부를 맡아 활동을 했습니다. 각 부서의 학생들끼리 활동을 함으로서 서로 협력하며 더 효율적으로 운영할 수 있을 것이라고 생각했습니다. 하지만 부서별로 독립적으로 운영될 것이라는 예상과 다르게 부서 간의 상호연관성이 많았습니다. 예를 들어 물품관리부와 영업부가 어떤 물건을 언제 어디서 기부 받을 것인지 결정을 해야 홍보부에서 이런 정보들을 담은 홍보물을 제작할 수 있었습니다. 이렇게 처음 하는 행사여서 부족한 부분이 많았지만 그 때마다 주변 친구들의 도움을 받아가며 준비를 했고 성공적으로 마무리할 수 있었습니다. 활동을 통해 이보다 더 규모가 크고 다양한 부서가 있을 기업이라는 집단과 그 기업을 경영하는 CEO라는 직업에 대해 생각해보게 되었습니다. 기업이 잘 운영되기 위해서는 직원들이 각자 맡은 업무를 책임감을 갖고 처리해야 하며 CEO들은 직원들에게 관심을 갖고 기업 경영에 더 효율적인 방안을 모색해야 한다는 것을 느꼈습니다. 플리마켓 운영은 저에게 경영을 실제로 경험을 할 수 있었던 의미 있는 활동이었습니다.

고등학교 생활 중 대부분을 기숙사에서 16명의 친구들과 함께 생활했습니다. 어렸을 때부터 저희 집은 항상 깔끔하게 정리되어 있었기 때문에 그 영향을 받아 청소나 책상정리는 제게 필수였습니다. 그래서 제 자리와 책상은 깨끗하고 넓은 공간을 가지고 있었고 이는 더 효율적으로 공부를 할 수 있게 하였습니다. 그런데 주번을 제대로 정하지 않았기 때문에 공동으로 사용하는 쓰레기통과 그 주변은 매우 더러웠습니다. 처음에는 친구들에게 함께 치우자고 몇 번 권유를 했습니다. 그러나 친구들은 듣는 둥 마는 둥 했고 서로 눈치만 보며 쓰레기통 정리에 대한 책임을 미뤘습니다. 화가 나고 짜증도 났지만 다른 사람에게 미루기 보다는 제가 솔선수범하는 모습을 보이면 친구들도 바뀌지 않을까 하는 생각이 들었습니다. 그래서 매일매일 쓰레기를 분리하고 쓰레기통을 비우는 등 그 주변을 깨끗하게 청소했습니다. 자발적으로 정리를 하다 보니 보람도 느끼고 더 깨끗한 공부환경을 만들고 싶은 욕심이 생겼습니다. 그래서 친구들 자리에 있는 오래된 음식물들을 허락을 맡아 버리고 주변에 생긴 벌레들을 잡아주는 등 더 쾌적한 환경을 위해 노력했습니다. 그런데 제가 하는 일을 당연시 하는 친구도 있었고 전혀 관심 없는 친구도 있었습니다. 저의 이러한 행동이 오히려 친구들로 하여금 청소에 더 무감각하게 만든 것은 아닌지 후회가 되기도 했습니다. 그러나 나는 솔선수범하기로 했던 초심을 생각하며 마음을 다잡고 변함없이 매일 같이 정리를 했습니다. 두 달 정도가 그렇게 지나고 나니 점차 쓰레기 처리에 동참하는 친구들이 늘어났습니다. 한 친구는 변함없는 나의 행동에 감동이었다는 이야기도 해 주었습니다. 저는 그런 친구들에게 올바른 분리수거 방법과 어떻게 하면 더 깨끗하고 넓은 공간을 만들 수 있는 지에 대해 알려 주었습니다. 비록 힘들었지만 행동으로써 모범을 보이는 것이 말로 하는 것보다 더 효과적이라는 것을 깨달았습니다. 또한 저의 행동이 친구들의 생활습관과 공부환경을 변화시켰다는 것에 큰 보람을 느꼈습니다.

어릴 때부터 매달 용돈을 받아 관리하는 습관을 길렀고, 적금통장에 꾸준히 저금을 해왔습니다. 크면서 용돈의 액수가 커지고 쓰임도 다양해지자 저만의 관리법을 만들었습니다. 매달 1일을 기준으로 일정금액을 저축하고 남은 돈으로 계획을 세워 지출하는 방법으로 관리했습니다. 점점 재테크에 관심을 갖게 되었고 다양한 금융상품 중에서도 안정성은 낮지만 시세차익과 배당금을 얻을 수 있는 주식이 가장 매력적으로 다가왔습니다. 하지만 안정성을 높이고 싶었기에 기술적인 투자보다는 투자하려는 기업 그 자체에 대해 상세히 알아보아야겠다고 생각했습니다. 기업의 내재가치를 알기 위해서는 실적뿐만 아니라 재무상태, 경영자의 경영전략, 조직의 운영 등을 알아야 합니다. 이를 통해 내재가치보다 낮게 평가된 기업들을 찾아 투자함으로써 좀 더 안정성을 높일 수 있습니다. 또한 이런 투자자는 단기적인 시장흐름에 흔들리지 않기 때문에 기업에게도 안정성을 줍니다. 이러한 관심을 통해 애널리스트를 꿈꾸게 되었고 기업의 많은 부분을 배울 수 있는 경영학과에 지원하게 되었습니다.

어렸을 때부터 자리잡아온 경제습관과 이미 확고한 진로방향을 가지고 있었기 때문에 고등학교 생활이 무의미하게 느껴졌습니다. 그러나 방황으로 시간을 버리기보다는 당장 대학을 갈 수 없다면 고등학생으로써 할 수 있는 일을 해야겠다고 생각했습니다. 일단 기본적인 경제지식을 갖추는 것이 좋겠다고 판단하여 학교에서 배우지 않는 경제를 스스로 공부했습니다. 공부한 이론은 뉴스와 접목시켜 실질적으로 활용하는 방법을 익혔습니다. 또한 공인회계사를 직접 만나 학과, 직업, 공부방법, 진로를 위해 해야 할 일 등 다양한 이야기를 들었습니다. 특히 회계를 공부하는 것이 재무재표를 읽는데 많은 도움이 된다고 말씀하셨습니다. 또한 영어실력을 갖추는 것도 조언해 주셨습니다. 그래서 저는 수능을 마친 이후에 회계와 영어공부에 집중할 계획입니다. 또한 투자 경험을 쌓기 위해 생일이 지나는 대로 저의 증권계좌를 개설하여 주식 투자에 직접 참여할 계획입니다.

"

63 번째 이야기

◆

이런 아이가 교사가 되어야 한다는 생각이 들었다.
착한 심성과 바른 생활 그리고 심화된 역사 지식을 쌓아가는
역사에 진심인 태도가 그랬다.
교사는 가르치는 사람이다.
마음을 전달하고 정신을 가르치고 태도를 가르치고 지식을 가르치는 것에는
어떻게 설명하고 어떻게 끄덕이게 하느냐가 중요한 덕목이리라.
이 아이는 아이들과의 공감과 소통의 달인이 되어 아이들 속에서 인정받는
진정한 가르침의 교사가 될 것이다.
아이를 응원한다.

이 친구는 고등학교 3년의 학교생활과 학습경험 교내활동을 이렇게 이야기한다.

"

역사 이야기 듣는 것을 좋아했던 저는 자연스럽게 '역사'라는 학문을 접하게 되었습니다. 역사적 사건과 인물의 삶을 알아가면서 과거에 대한 의문을 해결해나가는 즐거움을 느꼈습니다. 그래서 역사는 늘 더 알고 싶은 학문이었고 역사탐구는 끝없이 흥미를 갖게 했습니다. 그러나 2학년 때 동아시아 역사를 배우면서 동아시아 각국의 역사에 영향을 미치는 지리적, 문화적 차이를 파악하는 것에 어려움을 느꼈습니다. 그리고 각국의 역사를 독립적으로 공부하다 보니 넓어진 범위의 역사를 이해하는 것이 어려웠습니다. 새로운 공부 방법을 생각해야했습니다. 제가 처음 역사를 접하게 된 계기를 생각해 보고 각국의 역사를 하나의 연결된 이야기로 파악하려고 노력했습니다. 이를 위해 교과서 뒤에 있는 동아시아 국가들의 연표를 보며 각 국 역사가 영향을 주고받으며 전개된 모습을 파악해 보았습니다. 특히, 각국의 근대 조약과 민족운동은 저만의 연표로 따로 정리하였습니다. 각 국의 신석기 청동기 문화와 인구이동, 은 유통은 직접 지도를 그려보며 정리했습니다. 이야기처럼 내용을 연결하여 정리하니 이해가 더 쉬워졌습니다. 그러자 각국의 역사의 시작이 궁금했습니다. 각국의 최초의 역사서와 건국 신화에 대해 조사하여 보고서를 작성하게 되었고 최초의 역사서를 조사하면

서 역사 서술이 민족의식 형성에 영향을 주었다는 것을 알게 되었습니다. 그리고 '청소년을 위한 사마천의 사기', '단재 신채호 평전', '한국통사'를 읽으며 역사 서술의 중요성에 대해 알게 되는 계기가 되기도 했습니다. 각국의 건국신화에 대해 조사하면서 신화에 반영된 각 국의 문화적 차이에 대해 알게 되었고 '이어령의 삼국유사 이야기'를 읽으며 삼국유사에 반영된 우리 민족의 정체성에 대해 알아보는 계기가 되었습니다. 이러한 과정은 한국사에만 머물러있던 저의 역사적 지식과 관점을 넓혀주었고 역사공부에 대한 자신감도 갖게 되었습니다. 이 후 교내에서 실시한 역사경시대회에 참가하여 우수상을 수상하였고 3학년 때는 최우수상을 수상하기도 했습니다.

한국사 공부를 하던 중 교과서 뒤의 계보를 통해 익종으로 추존된 효명세자에 대해 알게 되었습니다. '태정태세문단세'로만 기억되던 조선왕조가 새롭게 보이기 시작했습니다. 다른 친구들에게도 익종과 그의 개혁 노력에 대해 알리고 싶었습니다. 그래서 2학년 동아리 모의수업 주제로 익종을 선택했습니다. 잘 알려지지 않은 인물이었기에 관련 도서나 정보가 적었습니다. 국사 편찬위원회 홈페이지에 탑재되어 있는 조선왕조실록 데이터베이스를 통해 효명세자의 기록을 직접 찾기 시작했습니다. 4년 동안의 짧은 대리 청정이었지만 하루하루의 기록을 합치니 양이 방대하고 모르는 단어도 많았습니다. 비망기, 조참, 차자, 서계 등의 단어를 찾아보며 수업을 준비하였습니다. 조사한 자료를 토대로 인사단행, 언론확충, 민생안정, 예악정치 4가지로 나누어 익종의 정치적 개혁 노력을 설명하였습니다. 학생들이 인물을 더 친근하게 느낄 수 있도록 일화를 통해 그의 인품과 사후 상황에 대해 설명했습니다. 아이들의 이해를 돕기 위해 계보를 그리면서 시작했고 아이들과 눈을 마주치며 이해 상황을 확인하려고 노력하였습니다. 모의수업을 통해 잘 알려지지 않은 역사적 인물을 다른 친구들에게 알려주는 뿌듯함을 느끼게 되었습니다. 또한 수업을 위한 준비의 과정은 사학과에 진학하여 유물을 연구하고 사료를 해석하는 데 임하게 될 자세에 대해 생각해보는 계기가 되었습니다.

고등학교 3학년 때 지역박물관으로 소풍을 가게 되었습니다. 모두에게 친숙한 지역박물관이었지만 실제로 전시 유물을 주의 깊게 본적이 없다는 여러 친구들의 말에 유물을 알리고 싶었습니다. 한 친구와 함께 보물 제 1167호인 운천동 동종을 소개하기로 했습니다. 여러 곳에서 범종을 많이 접하게 될 친구들에게 통일신라 종에서 고려시대 종으로 변화해가는 모습을 설명하고 싶었기 때문입니다. 운천동 동종은 고려시대 유물로 분류되었다가 통일신라 유물로 밝혀졌습니다. 자료 조사 중 그 과정에서 유물의 형식 분류 방법이 사용된 과정을 담은 논문을 보게 되었습니다. 국어시간에 발표한 유물의 분류 방법과 관련된 내용이어서 더 관심 있게 보았고 실제 유물의 사용 연대를 밝히는 과정을 보니 신기했습니다. 이를 통해 유물의 발굴 현장과 조사 과정에 흥미를 느껴 더 생생한 현장이야기가 담긴 '이선복 교수의 고고학 이야기'를 읽게 되었고 유물을 통해 당시의 문화와 삶을 연구하는 고고학에 대해 알게 되었습니다. 이론이 중심이 된 '고고학 입문'이라는 책을 읽으며 역사학과 밀접한 관련을 맺고 있는 한국 고고학과 고고학의 다양한 연구 방법에 대해 알게 되었습니다. 발표는 운천동 동종과 함께 통일신라 3대 종으로 꼽히는 상원사 동종과 성덕대왕 신종에 대한 설명, 운천동 동종의 발견과 복원과정 및 각 구조의 명칭과 기능에 대한 설명으로 이루어졌습니다. 관심 분야가 같은 친구와 함께 조사하고 그 내용을 효과적으로 전달할 수 있는 방법을 고민한 끝에 설명을 잘 마칠 수 있었습니다. 새로운 학문 분야에 대해 알아가는 즐거움 또한 느낄 수 있었습니다.

1학년 때부터 학교 신문반 '마루'의 일원으로 학교 신문과 교지 제작에 참여 했습니다. 동아리 부원들과 함께 만든 소식지와 교지를 각 교실에 배부하는 것은 큰 보람이었지만 곳곳에서 버려지는 소식지가 보일 때면 실망스럽고 안타까웠습니다. 이를 계기로 "버려지지 않는 소식지가 되려면 어떻게 해야 할까"를 동아리 부원들과 함께 고민하게 되었습니다. 학생들을 대상으로 설문조사를 실시하여 학교소식지의 문제점과 학교 소식지에서 가장 많이 보는 내용, 가장 적게 보는 내용을 조사했습니다. 조사 결과를 보니 많은 아이들이 소식지를 읽지도 않고 버린다고 생각했는데, 많은 아이들이 소식지를 읽고 있다는 사실을 알게 되었습니다. 그리고 직접 참여할 수 있고 도움이 될 수 있는 내용을 원하고 있었습니다. 이를 토대로 저희는 내용적 측면과 내용외적 측면의 해결방안을 생각해 보았습니다. 저는 '신문고'가 떠올랐습니다. 학생들이 소식지를 통해 자신의 의견을 전달하고 서로 소통할 수 있도록 하는 코너를 마련하여 학생들의 참여를 높이자는 것이었습니다. 그러자 설문조사나 짧은 인터뷰를 많이 싣는다면 이것이 가능할 것이라는 의견이 나왔습니다. 또 진로 진학과 관련된 실용적인 정보를 안내할 수 있는 코너를 만들자는 방안도 나왔습니다. 활용도를 높일 수 있는 접이식 디자인의 모형을 직접 만들어 보며 디자인의 개선방안에 대해서도 생각해보았습니다. 이를 바탕으로 "학교신문의 개선 방안"이라는 주제로 동아리 탐구 대회에 나가 우리의 생각을 ppt로 정리하고 발표하였고 다른 학생들에게도 공감을 얻게 되었습니다. 이 과정에서 그동안 동아리 활동을 통해 서로 돕고 배려했던 경험을 토대로 서로를 이해하고 함께 고민하는 과정에서 능동적으로 문제를 해결하는 방법을 배우게 되었습니다. 특히 문제 상황에 머물러 있는 것이 아니라 문제를 공유하고 있는 사람들이 함께 고민해서 문제의 원인을 찾아내고 해결 방안에 대한 아이디어를 내는 적극적인 자세가 문제 해결에 훨씬 더 가까워 질 수 있다는 것을 배우게 되었습니다.

저는 학생들에게 역사에 대한 지식과 긍정적인 세상을 만들기 위해 필요한 지혜를 전달해주는 역사교사가 되고 싶습니다.

저는 역사교사가 되기 위해서 첫째, 역사적 지식을 쌓으려 노력했습니다. 적극적으로 수업에 참여하고 심화된 내용을 보고서로 작성해 보았습니다. 독서를 통해 역사 저술 방법과 당시의 시대상을 파악하기 위해 노력했습니다. 역사와 관련된 교내 대회에 3년간 꾸준히 참가하여 실력을 확인했습니다.

둘째, 소통 능력을 기르기 위해 노력했습니다. 2학년 때 토론동아리에서 조사한 자료를 토대로 9시 등교제와 학생들에게 교육감 선거 투표권을 주는 특별법제정처럼 교육 현장과 직접 관련이 있는 주제에 대해 토론하면서 설득력 있는 근거와 함께 서로의 생각을 확인하며 공감을 이끌어 내기도 했습니다. 장애인 요양 시설과 노인 요양 시설에서 시설 청소 봉사와 말벗봉사를 하였습니다. 시설에 계신 분들과 소통할 수 있는 방법을 생각하며 정서를 공유하는 것과 상대방의 이야기를 경청하는 것 또한 소통의 중요한 수단이라는 것을 알았습니다.

셋째, 리더십을 생각했습니다. 학급에서 친구들에게 수학문제나 교과내용을 가르쳐주면서 함께 학습했습니다. 수련회 때 조장을 맡으면서 늘 늦게 오던 친구를 끝까지 기다리며 상황설명을 통해 다른 조원들의 이해를 구하고, 미션 수행 방향에 조원들의 의견을 반영하여 조원 간의 갈등이 생기는 것을 막았습니다. 나중에 늦게 오던 친구에게 감사 인사를 받고 다른 조원들에게도 조장의 역할을 잘 수행했다는 칭찬을 받아 뿌듯했습니다. 소통하며 함께 하는 리더의 역할에 대한 제 생각을 실천해볼 수 있었던 시간이었습니다.

이렇게 학교 생활동안 얻은 역사적 지식과 소통능력, 리더십은 역사 교사가 되기 위해 필요한 자질이자 저의 강점입니다. 대학 진학 후에도 교육과정을 통해 역사 연구와 역사 교육에 관한 전문적인 지식을 쌓고 학교에 마련된 해외 교육 봉사 프로그램 등 인성 특기적성 프로그램에 참여하고 싶습니다. 이를 통해 역사교사의 꿈을 반드시 이루고 싶습니다.

”

64 번째 이야기

◆

아이는 큰 아이였다.

원대한 꿈을 가지고 끊임없이 노력하는 모습에서 그랬다.

수학에 대한 관심과 호기심으로 실천하는 모습이 감동이었다.

집요함과 끈질김으로 호기심을 해결하고 적극적인 학교 활동을 통해

성취감과 의미를 더해 가는 모습이 의젓하기만 했다.

아이의 꿈은 이뤄질 것이다.

아이를 응원한다.

이 친구는 고등학교 3년의 학교생활과 학습경험 교내활동을 이렇게 이야기한다.

"
　저는 수학 문제를 풀 때 문제를 풀고 답지를 보며 내가 어떻게 해야 했는가를 살펴보았습니다. 그런데 반드시 답지만이 답이 아닐 수도 있겠다는 생각이 들었습니다. 그래서 문제를 풀고 나서 대충 넘어간 것을 살펴보고 해설을 보며 다른 방법으로 다시 풀어보았습니다. 한번은 도함수에서 접선의 극한에 관한 문제를 풀 때 답지대로 접선의 방정식을 세워서 풀었습니다. 하지만 이 풀이를 이해하지 못하는 친구를 발견했습니다. 그래서 친구의 이해를 도와주기 위해 다른 방법을 고민했습니다. 저는 접선이 축과 이루는 각을 이용하여 삼각함수의 극한을 이용해 보았고 답지와 같은 결과가 나왔습니다. 제시된 문제의 단원에만 초점을 맞추지 않고 다른 단원의 개념을 적용 시키면 더 다양한 해설이 나올 수 있다는 것을 알게 되었습니다. 저만의 독창적인 방법으로 문제를 해결하고 내 방법이 어디가 잘못되었는지 다시 살펴보는 과정을 꾸준히 반복했습니다. 하지만 제가 노력한 것과 달리 항상 성적이 잘 나오는 것은 아니었습니다. 왜일까 생각해보니 저는 답을 찾으려고만 했고 기본인 발문은 대충 읽고 지나갔던 것입니다. 한번은 정기고사 때 이면각의 싸인 값을 구하는 문제가 나왔습니다. 제가 평소에 풀어본 이면각을 구하는 문제는 거의 코사인 값을 요구했습니다. 저는 방향은 올바르게 잡았지만 마지막에 습관적으로 코사인 값을 구해 틀렸던 적이 있었습니다. 이런 작은 실수 때문에 수학 성적이 오르지 않았습니다. 그래서 이후에 저는 문제를 풀 때 항상 발문에서 잘못 이해

할 수 있는 부분에 표시를 해가며 풀었습니다. 문제의 초점이 확실히 눈에 띄어 실수를 줄일 수 있었습니다. 그리고 문제가 풀리지 않을 때에는 시간적 여유를 가지고 고민해보았습니다. 몇 문제를 풀더라도 스스로 고민해 봄으로써 한 문제풀이를 통해 여러 문제를 푼 것 같은 효과를 얻을 수 있었습니다. 이 후 교내 수학 경시대회에 참가해 최우수상을 거머쥘 수 있었습니다. 다른 과목을 공부할 때도 이런 방법을 적용해 많은 도움이 되었습니다.

저는 수학을 좋아하여 수학동아리에 가입하고 싶었지만 마땅한 동아리가 없었습니다. 그래서 관심분야가 같은 친구들과 수학동아리 '더하기'를 만들게 되었습니다. 매주 모여 좋았던 문제를 공유하며 자신의 풀이방법을 발표하는 활동을 했습니다. 동아리 활동 시간에 제가 친구들에게 자신 있다고 생각한 정사영 문제를 설명했습니다. 저는 평소에 정사영 문제를 이면각의 크기만을 이용하여 풀었습니다. 하지만 친구들이 거의 저의 풀이를 이해하지 못했습니다. 저의 설명은 너무 복잡하고 어려웠던 것입니다. 그래서 저는 활동 전에 거울을 보고 문제를 설명하는 연습을 해보았습니다. 그리고 다른 시각으로 문제를 다시 풀어보았습니다. 그 문제를 다시 설명할 때 원상과 정사영의 넓이비를 이용하여 설명했습니다. 그리고 친구들의 다른 풀이방법도 비교해 보았습니다. 그리고 각자 풀이마다 장단점이 있다는 것을 알았습니다. 이렇게 한 문제에도 다양한 풀이방법이 존재함을 알게 되었습니다. 저는 이를 통해 수학 문제를 해결할 때 넓은 시야를 가지고 문제를 바라보는 것과 같이 개인 문제나 사회문제에 있어서도 다양한 시각으로 접근해야겠다는 생각을 하게 되었습니다. 그리고 동아리에서 친구들과 난이도 있는 문제들을 다뤄보고 다양한 문제를 접할 좋은 기회가 되었습니다.

우리 학교에는 '교과별 퀴즈왕'이라는 재미있는 활동이 있습니다. 매주 과목별로 올라오는 문제를 풀어서 제출하는 것입니다. 저는 매주 수학과 영어 문제를 풀어 제출했습니다. 저는 주로 쉬는 시간이나 점심 저녁 시간에 자투리 시간을 활용하여 문제를 풀었습니다. 한번은 삼각함수 합성의 최대, 최소를 구하는 문제가 나왔습니다. 처음에는 교과서의 방법으로 문제를 해결했습니다. 하지만 저는 다른 풀이방법을 생각해보았습니다. 각을 이용한 풀이 중에 내적을 이용해 풀어보았습니다. 삼각함수와 그 계수를 좌표로 놓고 내적을 하여 주어진 각의 범위에 따라 최대, 최소를 구할 수 있었습니다. 문제를 다른 시각에서 바라보고 저만의 방법을 찾을 수 있어서 좋았습니다. 꾸준히 노력한 결과 '교과별 퀴즈왕'에서 수학부문 최우수상을 받을 수 있었습니다. 영어 문제는 주로 원서의 지문을 활용한 수능형 문제가 출제되었습니다. 원서를 처음 접해본 저는 지문이 어렵게만 느껴졌습니다. 하지만 필자의 말의 주제는 오직 하나라고 생각하고 지문을 읽어보니 이해할 수 있었습니다. 아쉽게 상을 받지는 못했지만 최선을 다 할 수 있었던 좋은 기회가 되었습니다.

3학년 때 저는 수학과 모의면접을 보았습니다. 평소에 저는 면접에는 자신이 있다고 생각했습니다. 면접을 볼 때 사이클로이드 곡선의 자취를 이용한 문제가 나왔습니다. 평균값 정리를 이용하여 곡선의 길이를 구하는 문제였습니다. 문제는 다 풀었지만 정적분과 부정적분의 차이를 물었을 때 거의 대답을 하지 못했습니다. 모의면접이 끝나고 수학의 기본이 부족하다는 것을 알았고 기본개념을 확실히 하게 하는 계기가 되었습니다. 모의면접을 통해 어떠한 것도 기초가 부족하면 사상누각이 된다는 것을 알게 해준 좋은 경험이었습니다.

추리에 관심이 있던 저는 직접 추리하는 활동을 해보고자 1학년 말에 친구와 심리학 동아리 psyworld를 만들었습니다. 학교축제가 다가올 무렵 우리 동아리도 부스 운영을 하기로 했습니다. 직접 대본을 만들어 역할극을 공연하기로 했습니다. 조를 나눠서 이야기와 대본을 만들었는데 우리 조 친구들은 말수가 적고 낯을 가려서 진행 과정이 힘들었습니다. 처음에는 제가 이야기와 대본을 혼자 만들어서 보여주었습니다. 조장인 제가 준비를 주로 한다면 친구들이 좀 더 적극적으로 참여하리라 생각했습니다. 하지만 친구들의 소극적인 태도는 개선되지 않았습니다. 그래서 우선 모일 때마다 먼저 말을 건네고 친구들이 입을 열면 눈을 맞추며 고개를 끄덕여주었습니다. 친구들은 점점 마음을 열고 적극적으로 임하게 되었습니다. 실수도 있었지만 서로 격려하며 함께 노력하여 동아리 부스 활동을 성공적으로 마칠 수 있었습니다. 그리고

기숙사 생활을 하면서 저는 매년 방장을 해왔습니다. 방장은 친구들에게 모범이 되고, 솔선수범해야 한다고 생각했습니다. 그래서 전등이 나가면 제가 직접 전등을 갈았습니다. 아침에 친구들이 다 나가면 마지막에 나오면서 전기 코드를 뽑고 친구들의 이부자리를 정리하고 나왔습니다. 하지만 며칠이 지나도 친구들은 여전히 나갈 때 치우고 갈 생각을 하지 않았습니다. 제가 모든 일을 다 떠맡는 것이 친구들에게 도움이 되지 않을 수도 있다는 생각을 하게 되었습니다. 그래서 저는 친구들에게 청소 역할 분담을 제안했습니다. 처음엔 친구들이 꺼려하는 분위기여서 친구들에게는 쉬운 역할을 주었습니다. 몇 번 해보니 친구들도 자신이 한 일에 대해 보람을 느끼고 더 힘든 역할을 맡겠다고 먼저 말을 걸어왔습니다. 저는 리더 만 노력한다고 조직이 발전하는 것이 아니라 조직구성원 모두가 각자의 역할에 충실할 때 그 조직이 발전한다는 사실을 알게 되었습니다. 리더의 역할은 열심히 일하는 것도 중요하지만 구성원들이 올바른 방향으로 나아갈 수 있도록 이끌어주는 존재라는 것을 알았습니다.

"골드바흐의 추측"에 대해 처음 알게 되었을 때 미래를 직접 증명한 수학자가 되고자 마음먹었습니다. 하지만 고등학교에 진학하고 부모님께서 수학자는 돈을 벌기가 힘들다고 하시며 반대하셨습니다. 그래서 꿈을 포기하려 했었습니다. 하지만 고등학교 2학년 때 영어 수업시간에 꿈에 관한 이야기가 나오면서 제가 진정으로 하고 싶은 것이 무엇인지 고민해 보았습니다. 저는 정말 제가 좋아하는 것을 꿈으로 삼는 것이 맞다고 판단했고 수학자가 되리라 굳게 다짐했습니다. 고등학교 3학년 때 '유클리드의 창 : 기하학 이야기'라는 책을 읽고 유클리드의 공리에 대해 알게 되었습니다. 그중에서 평행선의 공리는 많은 수학자가 틀렸음을 증명하려고 시도했지만 실패한 공리였습니다. 저는 그 공리에 관심을 두었고 더 알아보고 싶었습니다. 그래서 저는 RISS에 들어가 '평행선의 공리'에 관한 논문을 찾아보았습니다. 제가 찾은 논문에는 유클리드가 귀류법으로 평행선의 공리를 증명한 것이 나와 있었습니다. 저는 다른 방법으로 증명해보기 위해 바로 노트를 가져왔습니다. 제가 좋아하는 삼각함수를 이용하여 삼각함수와 직선과 수직인 직선 사이의 기울기 관계를 보았습니다. 두 직선이 평행하다면 기울기가 같다는 것을 이용하여 증명해 보았습니다. 그리고 이를 부정하여 얻은 비유클리드 기하모델에 대해서도 알아보았습니다. 하지만 아직 저에게 비 유클리드 기하모델에 대해 이해하는 것은 어려웠습니다. 그래서 수학과에 진학하여 평행선의 공리와 비 유클리드 기하에 대해 더 배워보고 싶다는 생각을 했습니다. 그리고 명제들을 증명할 때 유클리드의 공리가 어떻게 사용되는지 알고 싶습니다. 그리고 졸업 후에는 대학원에 진학하여 미분기하학과 위상수학을 공부하고 싶습니다. 아직 풀리지 않은 세계 수학 난제가 5개가 남아있습니다. 대부분의 수학 난제는 대학과정을 거쳐야 이해할 수 있습니다. 그래서 대학에서 수학을 심도 있게 공부하고 수학자가 되어서 아직 풀리지 않은 난제를 직접 증명해 내는 일을 반드시 해내고 싶습니다.

"

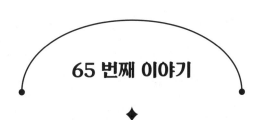

65 번째 이야기

◆

열심히 생활하며 꿈을 찾았던 아이다.

좋은 생각과 적극성이 돋보인 아이다.

지혜롭게 환경을 극복하고 따뜻한 마음을 가질 수 있었던 것은

어머니의 지극정성이었을 것이다. 어머니 은혜를 생각한다.

이 아이의 열정과 바른 태도가 꿈을 이뤄 낼 것이다.

아이를 응원한다.

이 친구는 고등학교 3년의 학교생활과 학습경험 교내활동을 이렇게 이야기한다.

"

    어릴 때 저는 '한 권으로 보는 그림 한국사 백과'를 즐겨 읽었고, 이는 자연스럽게 역사에 대한 저의 관심을 높였습니다. 그러나 고등학교에 진학하고 나서 처음 교내 역사경시대회에 참가한 후 제가 많이 부족하다는 것을 알게 되었습니다. 저의 문제점이 무엇인지 생각해본 결과, 그동안 제가 너무 자만하여 역사 공부를 가볍게 하고 있었다는 것을 알게 되었습니다. 또한 그동안 폭넓게 공부하지 못하고 스스로 중요하다고 생각하는 부분만 집중적으로 공부하는 저의 공부습관이 문제였습니다. 이러한 저의 공부습관을 반성하며 이를 바꿔보자고 마음먹고 먼저 도서관에 가서 책 한 권을 빌려왔습니다. 전과 달리 한 줄씩 꼼꼼히 읽다 보니 전체적인 내용을 이해하는데 큰 도움이 된다는 것을 알게 되었습니다. 하지만 계속 이러한 방식으로 책을 읽다 보니, 교과서에 실린 요약적인 내용과는 달리 방대한 내용에 압도되어 지칠 때도 있었습니다. 이를 극복하기 위해 고민하던 저는 우연히 '역사 채널 e'를 보게 되었는데 이는 저에게 새로운 충격을 주었습니다. 단순히 책만 붙들고 지식을 쌓는 것만이 아니라 다양한 공부방식이 있다는 것을 알게 된 것입니다. 또한, 책에서는 다루기 힘든 생생한 자료들을 직접 보니 더욱 이해하는데 도움이 되었습니다. 이후 저는 '내 고장 문화 유적 순례대행진'에 참가해 직접 체험하며 배웠고 '삼국유사 골든벨'에도 참가하는 등 다양한 방법으로 역사공부를 하게 되었습니다. 이렇게 얻은 배경지식을 바탕으로 동아시아 학력 상을 받기도 하였고, 꾸준히 참가한 역사 교내경시대회에서도 3학년 때 수상을 하게 되었습니다. 또한, 역사를 공부하면서 일제

강점기의 조선어 학회의 한글 맞춤법 통일안 등에 관심을 가지며 학습한 결과 국어 영역의 학습에도 도움이 되었습니다. 그리고 이러한 방식의 공부를 통해 단순히 성적향상을 목표로 하는 공부가 아닌 넓고 깊게 생각하는 학문 탐구의 자세를 배울 수 있었습니다. 이러 자세를 토대로 저는 꿈을 이루겠다는 다짐을 하게 되었습니다.

진로와 관련된 활동 중, 전국적으로 열리는 청소년 삼국유사 골든벨 대회에 참가하게 되었습니다. 대회를 준비하기 위해 저는 처음으로 '삼국유사'를 읽어보았습니다. 옛날 책이라 지루할 것이라는 저의 생각과는 달리 삼국유사는 삼국시대의 이야기를 다양한 설화와 더불어 일연의 불교적 시각으로 그려냄으로써 이제껏 배워왔던 역사적 사실들을 새롭게 이해할 수 있었습니다. 이는 암기과목으로만 여겨졌던 역사가 당시의 사람들이 살아왔던 이야기라는 것을 깨닫게 하면서 더욱 친근하게 느껴졌습니다. 그러나 잦은 한자어와 각주는 책을 읽는 흐름을 끊었고, 한 장을 읽는 데에도 많은 시간이 걸렸습니다. 결국 책을 다 읽지 못하고 치른 1차 예선에서 그만 떨어지고 말았습니다. 이후 골든벨 형식으로 열린 2차 시험을 관전하였는데, 다양한 문제를 저도 함께 풀어보면서 책을 읽을 당시 놓쳤던 부분들을 비롯해 역사적 지식을 얻는 데 도움이 되었습니다. 또한, 열정적으로 답을 써 내려가는 참가자들의 모습에 가벼운 마음으로 시험에 임했던 제가 부끄럽게 느껴졌습니다. 이는 색다른 경험으로 저의 역사 공부에 더욱 흥미를 높였고, 앞으로 어떠한 공부를 하든 최선을 다해야겠다는 다짐을 하게 되었습니다.

역사에 관심이 많았던 저는 과거 지역의 교육기관이었던 향교에 봉사활동을 갔습니다. 생각보다 가까운 곳에 이러한 유적지가 있었다는 점에 놀라며 저는 그곳에서 전통혼례를 준비하는 과정을 도왔습니다. 추운 날씨에 밖에서 혼례가 이루어져 준비하고 기다리는 동안은 힘들었지만, 책이나 TV에서만 보던 전통혼례의 과정을 제가 직접 볼 수 있다는 사실은 흥미로웠습니다. 이러한 경험은 그동안 현대의 혼례문화에만 익숙해져 우리의 전통혼례문화를 알지 못했던 것에 반성하게 되었고 더 나아가 전통혼례에 대하여 자세히 알아보는 계기가 되었습니다. 또한, 저처럼 전통혼례에 대하여 잘 모르는 사람들을 위해 많은 곳에서 전통혼례 체험활동을 하고 있다는 사실을 알게 되었고, 이러한 사실을 주위에 알려야겠다는 생각을 했습니다. 이를 계기로 전통의 중요성과 우리 고장의 유적지에 지속적 관심을 통해 이를 발전시키는데 노력해야겠다는 생각이 들었습니다.

제가 속해있는 동아리 '필로 노믹스'를 비롯하여 학교의 경제-경영 동아리가 모였습니다. 직접 학생들에게 물건을 받아 이를 다시 판매하는 프리마켓을 준비하기 위함이었습니다. 저는 소심한 성격에도 불구하고 홍보부장에 자원하였습니다. 처음 이러한 직책을 맡게 된 저는 아이디어를 토론하고, 홍보지를 만들기 위해 시간과 이견을 조율하는 등 많은 어려움을 겪었습니다. 하지만 아이들도 적극적으로 따라주어 마침내 홍보지가 완성되었고 게시판에 우리의 노력이 담긴 홍보지가 붙게 되었습니다. 또한 페이스북이나 다른 SNS를 통해 열심히 홍보한 결과 많은 학생들이 프리마켓에 참가해주었습니다. 누군가에게는 필요 없는 물건들이 필요한 사람에게 전달되어 요긴하게 쓰이도록 만들었다는데 뿌듯함을 느꼈습니다. 또한 수익금과 남은 물품들을 학교의 이름으로 기부하면서 더욱 큰 보람을 느낄 수 있었습니다.

동아리 멘투멘은 직접 가정에 방문해 제가 멘토가 되어 아이들을 가르치는 교육봉사동아리입니다. 제 생각과는 달리 아이들과 대화하는 것조차 익숙하지 않았고, 연필을 잡는 것도 어색해하는 아이들을 집중시키는데 어려움을 겪었습니다. 어린 마음을 상하게 하지는 않을까 아이들의 표정과 행동을 살피며 대화를 이끌어 나갔습니다. 때로는 같이 간 친구에게 도움을 요청하여 그 친구가 아이들을 대하는 행동을 따라 하기도 하며 아이들에게 더욱 다가가고자 노력하였습니다. 공부를 하다 지칠 때는 함께 뒷산에 올라가 소소한 소풍을 즐기며 아이들과 더욱 소통할 수 있었습니다. 이러한 노력의 결과인지 아이들은 저를 잘 따라주었습니다. 다음 해 교육봉사는 저 혼자 아이들을 만나게 되었습니다. 긴장한 상태에서 만난 아이는 조금은 과격한 남자아이였습니다. 공부를 시작하려고 하자 교재를 찢어버리며 거부하는 반항적인 모습에 저는 더욱 당황했습니다. 집으로 돌아가는 길에 그 아이가 ADHD 질환을 앓고 있다는 것을 알게 되었습니다. 아이에게 좀 더 세심하게 주의를 기울이지 못한 점에 후회가 몰려왔고, 한 번도 경험해 보지 않은 제가 어떻게 아이를 대해야 하는지 많은 고민을 하게 했습니다. ADHD 질환에 대한 정보를 찾아본 저는 다음번에 아이와 만났을 때는 소통하는 것에 더욱 주의를 기울였습니다. 그리고 아이가 가장 흥미를 보이는 수학을 풀 때는 칭찬도 해주며 아이를 이끌어 나갔습니다. 조금씩 마음의 문을 연 아이는 학교에서 배운 구구단을 자랑하기도 하였고, 이를 노래로 불러주기도 하였습니다. 어느새 어려울 것 같았던 아이와의 대화도 점차 자연스럽게 느껴지게 되었습니다. 이러한 경험은 다양한 특성을 가진 아이들을 이해하고 제가 이들의 삶의 일부가 되는 것에 책임감을 느끼며 노력하는 과정을 통해 제 자신을 발전시켜 나갈 수 있었습니다. 그리고 남에게 먼저 다가가지 못하는 소극적이었던 저의 모습을 바꿔나가며 봉사상과 시우보우상을 수상하는 계기가 되었습니다. 소중한 나의 경험을 잊지 않을 것입니다.

저는 어머니와 함께 살고 있습니다. 지금까지 성장하면서 남들과 다를 수 있는 저의 환경으로 인하여 크게 어려움을 겪어 본 적은 없습니다. 그러나 제가 고등학교에 입학할 때 어머니는 저에게 가족사로 어려운 점이 없었냐고 물어보셨고, 또래 친구들과 조금은 다를 수 있는 가족사진을 포함하여 제게 미안하다 말씀하셨습니다. 이러한 어머니의 말씀으로 인해 그동안 제가 방황하지 않고 어려움

없이 살아왔던 것에는 어머니의 노력이 있었기 때문이라는 것을 깨닫게 되었습니다. 돌이켜 생각해보니 학교나 학원에서 가족에 대하여 물어보거나 발표할 때가 있었습니다. 그럴 때마다 저는 속으로 많은 고민을 하였고 커가면서 가족관계에 대하여 대답을 회피하였습니다. 저의 환경이 부끄러워서가 아니라, 한 부모 가정에서 자란 이야기를 하고 나면 가라앉은 분위기가 어린 저에게 낯설고, 부담스러운 기억으로 남아 있었기 때문입니다. 이러한 경험은 저에게 문제의식을 남겼습니다. 우리 주변에는 저와 같은 한 부모 가정을 포함하여, 조손가정, 다문화가정 등의 다양한 가족의 형태가 있지만, 이를 자연스럽게 받아들이는 사회적으로 배려의 태도가 부족하다고 생각하였습니다. 이로 인해 피해를 보는 아이들이 있을 것이라 생각하니 걱정스러웠습니다. 또한, 많은 청소년의 대부분이 가정에서 비롯된 결핍으로 문제를 일으킨다는 기사를 읽었습니다. 이로 인해 성장기의 아동에게 미치는 가족의 중요성을 깨닫고, 어떻게 아이들이 올바르게 성장할 수 있는 환경을 만들 수 있을까 생각해 보게 되었습니다.

앞에서 말한 것처럼 고등학교에서의 봉사활동은 저에게 이러한 문제에 대하여 더욱 깊이 있게 생각해 보는 계기가 되었습니다. 형제가 없어 외로움을 많이 느꼈던 저와 달리 봉사활동을 통해 만났던 아이는 삼 형제에 시끌벅적한 환경에서도 항상 관심을 바랐습니다. 이러한 모습을 보면서 겉으로 보이는 환경만이 아닌 그 속에서의 관계가 아이의 성격 형성에 큰 영향을 미친다는 것을 알게 되었습니다. 다양한 아이들을 만나면서 제가 올바르게 행동하는 것인지 의문이 들 때는 책을 찾아보았습니다. 가장 기억에 남는 책 중 하나는 아동 심리치료에 관한 책이었습니다. 책에서 소개된 사례 중 하나는 부모의 강한 집착으로 장애라는 것을 늦게 발견한 사례였습니다. 남들보다 발달이 느렸지만 자기 자식은 장애가 아닐 것이라는 어머니의 강력한 믿음으로 거의 성인이 될 때까지 관련된 치료를 받아보지 못했고, 이로 인해 겪는 어려움은 아이의 마음의 문을 점차 닫게 하였습니다. 상담사가 아이와 같이 생활하면서 아이의 밝아지는 모습을 볼 때마다 안도했습니다. 이 이야기는 저에게 더욱 가족의 중요성을 깨닫게 하였습니다. 또한, 상담사처럼 어려움을 겪고 있는 아이를 보살피며 바른길로 이끄는 데 도움을 주고 싶다는 생각을 하게 되었습니다. 제가 성장하면서 받았던 많은 도움을 이제는 제가 어려움을 겪고 있는 아동에게 주고 싶다는 목표가 세워졌고, 이러한 나눔을 실천하는 방법을 배우기 위해 아동가족학과에 지원하게 되었습니다.

"

66 번째 이야기

◆

열정과 적극성 의지가 돋보였던 아이다.

소통을 중시하고 사회 현상에 대한 관심이 높고 국제 관계에도 관심을 기울였던 아이다.

학교 활동에 적극적으로 참여하며 결과를 통해 자심감이 충만했다.

리더 마인드도 훌륭했다.

소통을 위해 노력을 기울이고 관계를 중시하는 이런 아이가 꿈꾸는 외교관은

분명 이뤄질 것이고 훌륭히 그 역할을 해내리라 기대해 본다.

선생은 아이를 응원한다.

이 친구는 고등학교 3년의 학교생활과 학습경험 교내활동을 이렇게 이야기한다.

"
평소 영어에 관심이 많았고 국제사회 속 자국을 대표하는 외교관이 되기 위해서는 영어에 능통한 것이 기본이라고 생각했기 때문에 독해, 작문 등 다방면에서 영어 실력을 향상시키기 위해 노력했습니다. 다양하게 영어를 공부할 수 있었던 계기는 교내 교과별 게시판 퀴즈왕 영어부문에 참가한 것이었습니다. 퀴즈왕이란 매주 게시판에 주어진 문제를 해결하는 것인데, 그 유형이 에세이 쓰기, 어휘 탐구, 제시문 분석 등 다양한 것이었습니다. 매주 주어진 문제를 해결하다 보니 각 유형이 서로 통한다는 것을 알게 되었습니다. 2학년 때 참가하여 수상하지 못하고 부족한 점을 보완하기 위해 관련 독서를 찾아 읽었는데 그 과정에서 각 유형의 연결성을 더욱 크게 느낄 수 있었습니다. '영어 글쓰기의 기본'이란 책을 읽고 간결하고 정확한 영어 문장을 쓰기 위한 방법에 대해 알게 되었을 뿐만 아니라 '문장에서 강조하는 단어는 마지막에 써라'와 같은 원칙을 통해 영어로 된 글을 읽을 때 어떤 부분에 중점을 두고 읽어야 하는지 알았고, 독해를 더 잘할 수 있는 방법도 알 수 있었습니다. 이후 원서로 된 영미문학을 읽고 독해력을 향상시키기 위한 노력은 물론이고 저자의 표현방식을 참고하며 작문의 방식에 대해서도 고민해 볼 수 있었습니다. 이처럼 영어를 통합적으로 공부하기 위해 노력했고 3학년 때 퀴즈왕에 다시 도전하여 최우수상을 받을 수 있었습니다. 한편 영미문학 원서를 읽으며 영문학에 관심을 가지게 되었는데 심화학습을 위해 영미 문학 기행반 수업을 들었습니다. 선생

님의 수업과 발표수업을 위해 영국 낭만주의 시인인 존 키츠와 윌리엄 블레이크를 조사하는 과정에서 대부분의 작품이 쓰인 당시의 시대배경과 밀접한 관련을 맺고 있음을 알게 되었습니다. 작품에 대한 이해는 시대배경에 대한 이해로 이어졌으며 그 과정에서 영어문화권, 특히 영국의 역사에 대해 알 수 있었습니다. 이런 연관성을 중시하는 나의 학습 방법은 포괄적이고 보다 넓게 사고하는 습관을 가질 수 있게 하였습니다.

저는 다각적 사고를 바탕으로 타인과 활발히 소통하며 책임감 있는 외교를 펼치는 외교관이 되는 것이 꿈입니다. 타인과의 소통의 힘을 느낄 수 있었던 계기는 교내 학생자치법정 활동입니다. 두 명과 벌점자 학생을 대상으로 각각 검사, 배심원의 역할로 참여했습니다. 처음 검사의 역할을 맡았을 땐 엄정하게 잘못을 가리는 것에 초점을 두며 준비했습니다. 그러던 중 선생님께서 단순한 처벌이 아닌 과벌점자 학생이 뉘우칠 수 있는 교육처분을 내리는 것이 활동의 주목적이기 때문에 변호사와 마찬가지로 대상학생을 찾아가보라고 말씀하셨습니다. 그 후 대상학생을 찾아가 벌점 받을 당시의 상황, 말하지 못했던 사정 등을 직접 듣고 함께 검사 역할을 맡은 친구와 상의하며 더 나은 해결안을 찾기 위해 노력했습니다. 두 번째 학생을 대상으로 열린 법정에서는 배심원의 역할을 맡아 어떤 교육처분을 내릴지 정하는 활동을 했는데, 배심원 친구들과 각자 의견을 내고 토의하며 '일일 선도부 하기' 등과 같이 대상학생이 자신의 잘못을 되돌아 볼 수 있는 적절한 방안을 낼 수 있었습니다. 학생자치법정을 하며 타인과의 의사소통을 통해 더 나은 해결안을 도출해 낼 수 있음을 느꼈습니다.

다양한 안목을 길러야겠다고 생각 했던 계기는 시사토론 동아리 활동이었습니다. 회장인 친구와 부회장인 제가 사회적으로 이슈가 되고 있는 것을 주제로 정해 한 학기에 두 번씩 토론을 진행했습니다. 토론 준비과정에서 평소라면 나의 의견에 대해서만 생각해보고 넘어갔을 사건에 대해 찬성과 반대 각각의 입장에서 생각해보며 다양한 자료를 수집했습니다. 특히, '노키즈존은 필요한가'라는 주제에 대해 아이들의 인권의 측면과 식당, 카페 등에서 다른 사람들의 편안한 시간을 보장하는 측면 등 여러 시각에서 바라보기 위해 노력했습니다. 토론 과정에선 더 많은 의견을 접할 수 있었고 절충안을 내기 위해서는 많은 고민이 필요했습니다. 동아리 활동을 통해 사회 문제를 다양한 시각에서 바라보는 안목을 기를 수 있었으며 이러한 안목은 사회를 올바르게 이끄는데 도움이 된다는 것을 느꼈습니다.

2학년 때 학교축제에서 동아리 부스가 운영되었는데 저는 홍보담당이었습니다. 제가 속했던 동아리는 법동아리로 대부분의 친구들은 홍보에는 관심이 없었습니다. 그래서 홍보팀은 동아리 후배들과 구성되어 제가 이끌어 나가야 하는 쉽지 않은 일이었습니다. 저는 효과적인 홍보방법에 대해 고민해보았고 법복을 입고 다니자고 제안했습니다. 하지만 후배들은 너무 튀고 민망하다며 꺼려했습니다. 저는 홍보에 큰 도움이 될 것이라고 설득했고 앞장서서 판사복을 입고 동아리에 대해 알렸습니다. 법복은 생각보다 많은 친구들의 시선을 사로잡았고 부스에 방문해주었습니다. 후배들은 그 모습을 보고 판사복과 검사복을 나눠입으며 저를 돕기 시작했습니다. 축제가 끝난 뒤 친구들은 제게 법복을 보고 호기심에 부스에 갔다가 재미있는 체험을 할 수 있었다고 말해주었습니다. 저는 성공적으로 홍보를 한 것 같아 뿌듯했고 책임감을 가지고 임하면 어떤 일이든 해낼 수 있다는 것을 느꼈습니다.

2학년 때부터 친구들과 요양원으로 봉사활동을 갔습니다. 그곳에서 시설 청소, 몸이 불편하신 할머니들의 거동 도와드리기 등 여러 가지 일을 했습니다. 그 중 가장 기억에 남는 일은 스스로 식사를 하지 못하시는 할머니의 식사를 도와드린 일입니다. 턱받이 해드리기, 숟가락에 적절히 덜어서 입에 넣어드리기, 입가 닦아드리기 등 모든 것이 어렵고 어색하기만 했습니다. 특히 제가 맡은 할머니께서는 치아가 없으셨기 때문에 더욱 조심스러웠습니다. 옆에서 요양사님께서 하시는 것을 보고 따라하며 노력했지만 역시 쉽지 않았습니다. 그러다가 그 분요양사님과 저와의 차이를 발견하게 되었습니다. 요양사님께서는 할머니를 '엄마'라고 부르시며 가족처럼 대하고 계셨습니다. 그 모습을 보고 저는 할머니께 손녀의 마음으로 더 가까이 다가가기 위해 노력했습니다. 마음은 편안해졌고 식사 보조는 더 수월해졌습니다. 이 활동을 통해 사람과의 관계에서 마음을 나누는 것이 얼마나 중요한 일인가를 알게 되었습니다. 진정한 배려가 소통과 공감의 수단이 된다는 것을 알게 되었습니다.

3학년 때 학급의 수학부장으로 활동했습니다. 수학부장의 역할은 정기고사와 모의고사를 본 후 친구들에게 모르는 문제를 질문 받아 칠판에 풀어주는 것입니다. 저는 시험이 끝나고 문제를 다시 풀어보며 풀이를 정리했고 제 자신에게 설명해보며 준비했습니다. 완벽히 준비했다고 생각했고 스스로 만족하며 설명을 마칠 수 있었습니다. 그러나 수업이 끝난 후 한 친구가 제게 이해가 잘 안 된다고 말했고 저는 다시 설명해주었습니다. 하지만 그 친구는 여전히 잘 모르겠다고 했고 저는 제 풀이를 살펴보았습니다. 제 풀이를 보니 친구들이 알거라고 생각해 준비 과정에서 설명을 생략했던 부분이 몇 군데 있었습니다. 저는 친구들에 대한 이해가 부족했던 것을 반성했습니다. 수학부장 활동을 통해 누군가와 함께할 때 상대에 대한 이해가 우선되어야 함을 깨달았습니다. 이를 바탕으로 타 문화권에 대해 먼저 이해하는 자세를 지닌 외교관이 되겠다는 다짐을 했습니다.

저는 영어와 타 문화권에 관심이 많았습니다. 이는 외교관이란 직업에 관심이 생기는 계기가 되었습니다. 독서를 통해 무슨 일을 하는지, 어떤 자질을 갖춰야 하는지 등에 대해 더 알아보았고 외교관이 되고 싶다는 꿈을 구체화 하게 되었습니다. 진로 설정 후 동아리, 봉사 등 다양한 활동을 통해 외교관으로서 필요한 자질과 지녀야할 자세에 대해 많은 고민을 했습니다. 나아가 좀 더 올바르게 이해하기 위해 학교에서 실시된 세계시민교육과 다문화이해교육에 참가하기도 했습니다. 세계시민교육에서는 주로 세계시민은 모두 국제사회라는 같은 공동체에 속한다는 공동체 의식에 대한 내용을 다루었습니다. 하지만 이것은 제게 다소 추상적이었습니다. 구체적인 이해를 위해 학급의 바른생활부원으로 활동했던 경험과 연관 지어 생각해보았습니다. 학급의 질서를 유지하기 위해 부원들과 학급의 규칙을 만든 적이 있었습니다. 공용 책장을 나누는 방법에 대해 토의하는 등 학급이라는 공동체 안에서 급우들이 공존할 수 있도록 노력했습니다. 이러한 경험을 토대로 교육의 내용을 되새기며 세계시민으로써 시민의식을 지닐 수 있었습니다. 다문화 이해 교육에서는 다문화에 대해 올바르게 인식하고 다문화를 존중하는 태도에 대해 배울 수 있었습니다. 교육을 받으며 사회문화 수업시간에 배운 '문화 이해의 관점과 태도'에 대해 떠올려 보았습니다. 그 내용을 바탕으로 다른 문화에 상대적인 태도를 지니고 인정하되, 명예살인과 같은 인간의 보편적인 가치를 훼손하는 극단적인 문화에 대해서는 비판적인 태도를 지니겠다는 다짐을 했습니다. 저는 제 꿈을 이루기 위한 자질을 갖추기 위해 노력해왔습니다. 하지만 부족한 점이 너무나 많습니다. 대학을 통해 국제정치 및 외교정책에 대한 전문적인 지식을 배우고, 다양한 궁금증을 정치외교학과의 전공과 그 외의 여러 학과 활동을 통해 궁금증을 해결하고 싶습니다. 학습을 통해 사회에 대한 통찰을 바탕으로 국내외 정치현상에 대해 체계적이고 전문적으로 공부한다면 제 꿈을 이룰 수 있으리라 굳게 믿습니다.

67 번째 이야기

◆

상담과정에서 아이의 전문성을 느꼈다면 과장일까?

구체적 심화학습 활동을 통해 진짜 공부를 했다는 생각이 들었다.

호기심과 의문을 해결해 가는 과정을 들어보면 대단했다.

자기주도학습 능력은 최고였고 리더의 역할 또한 훌륭히 해냈다.

전문성을 갖춘 뛰어난 인재로 성장해 가리라 기대된다.

아이를 응원한다.

이 친구는 고등학교 3년의 학교생활과 학습경험 교내활동을 이렇게 이야기한다.

"
2학년 생명과학 시간에 유전단원 내 유전자 치료에 대하여 배우게 되었습니다. 그 내용은 유전자 재조합 기술을 통해 특정 유전자를 바이러스에 주입하여 정상단백질 생성을 유도한다는 것이었습니다. 언젠가 인슐린 유전자를 대장균에 주입한 후 인슐린 대량 생산이 가능하게 되었다는 실험결과를 들었던 경험이 떠오르면서 이 주제에 관하여 많은 흥미가 생기기 시작했습니다. 하지만 유전자 재조합 과정을 구체적으로 알고 싶었던 저에겐 교과서에 나와 있는 내용으론 부족하다는 생각이 들었습니다. 따라서 정보를 찾아보던 중 서울대학교가 주최하는 Plasmid DNA와 제한효소를 주제로 한 캠프가 열린다는 것을 보고 직접 참가하게 되었습니다. 캠프 내용은 GFP라는 녹색형광단백질을 가진 pGLO+대장균을 증식하고 Plasmid DNA를 추출하여 제한효소로 DNA를 확인하는 실험이었습니다. 이를 통해 Plasmid DNA에는 Origin Of Replication이라는 복제 시작점이 있어 염색체의 복제와 독립적으로 이루어질 수 있으므로 유전공학에 자주 사용된다는 것을 알게 되었고 Plasmid DNA를 추출해내는 과정과 특수한 염기서열을 분리하는 제한효소를 이용하여 원하는 유전자 부분만 확인하는 방법을 배우게 되었습니다. 또한 〈생명의 언어〉라는 책을 읽으면서 DNA에는 개인적인 차이가 존재하여 사람마다 다르게 치료해야 한다는 뜻을 가진 '맞춤의학'이란 용어를 새롭게 접하게 되었고 이런 심화된 내용을 바탕으로 DNA의 정의, 유전자 때문에 나타나는 신체의 변화, 맞춤의학에 대한 보고서를 작성하기도 했습니다. 더 나아가 과학 선생님의 추천으로 생명과학 유전자와 생명에 대한 칼럼을 찾아 읽기도 했습니다. 특히 유전자와 관련된 칼럼에서 유전자 특허는 한 개인의 소유가 아닌 인류공동의 재산으로서 범인류적인 태도로 접근해야한다는 것을 알 수 있었습니다. 이런 학습경험을 토대로 체계적으로 학습하는 습관을 들인 결과 교내에서 열린 생명과학경시대회에서 3년 동안 꾸준히 수상할 수 있었습니다.

저의 동물에 대한 관심은 고등학교에 와서 해부학동아리에 들어가는 계기가 되었습니다.

해부학동아리 바이오필리아는 생물실험 및 해부실습으로 생명과 생물에 대한 궁금증을 해결하는 동아리입니다. 동아리에서의 처음 실험은 가장 기본적인 개구리 실험이었습니다. 실험이 처음인지라 해부 실습에 대한 두려움도 있었고 해부 도구를 다루는 기술도 서툴렀습니다. 그래서 개구리를 처음 다루게 되었을 때 가장 중요한 ??맥을 자르는 실수를 했습니다. 사전 조사 없이 준비가 되어 있지 않은 상태에서 실험을 한 저는 잘못임을 깨닫고 다음 실험부터는 철저히 조사 하여 실험을 진행해야겠다고 다짐하였습니다. 2학년 때 다시 개구리 실험을 할 기회가 찾아왔을 때 조장을 맡았고 1학년 때 겪었던 경험을 토대로 철저히 준비한 결과 조원 모두가 안정적으로 개구리의 심장, 십이지장, 신장 등 여러장기들을 성공적으로 해부할 수 있었습니다. 이 실험을 통해 저는 자심감을 얻게 되었고 이어서 진행 된 돼지 장기 해부 실험과 소 눈 해부 실험도 무사히 마칠 수 있었습니다. 고등학교 3년 동안의 동아리 해부 실험은 해부 경험을 넓힐 수 있었고 수의사라는 저의 진로를 좀 더 확실히 정해주는 계기가 되었습니다. 또한 동물 해부란 아무런 의미 없이 하는 해부실험이 아니라 실험을 통해 동물들의 질병 연구와 치료에 도움이 되기 위한 동물의학의 중요한 기초가 됨을 알았습니다. 분만 아니라 동물들을 바라보는 시각도 단지 인간을 위한 애완동물이 아닌 정교한 구조를 이루며 그들만의 방식으로 살아가는 또 하나의 생명체라는 시각을 갖게 되었습니다.

과학 보고서 대회를 위해 친구들과 같이 했던 '지문과 혈액형을 이용한 범인 찾아내기 '실험은 매우 흥미로웠습니다. 우선 혈액형 판정을 위해 루미놀 시약을 이용하여 진짜 혈흔인지의 판정여부를 확인하였습니다. 루미놀 실험은 혈흔과 반응한 루미놀 시약이 어두운 곳에서 청백색의 광을 띈다는 것을 발견하는 것이 관건 이였습니다. 하지만 열악한 실험실에서 검은색 색지를 가져와 최대한 주위를 어둡게 만들어 실험을 진행하였습니다. 그 결과 청백색의 광을 선명히 볼 수 있었고 실험을 잘 마무리 할 수 있었습니다. 또한 지문을 이용한 범인 찾기에선 고체요오드를 이용하여 지문의 모양을 감식하는 실험도 성공적으로 이루어졌습니다. 실험이 끝나자 조장으로 보고서 작성을 맡은 저는 자세한 설명을 붙여가며 보고서를 완성했습니다. 루미놀 이온이 과산화수소에서 발생한 산소이온과 반응 하면 불안정한 상태가 되는 이유를 직접 루미놀이온의 구조식을 찾아가며 설명했고 여기서 적

혈구에 있는 헤모글로빈 속의 헴이 촉매역할을 하게 되어 루미놀 시약이 혈액과 만나면 청백색의 광을 띄어 혈액 판정 여부를 할 수 있다는 것을 설명했습니다. 또한 고체 요오드가 종이에 찍힌 지문의 지방성분에 묻게 되어 지문을 감식할 수 있다는 사실을 설명하였습니다. 대회를 준비하면서 루미놀과 고체요오드의 원리를 정확히 이해할 수 있었고 과학 수사에 이용되는 방법들을 직접 체험해 볼 수 있는 기회가 되었습니다.

저는 반대표가 되어 학급회의를 진행하게 되었습니다. 첫 번째 학급회의는 체육 대회 때 입을 반티를 정하는 것과 스텐딩 책상에서의 시간엄수에 관한 사항으로 이루어졌습니다. 처음에는 회의에 다수의 아이들이 자신의 의견을 말하여 높은 참여도를 보였습니다. 하지만 회의가 진행되면서 아이들의 의견이 해결방안을 놓고 첨예하게 갈등하기 시작했습니다. 나중에는 서로의 의견을 듣지도 않고 말을 끊어 기분이 상하는 일도 생겼습니다. 결론이 나지 않은 채 이러한 상황이 반복되면서 시간이 계속 지체되고 회의 참여도도 떨어지는 상황이 발생했습니다. 반대표의 역할을 처음 맡아본 저로선 매우 당황스러웠고 좋은 해결방안을 찾지 못해 고민하고 있었습니다. 그 때 "나는 천천히 걸어간다 할지라도 절대 뒤로 가지는 않는다"라는 링컨의 명언이 떠올랐습니다. 저도 또한 여기서 멈추지 않고 주어진 역할에 책임을 다해야겠다고 다짐하였습니다. 먼저 저의 학급회의 진행방식에 문제가 있지는 않았는지 점검해 보았습니다. 그리고 아이들의 갈등이 발생한 이유를 분석하여 해결방안을 찾기로 했습니다. 회의에서 순서 없이 자신의 주장만을 말하다보니 여러 친구들의 말이 섞이게 되었고 시끄러워진 반 분위기가 서로의 입장을 잘 이해하지 못하게 만들었다는 생각이 들었습니다. 발언 순서를 정하지 못하고 분위기를 통제 하지 못 한 저의 불찰이 가장 큰 원인이었습니다. 그래서 학급회의 순서를 정하고 규칙을 정해서 급우들에게 배포하고 설명했습니다. 규칙에 모든 아이들이 동의했고 다시 학급회의가 열렸습니다. 규칙과 순서에 맞추어 회의를 진행한 결과 확연히 달라진 반 분위기를 확인할 수 있었습니다. 모든 아이들이 제가 정해준 순서에 맞추어 자신의 의견을 주장하였고 그에 적합한 해결방안을 찾기 위해 고민하는 친구들의 모습을 발견할 수 있었습니다. 차분한 분위기 속에서 의견을 조율하고 해결방안에 모두가 동의하는 결과를 도출하며 회의를 마무리 할 수 있었습니다. 이러한 활동은 저에게 리더의 역할과 규칙의 중요성을 깨닫게 해주었습니다.

"

68 번째 이야기

◆

확고한 교사의 꿈

우직한 아이다.

어떻게 잘 설명할까! 어떻게 쉽게 설명할까! 골몰했던 아이다.

착한 심성에 긍정적 에너지가 느껴졌다.

아이들에게 좋은 영향을 주기에 충분한 아이다.

아이의 교사의 꿈은 이루어질 것이고 아이들 속에 선생님으로 자리할 것이다.

선생은 아이를 응원한다.

이 친구는 고등학교 3년의 학교생활과 학습경험 교내활동을 이렇게 이야기한다.

> 수학에서 행렬과 그래프를 접하면 호기심을 가지고 흥미롭게 문제를 접하곤 했습니다. 그런데 교과과정에서 해당 단원이 제외된 것에 큰 아쉬움을 느꼈습니다. 그러던 중 거점 수업을 통해 이를 배울 수 있다는 말을 듣고 두 달여간 진행하는 고급 수학 수업을 수강할 수 있었습니다. 처음에는 행렬과 그래프, 벡터 등 개념들을 배우고 내용이 심화되면서 학습 속도가 뒤처지기 시작했습니다. 그렇기에 다른 학생들보다 수업에 더 집중했고 다양한 시각으로 배운 문제를 되짚어보며 완전히 이해하려 노력했습니다. 교과서만으로는 이해가 안 되거나 더 알아보고 싶은 내용은 관련 도서를 통해 확인해 가며 공부했습니다. 그 결과, 어렵게만 느껴졌던 개념이 점차 익숙해졌고 심화된 문제도 재미있고 흥미롭게 풀어 갈 수 있었습니다. 또한, 수업시간 중 소논문을 작성한 것은 탐구력과 논리력을 증진 시켜 주었습니다. 수업을 들으며 탐구한 내용을 조별로 소논문을 작성하는 과제가 있었습니다. 조원들 모두 처음 접해보는 과제였기에 주제를 선정하는 것부터 어려움이 많았습니다. 고민 끝에 정한 주제도 작성 도중 방향이 어긋나 주제 선정 작업만 몇 번을 다시 하기도 했습니다. 지도교사 선생님의 충고를 토대로 몇 주간 의논을 거쳐 '고급수학 과목의 효율적인 학습법'이라는 주제를 정한 뒤, 역할을 분담하여 소논문을 작성했습니다. 전반적으로 내용 정리와 결론을 도출하는 역할을 맡았던 저는 학습의 주안점으로 주요 개념과 원리 이해, 다양한 풀이 방법의 활용, 실생활에서의 적용을 제

안했습니다. 이를 기반으로 '단원별 효율적인 학습방법'을 중점적으로 작성했습니다. 이를 통해 지금까지의 학습방법을 되돌아보며 학습의 효율성을 높일 수 있는 방안을 생각해 보았고 이 후의 학습방식을 설정하는 데에도 큰 도움이 되었습니다.

　이러한 활동을 통해 수학문제의 풀이가 쉬워졌고 수학적으로 사고하는 능력 또한 좋아졌다고 느꼈습니다. 학문을 탐구하는 올바른 자세와 조원들과의 협력의 중요성, 역할의 중요성을 알게 된 계기였습니다.

　제가 속해있는 교육 동아리에서는 직접 수업주제를 정하여 모의 수업을 진행했습니다. 나만의 수업을 진행한다는 책임감에 수업주제를 고심하다가 원리합계에 대해 배울 때 많은 친구들이 어려워했던 것이 떠올랐습니다. 따라서 '수열과 원리합계'를 주제로 수업을 진행했습니다. 전날 수업내용을 수없이 연습했지만, 긴장을 많이 하게 되면서 시선이 편중되고 속도가 빨라 이해하는 데 어려움이 있다는 평을 받았습니다. 하지만 이에 실망하기보다는 경험을 발판삼아 어떻게 하면 학생들이 수업에 더욱 관심을 두고 잘 이해할 수 있을까 고민했습니다. 그리고 다양한 인터넷 자료와 책을 찾아보며 용어를 쉽게 고치고 실생활과 연관 짓는 등 학생들이 이해하기 쉬운 수업을 하고자 노력했습니다. 더불어 수업을 진행하기 전 예상 질문에 대한 답을 미리 준비했습니다. 수업에 대한 시뮬레이션을 해보기도 하였습니다. 이로써 카오스이론을 주제로 한 다음 모의수업에서는 '재미있고 이해가 잘되는 수업이었다.', '실제 교사에게 수업을 받는 느낌이었다.' 등의 호평을 받을 수 있었습니다. 이를 통해 발표에 대한 자신감을 얻을 수 있었습니다. 또한, 앞으로도 지속적인 피드백을 통해 나 자신을 발전시켜 나가야겠다는 다짐을 하게 되었습니다. 교사라는 직업을 앞서 체험해봄으로써 그에 걸맞은 태도와 덕목을 배우며 자연스레 진로에 대한 더 큰 확신을 가질 수 있었습니다.

　1학년 때부터 인근 지역 아동센터에서 교육봉사를 하였습니다. 처음에는 아이들에게 다가서기조차 힘들었습니다. 하지만 아이들에게 항상 웃는 얼굴로 먼저 인사하고 계속해서 말을 걸며 친해지려고 노력했습니다. 노력이 보였는지 마음의 문을 닫고 있던 아이들도 점차 저를 받아들이고 나중에는 먼저 다가와 자신의 얘기를 들려주기도 하였습니다. 그러면서 아이들과 놀아주는 것이 자연스러워졌고 그것은 어느새 저의 생활 일부가 되어 있었습니다. 이후에는 초등학생들을 지도할 기회도 있었습니다. 아이들이 문제 푸는 과정을 지켜보고 채점한 뒤 잘못된 점을 짚어주는 간단한 역할이었습니다. 그중 수학을 어려워하는 한 여자아이에게 분수와 소수에 대해 가르친 적이 있습니다. 저는 오답만 바로잡아주는 역할에 그치지 않고 이 아이가 가지고 있는 수학에 대한 두려움을 극복할 수 있도록 도와주고 싶었습니다. 극복방안을 고민하다가 그림과 도식을 활용하면 문제를 쉽게 해결할 수 있다는 생각이 들었습니다. 따라서 아이가 그림과 도식을 활용하여 문제를 풀도록 유도하였습니다. 처음에 아이는 이 풀이방식을 낯설어했지만 풀이를 반복하면서 점차 그것에 익숙해져가는 것이 보였습니다. 이후에는 이를 이용하여 많은 문제를 풀어내기도 하였습니다. 그 후 자신의 친구들에게 이 방법을 소개하고 있는 모습도 볼 수 있었습니다. 아이들의 학습 능력 향상과 수학에 대한 관심 유발에 조금이나마 도움이 되었다는 점에서 뿌듯함을 느꼈습니다. 또한, 작은 나눔이 다른 이들에게 큰 도움이 될 수 있음을 알았습니다.

1학년 때 동아리 활동에서 회원들의 평가서 제출과 수업 참여도가 저조함을 느꼈습니다. 이의 개선을 주장했지만 잘 이루어지지 않았고 이는 줄곧 아쉬움으로 남아있었습니다. 2학년 때 동아리 회장을 맡게 되면서 1학년 동아리 활동에서 느꼈던 아쉬움을 만회해야겠다는 생각이 들었습니다. 부원들의 의견을 듣기 위해 익명으로 설문조사를 실시했습니다. 이를 통해 평가서제출과 수업 참여도에 대한 불만이 여전히 많다는 점을 알 수 있었습니다. 따라서 더 효용성 있는 동아리 운영을 위해 이를 개선해야겠다고 생각했습니다. 먼저 수업 참여도가 적은 이유에 대해 생각해 보았고 가장 큰 이유가 시간이라 판단하였습니다. 전에는 수업시간이 주말 오전으로 한정되어 있었습니다. 그래서 다른 일정으로 갑작스레 수업에 참석하지 못한 학생들이 많았습니다. 이를 해결하기 위해 매 수업 일주일 전 부원들에게 참여 가능 여부를 묻고 많은 학생이 참여할 수 있도록 시간을 재조정하였습니다. 또한, 평가서 제출을 활발하게 하기 위해 주기적으로 제출 명단을 만들어 부원들이 직접 확인하도록 했습니다. 수업 직후 평가서 작성 시간도 따로 마련했습니다. 평가서가 발표력 향상과 잘못된 점을 개선하는데 도움이 되었던 제 경험을 토대로 그것이 자기점검의 좋은 기회가 될 수 있음을 부원들에게 강조하기도 했습니다. 물론 처음부터 큰 변화가 일어난 것은 아니었습니다. 하지만 반복해서 부원들의 생각을 묻고 요구사항을 동아리 운영에 반영하니 다들 점차 적극적으로 활동에 참여하기 시작했습니다. 함께 의견을 모아 부족한 점을 개선하니 자연스레 동아리 내의 갈등도 줄일 수 있었습니다. 처음 동아리 활동을 시작할 땐 회장이 주체적으로 전체를 잘 이끌어나가기만 하면 모두가 만족하는 동아리가 될 수 있을 거라 생각했습니다. 하지만 막상 그 역할에 서니 대표가 통솔력 있게 집단을 이끄는 것도 중요하지만 부원들 각자의 의견을 듣고 토론하고 합의하는 과정이 전체를 더 발전시켜 나갈 수 있다는 것을 알게 되었습니다.

저는 지금껏 교사라는 꿈 하나만을 목표로 살아왔습니다. 어려서부터 다른 이들에게 제가 아는 것을 가르쳐주는 것을 좋아했습니다. 발표를 하거나 친구들이 질문을 하여 답을 하다보면 자부심과 뿌듯함이 느껴졌습니다. 그중에서도 수학은 다른 과목에 비해 문제 해결 후 성취감이 컸습니다. 또한, 다양한 시각으로 접근해서 자신만의 방법으로 문제를 해결할 수 있다는 점이 너무 매력적으로 다가왔습니다. 초등학교 6학년 때 지인의 부탁으로 4학년 아이의 수학 지도를 맡게 된 적이 있었습니다. 이전에는 이렇게 한 아이를 책임지고 일대일로 수업해본 적이 없었기 때문에 처음에는 어떻게 해야 할지 잘 몰랐습니다. 하지만 책임감을 가지고 혹여나 수업 중 기억이 나지 않는 내용이 있을까 봐 매번 수업하기 전에 진도 나갈 부분을 훑어보며 전반적인 내용을 정리했습니다. 또한, 추가적으로 설명할 내용은 없는지 살펴보고 덧붙여가며 수업을 준비했습니다. 그 당시 저의 수업을 통해 아이가 몰랐던 것을 알아가는 것, 그리고 조금씩 흥미를 붙여가는 것을 보면서 뿌듯함과 함께 진로에 대한 확신을 가지게 되었습니다. 고등학교에 와서도 다수의 발표와 교육봉사, 동아리활동을 통해 꿈을 이루기 위한 준비를 하였습니다. 교사로서 학생을 대하는 태도나 교육방식에 대해 알아보기 위해 관련 서적을 읽기도 하였습니다. 저에게 큰 영향을 주었던 책은 '교사와 학생사이' 입니다. 이 책을 통해 진정한 교사의 역할에 대해 생각해볼 수 있었습니다. 이 글에서 "훌륭한 교사는 학생들에게 길을 비춰줄 수 있다." 라는 구절은 저에게 큰 감동이었고 그러한 교사가 되는 것을 제 인생의 목표로 정하게 되었습니다. 제가 수학교육과에 진학하면 변함없는 열정으로 수학교사의 기틀을 다지기 위해 전공과 관련한 깊이 있는 학습을 하고 싶습니다. 더불어 지속적인 교육봉사를 통해 학습 지도를 이어나가고 싶습니다. 이런 과정을 통해 수학을 쉽고 재미있게 가르치는 방법을 연구하고 교육적 소양을 쌓아 학생들과 공감하는 교사가 되도록 노력하겠습니다.

"

69 번째 이야기

◆

마동석이 연상되는 아이의 첫인상이었다.

말수도 적었다.

묻는 말에만 근근이 답할 뿐이었다.

시간이 지났다.

순둥이도 이런 순둥이가 없다.

한 번의 지각도 없었다.

중간고사 1등이라며 씩 웃으며 결과지를 제출하던 아이다.

참 우직한 매력덩어리가 합격 소식을 알려왔다.

선생님이 좋아 국어 선생님이 되겠다고 했다.

잘 할 것이다.

아이를 응원한다.

이 친구는 고등학교 3년의 학교생활과 학습경험 교내활동을 이렇게 이야기한다.

"
　　고등학교에 입학하고 수학에 자신감이 없었던 저는 수학공부를 어떻게 할 것 인가에 대하여 고민하였습니다. 저는 학생들과 담당 과목 선생님이 방과 후에 모여 그룹 형식으로 문제도 풀고 질문도 하는 멘토링 수업이라는 프로그램을 운영한다는 것을 알게 되었습니다. 지금 저에게 딱 맞는 프로그램이라고 생각하여 수업 신청을 하고 매주 한번 씩 멘토링 수업을 하게 되었습니다. 매주 수업에 참가한 저는 수학성적이 오를 거라고 큰 기대를 했지만 1학년 2학기 기말고사에서 수학성적이 3등급이었습니다. 기대와는 다른 낮은 성적으로 충격을 받은 저는 원인이 무엇인지 곰곰이 생각했습니다. 멘토링 선생님께서 멘토링 수업은 기본 개념을 확실히 하고 들어야 이해가 쉽다는 말씀을 하셨습니다. 저는 2가지 결론을 내렸습니다. 첫 번째 원인은 앞서 선생님이 말하셨던 것처럼 멘토링 수업의 심화 공부가 기초가 튼튼하지 않은 저에게는 적절하지 않았다는 것입니다. 곰곰이 생각하고 점검해 본 결과 기본이 확실히 다져지지 않은 자신을 확인하기도 했습니다. 두 번째는 제가 자기 주도적 학습시간이 부족했다는 것입니다. 저는 멘토링 수업만으로 내신대비는 충분할거라고 생각하여 자기 주도적 학습시간을 충분히 갖지 않았던 것이 이런 결과를 초래했다는 것을 알았습니다. 비록 1학년 때는 실수를 하였지만 2학년이 되어서는 실수를 반복하지 않기 위해 다시 수학공부계획을 세웠습니다. 저는 수학을 잘하는 친구에게 공부 방법을 물어보았고 그것을 토대로 저의 방법을 만들어 갔습니다. 너무 많은 문제집이나 너무 어려운 문제를 풀기보다는 한권의 문제집과 중간정도의 문제를 푸는 것에 집중하여 틀린 것을 계속 보며 기초를 다졌습니다. 그리고 보다 적극적으로 멘토링 수업에 참여해 어려운 문제들을 이해하기 시작하였습니다. 과정을 반복한 결과 2학년이 끝날 때 쯤 에는 1등급을 맞을 수 있었습니다. 또한 저는 이러한 과정을 통해서 자기 주도 학습의 중요성과 자신에게 맞는 공부 계획을 짜는 것이 얼마나 중요한 것인가를 깨닫게 되었습니다.

고등학교 2학년 때 영어성생님의 추천으로 영어캠프에 참가하게 되었습니다. 여러 학생들과 원어민이 같이 문경을 여행하는 프로그램 이었는데 평소 원어민들과 잘 이야기를 하지 않던 저에게는 걱정이었습니다. 그러나 막상 원어민들과 만나고 대화 하게 되자 걱정은 사라지기 시작했습니다. 원어민들께서 모르는 단어도 알려주시고 또한 배트맨이나 슈퍼맨 같은 우리들이 잘 아는 화제로 대화도 이끌어 주셔서 큰 무리 없이 대화를 할 수 있었습니다. 그리고 원어민들과 말하는 경험을 통해 영어에 대한 자신감도 갖게 되었고 하기 전엔 걱정했던 일들도 막상 마주치면 별거 아닐 수 있다는 생각도 하였습니다. 이 경험을 통해 저는 앞서 걱정하기보단 자신감으로 도전하기로 다짐했습니다.

고등학교 1학년 때 국어선생님께서 조별과제를 내어 주셨습니다. 각각의 조는 교과서에서 정해진 부분을 분석하고 PPT로 만들어 발표하는 것이 과제의 내용이었습니다. 저희 조는 '가로수'와 '비키니 섬의 세 개의 스핑크스'라는 그림에 대해 발표해야 했습니다. 특히 '비키니 섬의 세 개의 스핑크스'는 매우 난해했고 '가로수'는 인터넷에서 찾아 봐도 정보가 적었기 때문에 자료를 준비하기가 힘들었습니다. 그렇지만 저는 정보를 찾고 다른 조원은 PPT를 만드는 등 역할을 분담하여 발표 자료를 준비 할 수 있었고 발표할 때 다른 사람이 한 돌발질문에 제가 대답을 못하자 같은 조원이 바로 핸드폰으로 검색하여 도와주기도 했습니다. 처음에는 조별과제라고 해서 귀찮고 혼자 하는 게 더 효율적 일 것 같다고 생각 했지만 조별과제를 마칠 때 쯤 에는 생각이 달라졌습니다. 제가 다른 조원에게 도움을 주기도 하고 다른 조원 또한 제게 많은 도움을 주면서 조별과제를 무사히 마칠 수 있었기 때문입니다. 이런 과정을 통해서 저는 협동의 힘과 가치를 느낄 수 있었고 '백지장도 맞들면 낫다'라는 말을 실감했습니다.

제가 고등학교 2학년 때 저의 진로희망이 국어교사라는 걸 알고 계신 담임선생님께서 관련 동아리를 소개해주셨습니다. 그 동아리는 선생님이 되는 것을 꿈꾸는 학생들이 모이는 애듀라는 이름을 가진 동아리였습니다. 미래를 위해 좋은 경험일 될 수 있겠다고 생각한 저는 5명의 친구들과 동아리 활동을 하기 시작했습니다. 활동의 핵심은 각자가 마치 선생님이 된 것처럼 수업 준비를 하고 아이들 앞에서 직접 수업을 해보는 것 이었습니다. 저는 김소월의 초혼이라는 시를 설명하는 것으로 수업을 진행하였습니다. 이러한 활동을 하면서 저는 수업을 진행한다는 것이 쉽지 않은 일임을 알게 되었습니다. 수업에 대한 준비도 필요하고 남들 앞에서 서는 것도 부담이 되었습니다. 그리고 긴장을 하다 보니 의상소통이 되는 수업이 아니라 저 혼자 발표하는 일방적 수업이 되기도 했습니다. 그러나 또한 이러한 경험을 통해 제 장래에 대하여 진지하게 고민해 볼 기회를 가졌고 어떻게 하면 수업을 효과적으로 진행할 수 있을지에 대해 생각해 보게 되었습니다. 동아리 활동을 통해 수업을 해봄으로서 더 많은 느끼고 배울 수 있었습니다.

2학년 때 저는 '사랑마을'에 가게 되었습니다. '사랑마을'은 정신지체장애인분들이 계시는 곳으로 저로서는 직접가보는 것은 처음이었습니다. 저희가 주로 하는 일은 청소였는데 간혹 장애인분들에게 옷을 갈아 입혀드리거나 같이 놀기도 했습니다. 봉사를 다니면서 놀랐던 것은 몇몇 분들은 저희를 알아보시는 거 같았습니다. 지나가는 중에 인사를 해 주시거나 갑자기 손을 잡고 방에 끌고 가는 둥 제 착각일 수도 있고 다른 사람들에게도 그러시는 걸 수도 있지만 왠지 모르게 뿌듯한 감정도 느꼈습니다. 봉사를 하면서 느꼈던 것은 이것 뿐 만이 아니었습니다. 사랑마을에 봉사를 다니면서 저는 정신지체장애인분들에 관한 편견이 사라지게 되었습니다. 저는 정신지체장애인분들은 도움만 받고 다른 활동 이라는 걸 거의 못 할 거라고 생각했는데 그곳의 장애인분들이 여러 활동을 하는 것을 보고 놀랐습니다. 가장 놀랐던 것은 저랑 친구가 장애인분들이랑 젠가 게임을 하게 되었는데 처음에 저는 살살 봐 드리려고 했는데 생각보다 너무 잘하셔서 몇 번인가 지기도 했습니다. 그런 모습을 보면서 비록 저분들은 어쩔 수 없이 장애인이 되셨고 힘들게 사시지만 반대로 그런 환경 속에서도 열심히 하는 모습을 보고 저는 제가 평소에 게을렀던 모습들을 반성하게 되었습니다. 그리고 그런 분들도 알맞은 교육을 통해 달라질 수 있다는 것도 느꼈습니다. 봉사활동을 하면서 또 느꼈던 것은 의사소통에 관한 것이었습니다. 사랑마을에 계신 분들이 언어적인 면에서 취약하시다 보니까 우리에게 계속 무슨 말씀을 하시는데 알아들을 수가 없어 답답했습니다. 만약 저희가 알아듣고 의사소통이 제대로 되었더라면 저희도 조금이나마 더 도움이 되는 활동을 했을 텐데 하고 아쉽기도 했습니다. 사랑마을에 다녀오고 나서는 평소에 별로 관심이 없던 자원봉사에 대해서도 긍정적으로 보게 되었습니다. 비록 내 몸은 조금 고생스러울 지라도 남을 돕는 다는 것이 결국은 남뿐만 아니라 자신에게도 도움이 되는 일이라는 것을 깨닫게 되었습니다.

저는 어렸을 때 자신감이 없던 저에게 용기를 주시고 제가 적극적인 사람으로 변화 할 수 있도록 도와주신 선생님을 만나면서 미래에 나도 선생님이 되어야겠다는 생각을 하게 되었습니다. 그러나 그저 막연한 꿈일 뿐 무엇을 준비하고 어떻게 해야 하는지 막막했습니다. 그러던 중 고등학교 2학년 때 지역 인재 양성 프로그램에서 수시를 준비하는 고등학교3학년 형 ,누나들을 따라 자기소개서를 써보게 되었습니다. 연습이긴 하지만 자기소개서를 쓰기 위해서 앞으로의 진로에 대해 곰곰이 생각해야 했습니다. 그렇게 지원동기. 진로계획, 목표 등에 대해 자기소개서에 쓰면서 저는 국어선생님이 되려면 무엇을 해야 하고 어떤 경험을 해야 도움이 되는지 구체적으로 알게 되었습니다. 구체적으로 계획하고 실천하면 꿈이 현실이 된다는 확신도 생기게 되었습니다. 국어선생님이 되는 길은 국어국문학과, 국어교육학과 크게 두 가지길이 있기에 저는 고민을 했습니다. 이 문제에 대해 선생님께 물어보자 선생님께서는 국어국문학과에 가면 국어선생님 말고도 여러 진로에 대해 생각해 볼 수도 있고 교직이수도 받을 수 있기 때문에 국어 국문학과를 가는 것을 추천해 주셨습니다. 또한 친구들도 비슷한 말을 해주었고 주위의 국어 선생님들 중 국어국문학과를 나온 분들이 많은 것도 영향을 주어서 저는 국어국문학과에 지원하게 되었습니다. 국어국문학과에 입학해서 국어교육과보다 더 폭넓은 문학에 대한 이해를 접하고 국어에 대한 폭넓은 지식을 쌓아서 교직이수를 통해 국어선생님이 되는 것이 보다 훌륭한 선생님이 되는 길이라 생각했습니다. 평소에 소설을 읽는 것을 좋아해서 교과서에 자주 나오는 한국 단편모음집이나 상록수 같은 장편소설등도 읽으며 국문학에 대한 흥미를 쌓을 수 있었습니다. 또한 조벽 교수님의 '나는 대한민국 교사다' 같은 교육에 관한 책들도 읽으며 선생님이란 직업에 대한 다른 사람들의 생각이나 앞으로의 교육자가 갖추어야할 자질에 대한 것도 알 수 있었습니다. 그리고 학교 글쓰기 대회나 독후감 대회에 참가하기도 했습니다.

고등학교 재학 기간 읽었던 책 중 자신에게 가장 큰 영향을 준 책

📖 죽은 시인의 사회

tv에서 '죽은 시인의 사회'라는 영화의 한 장면을 보게 되었고 그 장면에서 학생들이 책상위로 올라가는 장면이 인상 깊어 책을 읽게 되었다. 이 책은 웰튼 아카데미라는 명문대 진학을 위해 엄격하고 통제된 학교에 키팅선생님이 오면서 학생들이 변화하는 이야기인데 이 이야기를 통해 여러 가지를 느낄 수 있었다. 우선 키팅선생님이 독특한 교육방법으로 기존의 인간성이 결여된 교육에서 벗어나 아이들에게 시나 인생에 대해 가르치며 아이들을 일깨우는 모습을 통해 교육의 진정한 의미에 대해서도 생각해 볼 수 있었다. 또한 웰튼 아카데미에서 명문대 진학만을 꿈꾸며 공부에 매달리는 학생들이 왠지 나와 비슷하다고 생각 하였는데 그런 학생들이 모여 시를 읽게 하고 또 자신의 꿈을 찾아갈 수 있게 아이들을 가르치는 키팅선생님을 보며 교육자가 피교육자에게 많은 영향을 줄 수 있고 또한 좋은 방향으로 이끌 수도 있다는 것을 느꼈다. 그리고 그런 키팅선생님을 보면서 나또한 그런 선생님이 되고 싶다고 생각했다.

📖 나는 대한민국 교사다

'나는 대한민국 교사다'라는 책을 보고 막연하게 생각하던 교육자로서의 미래에 대해서도 생각해 볼 수 있었고 교육자가 가져야할 자세에 대해서도 생각해 볼 수 있었다. 전체적으로 대학에 맞춰져있는 책이지만 나에게도 많은 도움이 되었다. 표지에 쓰여 있는 새 시대 교육자의 생존 전략이라는 문장처럼 책은 앞으로 교육자가 가져야할 생존전략에 대해 소개했습니다. 긍정적으로 사고하라, 시대의 흐름을 읽어라 같은 어찌 보면 당연한 이야기이지만 다른 나라와 비교를 하거나 예를 들어 자세히 설명되어있어 막연하게 생각했던 것들을 좀 더 자세하게 생각하고 상상 할 수 있었습니다. 또한 한국 교육의 붕괴에 대해 꼭 나쁜 것이 아니라 새로운 교육의 시대로 가기위한 기존의 교육의 붕괴라고 말하는 것을 통해 이전에는 생각지도 못하던 관점들도 알 수 있었습니다. 이렇듯 책을 읽으며 미래의 교육자에 대해 좀 더 심층적으로 생각해 볼 수 있었고 저 자신의 사고를 조금 더 확장 할 수 있었습니다.

📖 청소년을 위한 한국대표 단편소설

국어 교과서나 시험에서는 종종 한국단편 소설을 보았지만 보통 부분적으로 실리기 때문에 전체적으로 본 경험은 많이 없었다. 또한 국문학에 대한 지식을 쌓는데도 도움이 될 것이라고 생각했다. 그래서 '청소년을 위한 한국대표 단편소설'을 읽어 보았는데 이전에 다른 곳에서 본 것도 있고 처음 본 것도 있었습니다. 이것을 통해 지금까지 일부분만 보아서 이해가 잘 안되었던 단편소설들을 이해 할 수 있었고 그것을 바탕으로 국어 수업 시간에 이해가 잘되어 더 집중 할 수 있었습니다. 그리고 한국단편소설에서 특유의 한국적이고 사람 냄새나는 이야기를 통해서 그동안 장편소설이나 외국소설들을 주로 읽던 저에게는 한국단편소설에 대한 매력을 느낄 수도 있었습니다. 이렇듯 한국 단편 소설을 통해 국문학에 대한 새로운 지식도 쌓을 수 있었고 여러 단편소설에 대해 흥미를 느낄 수 있는 기회를 가질 수 있었습니다.

"

70 번째 이야기

◆

시골 아이가 도시 아이같이 얼굴이 하이야니 훤하게 생겼다.

착한 인상에 이마에는 마치 범생이 이렇게 써 붙인 듯했다.

착한 미소로 수줍은 듯 낮은 음성으로 또박또박 질문하던 아이다.

부모님도 그랬다.

지방대학에 출강하시면서 지역사회발전에 적극적이셨던 아이의 아버님을 뵌 적이 있다.

어떻게 이리도 부전자전일까! 할 정도로 존경의 아버님이셨다.

교육의 시작은 부모가 어떻게 사느냐로 시작하여 부모 그늘의 환경에

가장 큰 영향을 아이가 받는다는 것을 확인하는 듯했다.

아이는 훌륭한 리더십도 보였고 자기주도학습 능력도 뛰어났다.

스스로 문제 해결 방법을 고민하고 찾아내려 노력했다.

이런 아이가 수학자가 된다고 한다.

합격 소식을 알렸고 대학생 생활 또한 열정이었다.

아이의 꿈을 응원한다.

이 친구는 고등학교 3년의 학교생활과 학습경험 교내활동을 이렇게 이야기한다.

"
　고등학교에 입학 후 성적우수자가 함께 공부하는 기숙사 특별반에 입소했습니다. 엄격한 학습시간 통제로 저에게는 적합하지 않습니다. 자율적으로 컨디션에 맞추어 집중하는 스스로공부법에 익숙한 저로써는 너무 불편하고 집중이 되지 않았습니다. 부모님과 선생님께 말씀을 드리고 특별반을 나왔습니다. 불안한 마음도 있었지만 중학교 1학년 때 사교육을 중단하고 저만의 방식을 찾았던 것처럼 고등학교에서도 지금까지 했던 학습방법의 장점을 발전시키고 단점을 보완하면 잘 할 수 있다는 스스로 위안하기도 했습니다. 가장 신경을 썼던 과목은 수학입니다. 저는 평소에 수학문제를 다양한 방법으로 푸는 것을 좋아했는데 제한된 시간에 문제를 푸는 내신시험에 맞지 않아 성적이 제대로 나오지 않았습니다. 문제 푸는 시간을 단축하고자 했지만 몇 년간의 공부 방식을 바꾸는 것은

쉽지 않았습니다. 속도를 내어 풀자니 깊은 사고가 어려웠고 깊이 사고하자니 시간이 부족했던 것입니다. "문제 풀이를 위한 사고가 빨라질 때까지 반복해서 보라"는 선생님의 조언 덕분에 복습과 반복을 통해 필수적인 공식과 자주 사용되는 풀이법을 문제에 빠르게 적용할 수 있었습니다. 이후 수학 1,2등급을 유지하며 교내 수학경시대회에서도 수상할 수 있었습니다. 속도감 있는 사고가 더 어려운 것을 고민할 수 있는 시간을 충분히 확보해준다는 것을 절실히 느꼈습니다. 영어는 1, 2학년 때까지 대부분의 영어지문을 분석하고 문법구조를 확인해가는 과정에서 시간이 오래 걸리고 번거로웠지만 덕분에 고등학교 3년 내내 영어 1등급을 유지할 수 있었습니다. 특히 2학년 때 영어일기 수행평가에서 작문 실력을 향상시키고 싶어 어려운 숙어나 새로운 단어를 찾아 사용하였고 원어민 선생님께 시제의 일치와 문장구사에서 많은 조언을 얻었습니다. 저도 모르는 사이에 매주 영어일기의 내용이 풍부해지고 문장이 매끄러워졌다는 것이 정말 놀라웠습니다. 혼자 공부하는 3년 동안 여러 어려움을 이겨낸 덕에 어떤 학습도 주체적으로 할 수 있다는 확신을 얻었습니다.

가장 기억 나는 활동으로는 첫째 수학 동아리 활동입니다. 고등학교 1학년 겨울방학 때 고난이도 수학문제를 친구들과 함께 풀었던 적이 있습니다. 그 뒤 친구들과 좀 더 자주 만나 고난이도 수학문제를 풀이하고 고민해 보는 시간을 갖고 싶었습니다. 성적에 구애받지 않는 창의적인 수학문제 해결능력을 키우고자 2학년 초 '수학을 사랑하는 사람들'이라는 수학동아리를 결성하여 회장을 맡았습니다. 저는 '창의적 수학능력 함양'이라는 목적으로 동아리를 홍보하며 2학년 이과 학생 13명을 모아 10월 29일까지 활동했습니다. 교재는 '일등급수학'과 '자이스토리'로 선정하여 주 1회 모임을 원칙으로 하고 모임 이외의 날에는 스마트폰 밴드를 통해 수학문제를 공유하고 풀이하는 시간을 가지는 방식으로 진행되었습니다. 그런데 막상 토의식 문제 풀이를 하자니 어떻게 서로 보완해가야 할지 방향을 잡지 못하고 있을 때 저는 동아리 장으로서 자신감이 없는 친구들은 독려하고 의견을 조율하는 과정에서 점차 자유롭게 의견을 나누며 상대방의 풀이를 보완해갔고 함께 고난이도의 문제를 풀어나갈 수 있었습니다. 특히 기억에 남는 수업은 행렬에 관한 문제인데, 수학을 잘하는 몇 명이 진전 없이 같은 얘기를 반복하고 있을 때 한 친구가 갑자기 나오더니 칠판에 자신의 풀이를 막힘없이 적어나간 뒤 자세하게 설명해 주었습니다. 저희 모두가 이해한 깔끔한 풀이였는데 그 친구가 그렇게 잘 풀었음에 놀랐을 뿐만 아니라, 정말 기뻤습니다. 사실 성적은 중간 정도에 머물던 친군데, 오랜 시간의 생각과 고민 끝에 해결해냈던 것입니다. 이는 점수가 매겨지는 부담감 있는 환경에서 우리의 창의성이 발휘되지 못했을 거라는 제 생각에 확신을 갖게 했고, 앞으로 수학동아리를 통해 친구들과 자유로이 창의적 해결능력을 키울 것이라는 생각에 들떴던 날이었습니다. 이렇게 저희는 암기식 풀이로 창의성이 제한될 수 있는 상황에서 수학동아리를 통해 조금이나마 창의적인 수학

해결능력을 기를 수 있었습니다. 비록 짧은 기간 동안 수학성적향상의 성과가 높지는 않았지만, 수학적 사고력과 토론 실력을 길렀음은 물론, 난이도 높은 문제를 풀면서 자신감과 흥미를 높였던 값진 경험을 했습니다. 또한 동아리 리더로 활동하면서 소심하고 자기주장을 하기 힘들어했던 자신의 단점을 극복할 수 있는 활동이기도 했습니다.

둘째는 지역 내 원어민 교사 8명과 학생들이 Global English Camp에 참가한 것입니다. 저는 사교육 도움 없이 영어공부를 하면서 '말하기'를 중점적으로 공부해 본 적이 없었기 때문에 영어만 허용되는 공간에서 원어민들과의 대화가 두려웠습니다. 하지만 원어민 선생님께서 제 서툰 답변에도 적극적인 반응을 보여주시고 친구들이 적극적으로 대화하려는 모습에 자극을 받아 떠오르는 대로 원어민들의 발음을 따라하며 열성적으로 말하고자 노력했습니다. 문장구조나 문법이 틀리곤 했지만, 놀랍게도 하면할수록 문법에도 오류가 없는 문장을 머뭇거림 없이 자연스럽게 사용할 수 있게 되었습니다. 캠프를 통해 영어말하기에 대한 자신감을 기를 수 있었습니다.

배려와 나눔의 경험으로 저는 특히 고등학교 2학년 여름방학 때 지역아동센터 아이들과 함께한 시간이 떠오릅니다. 아이들과 처음에는 어색했지만 선생님의 조언으로 물놀이, 보드게임 등 재미있는 활동을 통해 서로 가까워졌습니다. 또한 초등학생과 중학생에게 수학을 가르쳐달라는 부탁을 받아 열심히 수업을 했는데 제가 가장 좋아하는 수학이었지만 전달방법이 미숙하여 답답했고 매 수업마다 효율적 학습방법을 고민해야 했습니다. 비록 오랫동안 학생들과 함께 하지는 못했지만 다른 사람에게 그 눈높이에 맞춰 쉽게 공부를 가르친다는 것이 얼마나 힘든지 깨달았습니다. 그리고 아이들과 함께한 수학수업을 통해 누군가에게 도움이 된다는 기쁨으로 시간과 노력이 아깝지 않은 소중한 경험이었습니다. 이 경험은 3학년 때 수학성적이 부진한 친구에게 도움을 주는 것으로 이어졌는데 사실 제 공부시간에 쫓겨 친구의 질문이 부담스럽기도 했지만 공부를 하고자 마음을 다잡은 친구를 보면서 이해하기 쉽고 친절하게 가르쳐 주자고 생각했습니다. 지수함수, 함수의 연속성, 행렬문제, 미분그래프와 이계도함수 등 제가 잘 알고 있는 내용들을 질문 받았지만 생각보다 설명한다는 것이 쉽지 않았습니다. 막상 친구에게 전달하자니 말이 장황해지거나 꼬일 때가 많아 개념들을 다시 정리하고 수학 원리들을 완전히 숙지하고자 했습니다. 한 가지 예로 미분 극대 값과 극소 값의 판별에 대해 수학 2 도함수 부분의 기본적인 개념부터 증명과정까지 처음 공부하는 자세로 살펴보고 머릿속으로 그려보는 과정에서 미분에 대해 좀 더 깊이 이해할 수 있었고 반복 학습의 효과를 새삼 느꼈습니다. 이렇게 원리를 숙지한 뒤 친구에게 설명했을 때는 정말 보람차고 누군가에게 도움을 줬다는 사실에 기분이 좋았습니다. 친구의 공부를 도와주면서 제가 전에 배웠던 수학 원리들을 다시 익혔음은 물론이고, 제 설명을 어려워 할 때 답답해하지 않고 친구를 탓하기보다는 저를 되돌아보고 친구의 입장을 이해하는 경험을 통해 함께 성장하는 즐거움을 느꼈습니다.

저는 중학교 3학년 때 수학에 뛰어났던 친구와 수학심화학습을 하고, 수학카페를 운영하였는데 이때 처음으로 수학에 대해 깊이 사고하는 경험을 하였고 매우 흥미로웠습니다. 이 후 결과에 대한 과정을 사고하는 것을 즐기며 끈기와 인내심이라는 저의 특성은 수학적 개념들을 익힐 때 크게 발휘되었습니다. 이것을 계기로 수학자가 되기로 마음먹었습니다. 개념의 유도과정, 요구되는 사고, 응용방식 등을 제 것으로 만들려고 노력했는데 미적분의 정의, 공식 유도과정, 활용가능한 곳 등을 무작정 외우기보다는 사고하는 과정을 반복했습니다. 물론 시간도 오래 걸리고 힘들기도 했지만 문제풀이에 응용할 때 보다 유연해졌고 새로운 개념들을 배우는 것이 너무나 흥미로웠습니다. 가장 기억에 남는 것은 확률단원인데 확률질량함수까지는 이해하기 쉬웠지만 확률밀도함수부터 정규분포, 모평균, 모비율을 공부할 때는 이해하기가 어려웠습니다. 그런 개념이 어떻게 나오게 되었는지부터 알기 위해 상세한 설명과 쉬운 예제가 있는 교과서부터 정독해보니 연속확률변수의 평균공식, 표준정규분포화 공식 등에 대한 유도과정들이 훨씬 이해하기 쉬웠습니다. 특히 모집단에 대한 추정과정이 논리적이지 않다고 느꼈는데 모집단 추정의 과정 자체가 어느 정도의 오차는 피할 수 없음을 알아가는 과정도 재밌었습니다. 또한 수학에 대한 흥미를 잃지 않기 위해 수학 관련 도서와 잡지를 즐겨 읽었는데 「살아있는 정리」의 수학자 세드릭 빌라니 일기를 통해 수학에 대한 열정으로 동료와 함께 위대한 정리를 발견한 그처럼 대학에서 학생들, 교수님들과 토론하고 공부할 생각에 설렜던 기억이 납니다. 이런 자기주도 학습 결과 교내경시대회 수상과 1, 2등급을 유지할 수 있었고 수학이 사회에서 실제 어떻게 활용되는가에 대한 궁금증을 풀기 위해 기획재정부와 통계청 프로그램에 참가하여 수학이 다양한 분야의 핵심적 기초가 된다는 것을 깨달았습니다. 앞으로 대학에서 수학을 심도있게 공부하여 사회에 기여할 수 있는 수학자의 꿈을 키우고 싶습니다.

1) 살아있는 정리 / 세드릭 빌라니 / 해나무

　2014년 세계수학자대회 관련 기사를 읽다가 수학자의 생활이 생생하게 담겨있다는 「살아있는 정리」의 책 소개에 이끌려 즉시 주문했습니다. 저자는 자신의 일상적 업무, 고민 등을 생생하게 기술했는데, 그 중 가장 인상적이었던 것은 동료 클레망 무오와 주고받던 서신이었습니다. 하나의 연구과제에 대해 두 수학자들이 치열하게 의견을 주고받고 고민하면서 마침내 하나의 정리를 완성하는 과정이 세세히 묘사되어 있고, 또한 필즈 상 수상 전날 인터뷰 준비를 하면서 들떠 잠 못이루는 저자의 인간적이고 솔직한 모습이 감동이었습니다. 수학자들이 함께 사고하고 토론하는 열정적인 모습이 너무나 멋지고 부럽다는 생각에 저는 고등학교 내내 그런 기회가 없었기 때문에 이 책을 읽으면서 다시 희망을 얻었고, 대학과 대학원에 진학하여 수학에 열정을 가진 사람들과 함께 연구할 생각에 설레였습니다. 저자와 세계의 수학자들이 힘을 모아 연구하는 모습은 저의 수학에 대한 열정을 확인하게 해 주었고 용기를 주었습니다.

2) 왜 세계의 절반은 굶주리는가? / 장 지글러 / 갈라파고스

　이 책은 평소 사회문제에 관심이 많은 아버지의 권유로 읽게 되었는데 제목부터 충격적이었습니다. 세계인구의 절반이 굶주린다는 것을 가늠할 수 없었는데 이 책은 제가 공익광고나 교과서로만 접했던 '기아'에 대해 훨씬 충격적인 사실들을 알려주었습니다. 공평한 분배가 어려운 아프리카 여러 나라들의 폭압적인 정치, 강대국들의 이기심, 전쟁, 질병 등 소설이나 영화로만 접했던 것들이 실제로 기아의 원인으로 작용하고 있다는 것이 믿기 어려웠습니다. 제가 너무나 안락한 환경에서 자랐다는 것을 느꼈으며, 다른 이들의 어려운 현실에 무관심했음에 불편한 마음을 가지면서 어떻게 조금이나마 도움을 줄 수 있을지 고민도 하게 되었습니다. 저는 수학을 전공하고자 하는데 이 책을 통해 '기아'라는 사회적 문제에 대한 인식을 넓히면서 사회 경제체제에 영향을 미치는 다양한 분야에 수학이 기반이 되기 때문에 전공공부가 제 개인분만 아니라 사회에 도움을 줄 수 있는 방법을 모색할 필요성에 대해 깨닫게 해 주었습니다.

3) 사람은 무엇으로 사는가 / 톨스토이 / 아인스북

　이 책을 보게 된 계기는 바로 제목이었습니다. 제목만 보고 '사람은 무엇으로 살까?'라는 생각이 들었고 호기심에 책을 읽게 되었는데, 알고 보니 러시아의 대문호 톨스토이의 작품이었습니다. 책은 주인공 세묜과 천사 미하일의 이야기로서 '사람은 사랑으로 살아간다'는 메시지를 마음 깊이 전달해주었습니다. 그리고 그러한 메시지를 받으며 현대인들이 이웃에 대한 사랑은커녕, 관심조차도 주지 않는다는 사실이 떠올랐습니다. 우리는 대다수가 가장 소중한 것을 잊고 살고 있으며, 그로 인해 왕따, 이혼, 독거노인 등 이미 많은 문제들이 발생하고 있는 것이라고 생각했습니다. 그러면서도 앞으로 살아가면서 저 또한 사랑을 잊어가지 않을까 걱정도 했지만, 미하일의 메시지를 마음 깊이 새기면서 살아가자고 곧 다짐하였습니다. 이 책은 인간에게 가장 소중한 가치는 사랑이라는 가르침을 저에게 주었고, 저도 이 사랑을 실천하며 좀 더 인간적이고 삭막하지 않은 사회의 일원이 되어야겠다고 생각했습니다.

맺음말

교육은 백년지대계라 했다.

교육은 앞으로 백년 즉 미래를 위한 큰 계획이다.

그러니 시시때때 사사건건 시비로 흔들고 뽑아버리고 새로 심고를

또 뽑고 또 심고를 반복해서는 안 된다.

우(愚)를 범하고 우(愚)를 범하고를 반복하면서도 그것이 우(愚)인지를 모르는

작금의 위정자에게 고한다.

교육은 백년지대계이니 정치적 도구로 소재로 활용하지 말아 달라고 그리고

교육정책의 변동은 더 큰 혼란과 어려움을 자초하는 일임을

변함없이 인식해 달라고 주문한다.

새싹을 즈려밟고 가는 행위가 정당하다고 말할 수는 없다.

다양한 환경에 놓여 있는 아이들을 인정하고 진정한 기회의 균등과 정의를 통해

흙속의 진주를 발견하는 일이 교육자와 교육 당국의 일일 것이다.

그러니

섬마을에 살고 있는 아이들에게

산골짝 오지에 살고 있는 아이들에게

농촌에 살고 있는 아이들에게

어촌에 살고 있는 아이들에게

한 부모 가정의 아이들에게

차상위 계층의 아이들에게

새터민 아이들에게

도시의 아이들에게

모두 괜찮다고......

그것이 아이의 선택이 아니었고 책임이 아니라고 말해주어야 한다.

지금부터의 선택이 자신의 책임이라고 말해주자.

모두에게 균등한 기회를 주겠다고 말해주어야 한다.

다음으로 지금까지의 입시제도를 참고하고 타국의 입시제도를 참고하여

환경의 다양성을 인정하고 기회의 균등을 보장하는

누구도 감히 범하지 못할 교육 백년지대계의 확립이 조속히 이뤄지길 간절히 바라본다.

건강한 아이들의 미래를 바라고 아이들을 응원한다.

-저자 원병일-

아이 I 입시콕

1판 1쇄 발행 2023년 8월 25일
지은이 원병일

편집 양보람 **마케팅·지원** 김혜지
펴낸곳 (주)하움출판사 **펴낸이** 문현광

이메일 haum1000@naver.com **홈페이지** haum.kr
블로그 blog.naver.com/haum1000 **인스타** @haum1007

ISBN 979-11-6440-410-0 (53370)

좋은 책을 만들겠습니다.
하움출판사는 독자 여러분의 의견에 항상 귀 기울이고 있습니다.
파본은 구입처에서 교환해 드립니다.